大乗仏教がひらいた

妙好人の世界

菊藤明道

法藏館

有眞者機合掌學者法
法能摧機柔軟三業
火車国滅甘露心恬
未品総寫事甚近接

大正九年三月
寳松心謙敬毘

釋秀燾

妙好人　浅原才市画像。詳細は本書二八九頁参照

真実信心うるひとは
すなはち定聚のかずにいる
不退のくらゐにいりぬれば
かならず滅度にいたらしむ

信心よろこぶそのひとを
如来とひとしとときたまふ
大信心は仏性なり
仏性すなはち如来なり

染香人のその身には
香気あるがごとくなり
これをすなはちなづけてぞ
香光荘厳とまうすなる

（親鸞聖人『浄土和讃』）

序

「妙好人《みょうこうにん》」とは「不思議なほどすぐれている信心深い人」の意で、具体的には阿弥陀仏の本願を信じ念仏する人を讃えた言葉ですが、とくに浄土真宗で篤信者を指しています。『観無量寿経』の中で釈尊が説かれた「もし念仏《ねんぶつ》するものは、まさに知《し》るべし、この人《ひと》はこれ人中《にんちゅう》の分陀利華《ふんだりけ》なり」に由来する言葉です。「分陀利華」とは、サンスクリット語のプンダリーカ（puṇḍarīka）の音写で、泥池に咲きながら泥に汚れない清浄無垢な白蓮華で「妙好華」ともいわれます。

中国唐代の浄土教の師・善導大師は、『観無量寿経』を註釈して『観無量寿経疏』（『観経疏』）を著しました。同書は、巻第一「玄義分」、巻第二「序分義」、巻第三「定善義」、巻第四「散善義」から成り、『観経四帖疏』ともいわれます。その巻第四「散善義」で、念仏者を「真《しん》の仏弟子《ぶつでし》」と称し、「人中《にんちゅう》の好人《こうにん》なり、人中《にんちゅう》の妙好人《みょうこうにん》なり、人《にん》中《ちゅう》の上上人《じょうじょうにん》なり、人中《にんちゅう》の希有人《けうにん》なり、人中《にんちゅう》の最勝人《さいしょうにん》なり」と讃えました。

きびしい修行によって成仏をめざす聖道門ではなく、もっぱら念仏して浄土に往生する浄土門を説いた法然上人（浄土真宗本願寺派では、平成十八年（二〇〇六）以降「法然聖人」と表記）は、右の「散善義」の文を『選択本願念仏集』（『選択集』）の「讃歎念仏章」に引いて、「おほよそ五種《ごしゅ》の嘉誉《かよ》を流《なが》し、二尊《そん》（観音・勢至）の影護《ようご》を蒙《こうむ》る」と述べています。「五種の嘉誉」とは「好人」「妙好人」「上上人」など五種のほめ言葉で、「影護」とは影が形につき従うように、念仏者の身を離れず護ってくださるという意味です。

親鸞聖人も『顕浄土真実教行証文類』（『教行信証』）の「信文類」の真仏弟子釈に引いて、他力の信心を得た人を「真の仏弟子」、「釈迦諸仏の弟子」、「金剛心の行人」と讃え、『浄土和讃』や『親鸞聖人御消息』などで、「弥勒におなじ」「如来とひとし」と記しています。善悪・賢愚・男女・老少をえらばず、弥陀の本願を信じて念仏する人は、現生で正しく往生成仏の身に定まった「正定聚の位につく」と説きました。『無量寿経』では「浄土に生まれて正定聚の位につく」と記されているのを、聖人は他力の信心を得た時、煩悩具足・罪悪深重の身のままで浄土に生まれる仲間に入ると領解したのです。『正像末和讃』で聖人は、「弥陀《みだ》の本願信《ほんがんしん》ずべし　本願信《ほんがんしん》ずるひとはみな摂取不捨《せっしゅふしゃ》の利益《りやく》にて　無上覚《むじょうかく》をばさとるなり」と詠んでいます。阿弥陀如来の本願を信ずる人はすべて抱き取って捨てないとの誓いの利益によって、いのち終わるとき、釈尊と同じ大涅槃をさとると詠んでいます。

　このような他力の信心を得た人を、聖人は和讃に、「真実信心《しんじつしんじん》うるひとは　すなはち定聚《じょうじゅ》のかずにいる　不退《ふたい》のくらゐにいりぬれば　かならず滅度《めつど》にいたらしむ」、「他力《たりき》の信心《しんじん》うるひとを　うやまひおほきによろこべば　すなはちわが親友《しんぬ》ぞと　教主世尊《きょうしゅせそん》はほめたまふ」、「信心《しんじん》よろこぶそのひとを　如来《にょらい》とひとしとときたまふ　大信心《だいしんじん》は仏《ぶっ》性《しょう》なり　仏性《ぶっしょう》すなはち如来《にょらい》なり」と詠み、「染香人《ぜんこうにん》のその身《み》には　香気《こうけ》あるがごとくなり　これをすなはちなづけてぞ　香光荘厳《こうこうしょうごん》とまうすなる」と讃えました。このように妙好人は、弥陀回向の信心をいただいて自ら安らぐとともに、身についた仏法の芳しい香りで人びとに念仏の素晴らしさを伝えたのです。

　江戸時代中期、浄土真宗本願寺派の学僧・仰誓による最初の妙好人伝『親聞妙好人伝』が編集されましたが、版行はされませんでした。これを江戸後期に本願寺派の僧・僧純が『妙好人伝』（五篇）として再編し、また、真宗大谷派の僧・象王が篤信者の言行を集めた『続妙好人伝』（一篇）を編むと、業者の手によって全六篇（各篇上下）計十二冊とされ、版を重ねました。『大系真宗史料』〔伝記編8・妙好人伝〕（法藏館）には「親聞」から「続」までの『妙好人伝』が翻刻収録されています。一五七名の言行が収められていますが、その多くは農民・商人ら市井の人たちで、男女を問わず収められています。煩悩具足の身で如来の大悲に懐かれ、称名念仏し、つねに如来と共に在った人たちでした。不可思議の本願力のはたらきを体得したのです。人にも動物にも慈愛深く、有縁の人びとに信心の喜びを伝えました。こうした妙好人輩出のうらに篤信の僧たちの熱心な布教活動があったのです。

明治以降、今日に至るまで多くの「妙好人伝」が編集されました。真宗の僧職者が編集したものと市井の篤信者が編集したものがあり、内容や性格はそれぞれ異なりますが、共に編者の熱意が伝わってきます。

そうした妙好人の信心を、はじめて思想的に体系化して世に紹介したのは、仏教学者・禅学者・宗教学者として東西の霊性交流に尽力した鈴木大拙氏でした。若くして参禅し、見性を得て西洋にZenを伝えるとともに、真宗の篤信者・妙好人の研究から、彼らの信心に日本的霊性的自覚を見て、『宗教経験の事実』『仏教の大意』『日本的霊性』『妙好人』などの著作や論文・講演等で広く国の内外に伝えました。讃岐の妙好人・谷口庄松を、「庄松の世界は宗教を解せぬ人の断じて踏み込めないところ、その突差《とっさ》に吐却《ときゃく》せられる片言隻語《へんごんせきご》の親切にして能《よ》く肯綮《こうけい》に中《あた》ること、多年苦修の禅匠も企《き》及《きゅう》すべからざるものがある」（『宗教経験の事実』）と述べ、石見の妙好人・浅原才市を、「妙好人中の妙好人」「実質的大哲学者」と評しています。

大拙氏門下の柳宗悦・楠恭・佐藤平の三氏はいずれも宗教哲学者ですが、単なる学者ではなく、熱心な求道者であり聞法者であり、鋭意妙好人研究を進め、多くの論書を刊行しました。また、浄土真宗本願寺派の宗学者で龍谷大学教授（仏教史学）をつとめた朝枝善照氏も生涯「妙好人伝」と妙好人の研究に没頭し、多くの著書を遺しました。筆者は、楠恭・佐藤平・朝枝善照の三氏と縁あって長年親交を重ね、懇切なご教示をいただきました。これらの人びとをして妙好人研究に駆り立たせたものは何か、他力の信心に生きた妙好人から何を学ばれたのか、社会的・思想的背景や歴史的意義はどのようなものかを明らかにしたいと願ったのが本書執筆の動機でした。

長年の妙好人研究を通して、妙好人は決して過去の人ではなく、現在も国の内外に数多くおられることを知りました。時代や社会が変わり、人びとの生活が大きく変化しても変わらないのは、聞法によって他力の信心を獲得し、如来に遇い、浄土をいただいて感謝・報恩の生活を送り、世の安穏と仏法の広まりを願って生きる人たちがおられることです。如来の願力が絶えずそうした篤信の念仏者を生み育てているのです。妙好人は、如来からいただく功徳で有縁の人びとを教化する「自信教人信」に生きた「常行大悲」の人です。親鸞聖人は「他力《たりき》の信《しん》をえんひとは　仏恩報《ぶっとんほう》ぜんためにとて　如来二《にょらいに》種《しゅ》の回《え》向《こう》を　十方《じっぽう》にひとしくひろむべし」と詠んでいます。

妙好人研究は、仏教における人間学であり、人間と世界の在り方を問うもので、個の生死解脱と共に、現代における人間疎外解決への道を明かすものでもあります。そこに流れる願いは、対立、抗争、闘争が激化する世界状況のもとで、また、近代化がもたらした人間の機械化・無機化、心の荒廃や自然環境の汚染・破壊が深刻化する世にあって、人として失ってはならないものの回復ではないでしょうか。先人の思いや願いをいかに受けとめ、何を学び、それをどう活かすかは、私たちに課せられた大きな課題でしょう。

本書は、平成二十九年（二〇一七）に上梓した『鈴木大拙の妙好人研究』（法藏館）に続くもので前半部はやや重複していますが、妙好人の世界についてより広い視野から考察するとともに、鈴木大拙氏と門人の三氏、そして、朝枝善照氏の妙好人研究の軌跡を辿り、その霊性的世界をうかがいつつ今日的意義について考察したものです。大乗仏教とは何か、大乗仏教を生きるとはどういうことかを考える上で貴重な示唆をいただきました。

大乗仏教は、自己の悟りを目指すだけでなく、すべての衆生の救いを説く教えです。古代インドで生まれ、東アジア、日本へと伝播する中で多くの大乗経典や論書が生まれるなど思想的発展を遂げました。それは、時空を超えてどこまでも苦悩の衆生を救い続ける利他大悲のはたらきでしょう。親鸞聖人は、真剣な求道を通して浄土真宗を「大乗の中の至極」「誓願一仏乗」と宣言しました。浄土真宗の教えとその篤信者・妙好人の信心を研究した鈴木大拙氏は、「浄土真宗の他力の教えは大乗至極の法の日本での開花だ」と称し、他力の妙用を説き尽くしました。日本民藝運動の創始者・柳宗悦氏は、妙好人を「大乗仏教が我々に贈ってくれる浄く美しい花」「念仏系の仏教に美しく開いた花」と讃えました。現代の空虚で混沌とした不安定な時代にこそ妙好人たちが語る言葉に耳を傾け、その生き方に学ぶことが大切ではないでしょうか。

執筆にあたっては、五十年以上に及ぶ文献研究、さらに北海道から九州まで全国各地の妙好人の遺跡を巡る旅で得た資料と情報をできる限り公開することに努めました。記述は実証を旨とし、筆者の考えや推測、論評は最小限にとどめ、資料、原文、引用文を多用し、研究の経緯と参考文献を記した「註記」を付けました。資料が語る声に耳を傾けながら、彼らが生まれ生きた時代的、社会的、思想的背景、さらに周縁の人びとにまで書き及んだ箇所が多々あります。教学問題の箇所では最新の研究に注目し、かなり詳しく紹介しました。冗長とも思えますが、本書全体の構成上重要な意味をもつと考えます。

本書は多くの方々のご支援ご教示をいただいて成ったもので、筆者にとっては長年に渉る聞法の記録ですが、今後の研究に些かなりとも資する処があり、今を生きる人びと、未来に生きる人びとに何かを伝えることができれば幸いです。合掌

令和六年二月四日

菊藤明道

大乗仏教がひらいた
妙好人の世界

凡例

・本文中に記載の人名は敬称を略しています。
・引用文中〔 〕内に本文より小さい文字で記した文は、筆者による注記です。
・引用文の末尾に出典を記しました。
そのうち、『浄土真宗聖典』は本願寺出版社（浄土真宗本願寺派）による発行です。

「岩波文庫」とあるのは、岩波書店による発行です。

『鈴木大拙全集』〔増補新版〕は岩波書店から一九九九～二〇〇三年に発行されたものです。
・引用文は、原典の仮名が歴史的仮名遣いのものはそのまま表記し、
原典の漢字が旧字体のものは新字体に置き換えて表記しています。

目次

第三章　妙好人を研究紹介した人びと

第一章　「妙好人」とは

一、妙好人という言葉

「妙」とは「いうにいわれぬほどすぐれていること」、「すばらしいさま」、「霊妙」の意です。「好」は「よい」、「このましい」の意です。妙好人とは、「すばらしくすぐれていて尊く好ましい人」を意味します。煩悩渦巻く娑婆世界に在って、身は煩悩具足の凡夫のまま、如来の光明に遇い、大悲の懐に抱かれ、慚愧・歓喜・感謝の思いで仏恩報謝の念仏生活を送った人たちでした。

次に「妙好人」という言葉の由来と意味について述べます。

インドで釈尊が説かれた悟りの教えから多くの経典が生まれました。初期経典では、おもに出家者が悟りにいたる修行道「阿羅漢果《あらかんか》」への道が説かれています。「阿羅漢果」とは、四沙門果《ししゃもんか》（①預流果《よるか》②一来果《いちらいか》③不還果《ふげんか》④阿羅漢《あらかん》果《か》）の最終のさとりで、煩悩を滅して再び迷いの世に流転することのない身となる教えです。それは誰もが歩める道ではなく、出家者が長年修行を積み重ねて至る難行道《なんぎょうどう》でした。しかし、後に成立する大乗経典では、仏の大慈悲心による、愚者・悪人成仏の道が説かれます。愚かで罪深い凡夫が仏になることのできる万人成仏の教えです。『法華経《ほけきょう》』『般若経《はんにゃきょう》』『華厳経《けごんきょう》』『涅槃経《ねはんぎょう》』など多くの大乗経典がある中で、阿弥陀仏の極楽浄土への往生を説いたのが浄土経典です。

「浄土三部経」は、『無量寿経《むりょうじゅきょう》』『観無量寿経《かんむりょうじゅきょう》』『阿弥陀経《あみだきょう》』の三経典で、法然上人や親鸞聖人はこれを大切にされました。これら三経典のうちの『観無量寿経』に、「もし念仏《ねんぶつ》するものは、まさに知《し》るべし、この人《ひと》はこれ人中《にんちゅう》の分陀利《ふんだり》華《け》なり」(『浄土真宗聖典』〈註釈版・第二版〉一一七頁) と記されています。「分陀利《ふんだり》華《け》」とは白蓮華《びゃくれんげ》(白い蓮の花) のことで「妙好華《みょうこうけ》」とも称されます。

この『観無量寿経』を、中国唐代の浄土教の師で真宗七祖の第五祖である善導大師《ぜんどうだいし》が注釈し、『観経疏《かんぎょうしょ》』を撰述されました。その巻第四「散善義《さんぜんぎ》」の中に「妙好人」の語が出てきます。「「分陀利《ふんだり》」といふは、人中《にんちゅう》の好華《こうけ》と名《な》づけ、また希有華《けうけ》と名《な》づけ、また人中《にんちゅう》の上上華《じょうじょうけ》と名《な》づけ、また人中《にんちゅう》の妙好華《みょうこうけ》と名《な》づく。(中略)もし念仏《ねんぶつ》するものは、すなはちこれ人中《にんちゅう》の好人《こうにん》なり、人中《にんちゅう》の妙好人《みょうこうにん》なり、人中《にんちゅう》の上上人《じょうじょうにん》なり、人中《にんちゅう》の希有人《けうにん》なり、人中《にんちゅう》の最勝人《さいしょうにん》なり」(『浄土真宗聖典』〈七祖篇〉四九九―五〇〇頁) と記されています。

このように妙好人という言葉は生まれてきました。妙好人は「念仏をするもの」であり、念仏は古来浄土教の根幹とされてきましたが、人びとに念仏のさらなる深まりをもたらしたのが法然上人と親鸞聖人です。

法然上人は父の遺言で少年期に出家します。比叡山にのぼり、長年天台僧として学問修行に励みましたが、自分は戒・定・慧「三学」の修行に堪え得ない「三学非器」の身である、「十悪の法然房・愚痴の法然房」であると悲歎しました。四十三歳の時、中国唐代の善導大師の著『観経疏』の「散善義」に記される「一心専念弥陀名号、行住坐臥、不問時節久近、念々不捨者、是名正定之業、順彼仏願故」(一心にもっぱら弥陀の名号を念じて、行住坐臥に時節の久近を問わず念々に捨てざるは、これを正定《しょうじょう》の業《ごう》と名づく。かの仏の願に順ずるがゆえなり)の文を目にして、「偏依《へんね》善導《ぜんどう》一師」(ひとえに善導一師に依る)を標榜し、「菩提心」等の余行を捨てて専修念仏《せんじゅねんぶつ》に帰《き》し、『選択本願念仏集』(『選択集』)を著し、浄土宗を開かれました。

法然上人の導きで聖道門《しょうどうもん》自力の修行を捨て、浄土門《じょうどもん》他力の教えに帰した親鸞聖人は、「いづれの行《ぎょう》もおよびがたき身《み》なれば、とても地獄《じごく》は一定《いちじょう》すみかぞかし」(『歎異抄』第二条。『浄土真宗聖典』〈註釈版・第二版〉八三三頁) と悲《ひ》歎述懐《たんじゅっかい》し、自身を「愚禿《ぐとく》親鸞」と称しました。『高僧和讃《こうそうわさん》』で法然上人を、「智慧光《ちえこう》のちからより　本師源空《ほんしげんくう》あらはれて　浄土真宗《じょうどしんしゅう》をひらきつつ　選択本願《せんじゃくほんがん》のべたまふ」、「曠劫多生《こうごうたしょう》のあひだにも　出離《しゅつり》の強縁《ごうえん》しらざりき　本師源空《ほんしげんくう》いまさずは　このたびむなしくすぎなまし」、「阿弥陀如来《あみだにょらい》化してこそ　本師源空《ほんしげんくう》としめしけれ　化縁《けえん》すでにつきぬれば　浄土《じょうど》にかへりたまひにき」（『浄土真宗聖典』〈註釈版・第二版〉五九五頁、五九六頁、五九八頁）と讃え、『歎異抄《たんにしょう》』（第二条）には、「親鸞《しんらん》におきては、ただ念仏《ねんぶつ》して、弥陀《みだ》にたすけられまゐらすべしと、よきひと（法然）の仰《おお》せをかぶりて、信《しん》ずるほかに別《べつ》の子細《しさい》なきなり」（『浄土真宗聖典』〈註釈版・第二版〉八三二頁）と記されています。

親鸞聖人は妙好人についての表記として、『御消息』六「笠間《かさま》の念仏者《ねんぶつしゃ》の疑《うたが》ひとはれたる事《こと》」の中で、他力の信心を得た人を「真《しん》の仏弟子《ぶつでし》」、「金剛心《こんごうしん》をえたる人《ひと》」と称され、「この人《ひと》を上上人《じょうじょうにん》とも、好人《こうにん》とも、妙好人《みょうこうにん》とも、最勝人《さいしょうにん》とも、希有人《けうにん》とも申《もう》すなり。この人《ひと》は正定聚《しょうじょうじゅ》の位《くらい》に定《さだ》まれるなりとしるべし。しかれば、弥勒仏《みろくぶつ》とひとしき人《ひと》とのたまへり。これは真実信心《しんじつしんじん》をえたるゆゑに、かならず真実《しんじつ》の報土《ほうど》に往生《おうじょう》するなりとしるべし」（『浄土真宗聖典』〈註釈版・第二版〉七四八頁）と述べておられます。

二、『観無量寿経』に説かれる、念仏するものは分陀利華

『観無量寿経』は、釈尊在世中、インドのマガダ国（Magadha、ガンジス河下流域に興った王国、古代インドの十六大国の一つ）の都、王舎城《おうしゃじょう》（Rājagṛha、ラージャグリハ）で起きた悲劇（王舎城の悲劇）をとおして、阿弥陀仏の極楽浄土への往生の道を説いた経典です。説法の対象は出家者ではなく、煩悩具足の凡夫である韋提希《いだいけ》という一女性で

す。釈尊は韋提希に対して、「なんぢはこれ凡夫《ぼんぶ》なり。心想羸劣《しんそうるいれつ》にしていまだ天眼《てんげん》を得《え》ざれば、遠《とお》く観《み》ることあたはず」（同書、九三頁）と告げられます。

物語の概要は、次のとおりです。

古代インドのマガダ国の頻婆娑羅《びんばしゃら》（Bimbisāra、ビンビサーラ）王と韋提希《いだいけ》（Vaidehī、ヴァイデーヒー）夫人《ぶにん》の間に生まれた阿闍世《あじゃせ》（Ajātaśatru、アジャータシャトル）太子は、提婆達多《だいばだった》（Devadatta、デーヴァダッタ）にそそのかされて、王位を奪おうと父を七重の室へ幽閉し、食を断って飢え死にさせようとします。韋提希夫人は王を助けようと身体を洗い、酥蜜《そみつ》（牛乳を精製して作った乳酥《にゅうそ》に蜂蜜を加えたもの）に麨《しょう》（炒《い》った麦の粉）をまぜて塗り、瓔珞《ようらく》（インドの貴族男女が珠玉や貴金属に糸を通して作った装身具）に蒲桃《ぶどう》の汁を入れてひそかに運びます。王は、王舎城の北東部の耆闍崛山《ぎしゃくっせん》（霊鷲山《りょうじゅせん》、Gṛdhrakūṭa、グリドラクータ）に向かって釈尊を礼拝し、「大目犍連《だいもくけんれん》は私の親友です。どうか八戒《はっかい》をお授けください」と念じます。八戒とは、在家信者が一日一夜の期限を限って出家者と同様に身心の行動を慎むことで、①不殺生戒《ふせっしょうかい》②不偸盗戒《ふちゅうとうかい》③不婬戒《ふいんかい》④不妄語戒《ふもうごかい》⑤不飲酒戒《ふおんじゅかい》⑥不香油塗身戒《ふこうゆずしんかい》⑦不歌舞観聴戒《ふかぶかんちょうかい》⑧不高広大床戒《ふこうこうだいしょうかい》です。釈尊は直ちに十大弟子の中で神通第一の目連尊者《もくれんそんじゃ》を遣《つか》わし、王に八戒を授けます。さらに、説法第一の富楼那尊者《ふるなそんじゃ》を遣わして説法させます。それで王は三七日《さんしちにち》（二十一日）たっても元気でした。

やがて韋提希が食物を運んでいたことが露見し、阿闍世は怒って母を剣で斬り殺そうとしましたが、聡明な大臣・月光《がっこう》と名医の大臣・耆婆《ぎば》の諫《いさ》めにより殺すことをやめ、王宮の奥に幽閉します。韋提希は、「なぜ私はこのような悲しい目に会わなければならないのでしょうか、どうかお救いください」と耆闍崛山で説法中の釈尊に向かって念じます。

その願いを聞かれた釈尊は、直ちに韋提希のもとへ姿を現し、十方の諸仏の世界を現出して、その中の阿弥陀仏の極楽浄土への往生の道を説くことを承諾されます。そのとき、釈尊の口元から出た光が、幽閉中の王の頭を照らします。すると王は、心眼で釈尊の姿を遥かに見て礼拝し、そのまま声聞《しょうもん》がさとる四果の初めの三果を次々と得て、煩悩を断ち切った阿那含《あなごん》の状態に入ります。釈尊は韋提希に、極楽浄土のありさまと阿弥陀仏と観音《かんのん》・勢至《せいし》の二菩薩のお姿を心を凝《こ》らして観察《かんざつ》する「定善《じょうぜん》」（心を一つの対象に集中し、雑念を払って仏・浄土などを観察する行。日想観《にっそうかん》から雑想観《ざつそうかん》までの十三観）を説かれます。次に、散乱心のままで悪を止め、善を修める「散善《さんぜん》」を説かれます。「散善」は「九品往生《くぼんおうじょう》」ともいわれ、「定善」を修することのできない散乱心の凡夫を、上品上生《じょうぼんじょうしょう》から下品下生《げぼんげしょう》までの九種に分類し、それぞれの往生の方法を説いたものです。そのあとの「得益分《とくやくぶん》」で、韋提希は五百人の侍女と共に、極楽浄土のありさまと阿弥陀仏と観音・勢至の二菩薩を拝して歓喜し、大悟《たいご》して無生忍《むしょうにん》（無生法忍《むしょうぼうにん》。喜《き》・悟《ご》・信《しん》の三忍《さんにん》。不退《ふたい》の位《くらい》）を得て、釈尊によって極楽往生を約束されます。

次に釈尊は、「念仏《ねんぶつ》するものは、まさに知《し》るべし、この人《ひと》はこれ人中《にんちゅう》の分陀利華《ふんだりけ》なり」と説かれます。最後にお弟子の阿難《あなん》に向かって、「なんぢよくこの語《ご》を持《たも》て。この語《ご》を持《たも》てといふは、すなはちこれ無量寿仏《むりょうじゅぶつ》の名《みな》を持《たも》てとなり」（『浄土真宗聖典』〔註釈版・第二版〕一一七頁）と告げられます。究極的に定善・散善など自力の行よりも、無量寿仏（阿弥陀仏）の名号を称える念仏こそ唯一最上の行であることを説いて、後の世の人びとが阿弥陀仏の名を称えるようにつとめよ、と阿難に告げられるのです。

『観無量寿経』では、頻婆娑羅王が心眼で釈尊を拝し、阿那含果に達したとするところで王への言及は終わっています。それ以上のことは不要と考えられたと思われ、素晴らしい構成になっています。

阿闍世王の物語は、大乗の『涅槃経』（『大般涅槃経《だいはつねはんぎょう》』Mahāparinirvāṇa-Sūtra、マハーパリニルヴァーナ・スートラ）に詳しく記されています。

『涅槃経』には、初期経典である阿含部《あごんぶ》の『遊行経《ゆぎょうきょう》』などの四部と、大乗の『涅槃経』とがあります。阿含部の『涅槃経』には、八十歳の釈尊がガンジス河（Ganga）中流域の都市国家マガダ国の首都・王舎城から、生まれ故郷のカピラヴァストゥ（Kapilavastu）への最後の旅の途中、マッラ国（Malla）のクシナガラ（Kuśinagara）村の沙羅《さら》双樹《そうじゅ》の下で入滅されるまでの言行と、その後の火葬と遺骨の分配の様子が記されています。病に伏した釈尊は、嘆き悲しむ弟子たちに、「自らを拠《よ》り所《どころ》とし（自帰依《じきえ》・自燈明《じとうみょう》）、法を拠り所として（法帰依《ほうきえ》・法燈明《ほうとうみょう》）、他を拠り所としてはならない」「すべてのものはやがて滅びる。怠らずつとめよ」と励まされます。

阿闍世の話は、『長阿含経《じょうあごんぎょう》』の中の『沙門果経《しゃもんかきょう》』にも記され、同じ経がパーリー聖典の『ディーガ・ニカーヤ』の中にあり、主なところは同じ内容を伝えています。阿闍世は、六師外道《ろくしげどう》（仏教以外の六人の思想家）に教えを聞きましたが満足できず、最後に釈尊の所へ行きます。釈尊は阿闍世に正しい教えを説かれます（高崎直道著『『涅槃経』を読む』岩波現代文庫、岩波書店、二九三頁、参照）。

大乗の『涅槃経』は釈尊の死（大般涅槃《だいはつねはん》、完全なさとり）の意義を説いた経典です。四十巻（曇無讖訳）、三十六巻（慧厳等編纂）、六巻（法顕訳）、サンスクリット断片、チベット語訳などが伝えられています。「如来常住《にょらいじょうじゅう》」「如《にょ》来蔵《らいぞう》」「一切衆生悉有仏性《いっさいしゅじょうしつうぶっしょう》」「一闡提成仏《いっせんだいじょうぶつ》」など、仏の大慈悲心による衆生救済が説かれています。本経は、中国・朝鮮・日本を中心とする東アジアの仏教に影響を与えた経典で、親鸞・道元・日蓮などの祖師がたも重視されました。「すべての衆生に成仏の可能性を保証した経典」といわれています。

「仏性」「如来蔵」について、高崎直道《たかさきじきどう》（東京大学名誉教授・仏教学）は、次のように述べています。

> 迷いの衆生の内にある仏性の存在、輪廻のなかにある如来蔵の存在の宣言は、仏の発話として自立した主張

ではなく、まして発話者である仏や如来を離れて、いついかなるところにでも普遍的に妥当する真理ではない。この言明は、仏の内から外に向けて発され、衆生の内へと真直に向かう「仏の呼びかけ」なのである。

苦悩の底に沈みどこにも出口を見いだせない衆生が、仏からの呼びかけに目を覚まし、さとりに至った仏の本性が自身の内に存在するという仏の宣言を受容するとき、「一切衆生悉有仏性」は衆生のなかの生きた真理となる。

（高崎直道著『『涅槃経』を読む』岩波現代文庫、岩波書店、二〇一四年、三五四―三五五頁）

三、極悪人の心に咲いた信心の華

親鸞聖人は、『涅槃経』が「一切衆生悉有仏性」（一切衆生ことごとく仏性あり）を説く中で述べられる阿闍世の物語を、『教行信証』の「信文類」に引いておられます。『涅槃経』「現病品《げんびょうぼん》」に記されている仏の救済を受ける三病人（謗大乗《ほうだいじょう》・五《ご》逆罪《ぎゃくざい》・一闡提《いっせんだい》）を示し、続いて、阿闍世の悪行と釈尊による救済について、同経の「梵行品《ぼんぎょうぼん》」と「迦葉品《かしょうぼん》」の文を引いておられます。

阿闍世は前世の業因縁《ごういんねん》によって、釈尊に害心を抱いていた提婆達多にそそのかされ、王位を奪おうと考えます。そして、信心深く罪のない父・頻婆娑羅王を牢獄に幽閉し、食を断ち、立ち上がれなくするために「足底の皮を削げ」と家来に命じます。そのようにして父を死に至らしめたことへの後悔から、全身に瘡《かさ》（できもの）を生じ高熱で苦しみます。母・韋提希は薬を塗り介抱しましたが治らず、いっそうひどくなります。阿闍世は、「この病《やまい》は心の病からおきたものだから誰も治せない」と言います。名医の大臣・耆婆のすすめと空中から聞こえた亡き父の

「すぐに釈尊の所に行きなさい」の声を聞いて釈尊に会い、釈尊の月愛三昧《がつあいざんまい》の光によって病が癒え、説法を聴いて救われます。月愛三昧の光は、清らかな月の光が青蓮華を開花させ、夜道を行く人を照らして歓喜を与えるように、衆生の煩悩を除いて善心を増長させ、迷いの世にあって道を歩む者に安心を与えるのです。五逆罪の第一「殺父」の重罪を犯した阿闍世は、救われた喜びを次のように語ります。

世尊《せそん》、われ世間《せけん》を見《み》るに伊蘭子《いらんし》より伊蘭樹《いらんじゅ》を生《しょう》ず。伊蘭《いらん》より栴檀樹《せんだんじゅ》を生《しょう》ずるをば見《み》ず。われいまはじめて伊《い》蘭子《らんし》より栴檀樹《せんだんじゅ》を生《しょう》ずるを見《み》る。伊蘭子《いらんし》はわが身《み》これなり。栴檀樹《せんだんじゅ》はすなはちこれわが心《こころ》、無根《むこん》の信《しん》なり。無《む》根《こん》とは、われはじめて如来《にょらい》を恭敬《くぎょう》せんことを知《し》らず、法《ほう》・僧《そう》を信《しん》ぜず、これを無根《むこん》と名《な》づく。世尊《せそん》、われもし如来世尊《にょらいせそん》に遇《もうあ》はずは、まさに無量《むりょう》阿僧祇劫《あそうぎこう》において、大地獄《だいじごく》にありて無量《むりょう》の苦《く》を受《う》くべし。われいま仏《ぶつ》を見《み》たてまつる。ここをもつて仏《ぶつ》の得《え》たまふところの功徳《くどく》を見《み》たてまつり、衆生《しゅじょう》所有《しょう》の一切煩悩悪心《いっさいぼんのうあくしん》を破壊《はえ》せしむ。

（『大般涅槃経』（四十巻本）巻第二十。『大正大蔵経』第十二巻、涅槃部、四八四頁下段、原漢文）

親鸞聖人は、右の文を『教行信証』の「信文類」に引いておられます（『浄土真宗聖典』〔註釈版・第二版〕二八六—二八七頁）。

釈尊の「阿闍世王《あじゃせおう》の為《ため》に涅槃《ねはん》に入《い》らず」（『涅槃経』梵行品。『浄土真宗聖典』〔註釈版・第二版〕二七七頁）の大慈悲心によって、極悪人・阿闍世の心に菩提心が芽生えたのです。阿闍世は、はじめは地獄に堕ちることを恐れていましたが、信心をいただいたあとでは、釈尊に次のように告げています。

世尊《せそん》、もしわれあきらかによく衆生《しゅじょう》のもろもろの悪心《あくしん》を破壊《はえ》せば、われつねに阿鼻地獄《あびじごく》にありて、無量劫《むりょうこう》のうちにもろもろの衆生《しゅじょう》のために苦悩《くのう》を受《う》けしむとも、もつて苦《く》とせず

（『涅槃経』梵行品。『浄土真宗聖典』〔註釈版・第二版〕二八七頁）

その菩提心は阿闍世の心から生まれたのではなく、如来の大悲心によって生じたのでした。

『涅槃経』の「伊蘭子《いらんし》」とは、伊蘭《いらん》の種子です。伊蘭はインドの植物の一種で紅く美しい花をつけますが悪臭を放つ木です。「栴檀樹《せんだんじゅ》」は香木の一種で、赤・白・紫などの花を咲かせ、芳しい香りを放ちます。「無根《むこん》の信」とは、人間の煩悩から生じた信心ではなく、如来から賜った他力回向の信心であり、他力の「大菩提心」です。そして結びに、「難化《なんけ》の三機《さんき》」（救われ難い三種の悪人、①五逆罪②謗法罪③一闡提）と「難治の三病人」（治療できない重病人。難化の三機に同じ）である極悪人の救いについて、親鸞聖人は『教行信証』の「信文類」に、次のように記しておられます。

ここをもつていま大聖《だいしょう》（釈尊）の真説《しんせつ》によるに、難化《なんけ》の三機《さんき》、難治《なんち》の三病《さんびょう》は、大悲《だいひ》の弘誓《ぐぜい》を憑《たの》み、利他《りた》の信《しん》海《かい》〔他力回向の信心〕に帰《き》すれば、これを矜哀《こうあい》して〔深くあわれんで〕治《ち》す、これを憐愍《れんびん》して療《りょう》したまふ。たとへば醍醐《だいご》の妙薬《みょうやく》の、一切《いっさい》の病《やまい》を療《りょう》するがごとし。濁世《じょくせ》の庶類《しょるい》〔濁世は末世《まっせ》にあらわれる五種の汚れ。五濁《ごじょく》、①劫《こう》濁《じょく》②見濁《けんじょく》③煩悩濁《ぼんのうじょく》④衆生濁《しゅじょうじょく》⑤命濁《みょうじょく》。庶類《しょるい》は人びと〕、穢悪《えあく》の群生《ぐんじょう》〔煩悩にまみれた一切衆生〕、金剛不壊《こんごうふえ》の真《しん》心《しん》〔金剛のように堅く破壊されることのない信心〕を求念《ぐねん》すべし。本願醍醐《ほんがんだいご》の妙薬《みょうやく》〔あらゆる病《やまい》を治す南無阿弥陀仏の名号〕を執持《しゅうじ》すべきなりと、知るべし。【〔　〕内、筆者記。以下同】

（『浄土真宗聖典』〔註釈版・第二版〕二九五―二九六頁）

釈尊によって説かれた阿弥陀仏の本願力の結晶である名号「南無阿弥陀仏」を、どのような難病をも治す薬に喩え、「本願醍醐の妙薬」と称しておられます。さらに、善導大師の『法事讃』巻上の文「仏願力《ぶつがんりき》をもつて、五逆《ごぎゃく》と十悪《じゅうあく》と罪滅《つみめっ》し生《しょう》ずることを得《え》しむ。謗法《ほうぼう》・闡提《せんだい》、回心《えしん》すればみな往《ゆ》く」（『浄土真宗聖典』〔註釈版・第二版〕三〇三頁）を抄出しておられます。

親鸞聖人は、王舎城の悲劇に登場する韋提希、阿闍世、提婆達多らを「権化《ごんけ》の仁《にん》」、すなわち、罪悪深重の凡夫を救うために、仮に人間のすがたをとって現れた聖者がたと領解され、『教行信証』巻頭の「総序」に、次のように記しておられます。

ひそかにおもんみれば、難思《なんじ》の弘誓《ぐぜい》は難度海《なんどかい》を度《ど》する大船《だいせん》、無碍《むげ》の光明《こうみょう》は無明《むみょう》の闇《あん》を破《は》する恵日《えにち》なり。しかればすなはち、浄邦縁熟《じょうほうえんじゅく》して、調達《じょうだつ》（提婆達多）、闍世《じゃせ》（阿闍世）をして逆害《ぎゃくがい》を興《こう》ぜしむ。浄業機彰《じょうごうきあらわ》れて、釈迦《しゃか》、韋提《いだい》をして安養《あんにょう》を選《えら》ばしめたまへり。これすなはち権化《ごんけ》の仁《にん》斉《ひと》しく苦悩《くのう》の群萌《ぐんもう》を救済《くさい》し、世雄《せおう》〔仏〕の悲〔大悲〕まさしく逆謗闡提《ぎゃくほうせんだい》を恵《めぐ》まんと欲《おぼ》す。ゆゑに知《し》んぬ、円融至徳《えんにゅうしとく》の嘉号《かごう》〔阿弥陀仏の名号〕は悪《あく》を転《てん》じて徳《とく》を成《な》す正智《しょうち》、難信金剛《なんしんこんごう》の信楽《しんぎょう》は疑《うたがい》を除《のぞ》き証《さとり》を獲《え》しむる真理《しんり》なりと。

しかれば、凡小《ぼんしょう》修《しゅ》し易《やす》き真教《しんきょう》、愚鈍《ぐどん》往《ゆ》き易《やす》き捷径《せっけい》〔近道〕なり。大聖《だいしょう》一代《いちだい》の教《きょう》、この徳海《とくかい》にしくなし。

（『浄土真宗聖典』〔註釈版・第二版〕一三一頁）

「ひとり静かに心のうちに考えてみると、思いはかることの難しい阿弥陀仏のひろい誓願《せいがん》は、渡ることの困難な迷いの荒海を渡す大きな船であり、何ものにも妨げられない如来の光明は、無明の闇を破る光のような仏の智慧である。だから、釈尊が浄土の教えを説き明かす機縁が熟して、提婆達多に、阿闍世に父王を殺すという逆害（殺父）を犯させたのである。浄土往生の行業である念仏を説くのにふさわしい人たちが現れて、釈尊は韋提希に、諸仏の浄土の中で最もすぐれた阿弥陀仏の極楽浄土への往生を願わされた。これらの人びとは、権化の仁、すなわち罪深い人びとを救うために仮に人間のすがたをとって現れた聖者がたであり、迷いに沈んで苦しんでいるすべての人びとを救い、仏の大悲は五逆罪（①父を殺す②母を殺す③阿羅漢を殺す④仏の身体を傷つけ血を流す⑤教団を破壊する）や、謗法罪《ほうぼうざい》（仏法を誹謗する）や、善根を欠き仏になる縁のない一闡提（イッチャンティカ、icchantika 断善根、仏法を信ぜず、さとりを求める心がなく、成仏することのできない者）を救おうとされたのである。こういうわけで私は知ることができた。完全で円満な最高の徳をそなえた阿弥陀仏の名号・南無阿弥陀仏は、悪を転じて徳と成す正しい智慧であり、信じることの難しい金剛のように堅固な信心は、疑いを除き、さとりを得させる真理であると。だからこの教えは、凡夫が修し易い真実の教であり、愚鈍の者が往き易い近道である。釈尊が一生の間に説かれた教えの中で、阿弥陀仏の海のように広大な功徳に及ぶものはない」と説かれたのです。

親鸞聖人は『浄土和讃』の「観経讃」に、次のように詠《よ》んでおられます。

弥陀《みだ》・釈迦《しゃか》方便《ほうべん》して
阿難《あなん》・目連《もくれん》・富楼那《ふるな》・韋提《いだい》
達多《だった》・闍王《じゃおう》・頻婆《びんば》娑羅《しゃら》

耆婆《ぎば》・月光《がっこう》・行雨《ぎょうう》等《とう》
大聖《だいしょう》おのおのもろともに
凡愚底下《ぼんぐていげ》のつみびとを
逆悪《ぎゃくあく》もらさぬ誓願《せいがん》に
方便引入《ほうべんいんにゅう》せしめけり

釈迦《しゃか》韋提《いだい》方便《ほうべん》して
浄土《じょうど》の機縁熟《きえんじゅく》すれば
雨行《うぎょう》　大臣証《だいじんしょう》として
闍王逆《じゃおうぎゃく》　悪興《あくこう》ぜしむ

（『浄土真宗聖典』〔註釈版・第二版〕五七〇頁）

聖人は、『無量寿経』の四十八願中の第十八願（至心信楽の願《ししんしんぎょうのがん》）に記されている「たとひわれ仏《ぶつ》を得《え》たらんに、十方《じっぽう》の衆生《しゅじょう》、至心信楽《ししんしんぎょう》してわが国《くに》に生《しょう》ぜんと欲《おも》ひて、乃至《ないし》十念《じゅうねん》せん。もし生《しょう》ぜずは、正覚《しょうがく》を取《と》らじ。ただ五逆《ごぎゃく》と誹《ひ》謗正法《ほうしょうぼう》をば除《のぞ》く」（『浄土真宗聖典』〔註釈版・第二版〕一八頁）の文を深く味読され、五逆罪と謗法罪を犯した阿闍世にご自身の姿を重ねて、極悪人である私をお救いくださるのは弥陀の本願力の回向、他力回向の信心以外にないと確信されたのです。「五逆と誹謗正法とをば除く」のきびしいお言葉の裏に、すべての衆生を救わずにおかない仏の大悲心があったことを感得されたのでした。

そのことについて、『教行信証』「行文類」の「一乗海釈」に、次のように記しておられます。

「海《かい》」といふは、久遠《くおん》よりこのかた、凡聖《ぼんしょう》所修《しょしゅ》の雑修雑善《ざっしゅぞうぜん》の川水《せんすい》を転《てん》じ、逆謗闡提恒沙無明《ぎゃくほうせんだいごうじゃむみょう》の海水《かいすい》を転《てん》じて、本願大悲智慧真実恒沙万徳《ほんがんだいひちえしんじつごうじゃまんどく》の大宝海水《だいほうかいすい》となる。これを海《うみ》のごときに喩《たと》ふるなり。まことに知《し》んぬ、経《きょう》に説きて「煩悩《ぼんのう》の氷《こおり》解《と》けて功徳《くどく》の水《みず》となる」とのたまへるがごとし。（『浄土真宗聖典』〈註釈版・第二版〉一九七頁）

「大海が、清く澄んだ川の水も濁った川の水も分け隔てなく受け容れて、一味の海水に変えるように、如来の本願海は善人も悪人も斉しく受け容れて、智慧真実の万徳の大宝海水へと転じてくださるのです」。

救済の平等性については、同書「信文類」に次のように記されています。

おほよそ大信海《だいしんかい》を案《あん》ずれば、貴賤緇素《きせんしそ》〈緇素《しそ》は僧侶と俗人〉を簡《えら》ばず、男女老少《なんにょろうしょう》をいはず、造罪《ぞうざい》の多少《たしょう》を問《と》はず、修行《しゅぎょう》の久近《くごん》を論《ろん》ぜず　（同書、二四五頁）

さらに、「行文類」末の「正信偈」に、「能発一念喜愛心《のうほついちねんきあいしん》　不断煩悩得涅槃《ふだんぼんのうとくねはん》　凡聖《ぼんじょう》　逆《ぎゃく》　謗斉廻入《ほうさいえにゅう》　如衆水入海一味《にょしゅしいにゅうかいいちみ》（よく一念喜愛《いちねんきあい》の心《しん》を発《ほっ》すれば、煩悩《ぼんのう》を断《だん》ぜずして涅槃《ねはん》を得《う》るなり。凡聖《ぼんしょう》・逆謗《ぎゃくほう》斉《ひと》しく回入《えにゅう》すれば、衆水海《しゅすいうみ》に入《い》りて一味《いちみ》なるがごとし（同書、二〇三頁））」と詠み、『高僧和讃』の「天親讃《てんじんさん》」に、「本願力《ほんがんりき》にあひぬれば　むなしくすぐるひとぞなき　功徳《くどく》の宝海《ほうかい》みちみちて　煩悩《ぼんのう》の濁水《じょくすい》へだてなし」（『浄土真宗聖典』〈註釈版・第二版〉五八〇頁）と詠んでおられます。「阿弥陀仏のお救いを喜び愛《め》でる心をおこすと、煩悩を断ち切らずして涅槃を得るのです。凡夫も聖者も、自力の心を翻して如来の本願に帰入すると無上涅槃に至るのです」と記されています。

善導大師は、『観経疏』の巻第四「散善義」で、「如来《にょらい》それこの二の過《とが》〔五逆罪《ごぎゃく》・謗法《ほうぼう》罪〕を造《つく》ることを恐《おそ》れて、方便《ほうべん》して止《とど》めて「往生《おうじょう》を得《え》ず」とのたまへり。またこれ摂《せっ》せざるにはあらず」（『浄土真宗聖典』〔七祖篇〕四九四頁）と記されています。五逆と謗法の罪の重いことを知らせて犯さぬよう忠告し、すでに犯した者を救う如来の大慈悲心から出たお言葉です。親鸞聖人は、この文を『教行信証』の「信文類」（『浄土真宗聖典』〔註釈版・第二版〕三〇二頁）に引いておられます。

『尊号真像銘文《そんごうしんぞうめいもん》』（親鸞聖人が本尊として安置された名号や、祖師の画像の讃文を集めて解説された書物）では、次のように述べておられます。

「唯除五逆《ゆいじょごぎゃく》 誹謗正法《ひほうしょうぼう》」といふは、「唯除《ゆいじょ》」といふはただ除《のぞ》くといふことばなり。五逆《ごぎゃく》のつみびとをきらひ誹謗《ひほう》のおもきとがをしらせんとなり。このふたつの罪《つみ》のおもきことをしめして、十方一切《じっぽういっさい》の衆生《しゅじょう》みなもれず往生《おうじょう》すべしとしらせんとなり。

（『浄土真宗聖典』〔註釈版・第二版〕六四四頁）

親鸞聖人は、かつて自分をねたみ憎んで殺そうとした明法房《みょうほうぼう》の往生を讃えておられます。

明法房は、常陸《ひたち》の国《くに》（茨城県）の修験者（山伏）の頭領で弁円《べんねん》と称しました。聖人が関東で教化され、多くの人びとが聖人に帰依したのを憎み、板敷山《いたじきやま》（茨城県石岡市。修験道の聖地）で聖人を殺そうと待ち伏せしましたが果たせず、稲田《いなだ》（茨城県笠間市稲田）の草庵へ行きましたが、聖人に会い、教えに浴して回心し、お弟子になったといわれる人です。聖人は関東から京都まで訪ねてやってきた門弟から、明法房が往生を遂げたことを知らされ、「御消息」（門弟への手紙）に、次のように記しておられます。

明法御房《みょうほうのおんぼう》の往生《おうじょう》のこと、おどろきまうすべきにはあらねども、かへすがへすうれしく候《そうろ》ふ。鹿島《かしま》・行方《なめかた》・奥《おう》郡《ぐん》、かやうの往生《おうじょう》ねがはせたまふひとびとの、みなの御《おん》よろこびにて候《そうろ》ふ。（同書、七三七―七三八頁）

明法房《みょうほうぼう》などの往生《おうじょう》しておはしますも、もとは不可思議《ふかしぎ》のひがごとをおもひなんどしたるこころをもひるがへしなんどしてこそ候《そうら》ひしか。われ往生《おうじょう》すべければとて、すまじきことをもし、おもふまじきことをもおもひ、いふまじきことをもいひなどすることはあるべくも候《そうら》はず。（同書、七四三―七四四頁）

以前は「不可思議のひがごと」（とんでもない間違った考え）を抱いていた弁円も、教えを聞いて信心の華を咲かせ、妙好人となったのです。

四、経典に説かれる蓮華

蓮華は、経典にしばしば見える花です。

『無量寿経』には、阿弥陀仏の浄土に、「衆宝《しゅぼう》の蓮華《れんげ》、世界《せかい》に周満《しゅうまん》せり。一々《いちいち》の宝華《ほうけ》に百千億《ひゃくせんおく》の葉《はなびら》あり。その華《はな》の光明《こうみょう》に無量《むりょう》種《しゅ》の色《いろ》あり。青色《しょうしき》に青光《しょうこう》、白色《びゃくしき》に白光《びゃっこう》あり、玄《げん》・黄《おう》・朱《しゅ》・紫《し》の光色《こうしき》もまたしかなり。暐曄煥爛《いようかんらん》として日月《にちがつ》よりも明曜《みょうよう》なり」（『浄土真宗聖典』〔註釈版・第二版〕四〇頁）と記されています。

『阿弥陀経』にも、「池《いけ》のなかの蓮華《れんげ》は、大《おお》きさ車輪《しゃりん》のごとし。青色《しょうしき》には青光《しょうこう》、黄色《おうしき》には黄光《おうこう》、赤色《しゃくしき》には赤光《しゃくこう》、白《びゃく》色《しき》には白光《びゃっこう》ありて、微妙《みみょう》香潔《こうけつ》なり」（『浄土真宗聖典』〔註釈版・第二版〕一二二頁）と記されています。

『維摩経』の「仏道品」に、蓮華について次のように説かれています。

高原の陸地には蓮華生ぜず。卑湿の淤泥にすなわちこの華生ず。

（『大正大蔵経』第十四巻、五四九頁中段、原漢文）

親鸞聖人は、この文を『教行信証』の「証文類」の「還相回向釈」に引いて、次のように記されています。

〈淤泥華《おでいけ》〉とは、『経《きょう》』（維摩経）にのたまはく、〈高原《こうげん》の陸地《ろくじ》には蓮華《れんげ》を生《しょう》ぜず。卑湿《ひしゅう》の淤泥《おでい》にいまし蓮華《れんげ》を生《しょう》ず〉と。これは凡夫《ぼんぶ》、煩悩《ぼんのう》の泥《どろ》のなかにありて、菩薩《ぼさつ》のために開導《かいどう》せられて、よく仏《ぶつ》の正覚《しょうがく》の華《はな》を生《しょう》ずるに喩《たと》ふ。まことにそれ三宝《さんぼう》を紹隆《しょうりゅう》して、つねに絶《た》えざらしむと。

（『浄土真宗聖典』〔註釈版・第二版〕三一九頁）

「淤泥華とは、『維摩経』に次のように説かれています。『高原の陸地には蓮華は生えない。土地が低くじめじめした泥地にこの華《はな》は生えるのです』。これは凡夫が、煩悩の泥の中にあって、菩薩に導かれて仏の正覚《しょうがく》（さとり）の華《はな》を生ずるのに喩えたのです。それは、仏・法・僧の三宝を受けついでさらに盛んにし、つねに絶えないようにさせるのです」と。

先述のように善導大師は『観経疏』の「散善義」で、五種の名をあげて念仏者を讃えておられます。

もしよく相続《そうぞく》して念仏《ねんぶつ》するものは（中略）、人中《にんちゅう》の好華《こうけ》と名《な》づけ、また希有華《けうけ》と名《な》づけ、また人中《にんちゅう》の上上華《じょうじょうけ》と名《な》づけ、また人中《にんちゅう》の妙好華《みょうこうけ》と名《な》づく。この華相伝《はなそうでん》して蔡華《さいけ》と名《な》づくるこれなり。もし念仏するものは、すなはちこれ人中《にんちゅう》の好人《こうにん》なり、人中《にんちゅう》の妙好人《みょうこうにん》なり、人中《にんちゅう》の上上人《じょうじょうにん》なり、人中《にんちゅう》の希有人《けうにん》なり、人中《にんちゅう》の最勝人《さいしょうにん》なり。
（『浄土真宗聖典』〈七祖篇〉四九九―五〇〇頁）

文中の「蔡華《さいけ》」とは千葉《せんよう》の白蓮華のことです。「蔡《さい》」とは白い亀の意で、聖人が世に出現するとき、白亀が千枚の花びらの白蓮華に乗って現れるという言い伝えがあります。「阿弥陀仏の本願を信じ念仏する人は分陀利華である、妙好華である。煩悩の泥池に生じながら泥に汚されない清らかな白蓮華のように尊い人である」と善導大師は讃えられました。

万人成仏の専修念仏を説かれた法然上人は、右の文を『選択集』の「讃嘆念仏章」に引いて、「おほよそ五種《ごしゅ》の嘉誉《かよ》を流《なが》し、二尊《にそん》（観音・勢至）の影護《ようご》を蒙《こうむ》る、これはこれ現益《げんやく》なり。また浄土《じょうど》に往生《おうじょう》して、乃至《ないし》、仏《ぶつ》になる、これはこれ当益《とうやく》なり」（『浄土真宗聖典』〈七祖篇〉一二六一頁）と記されています。「五種の嘉誉」とは、「人中の好人、妙好人、上上人、希有人、最勝人」の五つのほめ言葉です。「現益」とはこの世で受ける利益です。「当益」とは、来世で受ける利益です。念仏者に観音・勢至の二菩薩が、影が形に付き従うように離れず護り、浄土に往生させ仏にさせると説かれたのです。

親鸞聖人は、「散善義」の五種のほめ言葉を『教行信証』「信文類」の「真仏弟子釈」に引いて、他力信心の人を、

「「真《しん》の仏弟子《ぶつでし》」（散善義四五七）といふは、真《しん》の言《ごん》は偽《ぎ》に対《たい》し仮《け》に対《たい》するなり。弟子《でし》とは釈迦《しゃか》・諸仏《しょぶつ》の弟子《でし》なり、金剛心《こんごうしん》の行人《ぎょうにん》なり。この信行《しんぎょう》によりてかならず大涅槃《だいねはん》を超証《ちょうしょう》すべきがゆゑに、真《しん》の仏弟子《ぶつでし》といふ」（『浄土真宗聖典』〔註釈版・第二版〕二五六―二五七頁）と記し、『親鸞聖人御消息』（一一）に、真実信心の人は「弥勒《みろく》におなじ位《くらい》なれば、正定 聚《しょうじょうじゅ》の人《にん》は如来《にょらい》とひとしとも申《もう》すなり」（『浄土真宗聖典』〔註釈版・第二版〕七五八頁）と記しておられます。如来の本願を信じ念仏する人は、この世でまさしく往生成仏の身に定まった「正定聚の位」に就き、次の生で仏に成ることが定まっている弥勒菩薩と同じく、必ず浄土（真実報土）に往生を遂げて成仏するといわれます。さらに、このような真実信心の人を『浄土和讃』で「信心《しんじん》よろこぶそのひとを　如来《にょらい》とひとしとときたまふ　大信心《だいしんじん》は仏性《ぶっしょう》なり　仏性《ぶっしょう》すなはち如来《にょらい》なり」、「染香人《ぜんこうにん》のその身《み》には　香気《こうけ》あるがごとくなり　これをすなはちなづけてぞ　香光荘 厳《こうこうしょうごん》とまうすなる」（『浄土真宗聖典』〔註釈版・第二版〕五七三、五七七頁）と詠んで讃えておられます。

『教行信証』「行文類」末の「正信偈」では、次のように詠んでおられます。

一切善悪凡夫人《いっさいぜんまくぼんぷにん》　聞信如来弘誓願《もんしんにょらいぐぜいがん》
仏言広大勝解者《ぶつごんこうだいしょうげしゃ》　是人名分陀利華《ぜにんみょうふんだりけ》

一切善悪《いっさいぜんあく》の凡夫人《ぼんぶにん》、如来《にょらい》の弘誓願《ぐぜいがん》を聞信《もんしん》すれば、仏《ぶつ》、広大勝 解《こうだいしょうげ》のひとと のたまへり。この人《ひと》を分陀利華《ふんだりけ》と名《な》づく。

（『浄土真宗聖典』〔註釈版・第二版〕二〇四頁）

文中の「凡夫人《ぼんぶにん》」について、聖人は、『一念多念証文《いちねんたねんしょうもん》』（法然上人の門下・隆寛律師《りゅうかんりっし》の著『一念多念分別事《いちねんたねんふんべつのこと》』に引かれた経釈の要文に聖人が註釈を施された書）に、次のように記しておられます。

「凡夫《ぼんぶ》」といふは、無明《む みょう》煩悩《ぼんのう》われらが身《み》にみちみちて、欲《よく》もおほく、いかり、はらだち、そねみ、ねたむこころおほくひまなくして、臨終《りんじゅう》の一念《いちねん》にいたるまで、とどまらず、きえず、たえずと、水火二河《すいかにが》のたとへにあらはれたり。

（『浄土真宗聖典』〔註釈版・第二版〕六九三頁）

「正信偈」で、次のように詠んでおられます。

得《とく》至《し》蓮《れん》華《げ》蔵《ぞう》世《せ》界《かい》　即《そく》証《しょう》真《しん》如《にょ》法《ほっ》性《しょう》身《じん》

蓮華蔵世界《れんげぞうせかい》に至《いた》ることを得《う》れば、すなはち真如法性《しんにょほっしょう》の身《しん》を証《しょう》せしむと。

（同書、二〇五頁）

「蓮華蔵世界」とは、『華厳経』（『大方広仏華厳経《だいほうこうぶつけごんぎょう》』Avataṃsaka Sutra、アヴァタンサカ・スートラ）に説かれている毘盧遮那仏《びるしゃなぶつ》の願行によって現出した浄土です。天親菩薩《てんじんぼさつ》（真宗第二祖）は、『浄土論』の「解義分」五功徳門の「入第三門・宅門」に記し、曇鸞大師（同第三祖）はそれを『浄土論』の注釈書『浄土論註』に引き、親鸞聖人も『教行信証』や『唯信鈔文意』に引いて、阿弥陀仏の極楽浄土は「蓮華蔵世界」であり、ただちに「真如法性」（仏のさとり）を証する往生即成仏の土であると詠まれたのです。

『唯信鈔文意《ゆいしんしょうもんい》』（法然上人の門下・聖覚法印《せいかくほういん》の著『唯信鈔《ゆいしんしょう》』に引かれた経釈の要文に聖人が註釈を施された書）には、次のように記されています。

『論《ろん》』（浄土論）には、「蓮華蔵世界《れんげぞうせかい》」ともいへり、「無為《むい》」ともいへり。「涅槃界《ねはんがい》」といふは無明《むみょう》のまどひをひるがへして、無上《むじょう》涅槃《ねはん》のさとりをひらくなり。

（『浄土真宗聖典』〔註釈版・第二版〕七〇九頁）

五、他力の信心を得た人

親鸞聖人は、『浄土和讃』では、他力の信心を得た人を次のように讃えておられます。

弥陀《みだ》の名号《みょうごう》となへつつ
信心《しんじん》まことにうるひとは
憶念《おくねん》の心《しん》つねにして
仏恩報《ぶっとんほう》ずるおもひあり

（『浄土真宗聖典』〔註釈版・第二版〕五五五頁）

真実信心《しんじつしんじん》うるひとは
すなはち定聚《じょうじゅ》のかずにいる

不退《ふたい》のくらゐにいりぬれば
かならず滅度《めつど》にいたらしむ

（同書、五六七頁）

「定聚」は「正定聚《しょうじょうじゅ》」のことです。聖人は『一念多念文意』で、「正定聚」に「往生すべき身とさだまるなり」、「正定の聚に住す」に「かならず仏《ほとけ》になるべき身となれるとなり」と左訓（文字の左側に小さい字で書かれた説明文）を施しておられます。真実信心を得た人は、即時に正定聚の位に就いて不退転の位に入るので、必然的に滅度（大涅槃・阿弥陀仏と同じさとりの境涯）に到らせてくださる、と第十一願（必至滅度の誓願）の意《こころ》を詠まれたのです。信心によって得られるご利益を讃えられたのです。また、聖人は同じく『一年多念文意』で、『経』（如来会）の文を引いて、「正定聚」の位に定まることを「無上大涅槃《むじょうだいねはん》にいたるべき身《み》となるがゆゑに、「等正覚《とうしょうがく》を成《な》る」とも説《と》き」と記し、「等正覚」には「まことの仏《ほとけ》になるべき身となれるなり」と左訓を施しておられます（『浄土真宗聖典』〔註釈版・第二版〕六七九―六八〇頁）。如来の摂取不捨のはたらきを讃えられたのです。

『正像末和讃《しょうぞうまつわさん》』では、次のように詠んでおられます。

仏智不思議《ぶっちふしぎ》を信《しん》ずれば
正定聚《しょうじょうじゅ》にこそ住《じゅう》しけれ
化生《けしょう》のひとは智慧《ちえ》すぐれ
無上覚《むじょうかく》をぞさとりける

（『浄土真宗聖典』〔註釈版・第二版〕六〇八頁）

親鸞聖人のお弟子・唯円房が書いたと伝えられる『歎異抄』の第七条に聖人のお言葉として、次のように記されています。

念仏者《ねんぶつしゃ》は無礙《むげ》の一道《いちどう》なり。そのいはれいかんとならば、信心《しんじん》の行者《ぎょうじゃ》には、天神《てんじん》・地祇《じぎ》も敬伏《きょうぶく》し、魔界《まかい》・外道《げどう》も障礙《しょうげ》することなし。罪悪《ざいあく》も業報《ごうほう》を感《かん》ずることあたはず、諸善《しょぜん》もおよぶことなきゆゑなりと云々《うんぬん》。

（『浄土真宗聖典』〔註釈版・第二版〕八三六頁）

「念仏者は何ものにも妨げられることのない一道、絶対の大道を歩む人である。そのわけは、如来の本願を信じ念仏する人には、天の神々・地の神々も敬ってひれ伏し、悪魔・外道も邪魔することがない。罪悪も業報を受けることがない。さまざまな善行《ぜんぎょう》も及ばないからである」と讃えられたと記されています。

「正信偈」で、真宗の第六祖・源信和尚《げんしんかしょう》のお言葉によって、次のように詠んでおられます。

極重悪人唯称仏《ごくじゅうあくにんゆいしょうぶつ》　我亦在彼摂取中《がやくざいひせっしゅちゅう》
煩悩障眼雖不見《ぼんのうしょうげんすいふけん》　大悲無倦常照我《だいひむけんじょうしょうが》

極重《ごくじゅう》の悪人《あくにん》はただ仏《ぶつ》を称《しょう》すべし。われまたかの摂取《せっしゅ》のなかにあれども、煩悩《ぼんのう》、眼《まなこ》を障《さ》へて見《み》たてまつらずといへども、大悲《だいひ》、倦《もの》きことなくしてつねにわれを照《て》らしたまふといへり。

（同書、二〇七頁）

『歎異抄』の第三条には、「悪人成仏」についての親鸞聖人の法語が、次のように記されています。

煩悩具足《ぼんのうぐそく》のわれらは、いづれの行《ぎょう》にても生死《しょうじ》をはなるることあるべからざるを、あはれみたまひて願《がん》をおこしたまふ本意《ほんい》、悪人成仏《あくにんじょうぶつ》のためなれば、他力《たりき》をたのみたてまつる悪人《あくにん》、もつとも往生《おうじょう》の正因《しょういん》なり。よつて善人《ぜんにん》だにこそ往生《おうじょう》すれ、まして悪人《あくにん》はと、仰《おお》せ候《そうら》ひき。

（『浄土真宗聖典』〔註釈版・第二版〕八三四頁）

文中の「悪人」とは、善を行うことができる善人（自力作善《じりきさぜん》の人）とは違って、自力の行によって生死の迷いを離れることのできない「他力をたのみたてまつる悪人」（『歎異抄』第三条）を意味します。

親鸞聖人は『教行信証』の「信文類」で、次のようにご自身を悲歎述懐されています。

まことに知《し》んぬ、悲《かな》しきかな愚禿鸞《ぐとくらん》、愛欲《あいよく》の広海《こうかい》に沈没《ちんもつ》し、名利《みょうり》の太山《たいせん》に迷惑《めいわく》して、定聚《じょうじゅ》の数《かず》に入《い》ることを喜《よろこ》ばず、真証《しんしょう》の証《さとり》に近《ちか》づくことを快《たの》しまざることを、恥《は》づべし傷《いた》むべしと。

（『浄土真宗聖典』〔註釈版・第二版〕二六六頁）

『正像末和讃』の「愚禿悲歎述懐讃」では、次のように悲歎されています。

浄　土《じょうど》真宗《しんしゅう》に帰《き》すれども
真実《しんじつ》の心《しん》はありがたし

虚仮《こけ》不実《ふじつ》のわが身《み》にて
清浄《しょうじょう》の心《しん》もさらになし
悪性《あくしょう》さらにやめがたし
こころは蛇蝎《じゃかつ》のごとくなり
修善《しゅぜん》も雑毒《ぞうどく》なるゆゑに
虚仮《こけ》の行《ぎょう》とぞなづけたる
小慈《しょうじ》小悲《しょうひ》もなき身《み》にて
有情《うじょう》利益《りやく》はおもふまじ
如来《にょらい》の願船《がんせん》いまさずは
苦海《くかい》をいかでかわたるべき

（『浄土真宗聖典』〔註釈版・第二版〕六一七頁）

さらに、ご自身を「虚仮不実の身」「小慈小悲もなき身」と告白され、この世では仏になれず、有情利益をなし得ない身と慚愧され、如来回向の「金剛の信心」を次のように讃えておられます。

五濁《ごじょく》悪世《あくせ》のわれらこそ
金剛《こんごう》の信心《しんじん》ばかりにて

ながく生死《しょうじ》をすてはてて
自然《じねん》の浄土《じょうど》にいたるなれ
（同書、五九一頁）

金剛堅固《こんごうけんご》の信心《しんじん》の
さだまるときをまちえてぞ
弥陀《みだ》の心光摂《しんこうしょうご》 護して
ながく生死《しょうじ》をへだてける
（同書、五九一頁）

無慚無愧《むざんむぎ》のこの身《み》にて
まことのこころはなけれども
弥陀《みだ》の回向《えこう》の御名《みな》なれば
功徳《くどく》は十方《じっぽう》にみちたまふ
（同書、六一七頁）

『教行信証』の「総序」に、真実の法に遇えた慶びを、次のように記されています。

ここに愚禿釈《ぐとくしゃく》の親鸞《しんらん》、慶《よろこ》ばしいかな、西蕃《せいばん》・月支《げっし》〔インド〕の聖典《しょうてん》、東夏《とうか》（中国）・日域《じちいき》（日本）の師釈《ししゃく》に、遇《あ》ひがたくしていま遇《あ》ふことを得《え》たり、聞《き》きがたくしてすでに聞《き》くことを得《え》たり。真宗の教行 証《しんしゅうきょうぎょうしょう》を敬信《きょうしん》して、ことに如来《にょらい》の恩徳《おんどく》の深《ふか》きことを知《し》んぬ。ここをもつて聞《き》くところを慶《よろこ》び、獲《う》るところを嘆《たん》ずるなりと。

（『浄土真宗聖典』〔註釈版・第二版〕一三三二頁）

聖人は関東在住時代、天候不順による凶作で飢饉に苦しむ人びとの救済を願って、衆生利益のために「三部経」の千部読誦を試みられましたが、四、五日して、それが自力の執心であったと思い返して止め、いよいよ名号をたのみ念仏を勧められました（「恵信尼消息」同書、八一六頁、参照）。

『歎異抄』（第四条）に、次のように記されています。

今生《こんじょう》に、いかにいとほし不便《ふびん》とおもふとも、存知《ぞんじ》のごとくたすけがたければ、この慈悲始終《じひしじゅう》なし。しかれば、念仏申《ねんぶつもう》すのみぞ、すゑとほりたる大慈悲心《だいじひしん》にて候《そうろ》ふべきと云々《うんぬん》。（『浄土真宗聖典』〔註釈版・第二版〕八三四頁）

『親鸞聖人御消息』「二五」には、次のように記されています。

往生《おうじょう》を不定《ふじょう》におぼしめさんひとは、まづわが身《み》の往生《おうじょう》をおぼしめして、御念仏候《おんねんぶつそうろ》ふべし。わが身《み》の往生一定《おうじょういちじょう》とおぼしめさんひとは、仏《ぶつ》の御恩《ごおん》をおぼしめさんに、御報恩《ごほうおん》のために、御念仏《おんねんぶつ》こころにいれて申《もう》して、世《よ》のなか安穏《あんのん》なれ、仏法《ぶっぽう》ひろまれとおぼしめすべしとぞ、おぼえ候《そうろ》ふ。（『浄土真宗聖典』〔註釈版・第二版〕七八四頁）

『歎異抄』（第六条）に、「親鸞《しんらん》は弟子《でし》一人《いちにん》ももたず候《そうろ》ふ。そのゆゑは、わがはからひにて、ひとに念仏《ねんぶつ》を申《もう》させ候《そうら》はばこそ、弟子《でし》にても候《そうら》はめ。弥陀《みだ》の御《おん》もよほしにあづかつて念仏申《ねんぶつもう》し候《そうろ》ふひとを、わが弟子《でし》と申《もう》すこと、きはめたる荒涼《こうりょう》のことなり」（同書、八三五頁）と記されています。聖人は、汗して働く民、百姓・猟師・商人らと同じ凡夫であるとの同体意識をもっておられました。

『唯信鈔文意《ゆいしんしょうもんい》』に、次のように記されています。

> れふし〔猟師・漁師〕・あき人《びと》〔商人〕、さまざまのものはみな、いし〔石〕・かはら〔瓦〕・つぶて〔礫〕のごとくなるわれらなり。如来《にょらい》の御《おん》ちかひをふたごころなく信楽《しんぎょう》すれば、摂取《せっしゅ》のひかりのなかにをさめとられまゐらせて、かならず大涅槃《だいねはん》のさとりをひらかしめたまふは、すなはちれふし・あき人《びと》などは、いし・かはら・つぶてなんどをよくこがねとなさしめんがごとしとたとへたまへるなり。
>
> （『浄土真宗聖典』〔註釈版・第二版〕七〇八頁）

当時、愚かで賤しい者と貶《おとし》められた人びとに、如来の大悲に摂取され、大涅槃のさとりをひらかせてくださるのは、あたかも石・瓦・礫を黄金に変えるようなものだ、と説かれたのです。

他力の信心を得た人は、慚愧と感謝、仏恩報謝の思いからお念仏が出てくださるのです。そのお念仏は、如来の「必ず救うぞ　われにまかせよ」との喚《よ》び声であり、「本願招喚《ほんがんしょうかん》の勅命《ちょくめい》」といわれます。母親が病《やまい》で苦しむわが子に、自身の命に代えても救いたいと念ずるような如来のやるせない大悲の喚び声、それが弥陀回向の御名《みな》「南無阿弥陀仏」です。その喚び声が聞こえたのが他力の信心です。

六、他力信心の人、近代を生きた妙好人・浅原才市

浅原才市《あさはらさいち》は江戸時代の終わりに生まれ、明治・大正・昭和にかけて生きました。無学ながら他力の信心を数多くの詩《うた》に詠んだ妙好人として知られています。鈴木大拙によって研究され、国の内外に紹介されました。才市は次のような詩を詠んでいます。

「うれしやうれしやをや《（親）》のこころわ《（は）》わたしのこころ　なむあみ尤ぶつなむあみ尤ぶつ」（鈴木大拙編著『妙好人浅原才市集』春秋社、一九六七年、二二三頁）、「あな太わ太し二なむあみ尤ぶつ　わ太しやあな太二とられてかゑる」（同書、四〇二頁）、「あな太をやさま《（親様）》よいをやさまで　わしがをやさまなむあみ尤ぶつ」（同書、四〇六頁）。

親さま（阿弥陀如来）のお慈悲が才市の心に届いたのです。

他力の信心は、どこまでも阿弥陀如来から与えられたものであり、その信心には、人びとに如来の大悲を伝える「常行大悲《じょうぎょうだいひ》」（常に大悲を行ずる）の利益《りやく》が具わっていると親鸞聖人は説いておられます。『教行信証』の「信文類」に、「現生十種の益《げんしょうじっしゅのやく》」について、次のように記されています。

金剛《こんごう》の真心《しんしん》を獲得《ぎゃくとく》すれば、横《おう》に五趣八難《ごしゅはちなん》の道《どう》を超《こ》え、かならず現生《げんしょう》に十種《じっしゅ》の益《やく》を獲《う》。なにものか十《じゅう》とする。一《ひと》つには冥衆護持《みょうしゅごじ》の益《やく》、二《ふた》つには至徳具足《しとくぐそく》の益《やく》、三《み》つには転悪成善《てんあくじょうぜん》の益《やく》、四《よ》つには諸仏護念《しょぶつごねん》の益《やく》、五《いつ》つには諸《しょ》仏称讃《ぶつしょうさん》の益《やく》、六《む》つには心光常護《しんこうじょうご》の益《やく》、七《なな》つには心多歓喜《しんたかんぎ》の益《やく》、八《や》つには知恩報徳《ちおんほうとく》の益《やく》、九《ここの》つには常行大悲《じょうぎょうだいひ》

の益《やく》、十《とお》には正定 聚《しょうじょうじゅ》に入《い》る益《やく》なり。

（『浄土真宗聖典』〈註釈版・第二版〉二五一頁）

他力の信心を得てもこの世で仏に成ることはできず、思いどおりに衆生を済度することはできないが、この世で十種の利益、とくに「常行大悲の益」をめぐまれるといわれるのです。「常行大悲の益」とは、真宗の第四祖・中国の道綽《どうしゃく》 禅師の『安楽集《あんらくしゅう》』〈下巻〉に引かれる「『大悲経《だいひきょう》』にのたまはく、〈いかんが名《な》づけて大悲《だいひ》とする。〈中略〉もしよく展転《てんでん》してあひ勧《すす》めて念仏《ねんぶつ》を行《ぎょう》ぜしむるは、これらをことごとく大悲《だいひ》を行《ぎょう》ずる人《ひと》と名《な》づく〉」（『教行信証』「信文類」。『浄土真宗聖典』〈註釈版・第二版〉二六〇頁）と記されているのに拠られたのです。

「常行大悲の益」について、梯《かけはし》 實圓《じつえん》〈浄土真宗本願寺派勧学〉は、「阿弥陀如来の大悲は、人びとのうえに届いて、本願を信じ念仏するものに育て上げ、その念仏者を拠点として、煩悩の大地に行ぜられていることを意味していました。それは真宗における伝道の原点を示されたものといえましょう」〈梯實圓著『教行信証』〈信の巻〉本願寺出版社、二〇〇八年、三四八頁）と解説されています。

妙好人の浅原才市は、凡夫の「衆生済度」について、次のように詠んでいます。

しゆ上さいどわ《（衆生済度は）》いま《（今）》とわ《（は）》
ちがういまわ《（は）》ぼんぶ《（凡夫）》でしやば《（娑婆）》
せかい《（世界）》しゆ上さいどわ《（は）》
み太《（弥陀）》の上をど《（浄土）》せ《（で？）》するぞ
うれしやなむあみ太ぶつ

（鈴木大拙編著『妙好人　浅原才市集』春秋社、一八五頁、九二番）

煩悩具足の身で、この世では思うような衆生済度はできないが、弥陀の本願力回向で浄土に生まれ（往相）、仏と成って迷える衆生を済度させていただくこと（還相）を喜んでいます。その喜びが、自然に日々の才市の生活態度となって現れ、すべてのものにやさしい行為をもたらしたのです。「自信教人信」です。

才市は、信心にそなわるこの世での常行大悲の利益も、浄土に往生して仏となって行う還相の衆生済度も、共に阿弥陀如来の回向であり、如来から賜る功徳だと喜んだのです。

妙好人にひとしく見られるのは、聞法によってまことの信心をいただき、生死の迷いを離れ、念仏のうちに人びとに阿弥陀仏の救いを伝え、共に喜んだことでした。慈愛心に富み、才市も各地の飢饉、津波、大火の罹災者へ援助金を送るなど、積極的に慈善活動に参加しています（高木雪雄著『才市同行――才市の生涯と周縁の人々――』永田文昌堂、一九九一年、八六―八七頁、参照）。こうした妙好人の利他的行為は、仏恩報謝の思いからなされたのでしょう。

承元《じょうげん》の法難（一二〇七年。専修念仏教団への弾圧。後鳥羽上皇によって法然上人の門弟四人が死罪、法然上人・親鸞聖人ら七人が流罪にされた事件。建永の法難とも）において、親鸞聖人は越後流罪となりました。これを機に「非僧非俗」「愚禿親鸞」を宣言して大地に生きる人びとと交わり、他力の信心を伝えられた聖人に、鈴木大拙は深く感動し、『日本的霊性』（初版、大東出版社、一九四四年）の第二篇「日本的霊性の顕現」において、「親鸞聖人は、法然上人のもとで得たる念仏の信心を、流謫《りゅうたく》の身となった機会において大地生活の実地にこれを試さんとしたものに相違ない」、「越後における彼の生活は、必ず実際に大地に即したものであった」（〔岩波文庫本〕一九七二年、九四頁）、「特に親鸞聖人を取り上げて日本的霊性に目覚めた最初の人であると言いたいのは、彼が流竄《りゅうざん》の身となって辺鄙《へんぴ》といわれる北地へいって、そこで大地に親しんでいる人と起居を共にして、つぶさに大地の経験をみずからの身の上に味わったからである。日本的霊性なるものは、極めて具体的で現実的で個格的で「われ一人」的である」（同書、一〇一―一〇二頁）、「日本的霊性は親鸞の個霊を通して、その面に大悲者自体を映し出さしめたのである。大悲者を知らない霊性は、霊性の真実にまだ目覚めないのである」（同書、一一二頁）と記しています。

大拙はさらに、才市に霊性的自覚を見て、同書の第四篇「妙好人」と著書『妙好人』（初版、大谷出版社、一九四八年）、論考「妙好人　浅原才市」（鈴木大拙編著『妙好人　浅原才市集』春秋社、一九六七年、所収）などで才市を世に紹介しました。昭和二十六年（一九五一）十月から二十七年（一九五二）十月に五回にわたって発表された英文論文"A Study of Saichi the Myōkōnin", *The Way*, vol. 3, no. 4, - vol. 4, no. 4, Higashi Hongaji Y. B. A. Los Angeles, Calif（『松ヶ岡文庫研究年報』第二十七号、二〇一三年、所収）では、才市の他力の信心を西洋の人びとに紹介しています。本論文で、大拙が才市の念仏詩から読み取った宗教意識とは、たんに浄土を彼岸に見て死後に生まれることを期するのではなく、今生きているこの「いのち」が如来の限りない光明（大智）と寿命（大悲）に照らされ抱かれ生かされているとの喜びであり、それこそが人類の対立・抗争・闘争を和らげ、平和をもたらす、と大拙は述べています。

第二章　近世『妙好人伝』の成立

一、近世の『妙好人伝』

1、仰誓編『親聞妙好人伝』『妙好人伝』

江戸時代中期に、浄土真宗本願寺派の学僧・仰誓《ごうせい》（一七二一―一七九四）が、最初の妙好人伝『親聞《しんもん》妙好人伝』（一篇）を編集し、さらに後年『妙好人伝』（二篇）を編集しました。平成二十一年（二〇〇九）刊行の『大系真宗史料』（伝記編8・妙好人伝）（児玉識・菊藤明道翻刻編集、法藏館）に収録されました。

仰誓は、京都西六条（現、京都市下京区新町通正面下ル平野町）の本願寺派明覚寺第十代住職寂便の子として生まれました。蓮如上人の末裔といわれています。十四歳で僧樸《そうぼく》（一七一九―一七六二）について宗学を学び、二十二歳で伊賀上野（三重県伊賀市上野中町）の明覚寺に移りました。

寛延二年（一七四九）二十八歳の年に、大和国吉野郡鉾立《ほこたて》村（奈良県吉野郡大淀町鉾立）の真宗大谷派光蓮寺の門徒で篤信者の清九郎《せいくろう》を訪ねて面談します。その厚信の様子に感動し、後日、母・妙誓と道俗二十四人を引き連れて吉野を訪ね、十人の篤信者たちに会います。それが縁で最初の妙好人伝『親聞妙好人伝』が生まれました。

『親聞妙好人伝』は、清九郎が亡くなった寛延三年（一七五〇）から三年後の宝暦三年（一七五三）、仰誓三十三歳頃に編集されました。十話を収めています。その第三話「和州清九郎」に、次のように記されています。

世間ノ人ハ、吉野ノ花ヲ詠メントテ、ハル〳〵至ル人ハ多ケレトモ、我々ハイカナル仏祖ノ御引合ニヤ、信者ノ花盛リヲ詠メントテ、吉野ノ奥ニ下リシハ、マコトニ不可思議ノ因縁ナリ。

（『大系真宗史料』〔伝記編8・妙好人伝〕法藏館、二〇〇九年、一一頁）

吉野の篤信者たちに会って感動した仰誓の喜びが伝わってきます。

清九郎は貧しく文字の読み書きもできませんでしたが、信心堅固で、正直で親孝行で慈愛心に富み、多くの人びとから敬慕されました。そのことは、仰誓の『親聞妙好人伝』以外に、清九郎の伝記が四編作られていることからもうかがえます。①恵俊編『大和国吉野郡清九郎行状記』、②帰西編『浄土真宗孝信清九郎物語』、③覚順編『崑崙《こんろん》実録《じつろく》』、④法安編『和州清九郎伝』です。これらは、『大系真宗史料』〔伝記編9・近世門徒伝〕（平田厚志・平田徳翻刻編集、法藏館、二〇一二年）に収録されました。

当時、石見・安芸・周防・長門地方では布教僧円空《えんくう》の「一如秘事《いちにょひじ》」（真宗の異安心《いあんじん》の一つで、真実の信心に達すればすなわち浄土に入り、密かに滅度・涅槃を証するとする説）が流行しました。宝暦十年（一七六〇）、本願寺派はその説が異義・邪説であると判定します。翌年、仰誓四十一歳の年、本願寺派第十七代・法如《ほうにょ》門主（一七〇七―一七八九）の命をうけて仰誓はその勧誡《かんかい》のために石見に赴き、解決につとめました。さらに、三年後の明和元年（一七六四）四十三歳の年、門主の命で石見の浄泉寺（島根県邑智郡邑南町市木）に移り、第十一代住職となります。学寮を建て、多くの僧の育成に尽力しました。「石州《せきしゅう》学派の祖」といわれています。宗門の規律に厳格な人で「真宗律」とも称されました（井上哲雄著『真宗本派学僧逸伝』永田文昌堂、一九七九年。「円空」「仰誓」の項、参照）。

仰誓は、石見に移住してからも篤信者の言行を集め『妙好人伝』（二篇）を編集しました。第一篇は『親聞妙好人伝』と同じ十話、第二篇は二十六話、計三十六話です。しかし、『親聞妙好人伝』も『妙好人伝』も版行はされず、原本は失われ、写本のみが伝わっています。

『親聞妙好人伝』の写本は五本伝わっています。①瑞泉寺蔵本、②龍谷大学図書館蔵本、③京都大学付属図書館蔵本、④浄謙寺蔵本、⑤浄泉寺蔵本の五本です（朝枝善照著『妙好人伝基礎研究』永田文昌堂、一九八二年、参照）。このうち、②龍谷大学図書館蔵本が『大系真宗史料』（伝記編8・妙好人伝）（法藏館）に翻刻収録されています。

また、『妙好人伝』（二篇）は、仰誓の子・履善《りぜん》に師事した伊予（愛媛県）正覚寺の克譲《こくじょう》の書写本が、愛媛県立図書館伊予史談会文庫に寄託収蔵されています。克譲も文政十二年（一八二九）に『新続《しんぞく》妙好人伝』（二篇、伊予史談文庫蔵）を編集しています。共に龍谷大学元教授（国文学）の土井順一著『妙好人伝の研究――新資料を中心として――』（百華苑、一九八一年）と『大系真宗史料』（伝記編8・妙好人伝）（法藏館）に翻刻収録されました。

江戸時代後期に、本願寺派の僧純《そうじゅん》と大谷派の象王《ぞうおう》によって、それぞれ『妙好人伝』（五篇）と『続妙好人伝』（一篇）が編集版行されました。以下成立順に列記します。

仰誓編・僧純再編『妙好人伝』初篇　天保十三年（一八四二）専精寺蔵版
僧純編『妙好人伝』二篇　天保十四年（一八四三）専精寺蔵版
僧純編『妙好人伝』三篇　弘化四年（一八四七）専精寺蔵版

象王編『続妙好人伝』一篇　嘉永四年（一八五一）五梅園蔵版
僧純編『妙好人伝』四篇　安政三年（一八五六）専精寺蔵版
僧純編『妙好人伝』五篇　安政五年（一八五八）専精寺蔵版
象王編『続妙好人伝』一篇　補刻本　安政六年（一八五九）文醒堂蔵版
すべて『大系真宗史料』〔伝記編8・妙好人伝〕（法藏館）に翻刻収録されています。

2、僧純編『妙好人伝』

江戸時代後期に美濃の浄土真宗本願寺派専精寺（現、岐阜県不破郡垂井町）の僧純《そうじゅん》が、仰誓没後四十八年目の天保十三年（一八四二）三月に、仰誓《ごうせい》編『妙好人伝』を再編し、その後、第二篇～第五篇を編集版行しています。

僧純（一七九一―一八七二）は、越後国中頸城郡西野嶌村（新潟県上越市吉川区西野島字建坪）の本願寺派長徳寺に生まれ、同国同郡姫河原（新潟県妙高市姫川原）の同派正念寺の僧朗（一七六九―一八五一）に学び、美濃の同派専精寺に入りました。本願寺派第二十代・広如《こうにょ》門主（一七九八―一八七一）に仕え、天保元年（一八三〇）に行われた「天保の改革」といわれる本願寺の財政再建に、大坂天満の豪商・石田《いしだ》敬起《よしおき》（大根屋《だいこんや》小《こ》右《え》衛門《もん》）と共に尽力しました。文久元年（一八六一）親鸞聖人六百回大遠忌に際して行われた大谷本廟の石橋（円通橋《えんつうきょう》）の架設（安政三年、一八五六年、完成）、洛西角坊《すみのぼう》別院の建立（安政四年、一八五七年、完成）に尽力し、本山が『真宗法要典拠』の刊行を企てた際には、諸国募縁に尽瘁しました。広如門主から紫五条袈裟と「中山園」の扁額（専精寺本堂）を贈られています。『高祖聖人十恩弁』『御真影略伝』『親鸞聖人霊瑞編』『高祖聖人皇都霊跡志』など親鸞聖人を讃仰する書物を多く刊行しました。正聚房僧純。明治五年（一八七二）四月八日没、行年八十二歳。

僧純編『妙好人伝』は、全五篇、各篇上下、計十冊からなります。初篇は、仰誓が編集した『妙好人伝』を、僧純が再編して天保十三年（一八四二）三月に「実成院仰誓師撰　妙好人伝　初篇上下」と標記して版行しました。翌年四月に第二篇を、弘化四年（一八四七）に第三篇を、安政三年（一八五六）に第四篇を、安政五年（一八五八）に第五篇を版行しました。これら僧純の『妙好人伝』は、篤信者の言行の話が多い仰誓の『親聞妙好人伝』とはかなり趣を異にしています。僧純による文章の改変が見られるのです。とくに大和の清九郎の話にそれが顕著です。次のとおりです。

仰誓の『親聞妙好人伝』の文では、清九郎は、真宗大谷派の門首が吉野に下向《げこう》され、鉾立村の某家に寄られた際、門首から一人呼び出されて対面したあと、他の同行から「さぞ有り難かったであろう」と問われ、次のように答えました。

マコトニ腹ハ立候ハス。難有候也ト、サマテ驚立テヨロコブホドノ気色モナシ。人々不審ニ思ヒ、人並ノヨロコヒニテハ有マシキ事也トイヘハ、ナルホト難レ有嬉クハ候ヘトモ、是ヨリ外ニマタ難レ有コトノ候也。ソノユヘハ、カヽル悪人ノ一念帰命ノ信心ヒトツニテ助玉フ如来ノ御恩ハ、タトヘンカタナク難有シ。此ユヘニ、ソレニ比校《アハセ》テミレハ、御門跡様ノ御言ハサホトニハナキ也、ト答ヘシトナリ。ソノ甚々ノ意味可知。

（『大系真宗史料』〔伝記編8・妙好人伝〕法藏館、一一三頁）

この文を僧純は、『妙好人伝』（初篇）で次のように改変しています。

> 只今《たゞいま》御前《ごぜん》へ召出《めしいだ》され、御言《おんことバ》に預《あづか》りし嬉《うれ》しさ、身《み》の毛《け》いよたち難有《ありがた》きに、況《いはん》や浄土《じやうど》へ往生《わうじやう》とげたてまつり、正身《しやうじん》の如来様《にょらいさま》の、直《ぢき》の御言《ことハ》を蒙《かうむ》りなバ、何程《なにほど》か難有《ありがた》からんと喜《よろこ》びしとなり。
>
> （同書、一二〇頁）

門主崇拝の文に改変したのです。

僧純の『妙好人伝』は、仰誓の『親聞妙好人伝』に比べ、本山崇敬・門主崇拝を強調する記述が多く見られます。そこには両人の置かれた立場の相違と、江戸時代中期と江戸時代後期の社会や宗門の状況が反映されていると思われます。

僧純が編纂した『妙好人伝』には、江戸時代に数多く編集された『孝子伝』『良民伝』と同じ倫理、正直・勤倹・孝行・仁愛などが説かれ、幕府や藩の掟《おきて》に従い、本山の規律を遵守する人が多く収められています。江戸時代に本願寺教団を揺るがした異安心事件「三業惑乱《さんごうわくらん》」に対処しようとした意図もうかがえます。

僧純は、本願寺の中枢部にあって諸事業に携わった行政僧でした。三篇下には妙好人の話はなく、すべて僧純の教説です。項目は以下のとおりです。「神明帰仏」「帝王帰仏」「公武帰仏」「神職帰仏」「神棚之事」「金神」「物忌之事」「掟こゝろえ歌」です（『大系真宗史料』〔伝記編8・妙好人伝〕法藏館、二一四―二四〇頁）。

以上のように、最初に『妙好人伝』を編集した江戸時代中期の仰誓編『親聞妙好人伝』が、大和の清九郎など篤信者の言行を収録しているのに対し、五十年近く経て成立した江戸時代後期の僧純の『妙好人伝』に大きな変化が見られるのは事実です。後者には、江戸幕府の宗教統制・寺院法度《はっと》の強化、儒者・国学者・経世論者の廃仏論、新興宗教の台頭や本願寺の財政危機に対し、本願寺門徒の理想的人間像を示して宗門の危機に対処しようとした意図がうかがえます。また、江戸時代の本願寺派の学林が説いた「三業帰命《さんごうきみょう》説《せつ》」への批判も見られます。「三業帰命説」とは、身に阿弥陀仏を礼拝し、口に念仏を称え、心にたすけたまえとたのむなど身口意《しんくい》のすべてを挙げて帰命するという自力的な教説で、教団を揺るがす三業惑乱事件を惹き起こしました。僧純編『妙好人伝』四篇下の「越中能与女《のよ》」の話に三業帰命説批判の記述が見られます。話の末尾に「射水《いみず》・砺波《となみ》の両郡《りやうぐん》ハ、その比《ころ》三業《さんがう》の固執《こしう》の徒《と》多《おほ》かりしに、此奇瑞《きずい》〔能与女の逆《さか》さ竹の奇瑞〕を見聞《けんもん》して回心《ゑしん》するもの数多《かずおほ》し」（『大系真宗史料』〔伝記編8・妙好人伝〕法藏館、二六五頁）と記しています。僧純の『妙好人伝』が、当時の本願寺教団の意向に沿うものであったことは間違いないでしょう。

3、象王編『続妙好人伝』

象王《ぞうおう》（生没年未詳）は、仰誓の志を継ごうと願って仰誓《ごうせい》編『妙好人伝』の「二篇」として嘉永四年（一八五一）正月に『続妙好人伝』一篇（五梅園蔵版）を編集版行しました（『続妙好人伝』長崎　石南学人瑛記述「跋」、嘉永三年九月、参照）。さらに、八年後の安政六年（一八五九）に『続妙好人伝』一篇〔補刻本〕（文醒堂蔵版）を版行しています。補刻本では、初版本の話を数話差し替え、文章を大幅に改変しています（拙著『妙好人伝の研究』法藏館、二〇〇三年、土井順一著『佛教と芸能』永田文昌堂、二〇〇三年、参照）。

両本を比較検討した結果、初版本版行から補刻本版行までの八年間の象王の宗学の進展と社会の変動に対処しようとした意図があったことが判明しました。

象王の『続妙好人伝』は仰誓・僧純《そうじゅん》の『妙好人伝』に比べ、往生譚や奇瑞譚・怪異譚が多く収められています。それは、象王が若い頃過ごした松前（北海道松前郡）の宗教環境（雑多な信仰の混在）の影響と思われます。収録された妙好人の多くは真宗大谷派の門徒であり、智現・大法・廓三など篤信の僧の話も収めています。熱烈な求法者の話が多く見られます。当時の僧俗に、真剣な聞法を促したものと思われます。

両本の巻頭に、真宗佛光寺派の学頭をつとめた大行明顕寺主権少僧都正定閣信暁による序（嘉永三年十月）が付されています。次のとおりです。

続好人伝序《(ママ)ぞくこうにんでんじょ》

観経義《くわんぎょうぎ》にいへる好人《こうにん》・妙好人《めうこうにん》ハ、是《ぜ》人名《にんミやう》芬陀利華《ふんだりけ》の上上《じょうぐ〱》最勝《さいしやう》の希有人《けうにん》にて、明法房《ミやうほふバう》の往生《わうしやう》のこと、おどろくにハあらねども、かへすぐ〱のうれしさは、鹿島《かしま》・行方《なめかた》・奥郡《あうぐん》の、かやうの往生《わうじやう》をねがハれさふらふ人《ひと》ぐ〱の、ミなの喜《よろこび》なり、とある法語《ほふご》のごとく、あまねく世《よ》の人《ひと》にしらしめて、同《おな》し心《こゝろ》にならしめハ、大利益《だいりやく》ある好《こう》人伝《にんでん》ならんと序《じょ》しぬ。

（『大系真宗史料』〔伝記編8・妙好人伝〕法藏館、三二七、三六四頁）

「親鸞聖人御消息」に記される親鸞聖人の門弟・明法房の往生に関する法語を引いて、「あまねく世の人にしらしめて、同し心にならしめハ、大利益ある好人伝ならんと序しぬ」と記しています。明法房は、もと常陸（茨城県）の山伏の頭領で弁円《べんねん》と称しました。親鸞聖人の念仏布教を憎んで殺害しようとしましたが、聖人に会って教化に浴し、篤信のお弟子になった人で聖人より前に往生を遂げています。聖人は「御消息」の中で、彼の往生を讃えておられます。

象王編『続妙好人伝』については、これまでほとんど研究がなされておらず、編者の象王についても不明で、本願寺派の僧であろうと推測されてきました。

両本末尾に付された「長崎　石南学人瑛」（未詳）の跋文（嘉永三年九月）に、編者は「松前の象王師」であること、象王が仰誓の編集した『妙好人伝』に続く第二篇として同書を編集したことが記されています（『大系真宗史料』〈伝記編8・妙好人伝〉法藏館、三六二、四〇〇頁）。

調査の結果、象王が北海道松前郡の真宗大谷派の僧であったこと、『続妙好人伝』が真宗大谷派のものであること、内容的にも非真宗的な奇瑞譚・霊験譚が見られ、本願寺派の僧純の『妙好人伝』が理想的な門徒像を示そうとしているのに比べ、著しく異なることが判明しました。

両本上巻の第二話「松前文右衛門」に、松前の豪商・山田文右衛門の話が記され、次のような記述がありました。

> 文右衛門は能登の出身で、若くして渡海し、松前のある豪家に仕えて商売に励み、蝦夷地のアッケシ（厚岸）の場《ば》所請負人《しょうけおいにん》として活躍したこと。彼は篤実で慈悲深く、信心深い人であったこと。雇った多くの蝦夷人《えぞびと》が疱瘡《ほうそう》にかかった際には薬を与え、親切に看病したので、一人の死者も出さなかったこと。文右衛門がユウフツ（勇払）の山で商売（角・皮を売る）のために殺した多くの鹿の法要に象王が請われて参ったこと。文右衛門が天保元年（文政十三年、一八三〇）九月二十日に亡くなった際、象王が葬儀に参ったことです（『大系真宗史料』〈伝記編8・妙好人伝〉法藏館、三二九―三三〇頁、三六六―三六七頁、参照）。

そこで、筆者は山田文右衛門の墓が松前の真宗大谷派専念寺にあるのではと推測し、平成十年（一九九八）七月一日、同寺の福島憲俊住職に調査をお願いしたところ同寺の墓地にあることが判明、同年九月二日に専念寺を訪ね、文右衛門の墓の存在を確認しました。その後間もなく、文右衛門の子孫の方が「山田家累代系図」を送ってくださいました。それにも「山田家第八代　山田文右衛門有智　法名釈唯常」と記されていました。山田文右衛門は、北海道開拓史上からも注目される人物です。山田家の活躍については、金沢アメリカ文化センター館長（一九五四—一九六〇）、札幌アメリカ文化センター館長（一九六九—一九七〇）をつとめたロバート・G・フラーシェム、ヨシコ・N・フラーシェム夫妻共著『蝦夷地場所請負人——山田文右衛門家の活躍とその歴史的背景——』（北海道出版企画センター、一九九四年）に多くの資料によって詳しく紹介されています（拙著『妙好人伝の研究』法藏館、一九一二—二三頁、参照）。

僧純編『妙好人伝』（五篇）と象王編『続妙好人伝』（一篇）は本来無関係でしたが、版行後間もなく業者の手で全六篇、各篇上下、計十二冊ワンセットで版行され、何度も版を重ねました。

両伝に集録された妙好人の数は一五七人で、農民が六四名と最も多く、次に商人が二七名、武士一〇名、その他医師、幼児、僧侶、乞食、遊女などとされています（柏原祐泉著『真宗史仏教史の研究〈Ⅱ近世篇〉』平楽寺書店、一九九六年、二一九頁、参照）。

近世の「妙好人伝」には、篤信者の言行の紹介が主で記述が短く、獲信への経緯や宗教経験の事実が十分に記されていません。鈴木大拙、柳宗悦、楠恭、佐藤平は近世の「妙好人伝」にはあまり触れず、主として近世末から近代にかけて生きた谷口庄松・浅原才市・足利源左・物種吉兵衛・小川仲造・三田源七らに着目しました。彼らの法語・詩文・言行録には、信心獲得に至る経緯や宗教経験の事実が詳細に記されているからです。

「妙好人」は、一部の人が批判するような、時の権力者に従順な世間的な善行を行う人ではなく、阿弥陀仏に遇い、大悲の懐に抱かれ、生死の迷いを離れ、慚愧、歓喜、感謝、仏恩報謝の思いで念仏し、世の安穏を願い、人びとに信心の喜びを伝えた自信教人信の人でした。

註記

平成十年（一九九八）九月二十日、僧純編『妙好人伝』（五篇）の調査のため、僧純が住持した岐阜県不破郡垂井町の浄土真宗本願寺派専精寺を訪ねた際、前住職の中山諦音師から貴重な資料をいただき、僧純の話をうかがいました。本堂左側の墓地に正聚房僧純の墓碑があり、僧純の歌「すみやかに有漏《うろ》の穢身《えしん》をすてはてて彼土の春にあうぞ楽しき」「われ死して浄土の春に到りなば有縁の人を待つも楽しき」が刻まれていました。

同年九月二日、象王編『続妙好人伝』（一篇）所載の妙好人「松前山田文右衛門」の調査のため、北海道松前郡松前町唐津の真宗大谷派専念寺を訪ねた際、福島憲俊住職には大変お世話になりました。事前に電話で文右衛門の墓石の調査をお願いしたところ、同寺の広大な墓地の中から山田家の墓石を発見して刻まれた文字の拓本を送ってくださいました。そこで専念寺を訪ね、文右衛門家の墓を確認しました。その後間もなく、小樽市在住の山田家第十四代・山田誠二氏夫人の山田富子氏が、「山田氏系譜」を二本（享保四亥年八月十五日、第十代・山田文右衛門清富謹誌。慶応元年乙丑年改正、七月、第十六代・山田文右衛門清富謹誌）送ってくださり、そこに記されている「第八代山田文右衛門有智、法名　釋唯常、菩提所専念寺、世寿六十九歳」の文字を確認することができました。『続妙好人伝』上巻第二話には、象王が文右衛門の葬儀に参ったことなどが記されており、これまで全く不明であった象王のことが少しわかりました。因みに、専念寺の墓地には、江戸時代に渡海した近江商人の墓石が三十数基あり、滋賀県知事の筆になる「北進近江商人先達之碑」が建てられていました。近江商人には真宗の篤信者が多く、妙好人も出ています。「一、売り手よし、二、買い手よし、三、世間よし」の「三方よし」の精神で活躍しました。

同年十月一日、象王編『続妙好人伝』に序文を贈った大行明顕寺主権少僧都正定閣信暁の調査のため、京都市下京区高倉通仏光寺下る新開町の真宗佛光寺派本山佛光寺を訪ねた際、法務員の方から懇切なご教示をいただきました。信暁（一七七四―一八五八）は、同派学頭二人のうちの一人でした。本山佛光寺に近い明顕寺に住したあと、近くに大行寺を創建して移ります。岐阜県不破郡徳光村真宗大谷派長源寺の出身で、長じて真宗興正派に入り、さらに佛光寺派に転じた学僧でした。著書に『教行信証大意』『観経真骨』『三帖和讃講話』『歎異鈔講録』『山海里』など五十数冊（佛光寺学匠寮編『佛光寺学匠寮の伝灯と史料』真宗佛光寺派宗務所、一九九八年、参照）があります。

参考文献

井上哲雄著『真宗本派学僧逸伝』（永田文昌堂、一九七九年）、土井順一著『妙好人伝の研究――新資料を中心として――』（百華苑、一九八一年）、朝枝善照著『妙好人伝基礎研究』（永田文昌堂、一九八二年）、朝枝善照著『続　妙好人伝基礎研究』（永田文昌堂、一九九八年）、菊藤明道著『妙好人伝の研究』（法藏館、二〇〇三年）、児玉識・菊藤明道翻刻編集『大系真宗史料』〔伝記編8・妙好人伝〕（法藏館、二〇〇九年）、菊藤明道著『増補版　妙好人伝の研究』（法藏館、二〇一一年）、菊藤明道編『妙好人研究集成』（法藏館、二〇一六年）

二、近・現代の「妙好人伝」と「妙好人」の著作

明治以降にも多くの「妙好人伝」と「妙好人」関係の著作が刊行されました。大略は次のとおりです。

明治

柳沢徳太郎編『庄松ありのままの記』（明治十四年）、若原観幢編『真宗明治妙好人伝』（明治十六年・十七年）、平松理英編『教海美譚』（明治十九年・二十年）、『妙好人　庄松ありのままの記』（明治二十年）、西村九郎右衛門編『讃岐妙好人　庄松ありのままの記』（明治二十二年）、石田忠兵衛編・正聚房僧純編『妙好人伝　全』（明治二十五年）、松田善六編『讃岐国妙好人　庄松ありのままの記』（明治二十五年）、濱口恵璋編『新妙好人伝』（明治三十一年・三十二年）、『讃岐妙好人　庄松一代ありのままの記』〔改編本〕（明治三十四年）、大須賀秀道編『妙好人　礪波庄太郎』（明治四十二年）

大正

法蔵館編集局編『妙好人物語』（大正四年）、森川憲澄編『現妙好人伝』（大正八年）、藤永清徹編『大正新撰新妙

好人伝』（大正十一年）、宇野最勝・竹田順道編『信者めぐり――三田老人物語――』（大正十一年）、清水順保編『讃岐妙好人　庄松ありのままの記』〔正続合編〕（大正十二年）

昭和

庵原堯藏編『庄松ありのままの記』（昭和三年）、中條たき編『三田老人物語　全』（昭和四年）、松原恭譲編『妙好人百話』（昭和十一年）、松原恭譲著『真宗の信念と妙好人逸話』（昭和十一年）、真田慶章編『法悦の人々』（昭和十一年）、富士川游編『新選妙好人伝』全十四冊（昭和十一年―十六年）、玉川義隆編『諸国信者列伝』（昭和十五年）、河村義雄編『是人名分陀利華――輿市同行念仏抄――』（昭和十七年）、藤秀璻著『大乗相応の地』（昭和十八年）、藤秀璻編『新撰妙好人列伝』（昭和二十一年）、鈴木大拙著『妙好人』（昭和二十三年）、宇野最勝・竹田順道編『信者めぐり』〔復刊〕（昭和二十四年）、羽栗行道著『妙好人　源左同行物語』（昭和二十五年）、富士川游著『新選妙好人伝』（昭和二十五年）、楠恭編『庄松言行録』（昭和二十五年）、柳宗悦著『妙好人　因幡の源左』（昭和二十五年）、村山熊太編『妙好三人』（昭和二十六年）、村山熊太著『妙好人の余瀝』〔前編〕（昭和二十六年）、寺本慧達著『浅原才市翁を語る』（昭和二十七年）、富士川游著『新選妙好人伝』〔上巻〕（昭和二十九年）、藤永清徹編『妙好人新集』（昭和三十年）、甲斐静也著『庄松同行物語』（昭和三十年）、大洲彰然著『お軽同行物語』（昭和三十年）、村山熊太著『妙好人の歩み』（昭和三十一年）、岩見護著『赤尾の道宗』（昭和三十一年）、稲垣瑞劒著『信者吉兵衛』（昭和三十一年）、村山熊太著『妙好人の余瀝』〔後編〕（昭和三十二年）、川上清吉著『浅原才市』（昭和三十二年）、川上清吉著『才市さんとその歌』（昭和三十二年）、同『宗教詩人　才市』（昭和三十二年）、永田文昌堂編輯部編『妙好人伝』（昭和三十三年）、中沢南水著『妙好人ものがたり』（昭和三十五年）、柳宗悦・衣笠一省編『妙好人　因幡の源左』〔改訂増補版〕（昭和三十五年）、川上清吉著『浅原才市』（昭和三十六年）、菅眞義著『妙好人――有福の善太郎同行』（昭和三十八年）、藤島達朗『妙好人――清九郎・庄松・お軽――』（昭和四十年）、千切光歳編『新撰妙好人伝』（昭和四十年）、五十嵐明宝著『妙好人』（昭和四十二年）、鈴木大拙編著『妙好人浅原才市集』（昭和四十二年）、平原暉也編『妙好人めぐり』（昭和四十二年―四十四年）、藤並天香著『信者群像』（昭和四十四年）、藤並天香著『妙好人和泉の吉兵衛』（昭和四十五年）、常本憲雄編『浄土の人々』〔大谷婦人会教化叢書・第三輯〕（昭和四十六年）、富士川游著『新選妙好人伝』〔改訂新版〕（昭和四十六年）、清水順保編『庄松ありのままの記』〔十六版〕（昭和四十六年）、小西輝夫著『妙好人――その精神医学的考察――』（昭和四十七年）、花岡大学著『ようこそ源左――妙好人源左ものがたり――』（昭和四十九年）、大原義峯著『石見妙好人伝』（昭和五十年）、遠藤撮雄著『妙好人　清九郎物語』（昭和五十年）、小栗純子著『妙好人とかくれ念仏――民衆信仰の正統と異端――』（昭和五十年）、五十嵐明宝著『本願力の世界』（昭和五十二年）、楠恭編『妙好人　才市の歌・一』（昭和五十二年）、願正寺源左讃仰会編『妙好人源左讃仰』（昭和五十四年）、清原法桂著『妙しき聞の人――元柳サエさんの生涯――』（昭和五十五年）、吉田龍象編『定本　市太郎語録』（昭和五十五年）、道宗静夫編『赤尾道宗心得二十一箇条』（昭和五十五年）、菅眞義著『有福の善太郎』（昭和五十五年）、林性常・庵原堯藏校訂『庄松ありのままの記』（昭和五十五年）、土井順一著『妙好人伝の研究――新資料を中心として――』（昭和五十六年）、浅原才市翁顕彰会編『妙好人　石見の才市』（昭和五十六年）、本願寺出版部編『妙好人　才市さんの世界』（昭和五十六年）、朝枝善照著『妙好人伝基礎研究』（昭和五十七年）、高下恵著『妙好人　石見の仲造・市九郎』（昭和五十八年）、朝枝善照著『妙好人伝の周辺』（昭和五十九年）、花岡大学著『妙好人の世界』（昭和五十九年）、長谷川富三郎著『妙好人因幡の源左――語録板画集』（昭和六十年）、遠藤撮雄著『妙好人　清九郎のお領解』（昭和六十一年）、岩倉政治著『妙好人　赤尾の道宗』（昭和六十一年）、朝枝善照著

『妙好人のこころ』（昭和六十一年）、朝枝善照著『妙好人伝研究』（昭和六十二年）、遠藤撮雄著『妙好人　清九郎物語』（昭和六十二年）、楠恭著『妙好人随聞』（昭和六十二年）、水上勉・佐藤平編『大乗仏典〔中国・日本篇〕第二十八巻・妙好人』（昭和六十二年）、春日禮智著『越後の妙好人　草間新八』（昭和六十二年）、梯實圓著『妙好人のことば』（昭和六十三年）、松塚豊茂著『石見の善太郎』（昭和六十三年）、能美温月著『この善太郎』（昭和六十三年）、楠恭編『定本　妙好人才市の歌　全』（昭和六十三年）、水上勉『才市』（昭和六十四年）

平成

河合彰雄編『親鸞に出遇った人びと　1』（平成元年、以下5まで）、藤原利枝著『浅原才市の歌』（平成元年）、梯實圓著『妙好人のことば』（平成元年）、佐々木恵精編『ヨーロッパの妙好人　ハリー・ピーパー師』（平成元年）、高木実衛編『新妙好人伝――近江・美濃篇――』（平成二年）、遠藤撮雄著『妙好人清九郎物語』（平成二年）、遠藤撮雄著『妙好人清九郎のお領解』（平成二年）、楠恭・金光寿郎著『妙好人の世界』（平成三年）、高木雪雄著『才市同行――才市の生涯と周縁の人々――』（平成三年）、寿岳文章編『柳宗悦　妙好人論集』（平成三年）、安藤敦子著『妙好人　お軽――六連島の灯――』（平成三年）、楠恭編著『妙好人　物種吉兵衛語録』（平成三年）、妙好人石見の才市顕彰会編『ざんぎとかんぎ――妙好人　浅原才市のうた――』（平成三年）、石田法雄著『妙好人おかるの歌』（平成三年）、新保哲著『親鸞　覚如　才市』（平成四年）、松塚豊茂著『真実の人――妙好人』（平成五年）、久我順著『妙好人　お園』（平成五年）、浄土真宗本願寺派山陰教区基推委伝道資料編集委員会編『山陰　妙好人のことば』（平成五年）、篠村昭二著『妙好人の風土』（平成六年）、朝枝善照著『妙好人のふるさと――市木の妙好人――』（平成八年）、楠恭著『信心の華――妙好人を語る――』〔上下〕（平成十年）、朝枝善照著『続　妙好人伝基礎研究』（平成十年）、草薙金四郎著『庄松同行　ありのまゝの記』〔正続略解〕（平成十年）、西村真詮編『妙好人おかるさん』〔六版〕（平成十年）、五十嵐大策著『妙好人の世界』（平成十一年）、藤木てるみ著『源左さん』（平成十一年）、小西輝夫著『浄土の人びと――精神科医からみた妙好人――』（平成十一年）、楠恭著『妙好人を語る』（平成十二年）、千葉崇憲著『讃岐の妙好人顚船さん――山地顚船法師追慕の記――』（平成十二年）、楠恭著・月森俊文編『親鸞と妙好人の信心』（平成十二年）、梯實圓・久堀弘義著『今をよろこべる心――妙好人と真宗の教え――』（平成十三年）、尾田武雄編『砺波庄太郎――両堂再建の妙好人――』（平成十三年）、尾田武雄編『明治の妙好人　砺波庄太郎』（平成十三年）、土井順一著『仏教と芸能――親鸞聖人伝・妙好人伝・文楽――』（平成十五年）、菊藤明道著『妙好人伝の研究』（平成十五年）、菊藤明道著『妙好人の詩』（平成十七年）、亀井鑛著『妙好人と生きる――親鸞の他力信心の要をつかんだ人々――』（平成二十年）、入江健明著『妙好人とは　こんな人』（平成二十年）、菊藤明道著『真の仏弟子　妙好人』（平成二十二年）、浄土真宗本願寺派山陰教区教務所編『山陰　妙好人のことば』（平成二十二年）、志村有弘編『わが心の妙好人――市井に生きた善人たち――』（平成二十三年）、朝枝善照著『妙好人と石見文化』（平成二十三年）、菊藤明道著『増補版　妙好人伝の研究』（平成二十三年）、ハーベスト出版編『妙好人　有福の善太郎』（平成二十三年）、佐々木正著『妙好人の真実――法然、親鸞〈信〉の系譜――』（平成二十四年）、伊藤智誠著『妙好人めぐりの旅――親鸞と生きた人々――』（平成二十四年）、中茂保則著『越中五箇山　赤尾の道宗』（平成二十四年）、龍谷大学人間・科学・宗教オープン・リサーチ・センター、林智康・井上善幸編『妙好人における死生観と超越』（平成二十四年）、梯実圓・松田正典著『妙好人に学ぶ』（平成二十五年）、神英雄著『妙好人と石見人の生き方』（平成二十五年）、塚田幸三著『妙好人とシュタイナー』（平成二十六年）、となみ野田園空間博物館推進協議会編『砺波地方の真宗風土と妙好人』（平成二十六年）、白川晴顕著『妙好人のことば――信心とその利益――』

（平成二十七年）、神英雄著『石見と安芸の妙好人に出遇う――人生の旅人たち――』（平成二十七年）、十時壽徳著『妙好人――人中の白蓮華――』（平成二十七年）、中川晟著『妙好人　赤尾の道宗さん』（平成二十七年）、中川晟・徂徠匡男著『妙好人赤尾の道宗――おねんぶつはあったかいよのう――』（平成二十八年）、菊藤明道編『妙好人研究集成』（平成二十八年）、龍口恭子著『女人念仏風土記』（平成二十八年）、鈴木大拙著・酒井懋訳『妙好人、浅原才市を読み解く』〔英文対訳〕（平成二十八年）、太田浩史著『妙好人　楝方志功』（平成二十九年）、西山郷史著『妙好人　千代尼』（平成三十年）、安藤敦子・安藤秀昭著『評伝　お慈悲様とお軽――無学文盲から転生した妙好人の生涯――』（平成三十年）、直林不退著『構築された仏教思想――妙好人』（平成三十一年）

令和

岸田緑渓著『妙好人列伝――熊谷守一はなぜ妙好人なのか――』（令和二年）

これら近・現代の「妙好人伝」の多くは、近世の「妙好人伝」とはかなり性格を異にしています。とくに、昭和期に編集された富士川游編『新選妙好人伝』と藤秀璻編『新撰妙好人列伝』は、これまでの真宗の篤信者の言行を集めた「妙好人伝」とは違い、学識者・有識者、さらに真宗以外の僧・儒者・文学芸能関係の人びとも収められています。次のとおりです。

1、富士川游編『新選妙好人伝』

富士川游《ふじかわゆう》編『新選妙好人伝』全十四冊（厚徳書院、一九三六―一九四一年）は、「仏教の僧侶は固より儒者の中にても、その心のはたらきが真実に宗教の心をあらはしたものであると認むべき人々の伝記」（同書、第一篇「新選妙好人伝序文」）を紹介したもので、江戸庄之助、大和の清九郎、讃岐の庄松《しょうま》、三河の七三郎、田原のお園《その》など真宗の妙好人以外に、儒者、僧侶、文学芸能関係の人たち、俳諧寺一茶、松尾芭蕉、明恵上人、中江藤樹、蓮如上人、石田梅岩、香樹院徳龍、阿仏尼、盤珪禅師らを収めています。

富士川游（一八六五―一九四〇）は広島で生まれ、広島県の医学校（現、広島大学医学部）を出てドイツのイエナ大学に留学した医学者でした。明治三十七年（一九〇四）四十歳で『日本医学史』を、明治四十五年（一九一二）に『日本疾病史』を上梓。この年、『日本医学史』で帝国学士院から恩賜賞を受けます。大正三年（一九一四）五十歳で『日本医学史』で文学博士号を、翌大正四年（一九一五）に『日本疾病史』で医学博士号を授与されています。「親鸞聖人讃仰会」（後に正信協会）を創立、生涯真宗の布教に努めました。広島市の浄土真宗本願寺派徳応寺の門徒で、住職の藤秀璻《ふじしゅうすい》と親交を結びました。著書に『真実の宗教』、『釈尊の教』、『親鸞聖人の宗教』、『富士川游著作集』（十巻）などがあります。

2、藤秀璻編『新撰妙好人列伝』

藤秀《ふじしゅう》璻《すい》編『純情の人々　新撰妙好人列伝』（百華苑、一九四七年。後に『新撰妙好人列伝』法藏館、一九八二年）には、真宗の篤信者以外に、西行法師、解脱上人、僧寂室、僧丈草、僧廓三、無能和尚、貝原益軒、僧似雲、加賀の千代尼、僧涌蓮、深諦院慧雲、実成院仰誓、慈雲尊者、俳諧寺一茶、良寛和尚、香樹院徳龍、一蓮院秀存、太田垣蓮月、楫取希子、伊藤左千夫、富士川游らを収めています。

藤は序（昭和二十一年六月）に、次のように記しています。

> 本書は鎌倉時代より現今に至る約七百年間に現はれた多くの妙好人のうちから六十五人の人物を選び出して、大略その歿年の順序に列伝したものであるが、中には仏教徒ばかりでなく儒教の人々、文学芸能の人々などをも含んでゐる。その生活が仏教にいはゆる妙好人に劣らぬ高雅清純な人々である。（中略）今や曠古の大戦が終つて世界恒久の平和が高く唱へられ、人心の涸渇と荒瘠が訴へられてゐる時に、われわれ国民に無上甘露の滋味をあたへて、道義の精神を興し、生活力の源底を培ふものとして、これらの妙好人の生涯を静かに見直すべき時であるを思ふのである。
>
> （藤秀璻著『新撰妙好人列伝』法藏館）

同書は終戦の翌年に刊行され、時代性を帯びた書物でした。

藤秀璻（一八八五―一九八三）は、石川県江沼郡柏野村（白山市柏野町）の真宗大谷派影顕寺《ようけんじ》の出身で、金沢の四高時代に西田幾多郎の講義を受けました。東京帝国大学印度哲学科卒業。広島市中区寺町の浄土真宗本願寺派徳応《とくおう》寺《じ》の住職となり、多くの仏教書を上梓しました。昭和五年（一九三〇）広島文理科大学講師に就任。昭和十四年（一九三九）にアメリカ伝道を行っています。昭和五十一年（一九七六）本願寺派教学助成財団より名誉総裁賞を受賞。『新撰妙好人列伝』刊行から二年後の昭和二十三年（一九四八）に鈴木大拙著『妙好人』（大谷出版社、後に法藏館）が刊行されました。『妙好人』は、藤秀璻著『大乗《だいじょう》相応《そうおう》の地《ち》』（興教書院、一九四三年）所収の論考「妙好人浅原才市」を大拙が読んで感銘を受け執筆したもので、両書の間には深い思想的関連が見られます。著書に『宗教詩人才市』、『歎異抄講讃』、『阿闍世王』、『念仏生活の諸相』、『無量寿経講話』、『観無量寿経講話』、『親鸞聖人素描』、『大蓮如』、『阿弥陀仏の世界』、『詩と仏と人間』、『藤秀璻選集』（九巻）など多数あります。

以上のように、富士川游編『新選妙好人伝』と藤秀璻編『新撰妙好人列伝』には、真宗の篤信者以外の人たちが多く収録されており、妙好人の拡大解釈がなされています。「妙好人伝」には諸種のものがあり、それぞれ編者の思いや時代・社会の状況によって性格を異にしており、一括して論じるのは問題です。

三、妙好人伝・妙好人研究の経緯

妙好人研究は、大きく分けて「妙好人伝の研究」と「妙好人の研究」があります。これまでの妙好人伝・妙好人研究の経緯について述べた論考に、児玉識《こだましき》龍谷大学教授〔国史学〕の「『妙好人』および『妙好人伝』研究の経緯」（『大系真宗史料』〔伝記編8・妙好人伝〕法藏館、二〇〇九年、「解説」）があります。

「妙好人伝の研究」では、歴史学的・書誌学的研究と思想的・心理学的研究がなされてきました。

歴史学的・書誌学的研究では、写本と版本の違い、編者の立場、時代背景などさまざまな課題がありました。それらの研究をまとめたのが、土井順一著『妙好人伝の研究――新資料を中心として――』〔百華苑、一九八一年〕と朝枝善照著『妙好人伝基礎研究』〔永田文昌堂、一九八二年〕、同『続妙好人伝基礎研究』〔同、一九九八年〕です。論文としては、龍口明生「仰誓撰『妙好人伝』編纂の発端」〔龍谷大学仏教史研究会編『仏教史研究』十九・二十号〕、大桑斉「仰誓の立場と『親聞妙好人伝』」〔仏教史学会30周年記念論集『仏教の歴史と文化』同朋舎出版、一九八〇年〕などがあります。

思想的・心理学的研究としては、鈴木《すずき》大拙《だいせつ》著『宗教経験の事実』〔大東出版社、一九四三年〕、同『日本的霊性』〔大東出版社、一九四四年〕、同『妙好人』〔大谷出版社、一九四八年。後に法藏館〕、柳宗悦《やなぎむねよし》編『妙好人　因幡の源左』

（大谷出版社、一九五〇年。後に百華苑）、寿岳文章編『柳宗悦　妙好人論集』（岩波文庫、一九九一年）、楠　恭《くすのききょう》・金光寿郎共著『妙好人の世界』（法藏館、一九九一年）、五十嵐明宝著『妙好人の世界』（探究社、一九九九年）などがあります。論文としては、岡道固「妙好人の心理学的研究」、川村覚昭「教育における妙好人的心性の陶冶」、寺川幽芳「妙好人の回心経験をめぐって」、中尾将大「妙好人の認識の在り方と世界観」、吾勝常行「妙好人輩出の宗教的社会機能」などがあり、すべて拙編『妙好人研究集成』（法藏館、二〇一六年）に収めています。

「妙好人伝の研究」及び「妙好人の研究」は、昭和三十年前後から盛んになり、仏教学、真宗学、仏教史学、国文学、歴史学、哲学、宗教学、倫理学、心理学、教育学、社会学、経済学などさまざまな学問分野から研究が進められ、六百編を越える論文が報告されています。

筆者は三十年ほど前から、これまで発表されてきた「妙好人伝の研究」と「妙好人の研究」に関する論文の調査を行い、六百編近い「論文目録」を作成し、『妙好人伝の研究』（法藏館、二〇〇三年）と『増補版　妙好人伝の研究』（法藏館、二〇一一年）に収めました。平成二十八年（二〇一六）には、その中からとくに画期をなす論文三十八編を選んで『妙好人研究集成』（法藏館）を編集刊行しました。同書には、「第一部　『妙好人伝』の研究」として十一編の論文を、「第二部　妙好人の研究」として二十七編の論文を収めました。巻頭に林智康（龍谷大学名誉教授・真宗学）の序文「妙好人研究の経緯と意義」と、佐《さ》藤平《とうたいら》（顕明）（ロンドン三輪精舎主管、元ロンドン大学客員教授・宗教学）の序文「妙好人研究の意義」を載せています。お二人とも鋭意妙好人研究を進めてこられた方です。平成二十九年（二〇一七）七月には、鈴木大拙没後五十年記念として『鈴木大拙の妙好人研究』（法藏館）を上梓しました。執筆、編集、刊行に際して先学諸師、同学の法友、若い研究者の方々から多大のご協力をいただき、有り難く思います。

筆者が妙好人研究を始めた機縁は一冊の本との出会いでした。その本とは、鈴木大拙著『妙好人』（大谷出版社、一九四八年）です。龍谷大学に入学した昭和二十九年（一九五四）、先輩の某氏から同書をいただきました。その際、「あなたの曾祖父さんの名前が出ているよ」と言われて読むと、末尾「付録」（五篇）の中、鈴木大拙の門人・楠恭が、石見の妙好人小川仲造の長男市九郎氏から入手した「小川仲造夫妻の語録」に、筆者の曽祖父で浄土真宗本願寺派明覚寺第十五代住職・菊藤大超《きくふじだいちょう》（一八三四―一八九八）の名がありました。大超は、豊前（大分県）の真宗寺院の出身で、京都府福知山市明覚寺の住職になり、明治二十年から三十年頃にかけて本願寺派の特命布教使として山陰地方を巡錫、石見の妙好人小川仲造らと同地の教化活動に尽力しました（拙著『増補版　妙好人伝の研究』法藏館、二〇一一年、二五九―二六五頁、参照）。それが縁で、筆者は小川仲造研究を始め、その後、石見の善太郎、浅原才市、因幡の足利源左、大和の清九郎、讃岐の庄松、丹波の三田源七へと研究領域を広げました。その後、近世の妙好人伝研究から近代の妙好人研究へと研究を移し、結果として鈴木大拙、柳宗悦、楠恭、佐藤平、朝枝善照らの妙好人研究に到り着いた次第です。

以上のような経緯で妙好人研究を進めてきましたが、研究の過程で、親鸞聖人の教えがどのようにして人びとの心に染み込んでいったか、そして生きる力となったかを知ることができました。また海外にも多くの妙好人が生まれたこと、開教使の方々の熱心な海外布教活動を知り感銘を受けました。そのようなことはいくら聖教を読んでも見えてきません。聖教には阿弥陀仏のことや衆生救済の論理は記されていますが、その教えがどのようにして人びとの心に染み込み生きる力となったかを知るには、他力の信心を獲得してお念仏に生きた人たちを見るほかないわけです。それで北は北海道から南は九州まで、全国各地の妙好人たちの遺跡を訪ね、子孫の方々や有縁の人びとから協力をいただいて調査を行い、多くの資料を得ることができました。彼ら篤信者のうちに浄土真宗の教えのまことが輝いているように感じました。妙好人の周囲には多くの篤信者がいたこと、熱心な布教使たちの努力によって培われた「土徳《どとく》」（柳宗悦）の存在を知りました。妙好人の信心を学ぶことで大乗仏教の究極のすがたを知り、それがもつ意義について考えることで現在の人間・社会・世界の在り方が問われ、将来への道を見出すことができるのでは、と考えます。

第三章　妙好人を研究紹介した人びと

明治から大正・昭和・平成・令和にかけて多くの「妙好人伝」が編集され、妙好人に関する研究論文も数多く報告されました。今日まで六百編近い論文が報告されています。論文目録を作成し、拙著『妙好人伝の研究』（法藏館、二〇〇三年）、同『増補版　妙好人伝の研究』（法藏館、二〇一一年）に記載しました。それらの中からとくに画期をなす論考三十八編を選んで拙編『妙好人研究集成』（法藏館、二〇一六年）には、鈴木《すずき》大拙《だいせつ》、柳宗悦《やなぎむねよし》、楠《くすのき》恭《きょう》、佐《さ》藤平《とうたいら》の研究論文も収めています。

妙好人を最初に思想的・体系的に研究して世に紹介したのは、西洋に大乗仏教、とくに禅と念仏を伝えた鈴木大拙でした。また、門人の柳宗悦、楠恭、佐藤平の三人であり、朝枝善照も鋭意妙好人研究を進めました。これらの人びとが研究対象としたのは、朝枝を除けば、江戸時代に編集された「妙好人伝」の妙好人ではありませんでした。江戸時代の「妙好人伝」は、一人ひとりの妙好人の言行が短く記され、宗教経験について詳しく述べられていないからです。研究の対象にしたのは、主に近世末から近代にかけて生きた讃岐《さぬき》の庄松《しょうま》、石見《いわみ》の浅原才《あさはらさ》市《いち》、同・小《お》川仲《がわなか》造《ぞう》、因幡《いなば》の源左《げんざ》、和泉《いずみ》の物種吉兵衛《ものだねきちべえ》、丹波《たんば》の三田《さんた》源七《げんしち》ら真宗の篤信者たちでした。それぞの言行録には、各人の宗教経験が詳しく記されていたからです。

以下、鋭意妙好人研究を進めた五人の業績について述べます。編年体で記しましたが、とくに重要な問題に関しては詳細に記述しました。

一、鈴木大拙

　鈴木《すずき》大拙《だいせつ》（一八七〇―一九六六）は、二十六歳の年、鎌倉の臨済宗円覚寺派大本山円覚寺での禅修行で見性《けんしょう》し（悟り）、後に浄土教、浄土真宗、市井の篤信者妙好人を研究、そこに大乗仏教の真髄「大智・大悲」「大智即大悲」「衆生《しゅじょう》無辺誓願度《むへんせいがんど》」の顕現を見出しました。教団や組織に属することはありませんでしたが、卓越した英語力を駆使して西洋に大乗仏教を伝え、東西霊性交流の途を拓きました。そこには知的に考究する哲学者・宗教学者の姿ではなく、苦悩の衆生を救わずにおれない大悲利他の道を歩む大乗菩薩の姿がうかがえます。令和二年（二〇二〇）、大拙生誕一五〇年には新たな研究書が数冊刊行されました。

1、大拙の生涯　その一（生年～七十三歳）

明治三年（一八七〇）十月十八日、加賀の国、金沢藩下本多（現、石川県金沢市本多町三丁目）で出生。西田幾多郎もこの年、同じ加賀の国に生まれています。三百年近く続いた江戸幕藩体制が崩壊し、明治新政府のもとで天皇を中心とする中央集権国家が成立、富国強兵政策がとられ、西洋文明との出会いによって急速に近代化が進められます。明治初頭には神道国教化政策がなされ、激しい廃仏毀釈運動が起きました。両人は共に明治・大正・昭和の激動期を生き、日清・日露、そして二度の大戦を経験しました。大拙はそうした時代の課題を担って大乗仏教を研究し、日本的霊性的自覚の大切さを国内外に訴え、平和への道を説き続けたのです。

大拙は、加賀藩の家老・本多家に仕えた侍医（蘭医）で儒者の父・柔《したがう》（了準・良準）、母・増《ます》の四男一女の末子として生まれます。本名・鈴木貞太郎《ていたろう》。家の宗旨は臨済宗。六歳で父を、二十歳で母を亡くします。

明治八年（一八七五）五歳　四月、金沢市本多町小学校に入学。卒業せずに父の友人・数田順の私塾に入り、儒学の基礎として「四書五経」などの漢籍を学びます。大拙は「私の履歴書」に、「小学校を卒業しないで、またほかの小学校へ入れられたことがあるが、そこではそんな新しい教育はしてゐなかつたな。数田順といふ人が開いた塾だつたが、その塾でもやはり下等とか上等とかいつたやうに分れてゐたと思うてゐるが、そこへ行つた時に、そこでは四書五経の『詩経』を習つた」（『鈴木大拙全集』〔増補新版〕第二十六巻、五〇四頁）と述べています。

明治九年（一八七六）六歳　十一月十六日、父没、行年五十四歳。

明治十五年（一八八二）十二歳　石川県専門学校付属初等中学科に入学。

明治二十年（一八八七）十七歳　十月、石川県専門学校初等中学科から新制第四高等中学校予科三年に編入。同校に数学の教官・北条時敬《ほうじょうときゆき》（一八五八―一九二九）がいました。第一高等中学校教諭、山口高等中学校教諭を経て山口高等学校長、第四高等学校長、広島高等師範学校校長、東北帝国大学総長、学習院長をつとめた教育者でした。北条は東京時代に鎌倉の臨済宗大本山円覚寺派管長・今北洪川《いまきたこうせん》（一八一六―一八九二）に参禅し、金沢では富山県高岡市の臨済宗国泰寺派本山国泰寺管長雪門玄松（一八五〇―一九一五）に願い出て学生禅会を開きます。大拙は北条から影響を受けたといわれます。同校には西田幾多郎もいました。

明治二十一年（一八八八）十八歳　第四高等中学校本科に入学するも貧困のため学費が払えず中退、石川県珠洲郡飯田町の飯田小学校助手になりました。この頃から国泰寺管長雪門に参禅しましたが、失敗に終わったといわれます（秋月龍珉著『鈴木禅学と西田哲学』春秋社、一九七一年、一七四—一七六頁、参照）。

明治二十二年（一八八九）十九歳　石川県白山市の美川小学校へ転任、高等科英語教員となる。

明治二十三年（一八九〇）二十歳　四月八日、母没、行年五十九歳。

大拙は、父母について「也《や》風流《ふうりゅう》庵《あん》自《じ》伝《でん》」（『鈴木大拙全集』〔増補新版〕第二十九巻）で、次のようなことを語っています。

自分の家は臨済宗で医者の父は儒者であった。母は特別に真宗信者でも禅宗信者でもなかった。母が真宗的に行動したことは覚えていない。毎朝仏壇（白木仏壇で儒教式位牌を安置）に灯明をあげてお参りしていた。父と兄を二年続けて亡くし、母は目を悪くして越中黒谷の不動の滝に打たれに行った。当時、加賀に秘《ひ》事《じ》法門《ぼうもん》が行われ、母はその仲間に入っていた。自分も九歳か十歳頃、秘事法門のある意味でいう洗礼を受けた。親鸞は秘事法門の傾向をもった自分の子供を義絶している（同書、一四八—一四九頁、参照）。

秘事法門とは、「聖典を曲解した異義を秘密裡に伝授する法門で真宗の異《い》安心《あんじん》（異端）の一つ」とされ、「特別の宗教儀礼によって人為的に感動を与えて恍惚状態に導く場合が多くある」（『真宗新辞典』法藏館）といわれます。大拙は秘書の岡村美穂子に身振りを交えながら、「後ろから身体をクルクル回され突然止められる体験をした」と語っています（岡村美穂子談）。また、秘事法門について大拙は、「ただの異常性をもった意識態では何ら宗教的価値はないのである。一種の、狐つき、神がかりなどというものが宗教でないと同じことである。秘事法門はこの点から見ても邪義だと言われなくてはならぬ」（鈴木大拙著『妙好人』法藏館、一九七六年、三一頁）と記しています。大拙は、後に母を偲んで「桔梗の花を想わせるような人だった」と語るなど母への思慕の情篤く、霊の不滅を感じ、母から宗教的影響を受けたと語っています。

同年（明治二十三年）五月一日、友人・山本良吉宛の書簡に、自身の日記から抜粋した「霊性」（『鈴木大拙全集』〔増補新版〕第三十六巻、一八―二〇頁、参照）という語を記しています。

明治二十四年（一八九一）二十一歳　美川小学校を退職して上京。神戸在住の次兄・享太郎の援助で東京専門学校（現、早稲田大学）に入学しますが、四か月後に退学しています。

七月、早川千吉郎（後に三井銀行頭取）の紹介で鎌倉の大本山円覚寺管長・今北洪川に参禅、人格的感化を受けます（鈴木大拙著『今北洪川』雄山閣、一九四六年、参照）。

この年、西田幾多郎上京。

明治二十五年（一八九二）二十二歳　一月十六日、今北洪川没、行年七十六歳。

同年、釈宗演《しゃくそうえん》（一八六〇―一九一九）が三十四歳で推挙されて大本山円覚寺管長に就任。大拙は釈に師事します。

釈宗演は現、福井県高浜町の一瀬家の次男として生まれ、明治三年（一八七〇）十歳で妙心寺派の越渓守謙について出家、明治六年（一八七三）建仁寺の千葉俊崖に就学。明治十一年（一八七八）二十歳、大本山円覚寺の今北洪川に参禅、明治十五年（一八八二）今北洪川より印可を受けます。明治十八年（一八八五）二十六歳で慶応義塾に入学し三年間修学。福沢諭吉から英語と洋学を学びます。卒業後、明治二十年（一八八七）三月、セイロン（現、スリランカ）に渡り、パーリー語と上座部仏教を二年半研究、それまでの「北方仏教／南方仏教」をいい換えて「大乗仏教／小乗仏教」という二分法を用いたといわれています。インド・タイ・中国など東アジア諸国に遊学、明治二十二年（一八八九）十月帰国。セイロン留学中の明治二十二年に最初の著作『西南之《せいなんの》仏教《ぶっきょう》』（博文堂）を、帰国後の明治二十三年（一八九〇）に『錫崘島志《せいろんとうし》』（弘教書院）を刊行しました（釈宗演遠諱百年記念特別展『釈宗演と近代日本――若き禅僧、世界を駆ける――』臨済宗大本山円覚寺、二〇一八年、九四頁、参照。釈宗演のセイロンでの活躍については、馬場紀寿著『仏教の正統と異端――パーリ・コスモポリスの成立』東京大学出版会、二〇二二年、二二一―二三五頁、参照）。

同年九月、西田幾多郎の勧めで東京帝国大学文科大学哲学科選科に入学。本科生との差別扱いを感じます。

明治二十六年（一八九三）二十三歳　八月、師の釈宗演がシカゴで開催された第一回万国宗教会議（The World's Parliament of Religions）に日本仏教者の代表の一人として参加。大拙はその時の演説の原稿「仏教の要旨幷に因果法」を釈宗演から依頼されて英訳（The Law of Cause and Effect, as Taught by Buddha）します。大拙は、当時大本山円覚寺の塔頭《たっちゅう》・帰源院《きげんいん》に在って、同院にいた夏目漱石に訳文を見てもらいます。釈宗演について渡米することはありませんでした。

釈宗演は一回目（九月十八日）の講演 The Law of Cause and Effect as Taught by Buddha で、「仏教は因果の理法を説き、転迷開悟を目指す」と述べます。会議閉幕前夜の二回目（九月二十六日）の講演（スリランカのダルマパーラが代読）の英文 Arbitration Instead of War で非戦・平和を訴え、「真の宗教が慈悲と寛容の源である」、「真の宗教の本分は普遍的な人類愛と恒久の平和という崇高な願いの実現にある」と説きました。平成三十年（二〇一八）夏、慶応義塾大学で開催された釈宗演遠諱百年記念特別展の図録『釈宗演と近代日本――若き禅僧、世界を駆ける――』に、後年鎌倉東慶寺で発見された二回目の講演の英文原稿 Arbitration Instead of War が掲載されました（臨済宗大本山円覚寺、二〇一八年、一〇一、二〇五―二〇七頁、参照）。

明治二十七年（一八九四）二十四歳　日清戦争勃発。

釈宗演から居士号「大拙」を授かります。

釈宗演がシカゴ万国宗教会議で出会った同会議幹事でドイツ系アメリカ人の東洋哲学者ポール・ケーラス（Paul Carus, 1852–1919）の著 *The Gospel of Buddha* の校正刷りを釈宗演から渡され、和訳するよう命ぜられます。

同年、ポール・ケーラス著 *The Gospel of Buddha*（オープン・コート出版社）刊行。


明治二十八年（一八九五）二十五歳　一月、*The Gospel of Buddha* を和訳し、ポール・ケーラス著・鈴木大拙訳『仏陀の福音』（佐藤茂信、非売品。後に森江書店）を刊行、初の出版でした。明治三十四年十一月、改正再版。大拙は *The Gospel of Buddha* について、「ケーラスが書いたのは、釈宗演和尚などと話をして、それから、一つのインスピレーションを得たというようなわけでしょう」（鈴木大拙述「也風流庵自伝」『鈴木大拙の人と学問』〔鈴木大拙禅選集・別巻〕春秋社）と語っています。ケーラスの思想は一貫して科学と宗教の真理性における一致であり、彼はそれを端的に「科学の宗教」と呼びました（西村惠信著『鈴木大拙の原風景』〔新装改訂版〕大法輪閣、二〇一六年、二六七頁、参照）。

同年五月、東京帝国大学文科大学哲学科選科、中退。


明治二十九年（一八九六）二十六歳　十一月、初の自著『新宗教論』（貝葉書院。釈宗演「序」。『鈴木大拙全集』〔増補新版〕第二十三巻、所収）を刊行。

大拙は同書で、近代の科学主義・合理主義を踏まえ、物質主義・快楽主義・自愛主義・功利主義を批判、近代人の精神的空白を指摘、宗教の真義を説いています。

同年十二月、大本山円覚寺の臘八《ろうはつ》大摂心《おおぜっしん》で見性を得ます。臘八大摂心とは、十二月一日から八日の早朝まで、釈尊が明けの明星を見て大悟したことを偲んで臨済宗の各専門道場において不眠不休で坐禅三昧を行うきびしい修行です。

大拙は晩年、その時の心境を西田幾多郎宛の手紙（一九〇二年九月二十三日）に、次のように記しています。

予の嘗て鎌倉に在りし時、一夜期定の坐禅を了へ、禅堂を下り、月明に乗じて樹立の中を過ぎ帰源院の庵居に帰らんとして山門近く下り来るとき、忽然として自らをわする、否、全く忘れたるにはあらざりしが如し、されど月のあかきに樹影参差して地に印せるの状、宛然画の如く、自ら其画中の人となりて、樹と吾との間に何の区別もなく、樹是吾れ、吾れ是れ樹、本来の面目、歴然たる思いありき、やがて庵に帰りて後も胸中釈然として少しも凝滞なく、何となく歓喜の情に充つ、

（西村惠信編『西田幾多郎宛　鈴木大拙書簡』岩波書店、二〇〇四年、九五頁）

「見性」とは実体的なものでなく、動的な「はたらき」であり、言葉では説明できない体験を意味するといわれます。大拙の見性について、大徳寺龍光院住職・小堀南嶺が学生時代、大拙に「先生の見性とはどういうものですか」と尋ねたとき、「衆生無辺誓願度がわしの見性だな」と答えたといわれます（横田南嶺「解説」鈴木大拙著・横川顕正訳『禅堂生活』岩波文庫、二〇一六年）。大拙は、学者を目指したのではなく、生涯大乗仏教の求道者であり、「衆生無辺誓願度」に生きた伝道者でした。

明治三十年（一八九七）二十七歳　三月、渡米。イリノイ州のオープン・コート出版社の一員となり、シカゴ近郊のラサールに滞在します（明治四十一年まで）。

ラサールの東洋哲学者ポール・ケーラスから中国古典文献の翻訳助手を求められ、師の釈宗演に推挙されての渡米でした。ケーラスの妻の父エドワード・ヘゲラー（Edward Carl Hegeler, 1835–1910）が経営するオープン・コート出版社の編集員になり、道教関係書の英訳を手伝いました。以後十一年間勤務しますが、大拙の本心はセイロンに行ってパーリー語を学ぶことにあったといわれ、友人に宛てた書簡から苦悩と孤独感を抱えての勤めだったことがうかがえます。

明治二十年（一八八七）にケーラスが創刊した月刊宗教誌 *The Open Court* の編集を行いました。本誌は「科学の理論に基づく倫理と宗教の構築」を目的としたものでした。ケーラスは、明治二十六年（一八九三）に開催されたシカゴ万国宗教会議での釈宗演の講演を聴いて感動し、以後釈宗演と書簡を交わしています（嵩宣也「英訳から見る真宗の欧米進出――シカゴ万国宗教会議を起点として」『真宗学』第一四〇号、龍谷大学真宗学会、二〇一九年、参照）。

大拙が釈宗演から贈られた『四十二章経』（中国に伝来した最初の仏教経典。仏教の要旨を四十二章に分けて説く。一巻。後漢の迦葉摩騰と竺法蘭による共訳）の一節（漢文）を揮毫した掛け軸が、鎌倉の松ヶ岡文庫の書斎に懸けられています。「佛言。夫為道者。猶木在水尋流而行。不觸兩岸。不為人取。不為鬼神処遮。不為洄流所住。亦不腐敗。吾保此木決定入海。學道之人。不為情欲所惑。不為衆邪所嬈。精進無為。吾保此人必得道矣」（臨済宗円覚寺派管長横田南嶺「釈宗演老師が鈴木大拙に与えた座右の銘」『松ヶ岡文庫研究年報』第三十四号、二〇二〇年、一頁）、「仏さまが仰せになった。仏道を修めるものは、ちょうど木が水にあって、川の流れにそって行くようなものだ。両岸に触れず、人に取られたりせず、ばけものに遮られず、うずまきに巻き込まれてとどまったりせず、また腐ったりしなければ、私はこの木が流れて必ず海に入ることを保証する。それと同じように道を学ぶ者も、情欲の為に惑わされず、さまざまなよこしまなる誘惑に乱されず、悟りを求めて精進してゆけば、この人は必ず真の道に入ることを保証する」（同書、三頁）と記され、末尾に「以て鈴木大拙の座右の銘と為す」と記されています。釈宗演が渡米前の大拙に、将来の大成を期待して与えたのであろうといわれています。

明治三十一年（一八九八）二十八歳　ポール・ケーラスの名で *Lao-Tze's Tao-Teh-king*（『老子道徳経』、ポール・ケーラスと大拙の共訳）刊行。

同年、ケーラスが明治二十七年（一八九四）に書いた *Karma: A Story of Early Buddhism*, 1894（オープン・コート出版社）を和訳し、『因果の小車』（長谷川商店。『鈴木大拙全集』〔増補新版〕第二十六巻、所収）と題して刊行。同書所収の仏教説話八編中の一編 The Spider-web（蜘蛛の巣、ケーラスの創作）によって、芥川龍之介が「蜘蛛の糸」（芥川著『傀儡師』新潮社、一九一九年）を書いたといわれます。

同年二月、『日本人』（政教社）第六十号（一八九八年二月五日）と第六十一号（同年二月二十日）に、「妄想録」と題する論考が掲載されます。そこで大拙は以下のように見解を示します。

（七）哲学と禅ほど相離れたるはなし。彼は東に向ひて走り、吾は西を指して行く。走るに従ひ、行くに従ひて相遠ざかること愈〻甚し。道《い》ふなかれ、走り了《おわ》り、行き了りて復一処に会することあらんと。禅と哲学とは到底相会することなし。若し相会するありとせば、其の起点を同じうするときにのみ爾《し》か言ひ得べからん。而かも一たび動き始めなば黒白分明、何をか其の区分と曰ふ。曰く、哲学は概念の研究を本とす、而して禅は全然概念を没却す、哲学は飽くまで器械的、物理的構造を貴び、禅は美術的、無規律的妙用を重んずればなり。其差此の如く大なれども、（両面を有する）人心より同じく流出するに至りては一致せずと云ふことなし。人心の両面之を宇宙の両極とも謂ふ。自由と必然、一と多、無と有。但大機大用の人にして始めて両極の外に超

出し、両極の内に逍遙するを得べし。（後略）

（『鈴木大拙全集』〔増補新版〕第三十巻、一〇八―一〇九頁）

己事究明こそ大拙にとって最重要の課題でした。こうした大拙の考えに西田幾多郎が共鳴して純粋経験論が導かれ、『善の研究』（弘道館、一九一一年）など西洋哲学とは異なる西田哲学が生まれたといわれます（水野友晴「近代日本哲学から見た「禅」と「哲学」」京都大学大学院文学研究科日本哲学史研究室紀要『日本哲学史研究』別冊、二〇一八年七月、七三―九〇頁、参照）。

この点に関して、文芸評論家・安藤礼二（多摩美術大学教授）は、次のように述べています。

西田幾多郎の『善の研究』は、そもそも、『純粋経験と実在』というタイトルが付されていた。刊行の直前に、出版者の希望に添うかたちで、現行のタイトル、『善の研究』にあらためられたという。そのはじまりのタイトルこそが、この書物が主題とするものを、過不足なく語ってくれている。すなわち、ジェイムズと『宗教的経験の諸相』が示してくれた「純粋経験」の在り方と、大拙と『大乗起信論』が示してくれた「実在」の在り方を一つに総合する、と。

（安藤礼二著『大拙』講談社、二〇一八年、一六五頁）

そこには、共に宗教的雰囲気の濃い加賀の国（石川県）に生まれ、共に学んだ大拙・西田両人の霊性交流があったことがうかがえます。

明治三十三年（一九〇〇）三十歳　『大乗起信論』を英訳し、*Aśvaghoṣa's Discourse on the Awakening of Faith in the Mahāyāna* をオープン・コート出版社から刊行。

『大乗起信論』については、作者と成立について様々な見解が見られ、近年、大竹晋著『大乗起信論成立問題の研究――『大乗起信論』は漢文仏教文献からのパッチワーク――』（国書刊行会、二〇一七年）が刊行されています。同書では、『大乗起信論』は六世紀中頃に中国北地の中国僧によってまとめられたとされています。

常盤義伸花園大学名誉教授（仏教学）は、『大乗起信論』には、すべての衆生は、如来の不思議な特性に欠けるところがないのにそのことにめざめないとする如来蔵思想が説かれており（常盤義伸「如来蔵思想とは何か」『禅文化研究所紀要』三十五号、二〇二一年五月、参照）、大拙が七年後の明治四十年（一九〇七）に刊行した英文『大乗仏教概論』に影響を与えたとし、「私はこの『大乗起信論』において、真に大乗仏教思想と考えられるものが見事に表現されているのを見る」（常盤義伸「D. T. Suzuki: Outlines of Mahayana Buddhism を巡って」『松ヶ岡文庫研究年報』第三十三号、二〇一九年三月、一一頁）と評しています。

大拙は、『楞伽経』の研究も行っています（*Studies in the Lankavatara Sutra*, first published in London, 1930）。『鈴木大拙全集』〔増補新版〕第五巻に「楞伽経」と「楞伽経研究序論」が収められています。「楞伽経」は、昭和九年（一九三四）一月、『日本宗教講座』第二回配本の一分冊として東方書院より刊行されたもので、「楞伽経研究序論」は、昭和六年（一九三一）三月発行の『日本仏教学協会年報』（第三年）に掲載されたものです。原文は英文でした。

明治三十四年（一九〇一）三十一歳　十一月、ポール・ケーラス著・鈴木大拙訳『仏陀の福音』〔改正再版〕（森江書店。『鈴木大拙全集』〔増補新版〕第二十五巻、所収）を刊行。

明治三十五年（一九〇二）三十二歳　九月二日付の西田幾多郎宛の手紙で、アメリカの哲学者で心理学者のウィリアム・ジェイムズ（William James, 1842-1910）の *The Varieties of Religious Experience*, Longmans in New York, 1901-1902（後に、桝田啓三郎訳『宗教的経験の諸相』全二冊、岩波文庫、一九六九・七〇年）を読むよう西田に勧めま

す（西田幾多郎宛「書簡一四二」『鈴木大拙全集』〔増補新版〕第三十六巻、二二二―二二三頁、参照）。

明治三十七年（一九〇四）三十四歳　日露戦争勃発。

明治三十八年（一九〇五）三十五歳　この年の六月に釈宗演がアレキサンダー・ラッセル夫妻の招きで渡米します。サンフランシスコ、シカゴ、ニューヨーク、ワシントンなど各地を訪問。滞米中の大拙が通訳として随行しました。

明治三十九年（一九〇六）三十六歳　この年の四月に釈宗演がイギリスに向かいます。フランス、ドイツ、イタリアなどのヨーロッパ諸国を訪問、セイロン、インドの仏跡ブッダガヤ、香港、上海を経て九月に帰国。

同年、ポール・ケーラス著 *Amitabha*（オープン・コート出版社、一九〇六年）を和訳、『阿弥陀仏』（丙午出版社。『鈴木大拙全集』〔増補新版〕第二十五巻、所収）を刊行。この年、サンフランシスコで激しい日本人排斥運動が起き、将来を憂慮していることを釈宗演宛の書簡（明治三十九年十月二十七日）に記しています（『釈宗演と近代日本――若き禅僧、世界を駆ける――』臨済宗大本山円覚寺、二〇一八年、一一一頁、参照）。

同年、釈宗演の法話集 *Sermons of a Buddhist Abbot [Zen for Americans]* by The RT. Rev. Soyen Shaku（オープン・コート出版社）を刊行。釈宗演の海外旅行中の講演集です。

同年、釈宗演がニューヨークで講演、大拙が通訳をつとめました。この時、後に妻となるビアトリス・アースキン・レーン（Beatrice Erskine Lane, 1878-1939）と出会います。

明治四十年（一九〇七）三十七歳　英文による処女作 *Outlines of Mahāyāna Buddhism*（『大乗仏教概論』）をオープン・コート出版社から刊行します。アメリカ滞在中に西洋の学者たちに大乗仏教を説いた著作です。

大拙は、*Outlines of Mahāyāna Buddhism* 出版の目的について、同書の序に、「この本には二つの目的がある。一つは西洋の批評家たちが大乗仏教の根本教義に対して懐いている多くの誤った見解を正すこと、もう一つは、世界でもひときわ強力な精神的力の一つである大乗仏教というものの発達にみられる、宗教的情操と信仰の発展、そこに世の比較宗教学者たちの注意を惹きつけることである」(鈴木大拙著、佐々木閑訳『大乗仏教概論』岩波文庫、二〇一六年、五頁)と記し、同書に不備な点があることを認めながらも刊行したのでした。西洋に大乗仏教、とくに『華厳経』の「事事無礙法界《じじむげほっかい》」観による寛容の精神と相互理解の重要性を説いたのです。

Outlines of Mahāyāna Buddhism に対して、クリスマス・ハンフレイズ(Chrismas Humphreys, 1901-1983)は、「それは大乗仏教に関するすばらしい労作である。ロンドンのブディスト・ソサイアティは、ただちに再版を願い出た。六十年近くを経た今日でも、それは第一流の著作である」(志村武著『鈴木大拙随聞記』日本放送出版協会、一九六七年、一八頁)と高く評価しました。大拙はハンフレイズの同書再刊の要請に対し、「若い時の未熟な著書で、書き直さねばならぬところがある」と辞退しています。

ハンフレイズは、ロンドンの法律家。大正十三年(一九二四)二十三歳で欧州に仏教を伝えるためロンドン仏教協会(The Buddhist Society)を設立、会長に就任。仏教雑誌 *The Middle Way* を創刊しました。昭和十一年(一九三六)、ロンドンで開催された世界信仰会議を機に大拙と交流を始めます。著作に、臨済宗相国寺派執行長・緒方宗博訳『新日本と仏教』(大蔵出版、一九四八年)、原島進訳『仏教——その新しい理解のために』(青山書院、一九五七年)、「ヨーロッパにおける鈴木博士と禅仏教」(『仏教と文化——鈴木大拙博士頌寿記念論文集』鈴木学術財団、一九六〇年)などがあります。昭和五十年(一九七五)、ロンドン仏教協会会長として仏教の世界的伝道に尽力した功績により、公益財団法人仏教伝道協会から第九回仏教伝道文化賞を受賞しました。

長年大拙に師事した志村武(一九二三—一九八九)は、大拙の承諾を得て *Outlines of Mahāyāna Buddhism* を和訳(抄訳)し、大拙没後七年目の昭和四十八年(一九七三)十一月に刊行した志村武編著『青春の鈴木大拙——菩薩道の原点を求めて――』（佼成出版社）の第二編に「『大乗仏教概論』抄」として収めました。第一篇は「若き日の大拙――生い立ちとその背景――」です。同書巻頭の「はしがき」（一九七三年九月十五日）に、志村は次のように記しています。

青春の鈴木大拙は敢然としてその道に足を踏み入れ、英文『大乗仏教概論』を通じて、菩薩道を全世界に開示した。本邦未発表のこの名著には、「みんなほとけになるように」という彼の〝願〟が、熱く強く息づいて、私たちを菩薩への道へ誘いこまずにはおかない。〝生きる〟ことの意味を改めて省察せしめ、よりよく生きんとする意欲を奮い起こさずにはおかない。

同書第一篇「若き日の大拙」の「7　わからせたい一心で」の中で、志村は大拙の *Outlines of Mahāyāna Buddhism* を和訳するに至った経緯について、次のように記しています。

この労作について、私が生前の大拙に、
「先生の『大乗仏教概論』には、パッショネイトな味がありますね。先生がいいたくて、いいたくて、しょうがなくて書いたものだけにとても熱っぽいところがある本ですね」
と語りかけたとき、大拙は静かな口調で、
「そうだろう。学者が書いた本ではないからな。わしは知識を並べたのではなくて、信仰を書いたのだ。しかし、いま読み返せば、ずいぶんと手を入れたいところがあろうし、間違っているところもあるかもしれん。いや、あるにきまっているんだ。そいつをどうするかが問題だ」「その点については、日本語版が出版されるときに、序文で一言されたらどうでしょうか。この本はこの本なりに、若い者に非常に強く訴える力を持っています」。（中略）「先生、この本を私に和訳させてください。日本人にもぜひ読んでもらいたいと思います」「君は、どうしてそんなふうに思うのか」「情感に訴えてくる本だからです。ほかの『仏教概論』ではこうはいきません。仏教に関する知的な理解は深まっても、読むものの肚《はら》の底にしみこんできません」「よろしい。では、しっかりやってもらおう」

ということになり、私はその後の約二年間、鈴木大拙著英文『大乗仏教概論』の邦訳に全力を挙げて取り組むようになった。（中略）私にとって何よりも幸いであったのは、著作した当人が存命していてくれたことである。（中略）私は大拙の手によって導かれながら、六十五年前に大拙が歩んだ道を跡づけることになったわけである。（中略）しかし、訳文六百枚（四百字詰原稿用紙）をこすその全貌の紹介は、他日にゆずらせていただく。

（同書、五七―五九頁）

志村は同書の末尾を次の文で結んでいます。

本書に紹介した『大乗仏教概論』は、英文による全著作のスターティング・ポイントをなすものであるといってよい。大拙がこの『大乗仏教概論』にこめた〝願〟は、その後の彼の活躍と相まって、今日では全世界に豊かな実をむすんでいる。
「私も仏陀になろう」
「みんなほとけになるように」
大拙は死んだが、彼のこの〝願〟は永遠に生きつづけることであろう。

（同書、三一〇頁）

志村は、大正十二年（一九二三）東京に生まれ、東北大学哲学科を卒業。従軍し終戦の翌年、昭和二十一年（一九四六）台湾から復員します。後に雑誌記者・高校教諭・武蔵野女子大学教授（哲学）。復員後、鈴木大拙著・北川桃雄訳『禅と日本文化』（岩波新書、岩波書店、一九四〇年）を読んで感動し、大本山円覚寺の正伝庵に大拙を訪ねてから、昭和四十一年（一九六六）大拙が亡くなるまで二十年間大拙に師事しました。師事して三年目の昭和二十四年（一九四九）に鈴木大拙著・志村武訳『古代中国哲学史』（新潮社）を刊行しています。

大拙の *Outlines of Mahāyāna Buddhism* に対して、一部の学者から、「ヒンドゥー教に近く、インドの大乗仏教ではない」と批判されました。ベルギーのサンスクリット語・仏教文献学者のルイ・ド・ラ・ヴァレー・プサン（Louis de La Vallée-Poussin, 1869-1938）は、本書にはサンスクリット表記に誤記が多く、内容も不二一元論の「梵我一如」を説くヒンドゥー教のヴェーダーンタ哲学に近く、釈迦の思想を表すものでも大乗仏教を語るものでもない、と批判したといわれます。

大拙の *Outlines of Mahāyāna Buddhism* へのヴァレー・プサンによる批判に対する大拙の態度について、安藤礼二多摩美術大学教授は、自著『大拙』（講談社、二〇一八年）の中で、次のように述べています。

大拙自身がその批判について直接答えた形跡はない。ただし、大拙はヴァレー・プサンによる書評をほぼ確実に読んでいたと思われる（大拙はヴァレー・プサンの著作を系統的に集めている）。それでは、大拙は『大乗仏教概論』に記した自身の見解をその後、否定したのか。おそらく、そうではあるまい。大拙は、『大乗仏教概論』で依拠した「如来蔵」という考えを生涯捨てることはなかった。逆に、それをより論理的かつ実践的に深めて行った。

（同書、八〇頁）

Outlines of Mahāyāna Buddhism を全訳した佐々木閑花園大学教授は、鈴木大拙著・佐々木閑訳『大乗仏教概論』（岩波文庫、二〇一六年）の「訳者後記」で、次のように述べています。

先のプサンによる批判点と、私の批判を一覧するなら、本書を構成する基本要素として鈴木がだしてくる諸概念のほとんどが、誤ったものであるということが分かる。（中略）本書の第一目的である正しい大乗仏教の概念の提示には失敗しているのである。（中略）『大乗仏教概論』と銘打った本書の本当の内容は、大乗仏教の概論ではなく、大乗仏教を概論するつもりの鈴木が、大乗仏教の名のもとに自己の思想を開陳したものということになる。

（同書、四八四頁）

鈴木が自己の思想のベースとした日本仏教そのものが、本来のインド大乗仏教とは異質な仏教であり、それは仏教というよりもむしろヴェーダーンタなどのヒンドゥー教哲学に近いものだという結論である。

（同書、四八五頁）

鈴木大拙の『大乗仏教概論』を訳してみて、私はこの本が、現代において生み出された新たな大乗経典であると感じるようになった。本書の根底には鈴木の悟りの体験がある。鈴木は当然のことながらそれを釈迦の悟りと同一線上にあるものと考え、したがって、その体験を土台にして仏教を正しく解き明かすことができると確信した。（中略）本書を、仏教学という学問世界の中に含めず、仏教という宗教の流れに置いてみるなら、それは『般若経』や『法華経』などの経典と同レベルに並ぶ『大拙大乗経』とも呼ぶべき新たな聖典の誕生を意味していると思うのである。

（同書、四九〇―四九一頁）

常盤義伸花園大学名誉教授は、論考「D. T. Suzuki: Outlines of Mahayana Buddhism を巡って」（『松ヶ岡文庫研究年報』第三十三号、二〇一九年三月）で、ルイ・ド・ラ・ヴァレー・プサンと佐々木教授の所説を批判し、次のように述べています。

佐々木氏が大拙批判の有力な論拠とするド・ラ・ヴァレ・プサンの見解は、スチェルバツキーの紹介するところに依る限り、我々の考慮に値するものではないと言わざるをえない。佐々木氏が自ら紹介するプサンの見解には、佐々木氏と同様に、仏教の如来蔵思想に対するヒンドゥー教的な把握の仕方が見られ、そのために如来蔵思想がサーンキャの霊肉二元論を批判する大乗仏教の立場を表すものであることを見失っている（後略）

（同書、六頁）

大拙の英文著書の日本語訳者、佐々木閑氏のご批判、そしてその後の、安藤礼二氏の大拙論、のいずれも残念ながら、大乗仏教思想の適切な理解を踏まえた傾聴すべき批判とは程遠い論評と言わざるをえない。
（同書、一一三頁）

私は大拙のこの書物を佐々木氏の訳文で読まれる将来の読者には、文献や術語の取り扱い訂正以外、部派仏教の立場に立って大乗仏教を見るという傾向を示す佐々木氏・プサン氏の批判の言葉にこだわらず、大拙が提示する大乗思想論にしっかりと耳を傾けてくださるようにお願いしたい。仏教のみならずキリスト教をも視野に入れて展開されたこの議論は、学問的にも実に貴重な大乗論である。
（同書、一四頁）

末木文美士東京大学名誉教授は、本書について次のように評しています。

『〔大乗仏教〕概論』は客観的かつ冷静な大乗仏教入門の教科書ではなく、近代という時代の中にいかにして大乗仏教を蘇らせ、その精神を生かしていくことができるかという、大きな課題へ向けての処方箋である。大拙が自らの立脚点を定め、グローバルな世界に大乗仏教の伝道者として打って出る拠点作りの作業であった。
（末木文美士「鈴木大拙と山崎弁栄――近代仏教の中の『大乗起信論』」『図書』八三九号、岩波書店、二〇一八年十一月号、二四―二七頁、該当箇所は二五頁）

横田理博九州大学大学院教授（倫理学）は令和六年（二〇二四）三月、講演録「鈴木大拙の『大乗仏教概論』をめぐって」を『松ヶ岡文庫研究年報』（第三十八号）に掲載。大拙の『大乗仏教概論』について、次のように述べています。

網羅的に広く大乗仏教思想を紹介するものではありません。そして実は、かつての仏教思想をそのまま紹介するだけではなく、伝統的ではない独自の新たな解釈もまじえながら紹介します。そこが、アカデミックな仏教学者から批判されることになるのではありますが、私はむしろそこに『大乗仏教概論』の魅力はあると思っています。

（『松ヶ岡文庫研究年報』第三十八号、二五—二六頁）

『大乗仏教概論』に対しては、その歴史学上の誤りへの批判があります。たとえば、プサンという仏教学者は、鈴木が描いた大乗仏教は、仏教というよりもむしろヴェーダーンタ哲学（ヒンドゥー教）に近いものであって、大乗仏教の真のあり方を捉えていないと批判しました。

しかし、『大乗仏教概論』には、これまでの仏教についての歴史学上の正確さという仏教学者の視点には収まりきらないものがあります。それは、仏教の本質は何か、今後あるべき仏教とはいかなるものか、という視点です。仏教の現代的意義への問いかけと言ってもよいでしょう。

（同書、三三五頁）

なお、横田教授には、論文「鈴木大拙の『大乗仏教概論』についての考察」（上、中の一、中の二、中の三、下）（九州大学大学院人文科学研究院編『哲学年報』第七九—八三輯、二〇二〇—二〇二四年、所収）があります。「下」には、その後の大拙の思想の展開が論じられています。

明治四十一年（一九〇八）三十八歳　三月、オープン・コート出版社社主へゲラーの篤志で渡欧。ドイツ、フランスを歴遊、英国で研究生活を送り、ロンドンのスウェーデンボルグ協会（Swedenborg Association）の招きで国際スウェーデンボルグ大会に出席。

大拙は、スウェーデンの科学者でキリスト教の神秘主義思想家エマヌエル・スウェーデンボルグ（Emanuel Swedenborg, 1688-1772）の神秘思想や、アメリカの哲学者で心理学者のウィリアム・ジェイムズの *The Varieties of Religious Experience* などから影響を受けたといわれています。

同年、釈宗演述・鈴木大拙編『静坐のすすめ』（光融館）を刊行。

明治四十二年（一九〇九）三十九歳　渡英。四月、十二年ぶりに帰国。学習院・東京帝国大学英語講師に就任。

明治四十三年（一九一〇）四十歳　四月、学習院教授に就任。大拙にとっては自分の本意にかなった仕事ではなく、余所事の仕事でした（西村惠信著『鈴木大拙の原風景』〈新装改訂版〉大法輪閣、二〇一六年、二〇二頁、参照）。

この頃から真宗大学（現、大谷大学）教授（仏教学）佐々木月樵《ささきげっしょう》と親交を結び、浄土真宗に接近します。

佐々木月樵（一八七五―一九二六）は愛知県安城市古井町塚越の真宗大谷派願力寺に生まれ、大谷派が明治二十九年に開校した真宗大学に入学。卒業後、宗教哲学者・清沢満之《きよざわまんし》の門下で、浩々洞《こうこうどう》（清沢を中心として開かれた私塾。明治三十二年四月、開設）の設立と信仰雑誌『精神界』の創刊（明治三十四年）に暁烏敏・多田鼎らと尽力しました。真宗大学の教授となり、大乗仏教と真宗の教学と歴史の研究に没頭。西田幾多郎（京都大学教授・哲学）を非常勤講師として迎えます。西田の協力を得て大拙を宗教学科の教授として迎えました。佐々木は大正十三年（一九二四）、大谷大学第三代学長に就任。大学の仏教学科の科目に、サンスクリット語・パーリー語・チベット語を置き、これまでの伝統的仏典研究に代えて、『華厳経』『法華経』『浄土三部経』などの原典研究を進めるなど近代的仏教学の構築に尽力しました。著書に、『実験之宗教』（文明堂、一九〇三年）、『救済観』（文明堂、一九〇四年）、『親鸞伝叢書』（無我山房、一九一〇年）、『支那浄土教史』上下（無我山房、一九一三年）、『大乗仏教原理』（中外出版、一九二三年）、『華厳経の新しき見方』（合掌社、一九二三年）、『龍樹の中論及其哲学』（甲子社書房、一九二六年）、『摂大乗論：漢訳四本対照』（萌文社、一九三一年）、『佐々木月樵全集』全六巻・別巻二などがあります。大拙が真宗を学ぶにあたって佐々木から影響を受けたことは間違いないでしょう。

同年（明治四十三年）十一月二十日、翌明治四十四年（一九一一）に迎える親鸞聖人六百五十年御遠忌の記念として、京都市下京区の真宗大谷派長覚寺住職で当時真宗大谷派東京浅草本願寺別院輪番の大草慧實《おおくさえじつ》編『真宗要旨』（英文・和文）が同別院から刊行されました。『真宗要旨』は、「第一　歴史」、「第二　教義」から成ります。巻頭に「大谷御本廟」「東本願寺殿堂」「親鸞聖人御真蹟」の写真が付されています。同書の前半に英文のPrincipal teachings of the True Sect of Pure Landを、後半に邦文の「真宗要旨」を収めています。記述は見られませんが、佐々木月樵と鈴木大拙の共同執筆といわれています（「大草慧實編『真宗要旨』紹介」『宗報』一一一号、一九一〇年十二月二十五日、参照）。

編集兼発行者の大草は、序の末尾に次のように記しています。

明年は我親鸞聖人入滅後六百五十年目にあたるのである。近頃我聖人の徳は単に国人の普く之を仰ぐのみならず、外人にして、また之に帰し、その教旨を知りたく思ふものも日に月に多いのであります。本書は、聊か聖人六百五十年御遠忌の記念として、我真宗の歴史及び教義の一般をそれらの人々に伝へる可く編述したるものである。若し、人之によつて信謗共に仏縁を結ぶことを得ば、編者の満足は之にすぎぬのであります。

明治四十三年十月十三日　大草慧實識

大草慧實（一八五八—一九一二）は、日本の労働福祉を大きく転換させた都市スラムの人たちのための「無料宿泊所」を設立（明治三十四年、一九〇一年）、生活困窮者の宿泊と仕事の斡旋など社会福祉に貢献しました（佐賀枝夏文・大谷大学名誉教授「近代真宗大谷派の社会的実践のあゆみ」『教化研究』一六一号、東本願寺出版、二〇一七年、参照）。

同年、スウェーデンボルグ著 *Heaven and Hell*, in London, 1758を和訳、『天界と地獄』（英国倫敦スウェーデンボルグ協会代表・鈴木貞太郎、東京有楽社。『鈴木大拙全集』〔増補新版〕第二十三巻、所収）を刊行。初めてスウェーデンボルグを日本に紹介しました。

『天界と地獄』は、霊的世界を天界・精霊界・地獄界に分けて説いており、「神秘主義思想のバイブル」といわれます。大拙は、五官で感じる世界以外に心霊界があり、真の救済は「信と行との融和一致」といい、「神智」と「神愛」の発現を認め、「愛は智よりも高く深い」と記しています。

明治四十四年（一九一一）四十一歳　親鸞聖人六百五十年御遠忌。親鸞の曽孫で本願寺の創設者・第三代宗主覚如《かくにょ》の撰『御《ご》伝鈔《でんしょう》』（『本願寺聖人親鸞伝絵』の詞書《ことばがき》）を佐々木月樵と共に英訳、*The life of the Shonin Shinran*, translated from the original Japanese of Kakunyo Shonin, by Gessho Sasaki and Daisetz Teitaro Suzuki, Buddhist Text Translation Society, Tokyo を刊行。

同年、浄土教に関する最初の論文「自力と他力」を発表（小笠原秀實編・刊『宗祖観』一九一一年、所収）。

同年十二月十二日、米国外交官の娘ビアトリス・アースキン・レーンと横浜のアメリカ合衆国領事館で結婚式を挙げます。

ビアトリスは、神智学やヴェーダーンタ哲学を上座仏教とともに学び、大学時代にウィリアム・ジェイムズ、ジヨサイア・ロイス、ジョージ・サンタヤナから哲学の薫陶を受けましたがそれに飽き足らず、東洋の宗教に惹かれます。来日後は大本山円覚寺で参禅し、高野山で真言宗を学び、大谷大学赴任後は真宗学に関心を広げたといわれています（守屋友江「ビアトリスと大拙の選択」『現代思想――鈴木大拙』第四十八巻十五号、青土社、二〇二〇年、参照）。彼女は慈愛深く、菜食主義者で、鎌倉に動物愛護慈悲園を経営するなど動物愛護につとめました。彼女の自然愛や動物愛には、動物愛護運動に熱心な母エマ・アースキン・レーン・ハーン（Emma Erskine Lane Hahn, 1846-1927）の影響が見られるといわれます。エマは来日して、娘ビアトリスのもとで晩年を過ごします（西村惠信著『鈴木大拙の原風景』〔新装改訂版〕大法輪閣、二〇一六年、参照）。大拙も神智学に関心を寄せ、神智学協会の会員になり、ロッジの会長をつとめたといわれます（吉永進一「大拙夫妻と神智学――大拙英文日記とビアトリス資料を参照して――」『松ヶ岡文庫研究年報』第三十三号、二〇一九年、参照）。

明治四十五年（一九一二）四十二歳　東京帝国大学講師辞任。

国際スウェーデンボルグ総会に出席、「日本におけるスエデンボルグ」について報告します。

大正二年（一九一三）四十三歳　鈴木家の家政婦になる富山県出身の関口このと初めて出会います。関口このについては、次のような記述があります。

おこのはビアトリスの動物愛を共有し、そしてすぐに動物を家で飼う努力のためには欠かせない存在になった。（中略）彼女はまた病気の動物を看病し、死んだ動物のために、家の仏壇の前に僧侶を呼んで定期的に供養を行った。振り返ってみれば、ビアトリスの動物事業も、鈴木の学者としての経歴そのものも、おこのなしで成功したかどうか疑問である。そして、彼女をビアトリスと他の何よりも強く結びつけたのは動物だった。

（ジェームズ・ドビンズ「鈴木大拙と動物愛護」山田奨治・ジョン・ブリーン編『鈴木大拙――禅を超えて』思文閣出版、二〇二〇年、二〇六頁）

大正三年（一九一四）四十四歳　第一次世界大戦勃発。

同年十一月、スウェーデンボルグ著 *Divine Love and Wisdom*, in Amsterdam 1763 を和訳、『神智と神愛』（丙午出版社。『鈴木大拙全集』〔増補新版〕第二十五巻、所収）を刊行。

同年、*A brief history of early Chinese philosophy* をロンドンで刊行。同書は後年、大拙門下の志村武が和訳、昭和二十四年（一九四九）に鈴木大拙著・志村武訳『古代中国哲学史』（新潮社）として刊行します。

大正五年（一九一六）四十六歳　ビアトリスの母エマ・アースキン・レーン・ハーン来日、七十一歳。八十歳で亡くなるまで十年間同居しました。

大正六年（一九一七）四十七歳　七月七日、関口このが貰い受けてきたアラン（Alan 鈴木勝、一九一六頃―一九七一）を養子に迎えます。大拙はアランの素行の悪さに苦悩しますが、手紙などからわが子の幸せを願う父親の愛情が伝わってきます。アランは長じて歌手の池真理子（一九一七―二〇〇〇）と結婚（後に離婚）、服部良一作曲「東京ブギウギ」を作詞します（山田奨治著『東京ブギウギと鈴木大拙』人文書院、二〇一五年。山田奨治「父としての大拙」『現代思想――鈴木大拙』第四十八巻第十五号、青土社、二〇二〇年一〇月、参照）。

大正八年（一九一九）四十九歳　二月十一日、ポール・ケーラス没、行年六十七歳。

同年十一月一日、釈宗演没、行年六十二歳。東慶寺墓地に埋葬。大拙は参禅をやめます。

大正十年（一九二一）五十一歳　約十年間勤めた学習院教授を退職。「院長の人との間にまあ意見の衝突というか」

（「也風流庵自伝」『鈴木大拙の人と学問』〔鈴木大拙禅選集・新装版・別巻〕春秋社、一九七五年、一七六頁）と語っています。

同年（大正十年）、佐々木月樵の懇請と西田幾多郎の薦めで真宗大谷大学（現、大谷大学）教授に就任。当時、大学の本館・尋源館《じんげんかん》には、南条文雄、佐々木月樵、西田幾多郎、上田敏、西谷啓治ら錚々たる学者が集ったといわれます。

同年、鈴木大拙、佐々木月樵、山辺習学、赤沼智善、ビアトリスの五人で、西洋に大乗仏教の精神を伝える目的で大谷大学内にイースタン・ブディスト協会（The Eastern Buddhist Society）を設立、英文仏教雑誌『イースタン・ブディスト』（*The Eastern Buddhist*）を創刊。

大正十三年（一九二四）五十四歳　四月二十七日、二十九日、三十日、五月一日、二日と五回にわたって『中外日報』紙上に「『七里老師語録』を読む」を寄稿。明治期に活躍した博多の浄土真宗本願寺派萬行寺の学僧・七里《しちり》恒順《ごうじゅん》（一八三五―一九〇〇）の言行を紹介したものです。翌年、Sayings of a Modern Tariki Mystic を『イースタン・ブディスト』第三巻第二号（一九二五年二月）に寄稿します。その中で大拙は、「七里は偉大な学者でもあり、かなり多くの学問的な著作を遺している。しかし、ここでの我々の関心は彼の実践的な信仰にあって、（一般には真宗の博学な門徒として位置づける）専門用語を駆使した彼の学問的論説にはない」（谷口愛沙ほか著「鈴木大拙著「近代他力神秘家の言葉」翻訳・訳注（二）」『仏教学セミナー』第一一五号、二〇二二年六月、七三（九八）頁）と述べ、『七里老師語録』（赤沼智善編、無我山房、一九一二年）や、小泉了諦の編著、『七里和上言行録』（濱口惠璋編、興教書院、一九一二年）の中から三十八節を紹介しています。この英文論文は、後に大拙門下の楠恭が和訳し、鈴木大拙著・楠恭訳『日本仏教の底を流れるもの』（大拙の英文論文五編を和訳したもの。大谷出版社、一九五〇年）の中の四番目に

「学僧の見た真宗」と題して収めました。七里師は私塾・甘露窟を営み、社会活動や教化活動に生涯尽力し、多くの篤信者を育てました。学徳兼備の名僧といわれます。

大正十四年（一九二五）五十五歳　論考 The Development of the Pure Land Doctrine in Buddhism「仏教における浄土教理の発達」（『イースタン・ブディスト』第三巻第四号、一、二、三月号）を発表。

本論考で浄土教の起源から日本浄土教について述べ、「浄土教は仏教の本流から外れたものではなく、釈尊の正覚の内に潜む本質的なものが現れ出たもの」で、浄土往生は「正覚を目指す仏教の本流に連なっている」と記しています。大拙は、浄土真宗の篤信者・妙好人に日本的霊性的自覚を見て、昭和二十年前後に『宗教経験の事実』、『日本的霊性』、『日本的霊性的自覚』、『霊性的日本の建設』、『日本の霊性化』、『妙好人』を刊行しました。彼ら篤信者の他力回向の信心に仏の大智・大悲のはたらきを見たのです。霊性的自覚を妙好人に見出し、万人成仏の教法を世の人びとに伝えるため尽力しました。そこには、「衆生無辺誓願度」すべての衆生を済度《さいど》してやまない熱い思いがありました。

同年、佐々木月樵・山辺習学らと『歎異抄』の読書会をもちます。

大正十五年（一九二六）五十六歳　三月六日、佐々木月樵没、行年五十一歳。大拙は悲嘆に暮れます。

昭和二年（一九二七）五十七歳　*Essays in Zen Buddhism*, First Series をロンドンで刊行。

同年八月二十二日、ビアトリスの母エマ没、行年八十一歳。

昭和三年（一九二八）五十八歳　大谷大学の学会誌『大谷学報』第九巻一号（一九二八年二月発行）に論考「『歎異抄』を読む」を寄稿。

『歎異抄』は、親鸞が法然のもとにいた三十五歳の時、後鳥羽上皇による念仏弾圧（承元の法難、建永の法難とも）

で越後（新潟県上越市）に流罪となり、赦免後関東に赴き、常陸の国（茨城県）で布教した時の門人・唯円《ゆいえん》房が、親鸞没後、関東の門弟の中に異義を説く者が出たことを歎き、親鸞から直接聞いた法語によって異義を正そうと執筆した書物です。

第一条には、次の法語が記されています。

弥陀《みだ》の誓願不思議《せいがんふしぎ》にたすけられまゐらせて、往生《おうじょう》をばとぐるなりと信《しん》じて念仏申《ねんぶつもう》さんとおもひたつこころのおこるとき、すなはち摂取不捨《せっしゅふしゃ》の利益《りやく》にあづけしめたまふなり。弥陀《みだ》の本願《ほんがん》には、老少《ろうしょう》・善悪《ぜんあく》のひとをえらばれず、ただ信心《しんじん》を要《よう》とすとしるべし。そのゆゑは、罪業深重《ざいごうじんじゅう》・煩悩熾盛《ぼんのうしじょう》の衆生《しゅじょう》をたすけんがための願《がん》にまします。しかれば、本願《ほんがん》を信《しん》ぜんには、他《た》の善《ぜん》も要《よう》にあらず、念仏《ねんぶつ》にまさるべき善《ぜん》なきゆゑに。悪《あく》をもおそるべからず、弥陀《みだ》の本願《ほんがん》をさまたぐるほどの悪《あく》なきゆゑにと云々《うんぬん》。

（『浄土真宗聖典』〔註釈版・第二版〕八三一―八三二頁）

第二条には、次の法語が記されています。

親鸞《しんらん》におきては、ただ念仏《ねんぶつ》して、弥陀《みだ》にたすけられまゐらすべしと、よきひと（法然）の仰《おお》せをかぶりて、信《しん》ずるほかに別《べつ》の子細《しさい》なきなり。念仏《ねんぶつ》は、まことに浄土《じょうど》に生《うま》るるたねにてやはんべらん、また地獄《じごく》におつべき業《ごう》にてやはんべるらん、総《そう》じてもつて存知《ぞんじ》せざるなり。たとひ法然聖人《ほうねんしょうにん》にすかされまゐらせて、念仏《ねんぶつ》して地獄《じごく》におちたりとも、さらに後悔《こうかい》すべからず候《そうろ》ふ。

（同書、八三二頁）

その他の章でも、親鸞の宗教体験から出た法語が記されています。

大拙は、本論考「『歎異抄』を読む」の中で、「発達した宗教には三つの構成要素がある」（『大谷学報』第九巻一号、一頁）として、一、歴史的要素、二、智性＝宗教の論理的哲学的分子、をあげ、三、経験で、「信仰の体験である。これが宗教では最も大切な分子である。教権の歴史的威力も、論理の智的体系も、最後は此信仰経験に根拠をもたなくてはならぬ」（同書、一―二頁）と記しています。さらに、『歎異抄』第二条の前掲文を「最も吾人の心に迫る一節」として全文を記し、「此一節において親鸞の宗教が最も赤裸裸に告白せられて居る」（同書、九頁）と記しています。

本論考の末尾に、次のように記しています。

「弥陀の五劫思惟の願を、能く〳〵案ずれば、偏へに親鸞一人がためなりけり」と云ふ処に、宗教特有の個人主義がある。此個人主義の事実から無辺の大悲が生れる。（同書、二三頁）

大拙が、大正末期から昭和初期にかけて『歎異抄』を熟読していたことがわかります。本論考は単なる『歎異抄』の解説ではなく、大拙の宗教体験を通した主体的で独創的な論考です。

同年（昭和三年）、福井県鯖江市の浄土真宗本願寺派寺院出身の教育者・今立《いまだて》吐酔《とすい》が『歎異抄』を英訳した *The Tannisho: Tract on Deploring The Heterodoxies), An Important Text-book of Shin Buddhism founded by Shinran* (1173-1262) がイースタン・ブディスト協会から刊行されました。今立が亡くなる三年前の昭和三年、七十三歳の年に英訳し、五十八歳の大拙が校閲したものです。鎌倉の松ヶ岡文庫には大拙の校正紙（再校・三校）が収蔵されており、今立の英訳に大拙が赤字で加筆修正しています。両人が英訳『歎異抄』によって真宗の教えを西洋の人びとに伝えたいと願っていたことがわかります。昭和四十八年（一九七三）刊行の鈴木大拙英訳 *Collected Writings on Shin Buddhism* に今立との共訳『歎異抄』が収められました。

今立吐酔（一八五五―一九三一）は、安政二年（一八五五）越前国今立郡松成村（現、福井県鯖江市松成町）の浄土真宗本願寺派満願寺に生まれました。父・乗永、母・リウの五男。福井藩の藩校・明新館《めいしんかん》でアメリカの理化学教師グリフィス（W. E. Griffis）に理化学と英語を学びました。明治七年（一八七四）三月、開成学校工業学予科（現、東京大学）入学。同年七月グリフィスの帰国に同伴して渡米。翌明治八年（一八七五）ペンシルベニア大学に入学。土木建築学を学び、明治十二年（一八七九）、理学士の学位を取得し卒業、帰国します。同年、京都府中学校教授担当になり、明治十五年（一八八二）五月、二十七歳で京都府中学校初代校長（二代、清沢満之）に就任しました。英語・数学・物理・化学を重視するなど教育の近代化に貢献しました。親鸞の思想に傾倒。明治十九年（一八八六）にオルコット（H. S. Olcott）著、*A Buddhist Catechism*, Colombo, 1881を和訳、『仏教問答』（佛書出版会、一八八七年）を刊行。卓越した語学力のもち主といわれます。当時のキリスト教の広がりと仏教者の怠慢に危機感を抱きました。ペンシルベニア大学留学中に論考「耶蘇《やそ》教《きょう》の十字架は即ち偶像たるの論」（神崎一作編『破邪叢書』哲学書院、一八九三年、所収）を書いています。明治二十年（一八八七）六月、外務省へ出向、外務省翻訳官。二十一年北京公使館書記官、二十二年臨時代理公使、二十三年公使館出納官吏、二十五年帰国。二十七年（一八九四）兵庫県立神戸商業学校長、滋賀県立商業学校長等を歴任。慈愛心に富み、二十二年（一八八九）の奈良・和歌山・福岡三県の洪水罹災者に多額の援助金を贈っています。近代の妙好人ともいえる篤信の念仏者でした（川村覚昭「京都府中学校初代校長今立吐酔に関する資料の検討と翻刻」『京都産業大学日本文化研究所紀要』第五号、二〇〇〇年三月。同

「今立吐酔の教育資料の研究」『京都産業大学論集』人文科学系列第三十三号、二〇〇五年三月、参照）。

昭和五年（一九三〇）六十歳　『楞伽経の研究』（*Studies in the Lankavatara Sutra*, London）を刊行。

昭和七年（一九三二）六十二歳　『梵文楞伽経』（*The Lankavatara Sutra*, London）を刊行。

昭和八年（一九三三）六十三歳　『楞伽経索引』（*An Index to the Lankavatara Sutra*, Kyoto）、『禅論文集』第二巻（*Essays in Zen Buddhism*, Second Series）を刊行。

昭和九年（一九三四）六十四歳　『禅論文集』第三巻（*Essays in Zen Buddhism*, Third Series）を刊行。

　同年、*Studies in the Lankavatara Sutra*『楞伽経の研究』で大谷大学から文学博士号を授かります。

　同年から三年かけて、大谷大学教授（仏教学）・泉芳璟《いずみほうけい》（一八八四―一九四七）の協力を得て、『華厳経』「入法界《にゅうほっかい》品《ぼん》」梵文テキスト四部、三冊を編集。当時、大拙が『華厳経』（入法界品）梵文テキストの研究を始める用意をしていたことがわかります。大拙は本テキストの英訳を強く望んでいました。

　同年、仏教の実地調査のため中国・満州・朝鮮に旅行。

昭和十一年（一九三六）六十六歳　三月、*The Gaṇḍavyūha Sutra*, critically edited by Daisetz Teitaro Suzuki and Hokei Idzumi, Kyoto, The Sanskrit Buddhist Texts Publishing Society, 1934 (part 1 and part 2), 1935 (part 3), 1936 (part 4)、鈴木大拙編兼発行（梵文仏典刊行協会、代表・鈴木大拙）。「入法界品」梵文テキストの校訂出版は、これが世界で最初のものといわれています（常盤義伸「D. T. Suzuki: Outlines Mahayana Buddhism を巡って」『松ヶ岡文庫研究年報』第三十三号、二〇一九年三月、参照）。

　ロンドンで開催された世界信仰会議（The World Congress of the Faiths）に日本代表として参加、講演します。

ロンドン仏教協会会長のクリスマス・ハンフレイズが大拙の講演を聴いて感動します。

同年（昭和十一年）、オックスフォード、ケンブリッジ、アメリカの諸大学等でZen Buddhism and its Influence on Japanese Culture「禅仏教とそれの日本文化への影響」を講義。

昭和十二年（一九三七）六十七歳　一月七日、帰国。大本山円覚寺正伝庵に住まう。

同年四月、『禅と念仏の心理学的基礎』（大東出版社）を刊行（『鈴木大拙全集』〔増補新版〕第四巻、所収。二〇〇〇年、同書〔新版〕刊行）。

『禅と念仏の心理学的基礎』はもと英文で書かれていました（*Psychological basis of Zen Buddhism and Buddhist invocstion*）。昭和八年（一九三三）発行の『禅論文集』第二巻（*Essays in Zen Buddhism*, Second Series）の一部The Koan Exerciseです。大拙は、同書の序（昭和十二年三月）に、「欧米の学者、及び一般の読者に対して、仏教の古典的知識でなく、生きた信仰としての仏教の知識を供給せんものと思ひ、微力を揮ひて、これに十数年来従事して来た」（『鈴木大拙全集』〔増補新版〕第四巻、一八七頁）と記しています。大拙の西洋への大乗仏教伝道への情熱が伝わってきます。和訳は、大拙の愛弟子・横川顕正大谷大学教授（宗教学）が行い、大拙が加筆訂正しています。

同書の「前篇」では禅経験・看話工夫を、「後篇」では念仏・称名について論じています。「後篇」では、『般舟三昧経』『観無量寿経』『阿弥陀経』の念仏、龍樹の『十住毘婆娑論』（易行品）、道綽の『安楽集』、善導の『観経疏』の念仏、著者未詳の浄土教の書『安心決定鈔』、源信・法然・親鸞の念仏について心理学的に論じていますが、妙好人の信心・称名については触れていません。当時、大拙が浄土教を研究していたことは間違いないでしょう。

昭和十三年（一九三八）六十八歳　大拙が昭和十一年（一九三六）にオックスフォード、ケンブリッジ、アメリカの諸大学等で講義した内容をまとめた*Zen Buddhism and its Infulence on Japanese Culture*をイースタン・ブディスト協会から刊行。

昭和十四年（一九三九）六十九歳　七月十六日にビアトリス夫人、東京築地の聖路加国際病院にて没、行年六十一歳。大拙は悪性腫瘍で苦しむ夫人を献身的に介護しました。以後、大拙は深い悲しみのうちに正伝庵で読書と思索の日々を送ります。十二月、ビアトリスの仏教研究の遺稿二十八文を集めて五篇とし、『青蓮仏教小観』（二巻、非売品）を刊行（西村惠信著『鈴木大拙の原風景』〔新装改訂版〕大法輪閣、二〇一六年、二〇六―二〇九頁、参照）。

同年八月五日、親鸞の『教行信証』「行文類」末の「正信偈」を英訳。

昭和十五年（一九四〇）七十歳　九月、鈴木大拙著・北川桃雄訳『禅と日本文化』（岩波新書）を刊行。

同書は、*Zen Buddhism and its Influence on Japanese Culture*, The Eastern Buddhist Society, Otani Buddhist College, Kyoto 1938. の前編六章を、北川桃雄（一八九九―一九六九。共立女子大学教授・美術史）が和訳した著作で、巻頭に西田幾多郎の序（昭和十五年八月）と大拙の序（同）が付されています。

昭和十六年（一九四一）七十一歳　太平洋戦争勃発。

昭和十七年（一九四二）七十二歳　鈴木大拙著・北川桃雄訳『続　禅と日本文化』（岩波新書）を刊行。

十二月、『浄土系思想論』（法藏館）を刊行。

同書は、大拙が本格的に真宗の教えについて述べた論文集で、次の六篇を収めています。

一篇「真宗管見」は、昭和十四年の『イースタン・ブディスト』（第七巻、第三・四号、一九三九年）に掲載したThe Shin Sect of Buddism の和訳です。主として西洋の人たちに真宗について説明したもので、杉平顗智《すぎひらしずとし》大谷大学教授（英文学）が和訳し、『大谷学報』第二十三巻第一号・第二号（一九四二年二月・三月）に掲載した論考です。冒頭に「大乗教の支那及び日本に於けるあらゆる発展の中で最も注目すべきものは浄土真宗の教である」と記し、文中で妙好人・讃岐《さぬき》の庄松《しょうま》の宗教経験について述べています。本論考が、翌昭和十八年（一九四三）刊行の庄松の宗教経験について論じた『宗教経験の事実』（大東出版社）につながることは間違いないでしょう。

以下、二篇「極楽と娑婆――『無量寿経』を読みて」（昭和十六年春）、三篇「浄土観・名号・禅」上下（昭和十六年夏、下篇は『浄土学』第十八・第十九合併号（一九四二年六月）に掲載）、四篇「浄土観続稿――『浄土論註』を読みて」（昭和十六年）、五篇「他力の信心につきて――『教行信証』を読みて」（昭和十七年）、六篇「我観浄土と名号」（同）です。昭和二十九年（一九五四）に春秋社から刊行された『続鈴木大拙選集』第一巻所収の「浄土系思想論」では、一篇「真宗管見」を除いて五篇にしています。大拙没後五十年の平成二十八年（二〇一六）に刊行された鈴木大拙著『浄土系思想論』（岩波文庫）でも「真宗管見」を除いています。『鈴木大拙全集』〔増補新版〕第六巻所収の「浄土系思想論」には「真宗管見」を収めています。

六篇「我観浄土と名号」に、次のような記述が見えます。

名号《みょうごう》は実に浄土教体系の一大礎石である。それ故、名号の何であるかを会得することは、浄土教を会得することでもあると云ってよい。実際は、本願の主人公で、浄土全系を支えている阿弥陀仏そのものも、その名号に尽きると認められ能うのである。阿弥陀仏はその名号と同一体である。此土の吾等、相関的・対峙的・現象的方便界の吾等は、阿弥陀の浄土と直接の交渉をひらくわけにいかぬので、必ずその名号を媒介とする。名号は、一面娑婆につながり、他面浄土につながる。名号の真実につかまれる時、それは直ちに浄土往生の事実体験となるのである、即ち阿弥陀仏と覿面《てきめん》に相対することになるのである。

（鈴木大拙著『浄土系思想論』岩波文庫、二〇一六年、三一六頁）

昭和十八年（一九四三）七十三歳　六月、『大谷学報』（第二十四巻第三号）に、論考「大乗仏教の世界的使命——若き人々に寄す」を寄稿。

本論考で大拙は、「大乗佛教徒は自分の所信が世界性を持つて居ると云ふことを了解するに止まらず、その世界性を世界的論理で、世界的に論述し宣布しなければならぬのである。これには伝統や歴史を一旦は否定する必要があらう。（中略）鎌倉時代に於ける親鸞聖人は、その時代が大地から呼びかけた魂の響きにふれて、どんな風に伝統を否定したかを見よ」と述べ、若者たちに仏法弘通への努力を呼びかけています。

この頃から本格的に真宗の妙好人・浅原才市の研究を行います。彼の他力回向の信心に日本的霊性的自覚を見たからでした。

同年、西谷啓治（京都大学教授・哲学）の紹介で、広島市中区寺町の浄土真宗本願寺派徳応寺の学僧・藤秀璻《ふじしゅうすい》住職から、著書『大乗相応の地』（興教書院、一九四三年）を贈られます。

同書は前半に、藤の論考「大乗相応の地」「篤く三宝を敬へ」「仏様を語る」「感恩の義」「戦時随想・街頭所見」「礼拝」「古語二つ」「道徳と宗教」「愚痴にかへる」「生死の苦海」「領解文の話」が収められ、後半に藤の論考「妙好人才市の歌」が収められています。後半の論考は、才市が教化に浴した島根県邇摩郡（大田市）温泉津《ゆのつ》町小浜の浄土真宗本願寺派安楽寺の梅田謙敬住職（本願寺派勧学）から藤が譲り受けた才市の詩のノート（二冊、うち一冊は借用。共に広島空襲で焼失）を読んで感動し、その味わいを書いたものでした。大拙はそれを読んで才市研究を始めます。そのことを大拙は、『日本的霊性』（大東出版社、一九四四年）の第四篇「二　浅原才市」の冒頭に記しています。

以後、大拙は日本語と英語の論文や著書で、才市を日本的霊性の自覚者として国内外に紹介しました。亡くなる前にも数編の才市に関する論考を執筆しています。また、門弟・佐藤平（顕明）の尽力で、鈴木大拙編著『妙好人浅原才市集』（春秋社）が編集され、大拙没年の翌年、昭和四十二年（一九六七）七月十五日に刊行されました。

2、日本的霊性とその具現相を説く著作

大拙は昭和十八年（一九四三）六月、七十三歳で、妙好人・讃岐《さぬき》の庄松《しょうま》の宗教経験を論じた『宗教経験の事実』（大東出版社）を、昭和十九年（一九四四）七十四歳で、日本的霊性と浄土教、妙好人・赤尾《あかお》の道宗《どうしゅう》と石見《いわみ》の浅原才市《あさはらさいち》の宗教心を論じた『日本的霊性』（大東出版社）を、戦後間もない昭和二十二年（一九四七）七十七歳の年に、仏の大智・大悲を説きつつ庄松の宗教心を紹介した『仏教の大意』（法藏館）を、昭和二十三年（一九四八）七十八歳で、妙好人・赤尾の道宗と浅原才市の宗教心を中心に妙好人の信心について論じた『妙好人』（大谷出版社、後に法藏館）を出版しました。昭和二十年（一九四五）の終戦の年を挟んだ前後五〜六年の出版でした。

これらの書物には、一貫して日本的霊性とその体現者・妙好人の宗教心が論じられています。親鸞と妙好人への深い思いが見られ、同時に、戦争の悲惨を体験した大拙の、わが国の再建と世界平和への悲願がうかがえます。

以下、大拙が「日本的霊性」とその具現相について説いた三著『宗教経験の事実』『日本的霊性』『妙好人』をとりあげ、関連著作とともにその概要と意義について検討します。

(1)『宗教経験の事実』

『宗教経験の事実』（大東出版社）は、大戦中の昭和十八年（一九四三）六月に刊行されました。戦後間もない昭和二十二年（一九四七）三月、「初版本」に若干の改訂を施した「改訂再版本」が刊行され、平成二年（一九九〇）一月に「新版」が刊行されています。

「初版本」の序（昭和十八年春、鎌倉にて）の末尾に、大拙は次のように記しています。

庄松をただ無学無知の同行と見てはならぬ。吾等は何れも一たびは彼の境地に這入って来て、それから千軍万馬の個多的闘争場裡に馳駆しなければならぬ。「闘争」と云うのは、単なる武力の意味でない、もっと永遠性をもった思想的闘争である。庄松的宗教経験の事実の上に、時間と空間とを自由に駆使すること、飛行機の如く、戦車の如くなる思想の戦陣が展開せられなければならぬのである。

本書は二部より成る。第一部は、宗教経験と云う事実につき、主として庄松底を題材としたもの。もっと組織的に叙述せらるべき宗教経験総説とも云うべきものへの序言と見てよい。第二部は庄松言行録である。

同書には、「1、宗教の二義」から「19、物心二元論」まで十九項目を収めていますが、妙好人関係の項目としては、「4、浄土系の入信」、「5、庄松の入信経路」、「6、信意識の内容」、「7、信者吉兵衛の入信径路」があります。末尾の〔参考〕に「庄松言行録」が付されています。

同書は、主として讃岐（香川県）の妙好人・谷口庄松（一七九九―一八七一）の宗教体験に霊性的自覚を見て執筆したものです。庄松は市井の篤信者で、多くの人びとから敬愛されました。香川県東かがわ市三本松の真宗興正派（当時は浄土真宗本願寺派）末・勝覚寺の門徒でした。

大拙は、戦後間もなく刊行した『宗教経験の事実』〔改訂再版本〕（大東出版社、一九四七年）の序（昭和二十一年初冬　鎌倉の草庵にて）に、「宗教は二元論では成立しない」、「生死とか、有無とか、物心とか云ふやうな二元論的境地を超絶しなくてはならぬ。霊性的自覚から万差の知性的分別に入るのである」と述べ、「まえがき」に、

庄松の宗教経験を、単なる田舎人のもので、知識人の間では、もてはやすだけの値打ちはないと云ふ人もあらう。これは大なる誤である。彼の信仰のうちには実に雄大な思想がある。此の思想は今日の日本をして世界的に重きをなさしめるところのものである。武力には限りがある。思想には悠久性・包摂性・普遍性・積極性がある。（中略）日本の世界に於ける意義は、その所有にかかる思想にある。讃岐の一野夫の胸にまで宿ることのできた思想を、どこまでも掘り下げて、それに近代的哲学の思想体系を与えることによりて、吾等は祖先から受け継いだ仏の命を生かし能うのである。此の思想には無限に発展し得べき可能性がある。殊に近代文化の基礎となつて居る科学精神に対して十分の説明と安定性とを与へることができるのが、此の思想の特性である。希臘や猶太の思想を包摂して、それらに内在する対立闘争性を解消して、人類永遠の福祉を確実に将来するものは、実に此の思想の外にないのである。（『鈴木大拙全集』〔増補新版〕第十巻、三、七、一三―一四頁）

大拙は、二元的・分別的な「精神」ではなく、「精神」の奥にある「霊性的自覚」から万差の知性的分別に入る「無分別の分別」「分別の無分別」を説きました。

「19、物心二元論」で、次のように述べています。

東洋と云はず西洋と云はず、人間意識の展開以来、人間を幸にすると同時に、人間を不幸にするものは、物と心とを分ける二元性の思想である。（中略）近代科学の進歩、機械の精巧、各種組織の完成など、何れも分別智の産物でないものはない。（中略）唯物主義も、唯心主義も、物心並立主義も、物主心従又は心主物従主義も、――何れも正しき思惟方法ではないのである。正しからぬ思想からは決して人間を幸にするものは生れて来ないのである。

（『鈴木大拙全集』〔増補新版〕第十巻、七三―七四頁）

「19、物心二元論」の中の「庄松の世界」の項で、次のように述べています。

二元論者はいつも力《マハト》の対立を見て居る、自分は必ず相手を倒さんと誓ふ。仏のお誓ひとは天地懸絶する。科学的にどんな大発見があつても、二元論に立つて居る限り、そんな発見は人間を地獄に近づけなければ止まぬのである。日本人の間には、庄松の如き無知と見做される人にも事事無礙の大道は明らめられて居るのである。

（同書、八七頁）

文中の「事事無礙《じじむげ》」とは、華厳宗でいう四法界《しほっかい》（事法界《じほっかい》・理法界《りほっかい》・理事無礙法界《りじむげほっかい》・事事無礙法界《じじむげほっかい》）の一つで、現象世界のすべてのものごとは相互に融通無礙の働きをし、完全な調和を保つ相即相入《そうそくそうにゅう》の世界であり、究極のさとりから見た世界のあり方といわれます。大拙は、「大乗仏教の最高潮に達した経典」と見た『華厳経』、とくに「十住《じゅうじゅう》品《ぼん》」に示される「一即多・多即一」（一がそのまま多であり、多がそのまま一である）、すなわち「事事無礙」の思想と、善財童子《ぜんざいどうじ》の求法物語が説かれている「入法界品《にゅうほっかいぼん》」を大切にしました。大智と大悲の相即不離《そうそくふり》の菩薩道、とくに大慈悲を力説したのです。華厳の思想を、世界性をもつものと考え、「今後の世界を救ふものは、この大悲心なのです。さうして大悲はまた大智でなくてはなりません」（鈴木大拙著『仏教の大意』法藏館、一九四七年、一三六頁）と述べています。

『宗教経験の事実』の末尾に〔参考〕として付された大拙編「庄松言行録」は、大拙がこれまでに刊行された三種の『庄松ありのままの記』に、丹波《たんば》の妙好人・三田《さんた》源七《げんしち》の聞法録である宇野最勝・竹田順道編『信者めぐり』（興教書院、一九二二年）所収の十七則の『庄松ありのままの記』に載っていない三則と、楠正康が雑誌『仏徳』（一九四一年四月）に掲載した一則を合して編集したものでした（大拙編「庄松言行録」の「序」『宗教経験の事実』参照）。

『庄松ありのままの記』は、次のようにして編集されました。

明治に入って間もなく、函館の篤信者・柳沢徳太郎《やなぎさわとくたろう》が、庄松の噂を聞いて讃岐までやって来ましたが、庄松はすでに亡くなっていました（明治四年三月四日没、行年七十三歳）。そこで庄松の友同行《ともどうぎょう》たちから彼の言行を聴き取り、それを布教僧の華皐大仙《はなおかだいせん》（花岡大仙、生年未詳―一八九五。伊予国に生まれ、後に讃岐国山田郡六条村（現、高松市東浜町）真宗佛光寺派法輪寺住職）に筆録してもらい、『庄松ありのままの記』を編集し、友同行たちの協力を得て版行しました。同書は多くの人びとから歓迎され、何度も版を重ねています。

大拙はそれをもとに「庄松言行録」を編集し、庄松の宗教経験について論じていますが、他に、和泉《いずみ》の妙好人・物種吉兵衛《ものだねきちべえ》の『信者吉兵衛言行録』、丹波の妙好人・三田源七の聞法録である宇野最勝・竹田順道編『信者めぐり』にも触れています。それらの書物は、大拙の門弟・楠恭が、昭和十六年頃、京都の仏書店・為法館などで求めて大拙に贈ったものでした（「編輯後記」楠恭編著『妙好人　物種吉兵衛語録』法藏館、一九九一年、参照）。

大拙は「庄松言行録」の序に、次のように述べています。

庄松の言葉を卑劣と断はつて居る編者もあるが、「卑劣」は「卑賤」又は「卑俗」の義だと思ふが、此論文の筆者から見れば、少しも卑俗なところはない。如何にも直截で、直ちに人の肺腑を衝くものがある。庄松の世界は宗教を解せぬ人の断じて踏み込めないところ、その突差に吐却せられる片言隻語の親切にして能く肯綮に中ること、多年苦修の禅匠も企及すべからざるものがある。但ゞ此書の筆者の最も知らんと欲するところは、庄松をして此の如き境地に到らしめたまでの、彼の心理的素質と装備と経過である。が、それは今のところ知るべき由なし、「法然上人再来」としておくより外ないのが物足りない。

（「庄松言行録」鈴木大拙著『宗教経験の事実』大東出版社、一九四三年、一五三―一五四頁）

いかに大拙が庄松に傾倒していたかがわかります。

門弟・楠恭も、昭和二十五年（一九五〇）一月、『庄松言行録』（世界聖典刊行協会。会長・鈴木大拙）を編集、刊行しました。同書は、大拙が編集した「庄松言行録」に、楠が新たに発見した十一則を加えたもので、巻頭に大拙の「序」（昭和十八年一月）を、本文に庄松の言行一〇一則を収めています。末尾の楠の「後記」（昭和二十四年五月二十三日、於鎌倉市山ノ内松ヶ岡文庫）に、「本書は鈴木先生のお許しを得て、先生との共編になるものとした」と記しており、実質的には大拙との共編でした。

『宗教経験の事実』〔新版〕（大東出版社、一九九〇年）の末尾には、松ヶ岡文庫文庫長・古田《ふるた》紹欽《しょうきん》（一九一一―二〇〇一）の論考「鈴木大拙先生の妙好人への志向」が付されています。本論考は「解題」に代えたものですが、『大法輪』第五十二巻第七号（一九八五年七月）に寄稿したもので、次のように記しています。

先生が遺された蔵書のなかに、意外にも浄土思想に関するものの数多いのに驚く。妙好人についての先生の注目も、また蔵書の上から見るのに、それは時代的に可成り早く始まっているものと考えられる。

先生の思想のピークのなかで、先生が異常なまでに関心を寄せられたのは、この妙好人の宗教経験についてであり、その経験が事実として知られるものであったことに、先生の驚嘆は大きく、先生のその驚嘆は先生を妙好人の存在発掘に駆り立てた。（中略）先生の妙好人への関心は、浅原才市を中心とする『妙好人』（本全集第四巻）への傾斜となって展開をなすのであるが、この才市には自らの信仰を告白して記し綴った多くの自筆のノートが存したことから、先生によって妙好人論が基礎づけられる多くの資料をなした。

（同書、一七四—一七五頁）

古田はこのあとに、大拙に『大乗相応の地』（興教書院、一九四三年）を贈った著者の藤秀璻《ふじしゅうすい》が大拙の礼状に対する返信書簡二通（一九四四年六月十六日・二十八日）を付しています。『大乗相応の地』は、藤が才市の自筆のノートに感動して書いたもので、大拙の才市研究の端緒となった書物でした。

（2）『日本的霊性』

『日本的霊性』（大東出版社）は、終戦前年の昭和十九年（一九四四）の春から秋にかけて草せられ、十二月に刊行されました。そうした時代色を帯びた書物でした。

昭和二十一年（一九四六）三月に再版され、大拙は「第二刷に序す」（昭和二十年十月）で、戦時中の仏教者の態度を次のように記しています。

仏教者は不思議に仏教の根本義に徹して、自らの使命に世界性を帯びさすことをしなかったのである。「鎮護国家」という狭いところに保身の術を講ずることのみ汲々とした。それで仏教は「国家」と結び、時々の政治的有力体の保護を受けて、日本という島国の中に生息して行くことを、最後の目的のように考えた。近頃の軍国主義の流行につれては、又それと歩調を合わせて、全体主義がどうの、神話中の存在がどうの、「皇道」仏道がどうのと、しきりに時の有力者の機嫌を存ぜざらんことを勉めた。（中略）

日本崩潰の重大原因は、吾等の何れもが実に日本的霊性自覚に欠如しているというところにあるものと、自分は信ずる。

この書は日本が連合軍に対して無条件降服する前に書かれたもので、上記の意味は未だはっきりと表現せられていない。（中略）わが日本がいかにも霊性的自覚の面に対してなお未だ大いに小児性の域を脱せざるもののあるを、しみじみと感ぜしめられるのである。

（鈴木大拙著『日本的霊性』〔新版本〕大東出版社、二〇〇八年、iii―iv頁）

「緒言」の「5　日本的霊性」では、次のように述べています。

霊性の日本的なるものとは何か。自分の考えでは、浄土系思想と禅とが、最も純粋な姿でそれであると言いたいのである。

（鈴木大拙著『日本的霊性』〔岩波文庫本〕一九七二年、二〇頁）

神道にはまだ日本的霊性なるものがその純粋性を顕わしていない。それから神社神道または古神道などと称えられているものは、日本民族の原始的習俗の固定化したもので、霊性には触れていない。日本的なるものは余りあるほどであるが、霊性の光はまだそこから出ていない。霊性が十分あると思う人もないでもないようだが、自分等の見るところでは無いと言いたい。

（同書、二一一頁）

大拙は、「日本的霊性」という語を普遍的な宗教用語として用いました。しかし、外国の一部の研究者は、大拙のいう「日本」を、国体イデオロギーに繋がるもので国粋主義的傾向をもつと批判しました。とくに、アメリカの宗教学者ブライアン・ヴィクトリア（Brian A. Victoria, 1939-）は、著書 *Zen at War*, 1997（日本語訳、ブラィアン・アンドルー・ヴィクトリア著、エィミー・ルィーズ・ツジモト訳『禅と戦争――禅仏教は戦争に協力したか』光人社、二〇〇一年）でその戦争責任を追及しました。

ヴィクトリアの大拙批判に対して、大拙最晩年の門弟・佐藤平（顕明、元ロンドン大学客員教授・ロンドン三輪精舎主管・ロンドン仏教協会理事）が、論考「鈴木大拙のまこと――その一貫した戦争否認を通して――」（『松ヶ岡文庫研究年報』第二十一号、松ヶ岡文庫、二〇〇七年）で、多くの資料によって反論、「大拙は一貫した戦争否認論者であった」と記し、「国家主義者大拙」の酷評を全否定しました。次のように述べています。

ブライアン・ヴィクトリアの鈴木大拙の著書からの引用の仕方は、頻繁に恣意的であると感じた。（中略）ヴィクトリアの引用の仕方は、その多くが原著の文脈を外れての引用である。大雑把に言えば、日本の禅界ないし仏教界が当時の軍事政権に全面的に協力したということを傍証するために、繰り返し鈴木大拙の言葉を引くのであるが、それがしばしば原著の文脈を離れての引用であったり、単に自己主張のための我田引水的引用法であったりする。（中略）ブライアン・ヴィクトリアは、鈴木大拙の著書を正確に理解できたのかどうか、できたのならば自分に都合のいいところだけを拾い読みしての引用か、臆面もなくそういう読み方ができるというのはどこでどのような思想的訓練を積んだのか、等々の疑問である。

（佐藤平顕明「鈴木大拙のまこと――その一貫した戦争否認を通して――」『松ヶ岡文庫研究年報』第二十一号、松ヶ岡文庫、二〇〇七年、三―四頁）

『禅と戦争』で取り上げられた主題が極めて重大なものであるだけに、鈴木大拙先生を第二次世界大戦への積極的協力者であるかのような叙述には、しかしながらただ唖然とするばかりであった。鈴木大拙先生の生涯の最晩年の二年半を共に松ヶ岡文庫で過ごす好機に恵まれた、著者の抱く仏教哲学者鈴木大拙のイメージは、ブライアン・ヴィクトリア師の描くところとは、天地の懸隔があった。その驚きの思いは、やがて深い悲しみとなり、このヴィクトリア師の立論が多くの西洋人の鈴木大拙師への親近を阻害しているのを知って、この度この随筆を草することになったのである。

（同書、一頁）

大東亜共栄圏を謳う日中戦争を悲嘆する山本良吉宛昭和十五年二月十日のこの手紙も、それよりもっと強い調子でその戦争の当事者である日本の支配者を非難する岩倉政治宛昭和十六年八月八日の書簡（付録資料14）も、真珠湾攻撃以前、つまり太平洋戦争勃発以前であることはいうまでもない。鈴木大拙が太平洋戦争には否定的だったが、それ以前の日中戦争には肯定的だったという主張は間違っているといわねばならない。

（同書、五六頁）

日本の学者にも、「日本的」という語が政治的意味をもち、普遍性に反するものと受け止める人がいます。「日本的」の「日本」を、当時の日本中心主義・日本優越主義的な「日本精神」すなわち日本を戦争に駆り立てた国家主義を代表する「日本国」と解したのです。

それに対し、こうした批判は「日本的」の語を狭義に見ており、「大拙の本意に反する捉え方である」との反論が見られます。

那須理香（一九五七—）は、『鈴木大拙の「日本的霊性」——エマヌエル・スウェーデンボルグ　新井奥邃との対比から——』（春風社、二〇一七年）の中で、次のように述べています。

筆者は鈴木の「日本的」が示すものが政治国家体制としての「日本国」ではなく、日本人の自然観を背景として培われた宗教意識としての「大地性」を表すと考えている。（中略）鈴木は、「日本的霊性」とは「霊性」の普遍性が「日本的」感性である「大地性」から生まれ出ることによって具現化したものと主張する。「日本的」というのは「特殊性」を表すものでなく、普遍的「霊性」が体現される際の民族文化的背景であるととらえているのである。（同書、一四頁）

鈴木の「日本的霊性」は地域限定的な日本の「霊性」という意味ではなく、世界的な宗教意識向上に貢献する普遍的宗教概念なのである。（同書、一七頁）

筆者の解釈によれば、鈴木のとらえた「日本的」「日本人」とは四季の豊かな国土を持つ日本という国の風土によって育まれた感性であり、その感性を持つ人々のことであると考える。四季の移ろいが際立った気候を持つ日本では、自然の力を敏感に感じ取る力が養われた。そしてそれが宗教意識にまで高められることになったと鈴木はとらえている。

（同書、三八頁）

日本の豊かな自然の中で「大地」とかかわることによって日本人の宗教意識が深まり、それが仏教と接したことで「霊性」として覚醒したと鈴木はとらえていた。日本において発展した「霊性」を「大地の霊」と特色づけたが、このような宗教意識自体は普遍的であり「どこの民族に限られたというわけのものでない」と考えている。ただ、各民族の個性としてそれらの「精神活動の諸事象の上に現れる様式」が異なるために「霊性」の顕現も各民族によって異なるものになるという解釈である。従って、鈴木の「日本的霊性」の「日本的」の部分は「霊性」の普遍性に抵触しないと筆者は考える。

（同書、七二―七三頁）

『日本的霊性』の中で、普遍的な「日本的霊性」について語り（第一、第二篇）、その出現を鎌倉時代の禅と法然の浄土宗・親鸞の浄土真宗に見て（第三篇）、その具現を市井の篤信者・妙好人に見出しました（第四篇）。日本の自然的、文化的「大地」に生まれ生きた妙好人に「日本的霊性的自覚」を見たのです。

「霊性」は、二元的な「精神」とは違い、「霊性は精神の奥に潜在して居るはたらきで、之が目覚めると精神の二元性は解消」するとし、「精神が物質と対立して、却つてその桎梏に悩むとき、自らの霊性に触著する時節があると、対立相克の悶は自然に融消し去るのである。これを本当の意味での宗教と云ふ」。「更に、宗教意識の覚醒は霊性の覚醒」（以上、『鈴木大拙全集』〔増補新版〕八巻、二四頁）であると説いています。

大拙において「霊性」とは、実体的存在としての「霊魂」や「たましい」ではなく、「はたらき」であり、「自覚」であり、「宗教意識」を意味しました。二元の対立・相克・抗争を超える超個の大いなる「はたらき」であるとしています。さらに、「日本的霊性」は、鎌倉時代に現出した禅と浄土教、とくに真宗に見られ、「神道的直覚は日本的惰性的ではあるが、まだ日本的霊性的と云ふものに到達して居ない」（『鈴木大拙全集』〔増補新版〕八巻、一一二頁）、「神道は情性的世界に居ながら霊性的世界を概念で現出させようとする。そこに物足らぬところが感ぜられるのである。それは絶対愛の動きが日本的霊性の上で感じられると云ふ経験事実が、まだそこにはないからである」（同、一一四頁）、「霊性の日本的なるものとは何か。自分の考では、浄土系思想と禅とが、最も純粋な姿で、それであると云ひたい」（同、一二五頁）と述べ、流罪の身となって大地に生きる人びとと共に生きた「親鸞一人《しんらんいちにん》」こそ日本的霊性の自覚者であり、「絶対他力的経験につきて、明白な霊性的把握をもつやうになつた」（同、一二九頁）、「真宗の中に含まれて居て、一般の日本人の心に喰ひ入る力をもつて居るものは、何かと云ふに、それは純粋他力と大悲力とである。霊性の扉はここで開ける」（全集八巻、五五頁）、「絶対他力のところに、この教の本質がある」（同、五五頁）と説き、緒言の「8　禅と浄土系」の中で、次のように述べています。

日本的霊性の情性方面に顕現したのが、浄土系的経験である。またその知性方面に出頭したのが、日本人の生活の禅化である。（中略）日本的霊性の情性的展開というのは、絶対者の無縁の大悲を指すのである。無縁の大悲が、善悪を超越して衆生《しゅじょう》の上に光被して来る所以を、最も大胆に最も明白に闡明してあるのは、法然――親鸞の他力思想である。絶対者の大悲は悪によりても遮《さえぎ》られず、善によりても拓かれざるほどに、絶対に無縁――即ち分別を超越しているということは、日本的霊性でなければ経験せられないところのものである。それで、ことに親鸞は日本の教主として聖徳太子に呼びかけるのである。親鸞は、法然によりて浄土思想に目覚めさせられたのであるが、彼は法然が言い尽くさなかった絶対他力的経験につきて、明白な霊性的把握をもつようになった。

（『日本的霊性』〔岩波文庫本〕二四―二五頁）

日本的霊性は親鸞の個霊を通して、その面に大悲者自体を映し出さしめたのである。大悲者を知らない霊性は、霊性の真実にまだ目覚めないのである。そしてこの目覚め方に日本人であって初めて可能なものがあり、更にその可能性が世界的に大なる役割をつとめんとするところに、日本的霊性の意義を見出さなくてはならぬのである。

（同書、一二二―一二三頁）

最初の文の「無縁の大悲」とは、あらゆる者にひとしく注がれる如来の大慈悲であり、すべての衆生を救わずにはおかない如来の本願力です。「光被」とは、光があまねくいきわたることです。如来の大慈悲心はすべての衆生にひとしく注がれているのです。

「霊性」は、人間の理知や精神、すなわち二元的な分別智では捉えることができないが、真剣に道を求める中で誰もが体得できるもので、「真の宗教心」です。知恵を磨き、修行を重ねて悟りに至るのではなく、煩悩具足の身のままで如来から回向される真実信心です。

妙好人は、教義を知的・概念的に理解するのではなく、「霊性的直覚によって体得した」と大拙は見ました。日本的霊性の知性的方面に現れたのが禅で、情性的方面に現れたのが法然・親鸞の浄土教であると説いていますが、『日本的霊性』では、主として後者が説かれ、如来の大悲心による無条件の救いを語っています。「疑心」すなわち

「自力のはからい心」を離れた無疑《むぎ》の信心に「霊性的自覚」を見たのです。それはインドにも中国にも見られない、日本の鎌倉時代に現出した大乗仏教、親鸞が説いた「大乗の中の至極《しごく》」「誓願一仏乗《せいがんいちぶつじょう》」でした。

『日本的霊性』〔岩波文庫本〕は、次の項目から成っています。

緒　言　日本的霊性につきて
第一篇　鎌倉時代と日本的霊性
第二篇　日本的霊性の顕現
第三篇　法然上人と念仏称名
第四篇　妙好人

「緒言　日本的霊性につきて」では、「1　「精神」の字義」、「2　霊性の意義」、「3　霊性と文化の発展」、「4　霊性と宗教意識」、「5　日本的霊性」、「6　禅」、「7　浄土系思想」、「8　禅と浄土系――直接性」の項目で述べています。対立・相剋をもたらす二元的な「日本的精神」や「日本精神」との違いを説き、「2　霊性の意義」で、「霊性を宗教意識と言ってよい」、「宗教については、どうしても霊性とでもいうべきはたらきが出てこないといけないのである、即ち霊性に目覚めることによって初めて宗教がわかる」、「精神は分別意識を基礎としているが、霊性は無分別智である」、「霊性の直覚力は、精神のよりも高次元のものであると言ってよい」〔同書、一七頁〕と説いています。

「第一篇　鎌倉時代と日本的霊性」では、「一　情性的生活」の項で、「日本は古代より平安時代まで情性的であって霊性的ではなかった」、「平安時代には、伝教大師や弘法大師を始め、立派な仏教学者も仏教者もずいぶん出ている。しかしわしは言う、――日本人はまだ仏教を知らなかった、仏教を活かして使うものを、まだ内にもっていなかった」（同書、四一頁）と説き、「二　日本的霊性の自覚――鎌倉時代」の項で、日本的霊性的自覚は鎌倉時代に生まれた禅と浄土教（法然の浄土宗と親鸞の浄土真宗）に展開されたとし、大拙が、平安時代の天台宗や真言宗を霊性的でなかったと見ていたことがわかります。

「第二篇　日本的霊性の顕現」には、「一　日本的霊性の胎動と仏教」、「二　霊性」、「三　日本的霊性の主体性」があり、「鎌倉時代は、私の考へでは、日本的霊性のもつてゐるもつとも深奥なところが発揮せられた時代だと思ふ」（『鈴木大拙全集』〔増補新版〕八巻、七四頁）として、神道の経験は感性的・情性的で、霊性的ではないと述べ、親鸞を霊性的自覚者として紹介しています。

「第三篇　法然上人と念仏称名」には、「一　平家の没落」、「二　浄土系思想の様相」、「三　念仏と「文盲」」、「四　念仏称名」があり、法然を親鸞と一人格と見て、浄土教における「日本的霊性的自覚」について論じています。両人は、比叡山で長年天台教学を学び、修行を行いましたが悟りに至ることができず、他力浄土門に帰しました。阿弥陀仏の本願に救われる他力念仏の易行道です。大拙は、両人を「日本的霊性的自覚」をもった人と見ました。

「第四篇　妙好人」には、「一　赤尾の道宗」と「二　浅原才市」の項目があり、「日本的霊性的自覚」について述べています。阿弥陀仏の衆生救済力「本願力」のはたらきが記されています。善人・悪人、賢者・愚者を問わず、万人を往生成仏せしめる「南無阿弥陀仏」のはたらきです。

「妙好人」とは、学識とは無縁の市井の人たちで、ひたすら仏法聴聞によって他力の信心を得た篤信者です。大拙は、彼らの信心に「日本的霊性的自覚」を見て紹介しました。妙好人は、娑婆に在りながら阿弥陀仏の大慈悲の世界に生きていました。日々、慚愧・歓喜・感謝・報恩の思いで念仏生活を送りました。「あさましい　ありがた

い　もったいない　おかげさま　ご恩うれしや　なむあみだぶつ」が妙好人・浅原才市の口癖でした。何よりも世の安穏を願った人たちです。この第四篇が同書の結篇であることは明らかです。霊性的自覚が彼らの上に顕現しているからです。この「第四篇　妙好人」を承けて刊行されたのが次著『妙好人』（大谷出版社、一九四八年。後に法藏館）でした。

大拙は宗教経験の事実を重視しました。第四篇「二　浅原才市」の項で、次のように述べています。

学問文字に心を取られて経験の方に余り関心をもたぬ人々は、何かというと、概念的に物を言いたがるものである。「妙好人」にはその習性が出ないで、経験そのものに直下《じきげ》にぶっつかる。我らはこれを味わわなくてはならぬ、そしてそれから思想体系を作り上げるのである。体系がまず出来て、それで経験を搾り出さんとしても、それは石から油を搾るようなものであろう。

（『日本的霊性』〔岩波文庫本〕二一〇頁）

才市はまた味という字を用いている。味は体験である。なにが辛いかを、自ら嘗めてみずから知ることである。冷暖自知である。我らの如く文字の上でのみ生きているものは、何事につけても観念的になって、味わうことをせぬ。才市の如きは、文字に縁が遠いだけ、言葉の上の詮索をさけて、何事も体験の上で物語るのである。

（同書、二三五頁）

註記

『日本的霊性』には、「四篇本」（〔再版本〕『鈴木大拙選集』大東出版社、昭和二十一年、一九四六年。〔岩波文庫本〕

昭和四十七年、一九七二年）と、「第五篇　金剛経の禅」を含めた「五篇本」（〔初版本〕大東出版社、昭和十九年、一九四四年。〔新版本〕大東出版社、平成二十年、二〇〇八年。〔角川ソフィア文庫本〕角川学芸出版、平成二十二年、二〇一〇年）の二種類があります。

「金剛経の禅」については、大拙が「初版本」の序（昭和十九年夏）で、「第五篇の「金剛経の禅」は、昭和十八年冬から十九年の春にかけて、少数の有志者のために、東京渋谷の清和会館で行はれた五回講演筆記に訂正を加へたものである。ここでは殊に禅を日本的霊性の表現としては説いてないが、それへの準備にはなつて居ると思ふ」（全集八巻、三頁）と記しています。しかし、「新版の序」（昭和二十三年のくれ）では、「此書の始めて出たときには、第五篇「金剛経の禅」があつたが、この選書〔『鈴木大拙選集』大東出版社、第一巻のみで中止〕にはこれを割いた。これはまた別に他のものと一緒にして出したいと思ふ」（『鈴木大拙全集』〔増補新版〕第八巻、一〇頁）と記しています。古田紹欽は、「「金剛経の禅」は、もともと『日本的霊性』とは別個に書かれたものであり、刊行上の頁数の関係から附録的な意味において加へられたものである」（『全集』同巻、古田紹欽「後記」、四二一頁）として、再版本ではこれを除いています。

大拙の考えでは、『日本的霊性』は「第四篇　妙好人」で完結したものでした。第一篇・第二編で「日本的霊性」を説き、第三篇で法然浄土教を紹介し、第四篇で「日本的霊性」の体現者として市井の真宗の篤信者・妙好人を紹介したのです。それらは日本と世界に平和をもたらすものとして、大拙の「衆生無辺誓願度」万人救済の願いのもとに書かれたものでした。

「金剛経の禅」は、『鈴木大拙全集』〔増補新版〕第五巻に、「般若経の哲学と宗教」、「華厳の研究」「楞伽経」、「楞伽経研究序論」と共に収められました。

第四篇の「一　赤尾の道宗」の項で、大拙は次のように述べています。

浄土系信者の中で特に信仰に厚く徳行に富んでいる人を妙好人《みょうこうにん》と言っている。彼は、学問に秀でて教理をあげつらうというがわの人でない。浄土系思想をみずからに体得して、それに生きている人である。（中略）妙好人の筆頭と思われるは、蓮如上人時代にいて、上人のために警護の人ともなり、また深心《じんしん》を捧げての弟子でもあった越中赤尾の道宗《どうしゅう》であろう。（中略）左に記すところは、岩倉政治君の話と、道宗寺の住職道宗静夫《しずお》師が楠恭《きょう》君に送った手紙から編集したものである。岩倉君はこの書の発行と前後して、『行者道宗』という書を出版すると言ってきた。

（『日本的霊性』〔岩波文庫本〕一九五―一九六頁）

赤尾の道宗（生年未詳―一五一六）は、室町時代後期の人で蓮如の教化に浴し、弟子になりました。越中（富山県）五箇山赤尾谷の出身で、後に道場を開いて教化につとめます。真宗大谷派行徳寺《ぎょうとくじ》（南砺市西赤尾町）、同派道《どう》善寺《ぜんじ》（南砺市新屋）の開基と伝えられています。道宗は自戒のために、「一、後生の一大事、命のあらんかぎりはゆだん有間《あるま》敷《じき》事」など思立候《おもいたちそうろう》　条《じょう》「二十一箇条」を書きました。

大拙は、道宗の言行を紹介し、その二十一箇条の全文を付しています（『鈴木大拙全集』〔増補新版〕第八巻、一七九―一八二頁）。この心得は、大谷大学哲学科で大拙に学んだ作家の岩倉政治《いわくらまさじ》が行徳寺で書き写して大拙に贈ったものでした。

岩倉政治（一九〇三―二〇〇〇）は、富山県東礪波《となみ》高瀬村（現、南砺市高瀬）の農家の出身で、大谷大学哲学科に在学中、大拙の指導を受けました。岩倉は大拙から依頼されて、大拙の養子アランの家庭教師をつとめました。後に作家となり、昭和十四年の作品「稲熱病《いもち》」が芥川賞候補作になりました。『行者道宗』（増進堂、一九四四年）、『親鸞――歎異抄の人生論』（法藏館、一九五七年）、『真人　鈴木大拙』（法藏館、一九八六年）などを上梓しています。

大拙は、第四篇「二　浅原才市」の「1　才市の生い立ち」の中で、次のように記しています。

妙好人才市《さいいち》のことを西谷啓治君から聞いて、その人の歌を見たいと思ったのは、もう一昨年にもなるか知らん。今年になってから藤秀璻《しゅうすい》師の『大乗相応の地』（昭和一八年、京都、興教書院）という本を貰った。才市の歌が沢山載せてあるので、折にふれて読んだ。ここに日本的霊性的直覚が、純粋の形で顕れているような気がして、左に少し注記を加えて、その歌をいくらか紹介する。これを広く浄土系思想の体験としておいて、別に浄土宗のとも真宗のとも言わない方がよいと思う。

（『日本的霊性』〔岩波文庫本〕二〇九頁）

西谷啓治《にしたにけいじ》（一九〇〇―一九九〇）は、石川県鳳珠郡能登町《ほうすぐんのとちょう》の出身で、京都大学哲学科で西田幾多郎に学び、後に京都大学教授（哲学）になりました。ドイツ神秘主義などを研究しますが、後半生は仏教に傾倒しています。仏教関係の著書に『仏教について』（法藏館、一九八二年）、『正法眼蔵講話』全四巻（筑摩書房、一九八七―一九八九年）などがあります。大拙と長年親交を重ねました。文化功労者。

藤秀璻は、著書『大乗相応の地』の序（昭和十八年三月）に、「最後の「妙好人才市の歌」は、市井の宗教詩人ともいふべき無学純真の妙好人浅原才市老人を紹介して、読者と倶に信と詩と渾一せる仏法の醍醐味を掬せんとするものである。この妙好人は大乗日本にのみ見ることの出来る不思議な存在である」（序、二―三頁）と記しています。

藤は、同書所収の論考「妙好人才市の歌」の冒頭に、才市が教化に浴した島根県邇摩郡温泉津町小浜《にまぐんゆのつ》（現、島根県大田市温泉津町小浜）の浄土真宗本願寺派安楽寺の学僧で安楽寺住職の梅田謙敬《うめだけんきょう》（一八六九―一九三八）から贈られた才市の歌のノートを読んで感動して本論考を執筆したと、次のように述べています。

石州の妙好人浅原才市《さいち》老が往生されてから、もう彼れ是れ二年ばかりになる。わたくしは先年石州を巡遊した時に、この老人に逢ひたいと思ひながら、旅程の都合がわるく、到頭逢ふことが出来なかつたのを、今に遺憾に思ふてゐる。

近頃、石州の梅田謙敬老師がわたくしの隣寺へ来られた時に、お訪ねして、この老翁のよろこびの歌に話が向くと、老師は、才市老人の自記の帳が二冊自坊にある、一冊を進呈しやうといはれる。わたくしは喜んで、送つて下さる日を待つてゐた。

数日の後到着したのを見ると、小学校の国語綴方清書帳に、古風な不器用な平仮名文字で、法悦の歌が一杯に書いてある。あて字や何かが多いので甚だ読みにくいけれど、ぢつと見つめてゐると、漸《よう》く《や》解つて来る。読みながら思はず念仏せねばをられない。仏の至心に打たれ、仏の心に生きる人の波動の強さを新しく感ぜしめられる。

（藤秀璻著『大乗相応の地』興教書院、一九四三年、二三九―二四〇頁）

藤は続いて、才市の歌を引いて評論しています。

才市老人は「あたる」といふ言葉をよく用ゐてゐる。仏の大心が自分の心絃に突入して来るといふ意味らしい。

大けな風がふきまして
あみだの風がふきまして

わしにあたつたなむあみだぶつ
わしが聞いたじやありません
わしが聞いたなあります
こころにあたるなむあみだぶつ
いまはあにたに打たれ取られて

凡夫で聞くじやない、凡夫はばけもの
あなたわたしのこころにあたる

仏凡一体、機法一体などいふ浄土教の深遠な「哲学」が、この老人の魂を通ると、すらすらと何のはからひもなく、素純に表現せられる。

（同書、二四〇—二四一頁）

『日本的霊性』は昭和四十七年（一九七二）十月に「岩波文庫本」が刊行され、末尾の篠田英雄による解説（昭和四十七年九月）に、大拙について次のように記しています。

先生は、我が国の生んだ最もすぐれた仏教哲学者であった。仏教哲学について語るための必須の前提は、その人が確乎たる宗教的体験を経ていることである。また言詮不到のこの体験を概念的論理的に組織するには、すぐれた思惟能力と表現能力とを必要とする。更にまた自己の思想を他に伝えて広く世間を利益するためには、大悲心に出づる伝道精神が無ければならない。大拙先生は、実にこれらの条件をあまさず充した菩薩であった。

（『日本的霊性』〔岩波文庫本〕二七三頁）

大拙は『日本的霊性』（大東出版社）に続いて、終戦翌年の昭和二十一年（一九四六）六月に『日本的霊性的自覚』（大谷教学研究所）を、同年九月に『霊性的日本の建設』（大東出版社）を、昭和二十二年（一九四七）十一月に『日本の霊性化』（法藏館）を刊行しました。これらの著作は『日本的霊性』の続編ともいうべきもので、それらを読むことで「日本的霊性」の意味と意図がより明らかになります。

以下、この三著について、「初版本」によって概要を記します。

(a)『日本的霊性的自覚』（大谷教学研究所、一九四六年）は、終戦二か月前の昭和二十年六月、大谷教学研究所（大谷大学内）での第一回講習会の講演が原稿です。当時空襲が激しくなり、大拙は当日出講することができませんでした。そのため開会直前に研究所に届けられた原稿を杉平顗智大谷大学教授が代読しました（同書「後記」参照）。

同書は、次の三講から成っています。

「一　日本的霊性とは何か」の冒頭に、次のように記しています。

去年夏書いて、今年の春戦災を免がれて、公刊になった拙著に、日本的霊性と云ふのがある。それに因《ちな》んで本講習会の講題をまた「日本的霊性」としてある。実は当研究所での研究題目も其通りのものであるが、その後、どうもそれでは十分ならぬところがあるのに気がついて、今日では「日本的霊性的自覚」と云ふことにした。それ故、ここに掲げた題目も「日本的霊性」でなくて、「日本的霊性的自覚」としておく。

（鈴木大拙著『日本的霊性的自覚』大谷教学研究所、一頁）

同書は、前著『日本的霊性』を承けたものです。刊行の目的が、「日本的霊性」の知的・概念的理解ではなく、人びとが日本的霊性的自覚をもつことにあったことがわかります。「日本的霊性」は、人として生きる上で不可欠の「霊性的自覚」でした。それは、万人に注がれている如来の大悲に目覚めることであり、それこそが対立・抗争・闘争を和らげ、日本の再建と世界平和を実現すると確信したのです。大拙はその自覚をもって生涯「衆生無辺誓願度」の利他行に邁進しました。

本文では前著『日本的霊性』に触れ、「神道には大悲の思想が欠けている」と記し、「日本的霊性」の「日本的」とは、政治的意味をもつ「日本国家」や「日本精神」の「日本」とは異なるもので政治的意味はなく、「世界性をもつ」と述べています。

「二　日本的霊性的自覚の在処（上）」で、神道を、「神道家には無限がない。彼らは有限の外に出る途を知らない」、「神道の有限観では霊性的自覚に達せられぬ」、「神道には世界性が欠けている」、「神道には大悲の思想が欠けている」と批判し、妙好人・讃岐の庄松の信心を紹介しています。庄松は二元相対の娑婆に在って、同時に如来の大悲の世界に生きたと記しています。

「三　日本的霊性的自覚の在処（下）」で、法然・親鸞の霊性的自覚について、次のように述べています。

日本的霊性の胎動と見るべきものは、鎌倉時代になつて始めて現はれたと、自分は考へる。（中略）日本的霊性は大地に親しんで居るものの中から現はれて来なければ、日本的とはならぬのである。日本的霊性は日本と云ふ地域を生成の場処としてゐる民族特有の心理態から動き出し発展したものでなくてはならぬのである。

（同書、六七頁）

所謂る「日本化」なるものが世界性を持つのである。世界性のない精神文化なるものは死骸と同じい、外に出て、外のものを摂取し消化するだけの生活力を持ち得ない。従来の意味での「日本化」なるものは、仏教を例に取って見れば、仏教を固形化すること、或る意味では化石性を持たす事で、仏教の死滅である。仏教を活かし、真宗を活かす、殆ど唯一の途は、日本的霊性的自覚の主体性に注意するより外ないとすら考へて居る自分である。ここで日本的なるものが世界性を加へて来るのである。

（同書、九一―九二頁）

同書末尾に付された発行者・大谷教学研究所の「後記」（昭和二十一年六月）に、次のように記されています。

敗戦以来十箇月、新日本建設の声のみ徒らに高く、無秩序と頽廃の風潮は漸く激化して、今や祖国崩壊の前夜に在るが如き現実を直視する時、真に克くこの危機を背負ひ、これを超克するの途は、一に正法の開顕以外にあり得ないことは、我々の確信である。

茲にわが大谷教学研究所は、動乱の現実に一大燈炬を与ふべく、万難を排して「大谷教学叢書」の刊行を企てることゝした。

（同書、九三頁）

大谷教学研究所は、戦争最末期に学徒動員で学生のいない大谷大学内に設けられた真宗教学の研究所です。同書は、終戦の翌年、混乱した状況下で「大谷教学叢書一」として刊行されました。

(b)『霊性的日本の建設』（大東出版社、一九四六年）では、大拙が序（昭和二十一年初冬）に、次のように記しています。

後世の史家はどう云ふかわからぬが、今日の吾等の目では、今までの日本は亡びたのである。（中略）今までの日本思想を構成して来た諸要素の中で最も有力〔欠字〕考へられるのは神道である。特に明治維新以来軍閥を助長したものは神道である。（中略）神道は政権と結び付き、その政治力を假りて、自家の勢力を扶植し、強要し、一般国民は言ふに及ばず、朝鮮及満州及其外の国〻の人〻にも、信仰上の圧迫を加へた。（中略）神道は国体を破壊し、国民を塗炭の苦に陥らしめ、日本を亡ぼしたのである

（鈴木大拙著『霊性的日本の建設』大東出版社、一—二頁）

著者は戦争中に日本的霊性を公刊した。今度のはその続篇とも見るべきものであらう。霊性的日本は神道の灰燼の中から燃え出るべきものである。（中略）霊性的日本、否、霊性的世界は、この大悲によらなければ、どうしてもその運命から救はれないのである。本書はこれを目的として、まづ我国から出発しようと云ふのである。固より呱呱の声ではあるが、遂には聞かれなければ已まない声である。

（同書、二—四頁）

大拙は、昭和二十一年（一九四六）発行の『文部時報』（第八三二号、帝國地方行政學会）に寄せた論考「霊性的日本の創建」でも、国学者で神道家の平田篤胤（一七七六—一八四三）の国家神道観を、「それは実に左の如き乱暴なものである。国学者はそれを真向にかざして軍閥の後押しをしたのである。曰わく、日本は万国の祖国なり　わが皇室は万国の祖なり　神道は万国の道なり」、「平田流の神道的国家観には、霊性的なものは微塵も認められぬのである」（鈴木大拙著・守屋友江編訳『禅に生きる』〔鈴木大拙コレクション〕筑摩書房、ちくま学芸文庫、二〇一二年、三三九—三三一頁）と批判しています。

『霊性的日本の建設』の目次に、次の項目が見えます。

「序　戦争礼讃 Laus belli（魔王の宣言）」で、大拙は、戦争を引き起こす魔王に仮託して戦争の悲惨と愚かしさを述べ、「第一篇　霊性的日本の建設」と「第二篇　日本的霊性的自覚」の項で、これまで語ってきた日本的霊性的自覚による日本の再建と世界平和への道を説いています。

（c）『日本の霊性化』（法藏館、一九四八年）では、序（昭和二十二年三月）に、次のように記しています。

此書は昭和二十一年六月十七日から二十一日まで五回にわたつて京都大谷大学に行はれた講演の筆記を本と

して編み上げたものである。(中略)日本の霊性化を云ふときにまづ心頭に浮ぶのは神道である。この神道が仕末せられない限り日本の霊性化は実現しないと云ふのが著者の考へである。(中略)神道は「国体」観念、尊皇思想、行過ぎ国家主義、御稜威宣揚など云ふものと深く聯関してゐるのである。

(鈴木大拙著『日本の霊性化』法藏館、一頁)

新憲法の発布は日本霊性化の第一歩と云つてもよい。これは政治的革命を意味するだけのものでない。戦争放棄は「世界政府」又は「世界国家」建設の伏線である、これはたゞ日本の憲法の条文中に編み込まれたと云ふだけでは済まされぬ、霊性的なものが其裏にある、これに気付かないかぎり日本の更生は期待せられぬ。さうしてこの更生には大いに世界性のあることを忘れてはならぬ。

(同書、一―二頁)

日本の前途には様〻の困難が横はつてゐる。その一つはアメリカ文化精神の誤解であらう、即ち科学技術無上の思想が汎濫することである。これが日本の霊性化を妨げるに相違ない。科学技術を指導するものは霊性で、其外のものであつてはならぬ。それ故、吾等は此点において十分の思想的準備が必要である。

(同書、二頁)

著者には戦時中に書いた日本的霊性と云ふのがあり、又戦争直後に書いた霊性的日本の建設と云ふのがある。此書は大体後者を補修したものである。三書相併せて研究せられると、著者の意のあるところは、了解せられると信ずる。

(同書、二―三頁)

(3)『妙好人』

『妙好人』(大谷出版社、一九四八年)は、昭和二十三年十二月、大拙七十八歳の年に刊行されました。昭和五十一年(一九七六)三月に〈第二版〉(改訂版、法藏館)が刊行されます。日本的霊性的自覚の体現者として主に石見の妙好人・浅原才市について論じたものです。

巻頭に、大拙が「序」(昭和二十三年五月、松ヶ岡文庫内)を載せています。そこに、自分がこれまで『宗教経験の事実』で、妙好人庄松を主として、物種吉兵衛、三田源七、三河のおそのなどの信心に言及したこと、『日本的霊性』の中で妙好人・浅原才市について述べたことを記しています。

さらに、浅原才市研究について、次のように紹介しています。

才市老の研究については、嘗て拙著、日本的霊性の中に少しく述べておいた。此著の読者もそれを参考せられんことを望む。『才市覚帳』と云ふべきものを始めて世間一般に紹介せられたのは寺本慧達氏で、大正八年十一月及十二月の法爾第二十二及第二十三号である。それについで、昭和十一年頃に書かれたものがある。それは藤秀璻氏であるが、氏はそれを同十八年六月発行の大乗相応の地中に収めた。これには氏が当時入手した二冊の覚帳所載の歌が大部分蒐録せられてあると信ずる。

その後、楠恭氏は寺本慧達氏を東京市ヶ谷の千代田女学校に訪問して、同氏から才市老に関して個人的なものを聴取して来た。その報告は此書の巻尾に附しておいた。報告中の才市肖像画は巻頭にのせた。覚帳の一部ものせた。才市妙好人の風貌に接し得らるべしと信ずる。

(鈴木大拙著『妙好人』大谷出版社、一九四八年、序三頁)

右の文章から、『妙好人』は、『日本的霊性』の「第四篇　妙好人」を承けるものであり、『日本的霊性的自覚』、『霊性的日本の建設』、『日本の霊性化』と一連の著作であることがわかります。大拙は、市井の篤信者・妙好人に日本的霊性的自覚を見出しましたが、とくに才市の詩にそれを見て研究しました。

『妙好人』は、以下の十一篇から成っています。

「Ⅰ　妙好人」「Ⅱ　妙好人と日本的霊性的なるもの」「Ⅲ　念仏生活の一個月」「Ⅳ　才市の信仰内容」「Ⅴ　信仰に入るまで」「Ⅵ　信仰の健全性と中庸性――衆生済度」「Ⅶ　才市の内生活と南無阿弥陀仏」「Ⅷ　浄土と娑婆」「Ⅸ　親と子――花婿と花嫁」「Ⅹ　南無阿弥陀仏の本体」「Ⅺ　くくり」

「Ⅰ　妙好人」では次のように述べています。

> 浄土宗信者の中に「妙好人」の名で知られて居る一類の人達がある。殊に真宗信者の中にそれがある。妙好と云ふは、もと蓮花の美はしさを歎称しての言葉であるが、それを人間に移して、その信仰の美はしさに喩へたのである。
>
> （同書、一頁）

また、能登の栃平ふじ、安芸（広島県）の出身で信仰雑誌『赤裸々』を発刊するなど熱心に布教活動を行った三《み》戸《と》独笑《どくしょう》の口述記録、竹内圭甫編『他力安心座談《たりきあんじんざだん》』（洗心書房、一九一九年）の第一篇から三戸独笑と聾唖の香林保一の問答（筆談）を引いて紹介し、さらに、石見の妙好人小川仲造の妻チエ、小松の森ひなの信心の詩など篤信者の信心について紹介しています。そして、「他力教の長所は妙好人を育て上げたところにあると自分は信ずる」（同書、二一頁）と記しています。

同項の「5　真宗における二潮流、教行信証系と歎異抄系—有智と無智」の中で大拙は、「『歎異抄』には純粋に親鸞の日常底が現われている。この点でこの一書が他力宗の教典として最も重要である。（中略）自分は『歎異抄』において親鸞の他力所信底を最も明快に透徹して窺うことができると信ずる」（二七頁）、「他力宗の知性的説述は『教行信証』において見ることができるとしても、他力的所信そのものの端的は『歎異抄』に現われているといってよい」（二七—二八頁）、「妙好人の流は『歎異抄』から出るが、『教行信証』からは涌いて来ない」（二八頁）と記しています。『歎異抄』は、親鸞面受の門弟唯円房が、親鸞没後主に関東の門弟たちの中に異義を唱える者が出たのを歎き、自分がかつて親鸞から直接聞いた法語によってそれを糾そうとして書いた書物で、本願寺第八代宗主蓮如が書写したものが伝わっています。

「Ⅱ　妙好人と日本的霊性的なるもの」では、次のように述べています。

> 敗戦後は色〻の事を考へさせられる。敗けてすんだかと思へば、中〻さうでない。以前のものよりも、本当の意味での世界戦争が、今にも始まるかのやうに見える。もと〳〵戦争なるものは、物事を解決するに役立つものでない。丁度酒飲みのやうで、遂には酒が酒を飲むことになる。其結果は吾等人間の滅亡だ（後略）
>
> （同書、四三頁）
>
> 戦争前から戦争中にかけて吾等日本人の精神状態は頗る不健康であつた。「国体」とか、「超宗教」とか云ふものがあつて、それで吾等は圧迫せられた。（中略）東洋的又は殊に日本的とも云つてよい霊性的自覚の世界は閑却せられた。（中略）霊性的自覚の世界は、東西とか古今とか云ふ制約を受けない世界である。（中略）霊

性的自覚の世界は誰もかもの棲んで居る世界ではあるが、これが実際生活の上で自覚せられるには、深く内面に浸沈して行つた経験を持たなくてはならぬ。（中略）学問がなくても、思索がなくてもよい。人生そのものについて真剣な反省を行《や》つた人〻にのみ開けるのが霊性的自覚の世界である。

（同書、四六―四八頁）

続いて、才市の詩に見られる他力の信心について論じています。

「多彩な霊性的直覚の光景が描写されている」、「よろこびである、ごおんうれしやである」、「親と子が心ゆくまで愛し合う」、「これは自力の仏者には見当たらぬ」、「古今の高僧でも到り易からぬ境涯である」と評しています。

「Ⅲ　念仏生活の一個月」の末尾に、「才市の自由詩四十八首」を載せて彼の信心を論じています。

「Ⅳ　才市の信仰内容」に、次のような記述が見えます。

何といっても宗教の世界は他力の世界である。霊性的自覚とは、これを直覚することに外ならぬ。直覚とか自覚とかいうと、自力の世界を想わしめるのであるが、これもまた詮じつめると他力というより外にはないのだ。（中略）知性の限りでは、安心は得られぬ、信心に恵まれない、知者の心は何となく不安に包まれざるを得ない。

（同書、九九頁）

同書の末尾に、大拙が同書の執筆に際して用いた資料を「附録」（二七七―四〇一頁）として五編収めています。

「一　寺本慧達氏を訪ふ（楠恭記）」、「二　生ける妙好人浅原才市（寺本慧達記）」、「三　有福《ありふく》村の善太郎（菅眞義編）」、「四　能登の栃平ふじ女（楠恭記）」、「五　小川仲造夫妻の語録（楠恭が石見の妙好人小川仲造の長男市九郎氏から入手したもの〕」。

この五論考は、『鈴木大拙全集』〔増補新版〕第十巻（二〇〇〇年）所載の「妙好人」では、大拙が書いたものでないとの理由で省かれましたが、昭和五十一年（一九七六）三月に法藏館から再刊された鈴木大拙著『妙好人』〔第二版〕には収められています。概要は次のとおりです。

「一　寺本慧達氏を訪ふ（楠恭記）」は、楠恭が大谷大学宗教学科の学生時代に、指導教授の大拙から宗教経験の重要性を学び、その体現者である市井の篤信者・妙好人の研究を始め、生涯大拙に師事して研究を続けました。本稿は、楠が才市の詩のノートの所有者・寺本慧達（東京千代田女学校校長・島根県邑智郡邑南町中野浄土真宗本願寺派長円寺住職）を千代田女学校に訪ねた際の記述です。才市が詩を詠み始めた事情や才市と親交のあった寺本について記されています。楠は寺本から譲り受けた才市の詩のノート三十数冊を大拙に届け、それによって大拙は才市研究を進めました。楠は、大拙の紹介で日本民藝運動の創始者・柳宗悦と親交を結び、師と仰いで共に妙好人研究を進めます。

「二　生ける妙好人浅原才市（寺本慧達記）」は、才市と学生時代から縁あって親しくした寺本慧達が、医学者で真宗の篤信者・富士川游《ふじかわゆう》主催の信仰雑誌『法爾《ほうに》』（第二十二号、二十三号。一九一九年十一月、十二月発行）に寄稿した才市に関する最初の論考であり、才市の生《なま》の姿が記されています。

「三」～「五」は、三人の篤信者の他力信心について述べたものです。

大拙の妙好人研究の意義について、東京教育大学名誉教授・務台理作《むたいりさく》（一八九〇—一九七四）は、論考「日本思想史上における大拙先生の業績」の中で、次のように記しています。

妙好人をとり上げて日本思想史の中へ位置づけることをしたのは先生がはじめてであり、この業績と意義は大きいと思う。昭和十九年の『日本的霊性』の第四編「妙好人」、同十八年の『宗教的経験《マヽ》の事実』（庄松言行録を含む）、同二十三年の『妙好人』が、その御研究である。こういう御研究を見ると、大地性、大地的霊性として仏教の大悲を見られることが、先生の思想にとって本質的なものであり、そこに先生の庶民性があり、たとえば書物を人にわかりやすく書かれるという御工夫などにもうかがわれる。

（『鈴木大拙の人と学問』〔鈴木大拙禅選集・別巻〕春秋社、一九六一年、三〇頁）

大拙が妙好人研究を行った経緯については、禅学者で松ヶ岡文庫文庫長・古田紹欽が、論考「鈴木大拙先生の妙好人への志向」（『大法輪』第五十二巻第七号、一九八五年七月号）で詳しく述べています。

古田紹欽は、東京大学文学部印度哲学梵文学科を出て北海道大学教授、日本大学教授、花園大学客員教授を歴任、仏教思想とくに禅宗史を研究しました。長年大拙に師事し、昭和四十一年（一九六六）七月、松ヶ岡文庫文庫長に就任。著書に『臨済録の思想』『無門関』『正法眼蔵随聞記』『白隠』『禅のこころ』『日本禅宗史の流れ』など、編著に『近代日本思想大系』第十二巻『鈴木大拙集』（筑摩書房）、『古田紹欽著作集』全十四巻（講談社）などがあります。昭和五十年（一九七五）紫綬褒章受章。

古田の論稿「鈴木大拙先生の妙好人への志向」は、鈴木大拙著『宗教経験の事実』〔新版〕（大東出版社、一九九〇年）の末尾（一七三―一八〇頁）に再録されました。

その中で古田は、大拙が讃岐の妙好人・谷口庄松の言行録『庄松ありのままの記』を読んで感動し、戦時下の昭和十八年（一九四三）六月に『宗教経験の事実』（大東出版社）を刊行したこと、大拙が同書の序で庄松を評して、

「多年苦修の禅匠も企及《ききゅう》すべからざるものがある」と評したことを紹介しています。続いて、大拙が終戦前年の昭和十九年（一九四四）に刊行した『日本的霊性』（大東出版社）に「第四篇　妙好人」があること、戦後の昭和二十三年（一九四八）に石見の妙好人・浅原才市の宗教心を論じた『妙好人』（大谷出版社、後に法藏館）を刊行したことを記しています。さらに、藤秀璻が鎌倉の大本山円覚寺正伝庵の大拙に送った書簡二通（昭和十九年六月十六日付・同二十八日付）を紹介し、大拙が藤秀璻著『大乗相応の地』所載の論考「妙好人才市の歌」を読んで感動し、『妙好人』を執筆刊行したことを記しています。

古田は、大拙著『妙好人』〔第二版〕（法藏館、一九七六年）の末尾「解説」でも、大拙が大戦末期の昭和十九年（一九四四）十一月に妙好人・赤尾の道宗の言行と浅原才市の詩を紹介した『日本的霊性』（大東出版社）を刊行したこと、その第四篇に「妙好人」が収められていること、大拙の関心が庄松から才市へ移ったことについて、両人の間に「宗教経験の違いがあるように受け取れる」と記しています。

さらに、古田は、『鈴木大拙の人と学問』〔鈴木大拙選集・別巻、新装版〕（春秋社、一九九二年）に寄せた「鈴木大拙先生の生涯的歩みと学問的歩みの意義」で、大拙の禅と真宗に対する見解を紹介し、「先生の仏教の体験的把握は、先生の全思想を貫いている」（五七頁）と記し、末尾に『浄土系思想論』、『宗教経験の事実』、『日本的霊性』など浄土教、浄土真宗、妙好人に関する書物に触れて大拙の学問の特色を述べています。

大拙の仏教を「禅的である」とか「真宗的である」と評する見解に対しては、西谷啓治（京都大学教授・哲学）が、「無差別のところを踏まえての究明は、もはや禅的とか真宗的とかいう枠づけを越えたものといえる」（「あとがき」『親鸞の世界』東本願寺出版部、一九六四年、三一六頁）と述べ、坂東性純《ばんどうしょうじゅん》（大谷大学教授・仏教学）は、「鈴木大拙――霊性と浄土教――」（『浄土仏教の思想』第十五巻、一九九三年、講談社）で、「禅的・真宗的という差別は毫《ごう》もなく、霊性的洞察の光輝を見るのみ」（同書、一〇五頁）と記しています。

3、大拙の生涯　その二（七十四歳～没年）とその著作

昭和十九年（一九四四）七十四歳　三月、同郷の友人・安宅彌吉（安宅産業社長、一八七三―一九四九）の寄進で、北鎌倉東慶寺の裏山松ヶ岡の地に、昭和十六年（一九四一）四月に建設が開始された書庫・閲覧室・住宅が完成しました。

同年十二月、『日本的霊性』（大東出版社）を刊行。

昭和二十年（一九四五）七十五歳　六月七日、西田幾多郎没、行年七十五歳。大拙は心友を亡くして悲嘆に暮れます。

同年八月十五日、終戦。

同年、北鎌倉松ヶ岡に松ヶ岡文庫を設立。大拙、初代理事長に就任。同文庫は大拙が師・釈宗演の遺志を継承して発願した仏教文庫です。七万冊の仏教関連書籍を蔵します。仏間に大拙の依頼で昭和十九年一月、西田幾多郎が揮毫した扁額「自安堂」が掲げられています。文庫建設の援助者・安宅彌吉の居士号「自安」から仏間を「自安堂」と名付けたのでした。「自安」とは、「無心心自安」（無心にして心おのずから安し）の意といわれています。その後、建物の増改築がなされ、鉄筋コンクリート二階建ての新書庫が、大拙に私淑していたアメリカ人の実業家コーネリアス・クレーンらの寄付で昭和二十八年（一九五三）に完成しました。大拙はその維持のため、印税や顕彰金などを文庫に寄付します。

昭和二十一年(一九四六)七十六歳　二月六日、財団法人松ヶ岡文庫設立認可。

同年四月二十三日・二十四日の両日、天皇・皇后に仏教に関する「御進講」を行います。初日に「大智」について、二日目に「大悲」について語りました。日本的霊性的自覚による新しい日本の建設と世界平和への願いを込めた講義でした。

同年四月、『今北洪川』(雄山閣)を刊行。

同年六月、『日本的霊性的自覚』(大谷教学叢書二)(大谷教学研究所)を刊行。

同年九月、『霊性的日本の建設』(大東出版社)を刊行。

同年九月、極東国際軍事裁判(東京裁判)のため英国代表検事として来日したロンドン仏教協会会長のクリスマス・ハンフレイズが大本山円覚寺の正伝庵に大拙を訪ね、「御進講」での講義録の出版を願い出ました。ハンフレイズの要請に応えて大拙が口述し、それをハンフレイズが筆録して刊行したのが *The Essence of Buddhism*, by Daisetz Suzuki (London: The Buddhist Society) です。大本山円覚寺の境内で撮った写真「大拙先生を囲む四人の英国人」(一九四六年)が、上田閑照・岡村美穂子編『相貌と風貌——鈴木大拙写真集』(禅文化研究所、二〇〇五年、二四頁)に収められています。大拙を中央に、J・プリンクリー、C・ハンフレイズ、L・ブッシュ、R・H・ブライスの五人の集合写真です。

昭和二十二年(一九四七)七十七歳　四月、『仏教の大意』(法藏館)を刊行。

(1)『仏教の大意』について

大拙は序(昭和二十二年春)で、「昭和二十一年四月二十三日と二十四日の両日にわたりて、天皇皇后両陛下のために講演したものを基礎にして起稿したものである」と記し、末尾に「仏教は日本だけに蟄息して居なければならぬものでない。世界思想に大いに貢献すべきであらう」と記しています。

同書は、序、「第一講　大智」、「第二講　大悲」から成っています。「第一講　大智」に、次のように述べています。

普通吾等の生活で気のつかぬことがあります、それは吾等の世界は一つでなくて、二つの世界だということです。そうしてこの二つがそのままに一つだということです。二つの世界の一つは感性と知性の世界、今一つは霊性の世界です。これら二つの世界の存在に気のついた人でも、実在の世界は感性と知性の世界で、今一つの霊性的世界は非実在で、観念的で、空想の世界で、詩人や理想家やまたいわゆる霊性偏重主義者の頭の中にだけあるものだときめているのです。しかし宗教的立場から見ますと、この霊性的世界ほど実在性をもったものはないのです。

（鈴木大拙著『仏教の大意』法藏館、一九四七年、四―五頁）

霊性的世界というと、多くの人人は何かそのようなものがこの世界の外にあって、この世界とあの世界と、二つの世界が対立するように考えますが、事実は一世界だけなのです。二つと思われるのは、一つの世界の、人間に対する現われ方だといってよいのです。即ち人間が一つを二つに見るのです。これがわらぬときに、実際二個の対立せる世界があると妄信するのです。（中略）人生の不幸は、霊性的世界と感性的分別的世界とを二つの別別な世界で相互にきしりあう世界だと考えるところから出るのです。渾然たる一真実の世界に徹せんことを要します。

（同書、七―八頁）

「第二講　大悲」の冒頭に、次のように述べています。

仏教という大建築を載せている二つの大支柱がある、一つを般若または大智といい、今一を大悲または大慈といいます。智は悲から出るし、悲は智から出ます。元来は一つ物でありますが、分別智の上で話するとき二つの物であるように分れるのです。智即悲、悲即智の体は単なる幾何学的な点でもなく、また数学上の一でもありません。これを人格性といってよいと思います。大智大悲は生きたものです。特に大悲というときには生きた人格を考えなければならぬ。しかしこれは分別智上でいう人格でないことはいうまでもない、霊性的自覚の上に現われるものであるから、これを神格と見てもよい。（同書、六七―六八頁）

次に、華厳思想について述べています。

『華厳経』に盛られてある思想は、実に東洋――インド・シナ・日本にて発展し温存せられてあるものの最高頂です。般若的空思想がここまで発展したということは実に驚くべき歴史的事実です。もし日本に何か世界宗教思想の上に貢献すべきものを持っているとすれば、それは華厳の教説に外ならないのです。今までの日本人はこれを一個の思想として認覚していたのですが、今後はこれを集団的生活の実際面、即ち政治・経済・社会の各方面に具現させなくてはならないのです。（同書、六八―六九頁）

華厳の世界観を四通りに分けるのが普通である。事法界・理法界・理事無礙法界、及び事事無礙法界の四つである。（中略）法界の真相は事事無礙を会するときに始めて認覚せられるのである。理事無礙としての法界は哲学者にも神学者にもほぼ通ずると思われるが、事事無礙の法界は彼等の未だ到り得ざるところであると信ずる。

（同書、八五―八六頁）

二元的対象の世界にいて、分別的論理の圏外に出ることが出来ないと、大悲の事事無礙法界に透徹することができない。これが出来ないと苦悩の世界は日夜に我を圧迫してくるのです。吾等日本人はいずれも過去十数年間というものは、全体主義とか個人主義とか国家至上主義とかいうものに制圧せられて言い知れぬ悩みを受け、その結果今日もなおその禍を受けなくてはならぬようになっています。これは畢竟ずるに大悲心の現前がなかったからです。事事無礙法界からの消息が絶えたからです。今日の科学もこの大悲を欠くと必ず人間の禍いとなるのです。国際間の紛糾もその源は大悲願の有無にかかわるのです。民主主義なるものもまたこれに根を下していないと結実はしないのです。政治も財政も法律も社会生活もこの一著子を見失うことによって測り知られない禍を招来することになります。

（同書、九五―九六頁）

大拙は、華厳思想を政治・経済・社会の各方面に具現させなくてはならないと考えたのでした。同書の末尾に、「今後の世界を救ふものは、この大悲心なのです。さうして大悲心はまた大智でなくてはなりません」（同書、一三六頁）と記しています。戦争の悲惨を体験した大拙は、華厳思想によって平和な日本と世界の建設を実現しようとしたのでした。東西の思想・文化を互いに尊重し、理解しあい、平和な世界の建設と豊かな文化の構築を願ったのです。大乗仏教の「大智即大悲」を体得した大拙の誓願「衆生無辺誓願度」の実践でした。

大拙は同書の結びに、「日本の仏教では、禅は大智の面、浄土系は大悲の面を代表すると云つてよからうと思ひます。禅は動《やや》もすると羅漢の独善性・逃避性に傾かんとするが、浄土系は菩薩と共に五濁の巷に彷徨するを厭はないのです。（中略）浄土系は現在日本で行はれてゐるところでは、『愚痴文盲』の大衆を目標として居るとも申されませうが、すべて宗教なるものは智慧才覚を嫌ふものです。それは言ふまでもなく、宗教は知性的分別の領域ではないからです」（一二四―一二五頁）と述べ、そのあとに、「浄土系信者の一類型と見るべきものに讃岐の庄松がある。彼は明治の初め頃に他界した妙好人です。全く文字のない貧農の一人であつた。『庄松ありのままの記』と題する彼の言行録に左の如き記事がのせられてあります」（一二六頁）と述べて、讃岐の妙好人・庄松をとりあげ、『庄松ありのままの記』に記される彼の言行を紹介し、「彼は彼自身の霊性的直覚の世界に住んで居たのである」（一二九頁）、「庄松は慥かに吾等一般が生活してゐる知性的分別の世界には住んでゐなかつたのである。それかと云つて此世界以外にも出てゐなかつたのである。此世界を出てゐて、而かもまた出ないと云う境地を『平常心』と申すこともあります」（一一九―一二〇頁）と述べています。庄松の他力信心については、前著『宗教経験の事実』（大東出版社、一九四三年）で詳しく論じていますが、同書に続く『日本的霊性』や『妙好人』では石見の妙好人・浅原才市へと重点を移しています。

同年（昭和二十二年）　七月二十九日より、石川県小松市の真宗大谷派教務所の研究機構「大谷学場」の招きで北陸へ講演旅。柳宗悦が同行します。

同年、デマルチーノ、カプロー、ドナルド・リーチ等と出会い、連合軍士官のグループに禅仏教について講義します。

同年、『日本の霊性化』（法藏館）を刊行。

昭和二十三年（一九四八）七十八歳　二月二十一日、門弟・楠恭が、東京市ヶ谷の千代田女学校に寺本慧達校長を訪ね、才市の歌のノートを大拙に見せたいので貸して欲しいと懇請します。それに応えて寺本は、大拙に自身所有のノートすべて（三十数冊）を贈りました。それらのノートは、大拙最晩年の門弟・佐藤平によって編集され、大拙が亡くなった翌年、鈴木大拙編著『妙好人　浅原才市集』（春秋社、一九六七年）として刊行されました。末尾の「あとがき」（昭和四十二年三月）を松ヶ岡文庫文庫長・古田紹欽が書き、同書成立の経緯を詳しく述べています。平成十一年（一九九九）十一月には〔新装版〕（春秋社）刊行。

楠恭も『妙好人才市の歌　一』（法藏館、一九四九年）を編集刊行しました。巻頭に、大拙が贈った序（昭和二十三年夏、湘南也風流庵）が載っています。大拙は才市の歌を引いて彼の宗教心について論じ、真宗の信徒は成仏後の還相《げんそう》の衆生済度を期するだけでなく、この世での応分の利他的実践の必要性があると述べ、楠の妙好人研究を高く評価し、今後の仕事に期待を寄せています。

同年七月二日、長年大拙の世話をした関口この没、行年六十七歳。関口このについては、西村惠信著『鈴木大拙の原風景』〔新装改訂版〕（大法輪閣、二〇一六年）に、次のように記されています。

　ビアトリス夫人在世中より、大拙宅に居して大拙夫妻の世話をした「おこの」は、ビアトリスが亡きあと、昭和二十三年（一九四八）に自分がこの世を去るまでの晩年の九年間、敗戦後の困窮のなかで、よく大拙のために働いた人であった。（中略）この人は富山の出身で、縁あって大拙のもとへ手伝いとしてやって来たが、無学にして自分の名前も書けないほどであったという。（中略）大拙にとっておこのは福の神であった。彼女の理窟のない大地的な性格がよく、大拙の学問研究を陰で支えたのであり、それを大拙は「女性の素晴らし

さ」と讃えたのである。（同書、二二九頁）

同年（昭和二十三年）十二月、『妙好人』（大谷出版社）を刊行。大拙は同書の中で、「才市のことは、戦時中、即ち昭和十九年に、『日本的霊性』と題した拙著中に記しておいた。が、近頃寺本慧達君や楠恭君の世話で、才市の覚帳の一部を見ることができたので、また新たに彼を紹介したい気になった」（『妙好人』〔第二版〕法藏館、一九七六年、四二頁）と記しています。

昭和二十四年（一九四九）七十九歳　二月五日、援助者・安宅彌吉没、行年七十五歳。

同年、大拙は日本学士院会員に就任。

同年三月、東京での宗教懇話会で「日本仏教の底を流れるもの」と題して講演。大乗菩薩の慈悲行を説き、「大乗思想が最もよく結晶されてゐるのは、『華厳』の事事無礙《じじむげ》法界《ほっかい》観であらう」（『鈴木大拙全集』〔増補新版〕十一巻、三二〇頁）、「仏教は宗教であつて哲学ではない。仏教が堕落するか逸脱するかといふのは、概念遊戯に耽るといふ意味なのである。さうなると仏教は死んでしまふより外ない」（同書、三二八頁）と述べ、聖徳太子から鎌倉時代に生まれた法然の浄土宗、親鸞の浄土真宗、日蓮の法華思想、一遍の時宗、道元の禅、及び大應・大燈・関山系の臨済禅について触れています（鈴木大拙著・楠恭訳『日本仏教の底を流れるもの』大谷出版社、一九五〇年）。

同年六月、ハワイ大学での第二回東西哲学者会議（Second East-West Philosophers' Conference）に出席。以後九年間、欧米各地で講義・講演。

同年九月から翌年二月まで、ハワイ大学で講義。

同年十月、英文の『真宗要録』*A Miscellany on the Shin Teaching of Buddhism*〔蓮如上人四百五十回御遠忌記

念出版〕（真宗大谷派宗務所）が刊行されました。収録論文は、① The Shin Sect of Buddhism ② The Myōkōnin ③ A Tariki Mystic ④ The Songs of Shinran Shōnin ⑤ Steadily Holding to the Faith の五編で、真宗と妙好人を西洋の人びとに紹介しています。

同年十一月三日、文化勲章受章。帰国せず、授賞式には欠席。

昭和二十五年（一九五〇）八十歳　ロックフェラー財団の委嘱でクレアモント、プリンストン、コロンビア、ハーバード、シカゴ、エールの六大学で「禅」、「日本文化と仏教」、「東洋の文化と思想」、「華厳哲学」などを講義。

同年三月二十五日、ロサンゼルス本願寺別院（西か東か不明）で「妙好人」について日本語で講演。

同年三月十日、大拙がアメリカ滞在中に門人・楠恭が大拙の英文論文五編を和訳した、鈴木大拙著・楠恭訳『日本仏教の底を流れるもの』（大谷出版社、一九五〇年）を刊行します。

同書には、和訳者・楠の「序」（昭和二十四年十二月五日）、「第一編　日本仏教の底を流れるもの」（東京における宗教懇話会講演、昭和二十年三月）、「第二編　日本人の世界観」（『インドアリヤン・パス』誌、一九四九年）、「第三編　仏教における浄土教理の発達」（『イースタン・ブディスト』第三巻第四号、一九二五年一・二・三号）、「第四編　学僧の見た真宗」（『イースタン・ブディスト』第三巻第二号、一九二四年七・八・九月号）、「第五編　妙好人の真宗」（一九四九年十月、真宗大谷派宗務所から蓮如上人四百五十回忌記念出版として出された英文「真宗要録」中の一文。この中で大拙は、石川県小松市の妙好人・森ひなの法悦詩十数と石見の妙好人・浅原才市の詩を紹介しています）、「付録　妙好人浅原才市の歌一三〇首」を収めています。

楠は同書の序に、次のように記しています。

此処に鈴木大拙先生の旧著新著をとりまぜて五つ訳出した。此等は何れも仏教と日本人の精神生活に深い関聯を持つものばかりである。特に後の三つの論文は――法然親鸞の浄土的思想を頂点とする日本人――特に庶民の精神生活の根底を探つたものとして、もともと外国人を対象として書かれたものである（後略）

（鈴木大拙著・楠恭訳『日本仏教の底を流れるもの』（大谷出版社、一頁）

何日か先生と仏教とキリスト教の話をした時、先生はかう云はれた。

「わしは、凡てのものの裏には、凡てのものをして凡てのものたらしめるものがあると考へてゐる。そうしてそれを慈悲と云ひたい。凡ての事柄をこの慈悲から説明したい。一寸説明しないとわからんかも知れんが、この慈悲はキリスト教的な愛の観念では覆ひ尽せないものである。仏教の慈悲には、キリスト教の愛よりもつと深い大きなものがある。

それで、凡てのものは、この慈悲と云ふものと関聯して始めて本来の姿を現はし、本当の力を出すことが出来るのである。弥陀の無辺の大悲と云ふものが解らぬと何をやつても皆嘘だ。どんなに真面目に本気でやつてゐても其等は皆嘘だと云つてよいのだ。それが引つくり返つて凡ては大悲に包まれてゐるのだと云ふことに気付くと、其処で人間は本当の人間、所謂本物になるのだ。そうして其処からやる行為は凡て本当の行為になるのだ。本当の不惜身命と云ふやつが出て来る。この自覚が人格的に結晶すると其処に宗教的人間が出来上る。とにかく、人間はどうしても大悲に気付かんといけない。これに気付くと、其処から本当の勇気と親切を極めた計劃と云ふものが出て来て、それが社会的に働くと、本当の社会改革と云ふものが出来るのだ。先づ、この無辺の大悲がわからぬと、何をやつても駄目だ。これを皆にわかつて貰ひたいと思つて仕事をして居る訳だ」

（同書、五―六頁）

と。

昭和二十六年（一九五一）八十一歳　三月、コロンビア大学で「華厳哲学」の集中講義を開始。後に大拙の秘書になる十五歳の岡村美穂子が聴講します。

同年十月から翌年十月まで四回、英文論文 A Study of Saichi the Myōkōnin（妙好人才市の研究）をロサンゼルス東本願寺別院の機関紙 *The Way*, vol. 4, no. 1-4. Higashi Honganji Y. B. A. Los Angeles, Calif. に掲載。在米日系人や宗教に関心をもつ若者を対象にしたもので、浅原才市の他力の信心をキリスト教の信仰と対比させて論じています。本論文の大拙直筆の英文原稿が松ヶ岡文庫に収蔵されています。翻訳家・酒井《さかい》懋《つとむ》氏によって和訳され、「妙好人、浅原才市を読み解く」と題して、英文と共に『松ヶ岡文庫研究年報』第二十七号（二〇一三年）に掲載されました。筆者は松ヶ岡文庫の依頼で校閲と序文を執筆させていただきました。本論考は、大拙没後五十年の平成二十八年（二〇一六）六月、鈴木大拙著『妙好人、浅原才市を読み解く』〔英文対訳〕（東西霊性文庫8、ノンブル社）として刊行されました。

同年、サンフランシスコ近郊ギルロイ山上にある在米邦人の山荘で東昇《ひがしのぼる》（京都大学医学部教授・京都大学ウイルス研究所所長）と会い、浄土真宗本願寺派の北米開教使会議で共に講演します。

（2）大拙が才市に見た衆生無辺誓願度

大拙が才市の詩から読み取った宗教心は、他力の信心を得て「まさしく往生すべき身」、「必ず仏になるべき身」に定まった正定聚《しょうじょうじゅ》の境地でした。いま生きているこのいのちが、「親さま」（阿弥陀仏）の大慈悲に抱かれているという生死の迷いを超える浄土往生への確信であり、大安堵心です。人知を超えた法のはたらき、阿弥陀仏が才市の中に「なむあみだぶつ」となって来てくださる「機《き》法一体《ほういったい》のなむあみだぶつ」の体得であり、「あさまし　あさまし　うれし　うれし　ざんぎ〔慚愧〕　くわんぎ〔歓喜〕の　なむあみだぶつ　ごをん〔御恩〕うれしや　なむあみだぶつ」の涌出でした。こうした妙好人が生まれた背後に、熱心に教えを伝えた僧たちがいたこと、人びとが寺々の法座に参って真剣に仏法を聴聞したことがありました。

大拙は、才市の詩に霊性的自覚の具現を見て、それを思想的に体系化して世に伝えました。亡くなる前年の昭和四十年（一九六五）五月に、「妙好人　浅原才市」を『大法輪』（一九六五年五月号、大法輪閣）に寄稿し、鈴木大拙編著『妙好人　浅原才市集』（一九六七年、春秋社）の巻頭（三頁）に転載されました。才市を「妙好人中の妙好人」、「実質的大哲学者」と讃えています。

大拙は、才市の信心に霊性的自覚を見出すとともに、彼の仕事に「衆生無辺誓願度」の利他行を見ました。それは聖道門の自力の利他行ではなく、阿弥陀仏の本願力のはたらきによる他力浄土門の利他行でした。

妙好人・浅原才市の「衆生済度」について、大拙は「まえがき　妙好人　浅原才市」に、次のように記しています。

才市は朝から晩まで、真黒になって、下駄作りに精進《しょうじん》するのである。（中略）彼は、「なむあみだぶつ」中に行住坐臥し、衆生済度を怠らなかった。それが、彼の生涯であった。衆生済度とは、必ずしも、「自力」宗のように種々の形式で、一切有情の化度に従事することでなくて、日々の仕事に精進することである。（中略）才市にありては、日々の稼業に「なむあみだぶつ」と共にいそしむのである。

（鈴木大拙編著『妙好人　浅原才市集』春秋社、まえがき六―七頁）

大拙は、以前は妙好人には利他行が弱いと感じていましたが、後に考えを改め、妙好人の存在そのものに利他行を見たのです。才市の下駄作りの仕事が衆生済度であることに気付いたのです。親鸞が『教行信証』の「信文類」で示した、獲信者にそなわる「現生十種《げんしょうじっしゅ》の益《やく》」の第九「常行大悲《じょうぎょうだいひ》」（常に大悲を行ずる）の益《やく》でしょう。

大拙は早くから衆生済度について考えをめぐらしていました。明治三十四年（一九〇一）、在米四年目の一月二十一日、西田幾多郎に宛てた書簡に、次のように記しています。

予は近頃「衆生無辺誓願度」の旨を少しく味ひ得るやうに思ふ、大乗仏教が此一句を四誓願の劈頭にかゝげたるは、直に人類生存の究竟目的を示す、げに無辺の衆生を救ふべきなくば、此の一生何の半文銭にか値ひすとせん、（中略）真誠の安心は衆生誓願度に安心するに在り、之をはなれて外に個人の安心なるものあることなし、もしありとせば其安心は我執の窠窟〔巣〕に逃げこみて黒闇々の処に死坐せる安心なり、功名に奔走するの徒と何ぞ択ばん、

（『鈴木大拙全集』〔増補新版〕第三十六巻、二〇九頁）

それまで大拙は、「四弘誓願」の第二願「煩悩無尽誓願断」（煩悩は尽きることはないが誓って断ち切らんことを願う）が最初に置かれるべきだと考えていました。しかし大拙は、その考えの間違いであったことに気付いたのです。次のように記しています。

今にして之を考ふれば予は大に誤れり、「衆生無辺誓願度」のために「煩悩無尽誓願断」なり、もし第一願なくんば煩悩何がために断ずる必要あらん、否、煩悩を断じ得る最要件は実に度衆生の願に在り、こんな事はどうでも可いやうに思ふものもあらんが、予はまことの安心は第一句にありて、第二句にあらずと信ず、

（同書、同頁）

手紙を読んだ西田は、同年（明治三十四年）二月十四日の日記に、次のように記して自己反省しています。

大拙居士より手紙来る。衆生誓願度を以て安心となすとの語、胸裡の高潔偉大可羨〳〵。余の如きは日々に私欲の為め此の心身を労す。慚愧々々。余は道を思ふの志薄くして、少欲の為め又は些々の肉慾の為め道を忘ること日々幾回なるを知らず。特に今日は大いに誤れり〳〵。今後猛省奮発すべし。これも一に余が克己の意力に乏しきによる。

（『西田幾多郎全集』第十七巻、岩波書店、一九六六年、五一頁）

昭和二十七年（一九五二）八十二歳　コロンビア大学客員教授に就任。「華厳哲学」を継続して講義します。大拙は『華厳経』を重視し、華厳哲学は愛の教えであり、一切の相依相関を説く華厳哲学が正しく理解される時愛が目覚める、なぜなら愛とは他を認めることであり、生活のあらゆる面において他に思いを致すことだからである、と語っています。

昭和二十八年（一九五三）八十三歳・昭和二十九年（一九五四）八十四歳　各年八月の二度、スイスのアスコナで開催されたエラノス会議 The Eranos Conference Ascona, Switzerland（一九三三年に始まった精神文化の諸領域における国

際的・学際的・宗教的会議）に招かれて講演します。岡村美穂子（当時十八・十九歳）を秘書として同伴しました。その途次、イギリス、ドイツ、オランダ、フランス、オーストリア、イタリアなど随所で講演。カール・ユング、マルティン・ハイデガー、カール・ヤスパース、アーノルド・トインビー、アーサー・ウエイリ、ガブリエル・マルセルらと対談、東西の霊性交流を通して世界平和の実現を訴えました。ユング宅（研究所）には直接訪ねています。当時の写真が上田閑照（京都大学名誉教授・哲学）・岡村美穂子編『相貌と風貌――鈴木大拙写真集』（禅文化研究所、二〇〇五年、八四―八七頁）に数葉収められ、同書一四七―一五二頁に会議の内容が詳細に記されています。

昭和二十九年（一九五四）八十四歳　一月、大拙はニューヨークの岡村家に移り、昭和三十三年（一九五八）十一月、八十八歳で帰国するまでの五年近く居住しました。美穂子の母・トシミが食事などの世話をし、美穂子（当時十八～二十三歳）は大拙の原稿をタイプライターで打つなど手助けしました。当時の写真が上田閑照・岡村美穂子編『相貌と風貌――鈴木大拙写真集』に「岡村家（ニューヨーク）At the Okamura Home, New York City」（八八―八九頁）として五葉収められています。

昭和三十年（一九五五）八十五歳　十二月、杉平顗智《すぎひらしずとし》（大谷大学教授・英文学）訳の鈴木大拙著『華厳の研究』〔鈴木大拙英文著作集・第三〕（法藏館）を刊行。

（3）『華厳の研究』について

同書は、大拙の英文『禅論文集』第三巻 *Essays in Zen Buddhism*, Third Series, London: Luzac and Company, 1934 の最初の四論文（「第一篇　禅から華厳経へ」、「第二篇　華厳経、菩薩理想及び仏陀」、「第三篇　菩薩の住処」、「第四篇　華厳経に於ける発菩提心」）を杉平顗智が和訳したものです。

杉平は同書「訳者あとがき」に、次のように記しています。

本書は鈴木大拙先生英文『禅論文集』第三巻の最初の四つの論文をその内容としてゐる。この四つの論文は、禅の立場からではあるが、いづれも『華厳』に関したものである。それでこれらを一纏めにした本書を「華厳の研究」と題したわけである。

『華厳』の研究とその発表、ことに『華厳』に含まれた東洋の深い思想を西洋の人々の心にうゑつけること、――これは鈴木大拙先生の生涯の事業であるやうだ。（中略）

先生の『華厳』の研究は、『華厳』の三つの漢訳について、またその梵本の原典について、続けられ、昭和九年には、『禅論文集』第三巻に含まれ、ここに訳出せられた四つの論文が発表せられ、昭和十年には、梵本『華厳経』が校訂発刊せられた。その後も英文『仏教の大意』（和文版は本全集第七巻所収）などが『華厳』の思想を広く世界に宣揚してゐる。

（『鈴木大拙全集』〔増補新版〕第五巻、三六一頁）

杉平顗智（一八九九―一九八四）は、鈴木大拙著・杉平顗智訳『般若経の哲学と宗教』（法藏館、一九五〇年。『鈴木大拙全集』〔増補新版〕第五巻、所収）を刊行しています。また、『教行信証』英文翻訳委員会（委員長・鈴木大拙、副委員長・山口益大谷大学長）の委員の一人でした。

大拙は、『華厳の研究』の序（一九五五年八月、ニューヨークの客舎にて）に、次のように記しています。

自分は今米国の大学で「禅哲学」といふ名で、講義をつづけてゐるが、その中に『華厳』の事も交ぜて話してゐる。今二三年もたてば、いくらか閑《ひま》が出来る。そしたら本当に『華厳の研究』を書く。（中略）とに角、此一篇に由りてでも、日本の思想界に何かの刺戟を与へることになれば、結構此上もなし。何といっても、日本の思想家はいづれも「世界的」立場に卓つことを忘れてはならぬ。

（『鈴木大拙全集』〔増補新版〕第五巻、一三八頁）

『華厳経』（『大方広仏華厳経』Avataṃsaka Sūtra）は、大乗仏教初期に成立した経典で、釈尊成道の光景を描写するとともに、菩薩の修行の階梯を信の修行から始めて、十住・十行・十回向・十地と進む説明がなされ、菩薩行の解説が主になっています。空思想・唯心思想・如来蔵思想が説かれ、理法界《りほっかい》・事法界《じほっかい》・理事無礙法界《りじむげほっかい》と事事無礙法界《じじむげほっかい》、すなわちこの世界の実相は個別具体的な事物が相互に関係しあい、無限に重なりあっているという考え方である「相即相入《そうそくそうにゅう》」、「一即一切《いっそくいっさい》」、「一切即一《いっさいそくいち》」など重々《じゅうじゅう》　無《む》尽《じん》の縁起が説かれています。大拙は『華厳経』を大乗仏教の最高峰と呼び、その根本に仏の衆生への大悲心が流れていることを読みとって、事事無礙法界の論理を現実社会に具現化し、自他を超えるものに包まれていることを自覚して、相互に人格を尊重しあう民主的な日本の建設と世界平和実現への願いを語りました。終戦翌年の昭和二十一年から二十三年にかけて刊行した『日本的霊性的自覚』、『霊性的日本の建設』、『日本の霊性化』がそれです（竹村牧男「鈴木大拙と華厳思想」『中央学術研究所紀要』第四十七号、二〇一八年、参照）。

『華厳経』については、木村清孝「鈴木大拙博士　華厳関連英文草稿訳注　第一回」（『松ヶ岡文庫研究年報』第三十三号、二〇一九年）、「同　第二回」（『同年報』第三十四号、二〇二〇年）などがあります。

『華厳の研究』の「第四篇　華厳経に於ける発菩提心」に、大拙は次のように述べています。

菩提心は大慈悲心から生ずる。大慈悲心は、若しそれがなかつたとしたら、仏教そのものがまた全くないものになる程の大事なものである。この様に大慈悲心を強調するのが大乗仏教の特色で、大乗仏教の諸教義の全景《パノラマ》の展開はこの大慈悲心を枢軸として廻転するものといへよう。『華厳経』があの様に美しく画き出した相即相入の哲学も、事実はこの生命力の発現に外ならない。

（『鈴木大拙全集』〔増補新版〕第五巻、三三八頁）

大拙が重視した『華厳経』「入法界品《にゅうほっかいぼん》」（『華厳経』末尾に収録されている大部の経典）は、善財童子《ぜんざいどうじ》が五十三人の善知識を訪ねる求道遍歴の物語ですが、同書に次のように述べています。

菩提心は菩薩の行願の第一段階である。『華厳経』に於ける善財求道の主要目的は菩薩の自利利他行の生とその本願とが何であるかを見出すことであつた。この若き求道者が、種々様々の達人・道士・天人等の中にさがしつづけてきたところのもののすべてを、自己自身の中に実証する様になつたのは、実に弥勒の助けによつてであつた。よしその最後の確証は普賢によつて与へられたとしても、弥勒が菩提心に関して教へるところがなく、毘盧舎那楼閣の中に入ることを許すことがなかつたとしたら、善財が実際に菩薩の生涯に旅立つことは考へられぬことだつたのだ。

（『鈴木大拙全集』〔増補新版〕第五巻、三四一頁）

大拙が『華厳経』「入法界品」を重視していたことは、大谷大学の学生時代、大拙の講義を聴いた幡谷《はたや》明《あきら》（大谷大学名誉教授・真宗学）が、拙著『鈴木大拙の妙好人研究』（法藏館、二〇一七年）に贈られた「序――鈴木大拙先生と大悲行」の中で、次のように述べています。

大谷大学の山口益博士は、「〔大拙〕先生は晩年まで『華厳経』入法界品の英訳を、その弥勒閣の章なりとも完遂しなければならないと言い続けておられた」と語られていた。私なども、大学での講義中に、「わしにはまだ『華厳経』入法界品の英訳の仕事が残っているから、浄土へ往ってもすぐ還ってこにゃならぬ」と言われたことを何度も耳にしたことである。

『華厳経』入法界品は、祇園精舎を理想化したものとみられる重閣講堂会での釈尊のご説法であり、この入法界品では、善財童子（Sudhana-śreṣṭhi-daraka）が文殊菩薩に励まされ、道を求める旅に出て五十三人の善知識から教えを受け、最後に慈悲の極みである普賢菩薩（Samantabhadra）の遊戯神通を見聞して究極の法を体得し、一切の衆生を救う大悲行を行ずるに至ることを主題としており（後略）　（同書、八頁）

昭和三十一年（一九五六）八十六歳　五月、真宗大谷派の宮谷法含《みやたにほうがん》宗務総長がコロンビア大学客員教授の大拙に宛て、五年後の昭和三十六年（一九六一）に迎える宗祖親鸞聖人七百回御遠忌の記念として真宗の教えを世界に発信したいと願い、『教行信証』の英訳依頼の親書を送ります。

大拙は英訳に没頭し、昭和三十六年（一九六一）三月十一日に草稿を完成させましたが、その後も亡くなるまで訳語や訳文の推敲を続けます。

昭和三十二年（一九五七）八十七歳　コロンビア大学での講義終了。

同年九月、ハーバード大学で禅を講義。メキシコで心理学者エーリッヒ・フロムのクエルナヴァッカ会議に参加、フロム宅に四～五か月滞在します。岡村美穂子随伴。フロムは、大拙没年の翌年、昭和四十二年（一九六七）八月発行の『イースタン・ブディスト』（第二巻第一号）にMemories of Dr. Suzuki（鈴木大拙博士の思い出、一九六六年、メキシコにて）を寄稿。末尾に、「博士は、いつまでも現在するのである。そして友であり先達であった博士自身から輝き出るその光を思えば、その肉体が現にあるかどうかは、二次的なことがらでしかないのである」（『致知』通巻五四一号、致知出版社、二〇二〇年八月、四〇頁）と記しています。

同年（昭和三十二年）十一月、*Mysticism: Christian and Buddhist*, Harper & Brothers Publishers, 1957 を刊行。

（4）『神秘主義』について

Mysticism: Christian and Buddhist は、平成十六年（二〇〇四）二月に和訳され、鈴木大拙著・坂東性純・清水守拙訳『神秘主義――キリスト教と仏教』（岩波書店）として刊行されました。「妙好人の海外への本格的な紹介の嚆矢となる」（カバー紹介文）と記されています。

大拙は、同書の序（一九五七年、ニューヨークにて）の冒頭に、次のように記しています。

本書はこの主題に関してきちんと組織立てられた研究と言えるほどのものではない。むしろ、これは著者がキリスト教神秘主義を代表するマイスター・エックハルトの書き物を読んでいる間に、折に触れて書き記した考察を取り纏《まと》めたものである。何故、エックハルトかというと、彼の思想は禅や真宗の思想に限りなく近いからである。禅と真宗は表面的には異なっている。一方は自力宗であり、他方は他力宗である。しかし、その間には読者諸氏も感じられるであろうが、何かしら共通したものがある。そこで、エックハルト、禅、真宗の三者を神秘主義の偉大なる流れに属しているものとして同類と見なすこともできよう。この三者の基底にある連《つな》がりは、必ずしも、これから本書で述べる内容だけで、すべて明らかになるというわけには行かぬであろう。

しかしながら、著者の願いとするところは、本書が西洋の学徒に働きかけて、これら三者を是非、研究主題として取り上げてみたいという関心を喚起《かんき》するに足るものであってほしいということである。

（『神秘主義――キリスト教と仏教』岩波文庫、二〇二〇年、三頁）

同書について、上田《うえだ》閑照《しずてる》（京都大学名誉教授・哲学）は、次のように評しています。

大拙先生自身早くから、エックハルト（説教集の二種類の英訳があった）に思想的な親しみと研究上の関心をもち、既に一九五七年にニューヨークの出版社から英文で『キリスト教と仏教の神秘主義』という著作を出しておられる。エックハルトと禅の親近性を考察し、また妙好人《みょうこうにん》を対比的にその考察に加えたもので、東西を通ずる霊性史の一つの軸が描かれている。

（上田閑照「第二部　鈴木大拙先生のこと――あとがきに代えて」
岡村美穂子・上田閑照編『思い出の小箱から――鈴木大拙のこと――』燈影舎、一九九七年、一七三頁）

『神秘主義』は、次の十章から成っています。

一「マイスター・エックハルトと仏教」、二「仏教哲学の基礎」、三「〝一刹那〟とさとり」、四「永遠の光の中に生きる」、五「輪廻について」、六「十字架とさとり」、七「このまま」、八「「南無阿弥陀佛」についての覚え書」、九「蓮如の「御文（章）」」、十「才市の手記より」。

十「才市の手記より」の冒頭に、「拙い翻訳ではあるが、私がここで試みようとしていることは、読者に才市の精神生活の一端を垣間見てもらうことにある」、「才市特有の深い宗教的情感性を英語圏の読者に伝えること」(『神秘主義――キリスト教と仏教』岩波文庫、二〇二〇年、二六八頁)を目的としたと記しています。

十「才市の手記より」は、「一、如来と才市」、「二、親さま」、「三、念仏」、「四、機と法」、「五、浄土と娑婆と地獄」、「六、貰いもの」、「七、心のありさま」、「八、無一物」、「九、内的生活」から成り、才市の歌一四六首を紹介、才市の宗教心について論じています。大拙が西洋の人びとに妙好人・浅原才市における他力回向の信心・宗教心を伝えようと努力していたことがうかがえます。

邦訳者の一人、坂東性純《ばんどうしょうじゅん》(一九三二―二〇〇四)は、仏教学者で大谷大学教授・上野学園大学教授を歴任します。大拙と長年親交を重ね、大拙が創刊した仏教雑誌『イースタン・ブディスト』の編集を行い、大拙の英訳『教行信証』の編集にも携わりました。

坂東は末尾の「訳者後記」に、次のように述べています。

本書は、アメリカの最大都市ニューヨークで、最晩年、十年近くの歳月を送った、大拙の心中に去来した思索内容を生々しく伝えている。その広がりはかなり多岐に亘っており、初期仏教の教義をはじめとして、華厳・般若・唯識等の主要な大乗仏教思想の他、わけても大拙が大乗仏教の帰結と見ていた禅・浄土思想に広く説き及んでいる。

(同書、三四五―三四六頁)

同年(昭和三十二年) ロンドン仏教会会長クリスマス・ハンフレイズ宅を訪問。当時の両人の写真が上田閑照・岡村美穂子編『相貌と風貌――鈴木大拙写真集』(禅文化研究所、二〇〇五年、五二頁)に、「ロンドン C・ハンフレーズ宅にて 1957」として掲載されています。

昭和三十三年（一九五八）八十八歳　春、ニューヨークのアメリカン・ブディスト・アカデミーで五回にわたって英語で「真宗」を講演します。

その講演録は一九七〇年に *Shin Buddhism* by D. T. Suzuki, Harper & Row として刊行されます。*Shin Buddhism*（真宗）は、昭和五十八年（一九八三）六月に門弟・佐藤平が和訳し、鈴木大拙著・佐藤平訳『真宗入門』（春秋社）として刊行され、平成十三年（二〇〇一）、令和四年（二〇二二）などに、新装版（春秋社）が刊行されています。

同年、『教行信証』の英訳に着手。ニューヨーク仏教教会で「真宗入門」を英語で講演。

同年十一月末、アメリカでの生活を終え、秘書の岡村美穂子を伴って帰国。松ヶ岡文庫に居住します。以後、岡村は、大拙が昭和四十一年（一九六六）に九十五歳で亡くなるまでの八年間近侍して大拙を支え、国内外の会議や講演旅行に随行します。

昭和三十四年（一九五九）八十九歳　三月、『真人』第一二一号（真人社）に、曽我量深との対談「禅と真宗」（昭和三十三年十二月八日。京都ミヤコホテルにて）を掲載。

昭和十三年（一九三八）にイースタン・ブディスト協会から出版された *Zen Buddhism and its Infulence on Japanese Culture* をこの年、*Zen and Japanese Culture*, Routledge and Kegan Paul として刊行。

同年六月、ハワイ大学第三回東西哲学者会議に出席。

昭和三十五年（一九六〇）九十歳　大谷大学名誉教授。

同年十二月、インド政府から国賓として招かれ四週間旅行をします。岡村美穂子同伴。

同年（昭和三十五年）、出光佐三の寄付で松ヶ岡文庫に鉄筋二階第二新書庫、及び木造二階建増。

昭和三十六年（一九六一）九十一歳　この年、親鸞聖人七百回御遠忌法要。東京日活ホテルでバーナード・リーチと対談。

同年三月十一日に『教行信証』（教文類・行文類・信文類・証文類）の英訳草稿完成。本草稿は、大拙が昭和三十一年（一九五六）五月、真宗大谷派宮谷法含宗務総長から依頼されて執筆したものです。その経緯について伊東慧明は、『真宗』（八三七号、真宗大谷派宗務所、一九七三年十一月）「英訳『教行信証』」の報告記事で「二、成立の事情と経過について」として詳細を記しています。伊東によれば、「英訳『教行信証』のドラフトは大拙先生が独力で作製されたものであります」（二〇頁）。また、「一応の翻訳が終った時（中略）ある放送記者のインタビューに応じ」た大拙の発言が一頁半にわたって収載されています。

〔英訳の動機を尋ねられた大拙の返答は〕

わしゃね、動機も何もありゃしない。それを訳することにしなくちゃならぬから、訳したのでだ、ね。まあ、これを訳しなくちゃならぬということはですね、宝がこっちゃにあるなら、やっぱし世界に、みなに見せなくちゃならず、ね。

〔英訳の苦労を尋ねられて〕

東洋と西洋の考え方が違うから、その違うのを、一方から一方へ通ずるという場合には、困難はいつもあるですね。（中略）東洋の方の考え方というのは、いったいに具体的なもので、西洋の方の理論的な抽象的なものと、だいぶ違うから、その点が難かしい、ということですな。

〔今後、体の自由がきかなくなったら英訳の仕事はどうするかと尋ねられて〕

そりゃ、何もない。そのときは、さようなら、だ。

（以上、二一一―二二頁）

大拙は、本文及び序文の校正中に亡くなります。そこでイースタン・ブディスト協会が整理編集し、大拙没後七年目の昭和四十八年（一九七三）十月に真宗大谷派から「親鸞聖人御誕生八百年・立教開宗七百五十年記念」として、鈴木大拙英訳『教行信証』が刊行されました。しかし、この前後に、昭和四十八年（一九七三年）版には含まれない大拙作成の序文の原稿が松ヶ岡文庫に保管されていたことが判明。真宗大谷派は改めてこれを整理し、平成二十四年（二〇一二）イギリス、オックスフォード大学出版局から出版しました。

同年四月十七日〜十九日の三日間、親鸞聖人七百回御遠忌の記念に、比叡山ホテルで鈴木大拙（九十一歳）・曽我量深（八十五歳）・金子大榮（七十九歳）と司会役の西谷啓治（六十九歳）の四名の座談会が開催されました。当日、岡村美穂子が撮った比叡山ホテルでの四人の集合写真が上田閑照・岡村美穂子編『相貌と風貌――鈴木大拙写真集』（禅文化研究所、二〇〇五年、八二頁）に収められています。この時の座談の筆録が、昭和三十九年（一九六四）七月十五日刊行の『親鸞の世界』（東本願寺出版）です。同書は、平成二十三年（二〇一一）十一月二十八日、親鸞聖人七百五十回御遠忌の記念に『親鸞の世界』〈真宗文庫・改訂版〉（東本願寺出版部）として再刊されました。

『親鸞の世界』（一九六四年）には、「第一部　親鸞の世界　座談会　鈴木大拙　金子大栄　曽我量深　西谷啓治」として十章が、「第二部　記念講演」として「浄土の機縁　金子大栄」、「信に死し願に生きよ　曽我量深」、「本願

の根元　鈴木大拙」が収められています。「第二部　記念講演」は、昭和三十六年四月二十一日、親鸞聖人御遠忌を縁に京都市岡崎公園の京都会館で行われた記念講演会での鈴木大拙・金子大榮・曽我量深の講演録です。西谷啓治は「あとがき」を執筆。

昭和三十八年（一九六三）九十三歳　五月、『東洋的な見方』（春秋社。『鈴木大拙全集』〔増補新版〕第二十巻、所収）刊行。同書には、大拙が帰国後、新聞・雑誌に掲載した論考十四篇を収めています。巻頭の序（昭和三十八年四月）に、「東西思想の各自の了解が進められ、したがつて、その交流融和によりて、「世界文化」の開展に大いに裨益するところ」（同書、一五三頁）を願ったと記しています。大拙は晩年に至るまで、西洋の知と力の二元性がもたらす征服的性格を危惧し、世界平和をもたらそうと努力したのでした。

同年六月、「わが真宗観㈠」を大谷大学真宗学会編『親鸞教学2』に掲載。

昭和三十九年（一九六四）九十四歳　ハワイ大学第四回東西哲学者会議に出席。第一回タゴール生誕百年記念文化賞を受賞。

同年七月十五日、『親鸞の世界』（東本願寺出版社）刊行。同書は先述の、昭和三十六年（一九六一）四月十七日～十九日までの三日間、親鸞聖人七百回御遠忌を機に比叡山ホテルで行われた鈴木大拙・曽我量深・金子大榮・西谷啓治の座談と京都会館での記念講演の筆録集です。

同年七月、「わが真宗観㈡」、大谷大学真宗学会編『親鸞教学4』に掲載。

同年十二月、「真宗概論㈠」、大谷大学真宗学会編『親鸞教学5』に掲載。

昭和四十年（一九六五）九十五歳　二月一日、「浅原才市のノート」、『産経新聞』に掲載。

同年二月三日、「「そのまま」といふこと」、『産経新聞』に掲載。

同年二月四日、「無償の慈悲」、『産経新聞』に掲載。

同年二月八日、「世界の南無阿弥陀仏」、『産経新聞』に掲載。

右の四論考は、大拙が亡くなった年、昭和四十一年十二月に刊行された鈴木大拙著『大拙つれづれ草』（読売新聞社）の中の「妙好人」に収められました。大拙は晩年、妙好人とくに浅原才市に関する論考を多く執筆しています。

同年五月発行の『大法輪』（第三十二巻第五号、大法輪閣）に「妙好人　浅原才市」を寄稿。これは、大拙編著『妙好人　浅原才市集』（春秋社）のために執筆されたものですが、刊行が遅れたため、ひとまず『大法輪』に載せたのでした。門弟・佐藤平（顕明）の尽力で、大拙が亡くなった翌年、昭和四十二年（一九六七）七月に刊行された鈴木大拙編著『妙好人　浅原才市集』（春秋社）の巻頭に収められました。才市の歌を数多く引いて彼の宗教心について論じています。大拙は本稿の最初に、「彼〔才市〕は普通にいう妙好人だけでなくて、実に詩人でもあり、文人でもあり、実質的大哲学者でもある」（同書、三頁）と記しています。

大拙の才市への傾倒の様子については、大拙最晩年に二年三か月近侍した佐藤平（顕明）の記述からうかがえます。

師事することを許されてお仕えした二年半の間、身近に拝眉の大拙先生は、かなり頻繁に妙好人浅原才市自筆のノートを取り出して来ては、来客の方々に才市の歌の甚深微妙な味わいを語っておられた。岡村美穂子さんによれば、「「親鸞さん、解るぞ、解るぞ」といいながら『教行信証』を英訳された」そうで、その親鸞聖人の思想の真髄を体現した妙好人の典型として、才市の歌に共鳴し愛楽《あいぎょう》しておられたのであろう。大げさに聞こえるかも知れないが、最晩年の先生は少なくとも私の眼には才市三昧の日々と映った。

（佐藤平「発刊に寄せて」、拙著『鈴木大拙の妙好人研究』法藏館、二〇一七年、一頁）

佐藤はまた、拙編『妙好人研究集成』（法藏館、二〇一六年）所載の「浅原才市の「そのまま」について」では、次のように述べています。

傍らにあっての管見によれば、大拙先生の浄土教への関心、とくに浅原才市の念仏詩への興味には大方の予想を超えるものがあった。筆者が師事させていただいた最晩年の日常生活では、ほとんど毎日といってよいほど才市のノートを取り出して、その念仏詩を愛読しておられた。来訪者に対しても、浄土教に関心があると見える人々であれば、才市の詩を持ち出してきて、それを示してともに楽しんでおられた。没年（昭和四十一年〈一九六六〉）の極月に出版された最晩年の随筆集『大拙つれづれ草』（読売新聞社、一九六六年）に、才市の詩が頻出している事実からも、どれほど先生が浅原才市の詩を愛しておられたかは想像に難くないであろう。

（拙編『妙好人研究集成』法藏館、二〇一六年、六六七頁）

同年（昭和四十年）六月、「真宗概論㈡」、大谷大学真宗学会編『親鸞教学6』に掲載。

同年八月、『東洋の心』（春秋社）刊行。同書は、古田紹欽の編集で、大拙が帰国後、講演や新聞に発表した十二篇を収めています。巻頭に大拙の序（昭和四十年五月）が付され、次のように記されています。

この書は古田紹欽君の編纂に係る。主として、自分が五、六年前に帰国してから、諸方で講演したり、新聞に発表した随筆などから取捨して出来上つてゐる。（中略）その中に一貫してゐるのは、「東洋的思考」または「東洋的心理」といふべきは、西洋的なものと違つて一種の特性を持つてゐて、この特性が、まだ世界一般に解せられてゐない。これをどうかして知らせておきたいといふのが著者の所懐、これが全編に渉つてゐるのである。

（『鈴木大拙全集』〔増補新版〕第二十巻、三頁）

同年十二月、「真宗概論㈢」、大谷大学真宗学会編『親鸞教学7』に掲載。

昭和四十一年（一九六六）　五月、バーナード・リーチと対談。

同年六月、金子大榮と対談。

同年七月十二日、東京築地の聖路加国際病院にて急逝。行年九十五歳。岡村美穂子が臨終に居合わせ懸命に看病しました。岡村の最後の問いかけに大拙は次のように返事をしたそうです。

“Would you like something, Sensei?”

“No, nothing. Thank you.”

（上田閑照「写真における大拙先生」上田閑照・岡村美穂子編『相貌と風貌――鈴木大拙写真集』禅文化研究所、二〇〇五年、一五九頁、参照）

戒名「也風流庵大拙居士」。

4、没後の著作と大拙関連出版物1（昭和四十一年～五十年代）

昭和四十一年（一九六六） 十二月、鈴木大拙著『大拙つれづれ草』（読売新聞社）刊行。大拙没後五か月での刊行です。

同書の所収論考は、次のとおりです。「大拙つれづれ草」、「東洋と西洋」、「現代における人間本来の自由と創造性」、「自由と宗教」、「勇気ある言葉」、「日本再発見」、「わが真宗観三題」、「安心――禅と真」、「妙好人」、「平常心是道」、「老人と小児性（遺稿）」。

「大拙つれづれ草」冒頭の論考「自力と他力」で、妙好人・浅原才市の信心を論じています。

「わが真宗観三題」には、次の論考が収められています。「念仏私観」（『東京本願寺報』昭和四十年九月五日）、「「なむあみだぶつ」が即是「唯我独尊」」（『東京本願寺報』昭和三十八年五月五日）、「『教行信証』は「教と信」」（『読売新聞』昭和三十六年七月十六日）。

「安心――禅と真」は雑誌『心』昭和四十年六月によります。

「妙好人」には、次の論考が収められています。「浅原才市のノート」（『産経新聞』昭和四十年二月一日）、「〝そのまま〟といふこと」（『産経新聞』昭和四十年二月三日）、「無償の慈悲」（『産経新聞』昭和四十年二月四日）、「世界の南無阿弥陀仏」（『産経新聞』昭和四十年二月八日）（以上、出典は『鈴木大拙全集』〔増補新版〕第二十巻、所収「大拙つれづれ草」古田紹欽「後記」、四二三頁、参照）。

『大拙つれづれ草』の末尾に、古田紹欽による「あとがき」（昭和四十一年十月末）が付され、次のような記述が見えます。

大拙先生がなくなってすでに四か月余になる。（中略）先生はいわゆる学者ではなかった。自身もまた学者ではないとよくいわれた。（中略）学問ということについての考え方が先生は違っていた。先生ののこされた学問的労作は幾つも存するが、学問のもつ客観性に加えて先生の場合は歴史的研究にしても、思想的研究にしても根本に常に主体的なものがあった。つまりこのことはこう見なければならぬといった主張が自分のもつ宗教体験からあった。先生はある点では求道者であった。ものごとを殺して決して見ることのできなかった人である。学問はとかくものを殺してされ、頭でこねまわしてされるが、先生の場合はものを生かして頭でよりはむしろ体《からだ》でされた。学問は頭でのみするものであるというならば、先生はいわゆる学者ではなかった。

（鈴木大拙著『大拙つれづれ草』読売新聞社、一九六六年、二一八―二二〇頁）

昭和四十二年（一九六七）　二月、志村武著『鈴木大拙随聞記』（日本放送出版協会）刊行。

同書は、大拙没後間もなく執筆が開始され、十二月に終えています。「はじめに」（昭和四十一年十二月一日）の中で大拙との出会いや想い出が記され、本文は「ハンフレイズ氏はかく語る」から最後の「二つの心残り」まで十八項目が記されています。末尾に「鈴木大拙年譜」と「主な著作」（和文のもの・英文のもの、三十二冊）を付しています。

大拙の最晩年に二年三か月師事した佐藤平（ロンドン三輪精舎主管）は、講演録である「鈴木大拙先生との出会い」の中で、『日本的霊性』は敗戦の直前に、これまでの日本が歩んできた誤った道を正すため、法然・親鸞そして市井の篤信者・妙好人に見られる霊性的自覚こそが今後の日本の進むべき道であることを説いたものと述べ、さらに同じ大拙門下の志村の言葉を引いて次のように述べています。

その方がある日、大拙先生とお話していて、「親鸞聖人や道元禅師と比べてみると、先生はどこか違うと思うのですが、どこが違うのでしょうか」と質問されたそうです。すると、先生は「わしには真実がない」と答えられたというのです。（中略）今回突如として「わしには真実がない」というお言葉が甦ってきました。「あそうだったんだ、先生は一生涯自らの不真実に出会い続けられた方だったのだ」と、その難解な言葉の真意がはじめて聞こえてきました。ということは、真実に出会い続けておられたということでもあります。真実に向かい合うという形で不真実に出会う。逆説的ですが、真実に出会うということと自らの不真実に出会うということは一つです。

（宗教哲学会編『宗教哲学研究』第二十九号、二〇一二年、二頁）

文頭の「その方」とは志村であり、右の対話は志村著『鈴木大拙随聞記』（日本放送出版協会、昭和四十二年）の『「おのずから」生きて』の「二、誠はかぎりないものだ」の項（九三頁）に記されています。

同年（昭和四十二年）四月、古田紹欽が松ヶ岡文庫文庫長に就任。

同年七月、鈴木大拙編著『妙好人　浅原才市集』（春秋社）が刊行されました。巻頭に大拙の論考「妙好人　浅原才市」が付されています。この論考は、大拙が本書のために執筆していたものですが、刊行が遅れたため、ひとまず大拙が亡くなる前年、昭和四十年（一九六五）五月発行の『大法輪』（第三十二巻第五号）に掲載したものです。

そのなかで大拙は、次のように述べています。

哲学者には、才市のいうところの「たのしみ」がない、「よろこび」がない、「ありがたい」がない、「をじひ」「ごをん　うれしや」がない。ここに体験者と概念一図の学者との大なる相異がある。

（鈴木大拙編著『妙好人　浅原才市集』春秋社、まえがき二〇頁）

『妙好人　浅原才市集』の成立事情については、古田紹欽の「あとがき」（昭和四十二年三月、財団法人　松ヶ岡文庫にて）に詳しく記されています（四六四―四六五頁）。

その中に、「本書は浅原才市自筆ノート（中略）都合三十二冊を収めた」と記されています。その多くは、大拙の門下楠恭の懇請に応じて、寺本慧達（東京千代田女学校校長）が寄贈したもので、松ヶ岡文庫に収蔵されています。さらに、「（　）や註を付する仕事は、佐藤平君が当たった。また同君は才市の出生地、島根県邇摩郡大原村、或いは温泉津に出張し、才市についての伝、この地の方言などについて調べた。（中略）浅原才市略年譜は、佐藤君の調べた資料によって編した」、「この浅原才市の集を出す最初の計画については、故柳宗悦氏が寄せられた熱情を忘れることは出来ない」と記されています。佐藤が作成した「浅原才市略年譜」は同書の末尾に付されています。この「浅原才市年譜」は、佐藤が昭和六十一年（一九八六）一月発行の『大谷女子大学紀要』（第二十号第二輯）に載せています。

昭和四十五年（一九七〇）　*Shin Buddhism* by D. T. Suzuki, Harper & Row を刊行。

昭和四十六年（一九七一）　久松眞一・山口益・古田紹欽編『鈴木大拙――人と思想――』（岩波書店）を刊行。多く

の方々の寄稿集で大拙門下の楠恭の論考「おこのさんの追憶」と、秘書の岡村美穂子の論考「〝死人〟大拙」も収められています。

昭和四十七年（一九七二）　『日本的霊性』（岩波文庫本）刊行。

昭和四十八年（一九七三）　真宗大谷派から親鸞聖人御誕生八百年・立教開宗七百五十年記念として、鈴木大拙英訳『教行信証』The *Kyōgyōshinshō: The Collection of Passages Expounding the True Teaching Living, Faith, and Realizing of the Pure Land.* Edited by The Eastern Buddhist Society. Traslated by Daisetz Teitaro Suzuki, Shinshū Ōtaniha と、『真宗要録』（浄土真宗に関する英文作品集）*Collected Writings on Shin Buddhism*, by Daisetz Teitaro Suzuki が刊行されました。『真宗要録』*Collected Writings on Shin Buddhism* の監修編集・前書は西谷啓治、編集・序は伊藤慧明・岡村美穂子です。

大拙の英訳『教行信証』については、前田專學・武田浩学による論文「大拙英訳『教行信証』の編集を終えて」が『松ヶ岡文庫研究年報』（第二十五号、二〇一一年）に載っています。末尾「註」の⑨に佐藤平の尽力があったことが記されています。

同年（昭和四十八年）十一月、志村武編著『青春の鈴木大拙――菩薩道の原点を求めて――』（佼成出版社）刊行。同書は、第一編「若き日の大拙――生い立ちとその背景――」、第二編「『大乗仏教概論』抄」、第三編「菩薩大拙の願はみのった」、「鈴木大拙年譜」から成っています。

第二編「『大乗仏教概論』抄」は、大拙が明治四十年（一九〇七）三十七歳で刊行した初の英文著書 *Outlines of Mahāyāna Buddhism* を、大拙の承諾を得て志村が和訳（抄訳）したものです。

Outlines of Mahāyāna Buddhism は、大乗仏教の概説書ではなく、大拙の体験的大乗仏教観を述べたもので、仏

の大智・大悲のはたらき「妙用《みょうゆう》」を説いた『浄土系思想論』と、日本的霊性的自覚について論じた三書『宗教経験の事実』『日本的霊性』『妙好人』及び大拙の浄土教観、真宗観、妙好人観に深く関わる書物です。

昭和五十年（一九七五）　西谷啓治編『回想　鈴木大拙』（春秋社）を刊行。

昭和五十一年（一九七六）　三月、鈴木大拙著『妙好人』〔第二版〕（法藏館）を刊行。

同書の末尾に古田紹欽の「解説」が付されています。その中で古田は、次のように記しています。

> この度、大拙先生の著『妙好人』が法藏館から新たに出版される運びとなった。本書は昭和二十三年十二月、真宗大谷派宗務所内の大谷出版社から発刊になり、同二十四年十月までに三版まで重ねて広く読まれた。（中略）ここに法藏館が大谷出版社の事業を引きつがれるに当り、新たに改版してこれが刊行の運びとなったことは、先生亡き後十年に及んでなお、今こうして読者の要望のあるのを顧るにつけ、まことに嬉しく有難い。
>
> （同書、二八九頁）

昭和五十八年（一九八三）　六月、鈴木大拙著・佐藤平訳『真宗入門』（春秋社）を刊行。

同書は、昭和三十三年（一九五八）春、大拙八十八歳の年にニューヨークのアメリカン・ブディスト・アカデミーで五回にわたって英語で真宗を講義した講義録 *Shin Buddhism* by D. T. Suzuki, Harper & Row, 1970 の和訳です。

内容は、第一章「限りなき慈悲」、第二章「内なる自己のさとり」、第三章「絶対の信」、第四章「ありのまま」、第五章「妙好人」から成っています。

第五章「妙好人」には、一、「妙好人とは」、二、「日本語と霊性」、三、「念仏の生活」、四、「アミダと共にある」、五、「ナムアミダブツにつつまれて」の五論考が収められ、妙好人の信心について述べられています。

末尾の訳者・佐藤平の「解説――大拙先生の真宗観」に、次のように記されています。

この「真宗」に関する一連の講義も、真宗の説く真理を世界に伝えたいという根源的願望にもとづいて、周到の配慮をもって、西洋の人々にもわかるようにやさしく説かれたものである。

このわかりやすさは先生の努力の結果である。

(同書、一三五頁)

特に、最晩年の先生は、私の眼には、時には才市三昧とさえ映った。それは、一つには私が『妙好人浅原才市集』の編集の仕事をさせていただいていたからかもしれぬ。しかし、あながちそればかりではない。実際、師事させていただいていた僅かな年月の間にも、先生の論文や原稿や講演等で才市の歌にふれたものは、かなりの量に上った。一方では当時すでにできあがっていた『教行信証』の英訳草稿を見て訳語を検討したりその序文を書いたりされながら、一方では才市自筆のノートを繰り返し繰り返し手に取って見ておられた。才市は先生にとっていわば『教行信証』の生ける手本であった。

(同書、一四一頁)

先生が浄土教に関して書かれた著作は、主要なものを挙げるだけでもこれだけになる。

『禅と念仏の心理学的基礎』(一九三七年、大東出版社。一九三三年に出た *Essays in Zen Buddhism, Second Series* の中の論文 *The Kōan Experience* を横川顕正が和訳したもの)。

『浄土系思想論』（一九四二年、法藏館）。
『宗教経験の事実』（一九四三年、大東出版社）。
『日本的霊性』（一九四四年、大東出版社）。
『妙好人』（一九四八年、大谷出版社）。
A Miscellany on the Shin Teaching of Buddhism (1949, Shinshu Otaniha Shumusho).
Mysticism: Christian and Buddhist (1957, Harper & Brothers).
（同書、一三七頁）

先生の真宗に関する英語の著作を発表年代順に挙げると次のようになる。

Sayings of a Modern Tariki Mystic（1924）
The Shin Sect of Buddhism（1939）
The Myokonin（1949）
Mysticism: Christian and Buddhist（1957）
The Wondrous Good Man（1964）
Infinite Light（1971）
What is Shin Buddhism?（1972）
A Preface to the Kyōgyōshinshō（1973）
（同書、一四二頁）

5、没後の著作と大拙関連出版物2（昭和六十年代〜現代）

昭和六十年（一九八五） 志村武著『鈴木大拙に学ぶ禅の人生智——ありのままに生きる——』（三笠書房）

同書は、志村が前著『鈴木大拙随聞記』（日本放送出版協会、昭和四十二年）の内容に大幅な加筆・削除を施したものです。

昭和六十一年（一九八六） 岩倉政治著『真人・鈴木大拙』（法藏館）

昭和六十二年（一九八七） 鈴木大拙著・工藤澄子訳『禅』（筑摩書房）

平成元年（一九八九） 禅文化研究所編『鈴木大拙未公開書簡』（禅文化研究所）

鈴木大拙著『鈴木大拙の世界』（燈影選書十五）（一燈園　燈影舎）

平成二年（一九九〇） 鈴木大拙著『宗教経験の事実』（新版）（大東出版社）

平成三年（一九九一） 森清著『大拙と幾多郎』（朝日選書　四一七）（朝日新聞社）

平成四年（一九九二）『鈴木大拙の人と学問』（鈴木大拙禅選集・別巻）（新版）（春秋社）

平成五年（一九九三） 古田紹欽著『鈴木大拙——その人とその思想』（春秋社）

西村惠信著『鈴木大拙の原風景』（大蔵出版社）

平成七年（一九九五） 鈴木大拙著『仏教の大意』（新装版）（法藏館）

平成九年（一九九七） 鈴木大拙著・上田閑照編『新編　東洋的な見方』（岩波書店、岩波文庫）

岡村美穂子・上田閑照著『思い出の小箱から――鈴木大拙のこと――』（一燈園　燈影舎）

平成十一年（一九九九） 鈴木大拙著『仏教の大意』〔新装版〕（法藏館）

鈴木大拙編著『妙好人　浅原才市集』〔新装版〕（春秋社）

平成十二年（二〇〇〇） 鈴木大拙著『禅と念仏の心理学的基礎』〔新版〕（大東出版社）

平成十三年（二〇〇一） 鈴木大拙著・佐藤平訳『真宗入門』〔新装版〕（春秋社）

『鈴木大拙の人と学問』〔鈴木大拙禅選集・別巻〕〔新装版〕（春秋社）

平成十四年（二〇〇二） 上田閑照・岡村美穂子編『鈴木大拙とは誰か』（岩波書店、岩波現代文庫）

平成十五年（二〇〇三） 鈴木大拙著・坂本弘訳『禅学への道』（アートデイズ）

平成十六年（二〇〇四） 鈴木大拙著・佐々木閑訳『大乗仏教概論』（岩波書店）

鈴木大拙著・坂東性純・清水守拙訳『神秘主義――キリスト教と仏教――』（岩波書店）

西村惠信編『西田幾多郎宛　鈴木大拙書簡――億劫相別れて須臾も離れず――』（岩波書店）

平成十七年（二〇〇五） 上田閑照・岡村美穂子編『相貌と風貌――鈴木大拙写真集』（禅文化研究所）

桐田清秀編著『鈴木大拙研究基礎資料』（財団法人松ヶ岡文庫）

鈴木大拙著・北川桃雄訳『対訳　禅と日本文化』（講談社インターナショナル）

平成十八年（二〇〇六） 金子務編『追想　鈴木大拙――没後四十年記念寄稿集』（財団法人松ヶ岡文庫）

平成十九年（二〇〇七） 佐藤平（顕明）著『鈴木大拙のまこと――その一貫した戦争否認を通して――』（正行寺経蔵資料室）

平成二十年（二〇〇八） 岡村美穂子・上田閑照編『大拙の風景――鈴木大拙とは誰か――』〔新編増補版〕（一燈園

燈影舎）

平成二十二年（二〇一〇）　鈴木大拙著『日本的霊性』〔完全版〕（KADOKAWA　角川ソフィア文庫）

平成二十三年（二〇一一）　鈴木大拙・曽我量深・金子大榮・西谷啓治著、教学研究所監修『親鸞の世界』（真宗文庫、東本願寺出版部）

鈴木大拙著・常盤義伸編・酒井懋訳『禅八講　鈴木大拙講演録』（財団法人松ヶ岡文庫）

平成二十四年（二〇一二）　鈴木大拙著・守屋友江編訳『禅に生きる』（筑摩書房、ちくま学芸文庫）

Shinran's *Kyōgyōshinshō: The Collection of Passages Expounding the True Teaching, Living, Faith, and Realizing of the Pure Land.* Edited by The Center for Shin Buddhist Studies. Translated by Daisetz Teitarō Suzuki. Oxford University Press

『宗教哲学研究』第二十九巻「特集　鈴木大拙の思想」（宗教哲学会）

平成二十五年（二〇一三）　鈴木大拙著・常盤義伸・酒井懋訳『鈴木大拙最終講義　禅八講』（角川学芸出版）

平成二十七年（二〇一五）　大熊玄著『鈴木大拙の言葉――世界人としての日本人――』（朝文社）

山田奨治著『東京ブギウギと鈴木大拙』（人文書院）

『禅文化』二三七号「特集　大拙・寸心両居士の禅思想点描」（禅文化研究所）

親鸞仏教センター編『親鸞『教行信証』（現代語訳）――鈴木大拙の英訳にもとづく現代日本語訳――』（東本願寺出版）

同書の巻頭に、中村元東方研究所の武田浩学プロジェクト・チーム・リーダーによる「現代語訳にあたって」が付されています。その中に、「大拙一流の英文は、親鸞の施した訓点に基づく漢文書き下し、および、浄土真宗の伝統的な理解とも一致しない箇所がある。それらは、大拙の個性的な解釈、もしくは日本語と英語のそれぞれが創り出してきた文化の違いなのであろう。（中略）訳文の作成においては、英語を単純に日本語に置き換えるのではなく、英文の正確な理解と、大拙の個性を尊重するという前提に違わぬことに努めた上で、仏教特有の用語を離れ、現代日本語として朗読に耐えうる美しい響きを持たせようとした」（iii頁）と記されています。

鈴木大拙著・酒井懋訳『無量光・名号』〈英文対訳〉（ノンブル社）

平成二十八年（二〇一六）　鈴木大拙著・酒井懋訳『妙好人、浅原才市を読み解く』〈英文対訳〉（ノンブル社）

鈴木大拙著・横川顕正訳『禅堂生活』（岩波書店）

西村惠信著『鈴木大拙の原風景』〔新装改訂版〕（大法輪閣）

鈴木大拙著・佐々木閑訳『大乗仏教概論』（岩波書店、岩波文庫）

鈴木大拙著『浄土系思想論』（岩波書店、岩波文庫）

『鈴木大拙没後五十年記念　大拙と松ヶ岡文庫展』（多摩美術大学美術館）

菊藤明道編『妙好人研究集成』（法藏館）

鈴木大拙著・酒井懋・北川桃雄訳『アジアの社会倫理の底流と仏教思想』〈英文対訳〉（ノンブル社）

平成二十九年（二〇一七）　鈴木大拙著『仏教の大意』（中央公論新社　中公クラシックス）、同（KADOKAWA　角川ソフィア文庫）

多摩美術大学美術館編『大拙と松ヶ岡文庫展――鈴木大拙　没後五十年記念』（方丈堂出版）

菊藤明道著『鈴木大拙の妙好人研究』（法藏館）

那須理香著『鈴木大拙の「日本的霊性」――エマヌエル・スウェーデンボルグ　新井奥邃との対比から――』

（春風社）
鈴木大拙著・重松宗育・常盤義伸編訳『鈴木大拙　コロンビア大学セミナー講義』〈上下〉（方丈堂出版）
松田章一著『鈴木大拙の金沢』（北國新聞社）
平成三十年（二〇一八）　竹村牧男著『鈴木大拙――日本人のこころの言葉――』（創元社）
安藤礼二著『大拙』（講談社）
平成三十一年（二〇一九）　水野友晴著『「世界的自覚」と「東洋」――西田幾多郎と鈴木大拙――』（こぶし社）
大熊玄編『はじめての大拙』（ディスカヴァリー・トゥエンティワン）
『比較思想研究』第四十六号「特集　西田幾多郎と鈴木大拙――比較思想の視座から」（比較思想学会）
令和二年（二〇二〇）　蓮沼直應著『鈴木大拙――その思想構造』（春秋社）
鈴木大拙著・坂東性純・清水守拙訳『神秘主義――キリスト教と仏教――』（岩波書店、岩波文庫）
嶋本浩子編『鈴木大拙・古田紹欽往復書簡――鈴木大拙生誕一五〇年記念』（松ヶ岡文庫叢書　第六、公益財団法人松ヶ岡文庫）
山田奨治編、ジョン・ブリーン編『鈴木大拙――禅を超えて』（思文閣出版）
『現代思想――鈴木大拙』第四十八巻第十五号（青土社）
令和三年（二〇二一）　鈴木大拙著・佐藤平顕明訳『真宗とは何か』（法藏館）
令和四年（二〇二二）　鈴木大拙著・岩本明美訳『新　禅と日本文化』（能登印刷出版部）
鈴木大拙著・碧海寿広訳『禅と日本文化』〈新訳完全版〉（KADOKAWA　角川ソフィア文庫）

6、鈴木大拙の思想と行動についての考察

大拙には、参禅による見性体験と深い思索が見られます。己事究明《こじきゅうめい》です。大拙はその求道の歩みにおいて、『楞《りょう》伽経《がきょう》』『般若経《はんにゃきょう》』『華厳経《けごんぎょう》』『涅槃経《ねはんぎょう》』などの大乗仏典を研究し、大乗仏教の真髄を広く世の人びとに伝えました。『金剛般若経《こんごうはんにゃきょう》』による「即非の論理」（AはAではない、故にAである）によって、人間の二元対立の迷いを超える「無分別の分別」「分別の無分別」を説き、『仏教の大意』で華厳哲学の事事無礙法界観《じじむげほっかいかん》と仏の大智・大悲を説きました。『禅思想史研究』『臨済の基本思想』『禅と日本文化』など禅に関する論書とともに、『浄土系思想論』『真宗概論』『英訳　教行信証』など浄土教や浄土真宗に関する著作、さらに、霊性的自覚の体現者として真宗の篤信者・妙好人の研究を進め、『宗教経験の事実』『日本的霊性』『妙好人』などを刊行し、論文や講演で西洋の人びとに妙好人の宗教経験を伝えました。

大拙は、生涯を「衆生《しゅじょう》　無辺誓願度《むへんせいがんど》」すべての衆生を済度したいとの願いに生きましたが、そのうちに如来の願心・大悲心が働いていたことを見落としてはならないでしょう。

西田幾多郎は、大拙を次のように評しています。

> 大拙君は高い山が雲の上へ頭を出して居る様な人である。そしてそこから世間を眺めて居る、否、自分自身をも眺めて居るのである。全く何もない所から、物事を見て居る様な人である。そう云ふ所が、時に奇抜な様

に聞こえることがあつても、それは君の自然から流れ出るのである。君には何等の作意と云ふものはない。その考へる所が、あまりに冷静と思はれることがあつても、その底には、深い人間愛の涙を湛へて居るのである。

（西田幾多郎「序」『鈴木大拙全集』〔増補新版〕十九巻、岩波書店、二〇〇一年、三頁）

大拙の思想と行動は、自身の宗教体験による霊性的自覚から生まれたものでした。それをなさしめたのは大拙自身が語るように仏の大悲心です。「菩提心は仏の大悲より生ず」といいます。著書や論文も知的・論理的に読むだけではさまざまな疑問に逢着します。事実、大拙の思想と行動に対するさまざまな批判が見られます。戦争協力云々や禅と浄土教の関係など、外面から、或いは宗派的立場からなされる批判、たとえば「大拙の大乗仏教理解は間違いである」、「大拙の禅は真の臨済禅ではない」、「大拙の真宗は禅的な真宗である」などの批判です。

大拙の大乗仏教を、「真の大乗仏教ではない」とか、「禅的である」「真宗的である」と評する見解に対しては、前に述べたように、西谷啓治（京都大学教授・哲学）が、「無差別のところを踏まえての究明は、もはや禅的とか真宗的とかいう枠づけを超えたものといえる」（「あとがき」『親鸞の世界』東本願寺出版部、一九六四年）と述べ、坂東性純（大谷大教授・仏教学）も、論考「鈴木大拙――霊性と浄土教――」（『浄土仏教の思想』第十五巻、講談社、一九九三年）で、「禅的・真宗的という差別は毫もなく、霊性的洞察の光輝を見るのみ」と記しています。両人とも長年大拙と親交を重ねた方です。

西谷啓治はまた、次のように評しています。

鈴木先生の存在の大きな意義は、外国を回ったとき初めて、本当にわかるのではなかろうか。先生の英文の著作やそれの翻訳を読み、深い影響を受けている外国人の数は、第一級の学者、画家や詩人などの芸術家、一般の知識人にいたるまで、非常に多い。先生の存在がいかに世界的であるかということは、日本の内部から見ただけでは、十分わからないと思われる。

しかし、それ以上に、仏教の長い歴史や広く東洋の精神史の中での先生の占められている位置は、いままでの比類を絶したところがある。将来から振り返ってみた場合、その意義は、だんだん大きくわれわれに映ってくるのではないかと思う。

（西谷啓治「鈴木大拙先生のこと」『東京タイムズ』神奈川版、一九六六年七月十四日）

「大拙の真宗観」への真宗学者の見解として、徳永道雄京都女子大学名誉教授は、論考「鈴木大拙博士の真宗理解について」（『宗教研究』通号二二六、日本宗教学会、一九七六年）において、「鈴木大拙博士がその深い禅体験をもって仏教を西欧に紹介されたことは周知のことであるが、禅のみならず真宗つまり親鸞の教えについても深い理解を示し、真宗に関するその著作も和英両文に亘り枚挙にいとまがない程である。ことに英文によって、欧米人に理解でき、しかも真宗の核心をついた書物を数多く残されていることは貴重な遺産ともいうべきものである」と述べています。

「鈴木大拙の弥陀身土観」（龍谷教学会議第十七回大会東京大会記念特集号『龍谷教学』通巻十七、一九八二年六月）では、次のように述べています。

禅者鈴木大拙が真宗にも深い理解を示したことは、よく知られるところである。彼の遺した著作の中には、『日本的霊性』・『浄土系思想論』をはじめとして、真宗に関するものが多く含まれており、そのいずれもが独自の見解をいかんなく発揮した労作である。（中略）“A Miscellany on the Shin Teaching of Buddhism”や“Mysticism: Christian and Buddhist”などに紹介されている真宗思想は、仏教に馴染みのない欧米人にも十分に理解できるものでありながら、しかも仏教としての真宗の核心を衝くものであるという点において白眉の著作である。

（同書、五四頁）

鈴木大拙の真宗理解における一貫した立場は、まず真宗をあくまでも大乗仏教として扱っていることであって、禅にも真宗にも共通な大乗的基盤からそれをとらえようとしたことである。したがって、真宗における所謂別途不共なるものには一切関知しないばかりか、つとめてそれを避けようとするのみならず、教団が保持してきた伝統的宗学を embroidered orthodox teaching（刺繡を施した伝統教義）と形容し、極力その見方を排除しようとする。

しかし、敢えてこのような独自の立場をとりながらも、「真宗は日本人が世界と他の仏教諸流に対して為すことのできる最大の貢献である」とか、「大乗が極東で為し遂げた発展のうちで、真宗は最も顕著なものであり、浄土教の究極の到達点である」とか、或いはまた、真宗こそ「キリスト教のまん中へ伝えたい」というような、強い確信にみちた意見を述べていることを考え併せると、鈴木大拙が世界に紹介したいと考えた真宗は、我々の概念にあるものとはかなり趣の違ったものであることを認めつつ、そこに一つの価値を見出して行く態度が必要であろうと思われる。

（同書、五五頁）

鈴木大拙の真宗観は妙好人の真宗であると言ってもよい。勿論鈴木は教説をも多用するが、その具体性は妙

好人の言動によって裏付けられる。鈴木は浅原才市を世に紹介した人としても有名である（後略）

（同書、六一頁）

大拙の真宗理解について、臨済宗円覚寺派僧侶の蓮沼直應《はすぬまちょくよう》筑波大学非常勤講師は、『鈴木大拙――その思想構造』（春秋社、二〇二〇年）で、次にように述べています。

真宗教学は阿弥陀仏と衆生を原理的に異なる存在とみなし、衆生に仏性があったとしてもそれは煩悩で覆われており、そこに自力で救われるべき因が一切存在しないことを主張する。両者は決して相容れない「二」であり、そのような深刻な凡夫性を自覚するところに「機の深信」が成立する。従って両者が「機法一体」と言われるのも、如来がそうした凡夫を救おうと自身の功徳を差し向けたそのときのみである。それに対して大拙は、「機法一体」があくまでも「南無阿弥陀仏」の名号を称えるという行を通じて成立する動的なものであるという点で真宗の伝統を捉えつつも、他方で両者の関係が行に先立って成立しているという本覚思想的視座に立つことで、真宗が親鸞以来強調してきた人間の凡夫性を遠ざけてしまっているとも言える。

（同書、六二―六三頁）

彼の言説はすでに見性体験（彼の立場からすれば同時に得生体験）を経た見地からの発言であり、それはもともと凡夫の宗教として弘まったはずの浄土教が、見性体験を経た「覚者」の立場から、その「覚」を前提として語られていることに他ならない。大拙の浄土教解釈とは、まさにこのような「覚」を前提とした立場から、

「即非の論理」という自身の論理をもってなされたものであり、ここに大拙の禅的側面が如実に表れているのである。（同書、六六頁）

親鸞は『正像末和讃』に、「罪業《ざいごう》もとよりかたちなし　妄想顛倒《もうぞうてんどう》のなせるなり　心性《しんしょう》もとよりきよけれど　この世《よ》はまことのひとぞなき」（『浄土真宗聖典』〔註釈版・第二版〕六一九頁）、「悪性《あくしょう》さらにやめがたし　こころは蛇蝎《じゃかつ》のごとくなり　修善《しゅぜん》も雑毒《ぞうどく》なるゆゑに　虚仮《こけ》の行《ぎょう》とぞなづけたる」（同書、六一七頁）と悲歎述懐しています。

「仏性」については、次のように述べています。

同じ法然門下の先輩・聖覚法印《せいかくほういん》の著『唯信鈔《ゆいしんしょう》』の要文に親鸞が註釈を施した『唯信鈔文意《ゆいしんしょうもんい》』には、「「涅槃《ねはん》」をば滅度《めつど》といふ、無為《むい》といふ、安楽《あんらく》といふ、常楽《じょうらく》といふ、実相《じっそう》といふ、法身《ほっしん》といふ、法性《ほっしょう》といふ、真如《しんにょ》といふ、一如《いちにょ》といふ、仏性《ぶっしょう》といふ。仏性《ぶっしょう》すなはち如来《にょらい》なり。この如来《にょらい》、微塵世界《みじんせかい》にみちみちたまへり、すなはち一切群生海《いっさいぐんじょうかい》の心《しん》なり。この心《しん》に誓願《せいがん》を信楽《しんぎょう》するがゆゑに、この信心《しんじん》すなはち仏性《ぶっしょう》なり、仏性《ぶっしょう》すなはち法性《ほっしょう》なり、法性《ほっしょう》すなはち法身なり。法身《ほっしん》はいろもなし、かたちもましまさず」（同書、七〇九―七一〇頁）と記しています。

『浄土和讃』では、「如来《にょらい》すなはち涅槃《ねはん》なり　涅槃《ねはん》を仏性《ぶっしょう》となづけたり　凡地《ぼんじ》にしてはさとられず　安養《あんにょう》にいたりて証《しょう》すべし」、「信心《しんじん》よろこぶそのひとを　如来《にょらい》とひとしとときたまふ　大信心《だいしんじん》は仏性《ぶっしょう》なり　仏性《ぶっしょう》すなはち如来《にょらい》なり」、「平等心《びょうどうしん》をうるときを　一子地《いっしじ》となづけたり　一子地《いっしじ》は仏性《ぶっしょう》なり　安養《あんにょう》にいたりてさとるべし」（同書、五七三頁）と詠んでいます。「一子地《いっしじ》」とは、すべての衆生をわが一人子《ひとりご》と思い慈しむ心です。浄土に至って得ることができると詠んでいます。

親鸞は、『涅槃経』に記されている阿闍世《あじゃせ》王の救いの話を『教行信証』の「信文類」に引いています。

殺父害母の大罪を犯した極悪人阿闍世は、釈尊の「月愛三昧《がつあいざんまい》」の清らかな光で身の病が癒《い》え、慈愛に満ちた説法で救われた喜びを釈尊に申します。「私はいままで、悪臭を放つ伊蘭樹《いらんじゅ》の種子から香木の栴檀樹《せんだんじゅ》が生えたことを知りません。私の心は伊蘭樹の林です。いま私の心の中に栴檀樹が生えたのがわかりました。これは如来からいただいた無根《むこん》の信です」と。「無根の信」とは、煩悩より生じた信ではなく、如来から賜った信心です。親鸞は、それをわが身「親鸞一人《いちにん》」のうえに感得し、『正像末和讃』に、「如来《にょらい》の作願《さがん》をたづぬれば　苦悩《くのう》の有情《うじょう》をすてずして　回向《えこう》を首《しゅ》としたまひて　大悲心《だいひしん》をば成就《じょうじゅ》せり」（『浄土真宗聖典』〈註釈版・第二版〉六〇六頁）、「如来大悲《にょらいだいひ》の恩徳《おんどく》は　身《み》を粉《こ》にしても報《ほう》ずべし　師主知識《ししゅちしき》の恩徳《おんどく》も　ほねをくだきても謝《しゃ》すべし」（同書、六一〇頁）と感動的に詠んでいます。

親鸞は、如来の名号「南無阿弥陀仏」が衆生に領受された信心を「仏性」としました。如来回向の信心が、凡夫を往生即成仏させるからです。「信心仏性《しんじんぶっしょう》」といわれます。あさましい罪悪深重のわが身が、如来の大悲に抱かれていることを感謝し、如来の大悲心を人びとに伝えるため生涯つとめました。『正像末和讃』に、「五濁《ごじょく》　悪世《あくせ》の有《う》情《じょう》の　選択本願信《せんじゃくほんがんしん》ずれば　不可称《ふかしょう》　不可説不可思議《ふかせつふかしぎ》の　功徳《くどく》は行者《ぎょうじゃ》の身《み》にみてり」（（『浄土真宗聖典』〈註釈版・第二版〉、六〇五頁）と詠んでいます。

妙好人・浅原才市は、自身を、「こころも邪慳《じゃけん》、身《み》もじゃけん　角《つの》をはやすが　これがわたくし」、「わたしや、あさまし、どろのくらやみ、とりゐなし、てんちの闇《やみ》で、ぶらぶらと、堕《お》ちること知らずにくらす、ぶらぶらと、世を過ごす、このあさましが」と慚愧《ざんき》するとともに、他力の信心をいただいて如来の大悲に抱かれた安堵と喜びを、「ぐちが、出た出た、またでた、でたよ、なむあみだぶと、つれをてでたよ、機法一体《きほういったい》、これがこと。よこめふらずに、これをたのしむ、ごをんうれしや、なむあみだぶつ」、「さいちゃ　どこにねてをるか、をるか、しやばの浄土にねてをるよ、をこされて、まいる、みだの浄土に」、「さいちや、なむあみだぶで、しごとをするよ、これを御開山に、をしゑられ、御恩うれしや、なむあみだぶつ」と詠んで、如来と共に日々下駄作りに励み、日々、慚愧・歓喜・仏恩報謝のお念仏のうちに下駄作りの仕事に励んだのでした。

大拙は、最初は妙好人に利他行が少ないと考えましたが、後にそれを改め、才市の仕事に利他行を見ました。それは自力の利他行ではなく、如来回向の信心から生まれる自然《じねん》のはたらきであり、獲信者にそなわる常行大悲《じょうぎょうだいひ》（常に大悲を行ずる）の徳益《とくやく》です。

大拙は讃岐の妙好人・庄松《しょうま》を、「庄松の世界は宗教を解せぬ人の断じて踏み込めないところ、その突差に吐却《ときゃく》せられる片言隻語《へんごんせきご》の親切にして能《よ》く肯綮《こうけい》に中《あた》ること、多年苦修の禅匠《ぜんしょう》も企及《ききゅう》すべからざるものがある」と述べ、石見《いわみ》の妙好人・浅原才市を、「妙好人中の妙好人」、「実質的大哲学者」と評しています。大乗仏教の真髄である仏の大智即大悲のはたらき「霊性的自覚」を市井の篤信者・妙好人に見たのです。それこそが人類の対立・抗争・闘争を和らげ、世界平和をもたらすと確信していました。

この点に関して、山田奨治は、次のように述べています。

> 禅宗と真宗を股にかけ、神秘主義にも視野を広げた大拙の学問は、自己の宗派学に専念する一部の仏教学者の目には、異端にしか映らないだろう。「あの世」を否定し「自力」での悟りを目指す禅宗と、極楽往生を願って阿弥陀仏の「他力」に頼る真宗とでは、教義のうえで水と油だとも思える。大拙の禅学への最大級の評価は、真宗と神秘主義への貢献を脇に置いたうえで与えられている。
>
> （山田奨治著『東京ブギウギと鈴木大拙』人文書院、二〇一五年、二一一頁）

大拙は生涯「衆生無辺誓願度」の大願に生きた大乗仏教の行者でした。大谷大学の学生時代、大拙の講義を聴いた幡谷明（大谷大学名誉教授・真宗学）は自著『共生の大地』（自照社出版、二〇一七年）に、「大拙先生は、まさにその大悲心に生き切られたお方であり、そして、その大悲心を語り続けられたお方である、と私はいただいています」（三三六頁）と記しています。

註記（研究経過と資料）

本稿執筆にあたり、次のようなご縁をいただきました。

楠恭氏（一九一五―二〇〇〇）から、あることが縁で懇意にしていただきました。その縁とは、鈴木大拙著『妙好人』（法藏館）末尾「付録」に付された楠氏の論考「五、小川仲造夫妻語録（よろこびの助縁）」に、筆者の曽祖父で明治期に浄土真宗本願寺派の特命布教使をした菊藤大超《だいちょう》（一八三四―一八九八）が、石見の妙好人・小川仲造（一八四二―一九一二）と協力して石見地方の布教活動を行ったことが記されていたことでした。その後、筆者が横浜の鶴見大学での日本印度学仏教学会第四十九回学術大会で、「環境倫理と浄土仏教――真宗信徒「妙好人」のエートスを中心として」を発表した際、楠氏にお会いし、大拙・柳宗悦両氏や妙好人についてお話をうかがい、妙好人に関する多くの著作と資料をいただきました。

昭和十年（一九三五）アメリカ・ロサンゼルスで日系二世として生まれ、ハンター・カレッジ、コロンビア大学を中退、十五年間大拙氏の秘書としてその生活を支え、『イースタン・ブディスト』編集委員、国際交流基金役員秘書室主任、大谷大学非常勤講師（英語）、大拙氏の英訳『教行信証』の編集員を歴任した金沢市の鈴木大拙館名誉館長・岡村美穂子氏とは不思議の縁で長年義姉弟の交わりを結び、大拙氏の実像について何度もお話をうかがいました。力を込めて語られる言葉から、直《じか》に大拙氏の肉声を聴く感を覚えました。きびしくも慈愛に満ちた声でした。平成二十八年（二〇一六）十月十六日、拙寺（京都府福知山市浄土真宗本願寺派明覚寺《みょうかくじ》）の住職継職法要で、大峯顕大阪大学名誉教授のご法話の前に、「私にとっての救い――鈴木大拙先生との出逢いを通して――」と題して講演いただき、ご自身撮影の上田閑照・岡村美穂子編『相貌と風貌――鈴木大拙写真集』（禅文化研究所、二〇〇五年）を贈られました。

大拙氏最晩年の二年三か月師事し、妙好人・浅原才市研究に没頭、鈴木大拙編著『妙好人　浅原才市集』（春秋社、一九六七年）の編集と昭和四十八年（一九七三）刊行の鈴木大拙英訳『教行信証』の編集に尽力された佐藤平《たいら》（顕明《けんみょう》）元大谷女子大学（現大阪大谷大学）教授・大谷大学非常勤講師・ロンドン大学客員教授で現ロンドン三輪精舎主管・ロンドン仏教協会理事とは、縁あって長年親交を重ね、拙編『妙好人研究集成』（法藏館、二〇一六年）に序「妙好人研究の意義」と論考「妙好人浅原才市の「そのまま」について」を、同『鈴木大拙の妙好人研究』（法藏館、二〇一七年）に、「発刊の辞」と論考「大行――晩年の先生の仕事をお手伝いして――」を贈っていただきました。

若くして大拙氏に出会い、後にアメリカ・ペンシルベニア州のペンデルヒル宗教研究所に留学してキリスト教を学び、マリア・ラーハ大修道院で修道士の生活を体験、平成二年に第二十七回・世界自由宗教連盟世界会議（ハンブルク）に参加されるなど、東西の霊性交流に尽力された禅学者・西村惠信花園大学元学長から大拙氏についてお話をうかがい、著書『鈴木大拙の現風景』〔新装改訂版〕（大法輪閣、二〇一六年）を贈られました。同書は、季刊『禅文化』一三四号―一四九号まで十四回にわたって掲載された論考で、大拙氏の経歴やアメリカでの生活などが、イリノイ州ラサールでの現地調査をもとに詳しく述べられています。平成三十年十月四日、「仏教伝道文化賞」（公益財団法人・仏教伝道協会）を受賞されました。

北鎌倉の公益財団法人松ヶ岡文庫の石井修道文庫長（駒澤大学名誉教授、禅宗史）と同文庫主任の伴勝代氏から、同文庫収蔵の大拙氏の英文論文「A Study of Saichi the Myōkōnin」（*The Way*, vol. 4, no. 1-4 Higashi Honganji Y. B. A.

Los Angeles. Carif. 1952. 10）を翻訳家・酒井懋《つとむ》氏が和訳された際、校閲の依頼をいただきました。本論文は、平成二十五年（二〇一三）三月発行の『松ヶ岡文庫研究年報』（第二十七号）に「妙好人、浅原才市を読み解く」と題して英文と共に掲載されています。「はじめに――鈴木大拙博士の浅原才市論の翻訳を喜ぶ」は石井文庫長が、序文は筆者が執筆させていただきました。本論文は、平成二十八年（二〇一六）四月、鈴木大拙没後五十年記念に、鈴木大拙著『妙好人、浅原才市を読み解く』〔鈴木大拙未発表論攷・英文対訳〕（東西霊性文庫8、ノンブル社）として刊行されています。そうしたことが縁で、平成二十八年（二〇一六）十一月四日、松ヶ岡文庫仏教講座で、「鈴木大拙における妙好人研究の意義」と題して講演させていただきました。

公益財団法人日独文化研究所元事務局長で関西大学文学部准教授（宗教学）の水野友晴氏に本書校閲の労をとっていただきました。水野氏は、日本文化研究所年報『文明と哲学』第十号（二〇一八年三月二十一日発行）に論考「鈴木大拙の「日本的霊性」の可能性」を寄稿、平成三十一年（二〇一九）四月に『「世界的自覚」と「東洋」――西田幾多郎と鈴木大拙――』（こぶし書房）を上梓されました。同書は、西田幾多郎氏と大拙氏を個別に研究したものではなく、一つの思想運動における二つの作用点、また、協働的開拓者として把握した研究書です。令和元年九月十五日、京都平安ホテル一階の「カフェ　アルボワ」で、岡村美穂子氏を囲んで行われた水野友晴氏・藤田正勝氏（京都大学名誉教授・哲学）ら七名の懇話会（日本哲学研究会）で、大拙氏について多くのことを学びました。令和元年（二〇一九）十二月二十一日、京都大学で開催された第三十七回日本哲学史フォーラムで、水野氏の「「世界」における「自由」――鈴木大拙と西田幾多郎に注目して――」と題する発表がありました。大拙氏の思想から西田の哲学や思想を眺めた時、どのような風景を見渡し得るかという内容でした。

令和二年（二〇二〇）四月、鎌倉臨済宗大本山円覚寺横田南嶺管長の下で五年間修行された蓮沼直應氏（日本思想）が、『鈴木大拙――その思想構造――』（春秋社）を刊行されました。「本研究の目的は禅の本質を明らかにすることではなく、（中略）大拙思想の形成史を体系的に描き、その上でその現代的意義を示すこと」（同書、一六頁）です。横田南嶺老師からは、鈴木貞太郎氏が円覚寺の釈宗演管長から授かった居士号「大拙」の由来について懇切なご教示をいただきました。蓮沼氏とは、十数年前、筆者が鎌倉山ノ内の松ヶ岡文庫を訪ねた（龍谷大学深草学舎至心館2Fパドマ館で開催された二〇一二年度、龍谷大学人間・科学・宗教オープン・リサーチ・センター主催の「妙好人における死生観と超越」と題する妙好人展の展示資料借用のため。同年六月発行の林智康・井上善幸編『妙好人における死生観と超越』所載）その際、同文庫の大拙氏の書斎でお会いし語りあうご縁をいただきました。当時、蓮沼氏は筑波大学大学院博士課程で大拙研究をされていて研究についてお話を聞かせていただきました。同書は氏の学位論文です。同書の「第一部　鈴木大拙の諸宗教理解」の第一章「無限と有限の円環的統一——大拙の浄土教解釈——」に、大拙氏における浄土教理解と妙好人・浅原才市の信心、とくに「機法一体」について詳しく述べられており、蓮沼氏の真宗学への造詣の深さがうかがえます。令和二年（二〇二〇）九月刊行の横田南嶺監修・蓮沼直應編『鈴木大拙一日一言——人間を深める道——』（致知出版社）をお贈りいただきました。同書は、鈴木大拙生誕一五〇周年の記念出版で、膨大な著作の中から三六六語が精選集録されています。

参考文献

鈴木大拙著『大拙つれづれ草』（読売新聞社、一九六六年）所収「年譜」、志村武著『鈴木大拙随聞記』（日本放送出版協会、一九六七年）所収「鈴木大拙年譜」、久松眞一・山口益・古田紹欽編『鈴木大拙——人と思想』（岩波書店、一九七一年）所収「鈴木大拙略年譜」、西谷啓治編『回想　鈴木大拙』（春秋社、一九七五年）所収「鈴木大拙年譜」、『鈴木大拙の人と学問』（鈴木大拙禅選集・別巻・新装版）（春秋社、二〇〇一年）所収「也風流庵自伝」「鈴木大拙・年譜」、『鈴木大拙全集』〔増補新版〕第二十六巻（岩波書店、二〇〇一年）所収「私の履歴書」、『鈴木大拙全集』〔増補新版〕第四十巻（岩波書店、二〇〇三年）所収「年譜」、桐田清秀編『鈴木大拙研究基礎資料』（財団法人松ヶ岡文庫、二〇〇五年）、上田閑照・岡村美穂子編『相貌と風貌——鈴木大拙写真集』（禅文化研究所、二〇〇五年）所収「鈴木大拙略歴」、金子務編『追想　鈴木大拙——没後四十年記念寄稿集』（財団法人松ヶ岡文庫、二〇〇六年）所収「鈴木大拙略年譜」、山田奨治著『東京ブギウギと鈴木大拙』（人文書院、二〇一五年）所収「年譜」、『大拙と松ヶ岡文庫展――鈴木大拙没後五十年記念』（多摩美術大学美術館、二〇一六年）所収、伴勝代作「鈴木大拙略年譜及び主要著作一覧」、『現代思想　鈴木大拙』（第四十八巻第十五号、青土社、二〇二〇年）所収「鈴木大拙略年譜」。

二、柳　宗悦

柳宗悦《やなぎむねよし》（一八八九―一九六一）は、宗教学者・美学者・日本民藝運動の創始者として真の美を追究しました。しかし、単なる学者ではなく、各地を巡ってそれぞれの土地の人びとが作った生活雑器に「用《よう》の美」を見出し、研究、各地で講演するなど、真の美を世に伝えようと努めました。著名な作家の手になる美術品ではなく、無名の工人たちの手になる日用雑器に「美―醜」の美を超えた「不二美」「一如の美」を見出し、それを「妙好品」と称しました。法然・親鸞・一遍の浄土教思想に着目し、市井の真宗の篤信者・妙好人に真の美を見出し、妙好人・因幡《いなば》の源《げん》左《ざ》を「「行為」でその妙好さを示した信者」（柳宗悦・衣笠一省編『妙好人　因幡の源左』〔改訂増補版〕百華苑、一九六〇年、一五頁）と評しています。多くの民藝品を蒐集、東京駒場に日本民藝館を建設しました。社会問題にも積極的に発言しています。抗争・闘争・戦争を悲しみ、暴力・武力による支配や抑圧をきびしく批判し、対立・抗争のない「無対辞文化《むたいじぶんか》」を提唱して世界平和の実現を訴えました。

経歴は次のとおりです。

明治二十二年（一八八九）　三月二十一日、東京市麻布区市兵衛町（東京都港区麻布市兵衛町）で、父・柳楢悦、母・

勝子の三男として誕生。楢悦は、和算家・数学者・測量学者で海軍少将。勝子は、教育者で講道館柔道の創始者・嘉納治五郎の姉。柳家の宗旨は日蓮宗。

明治二十四年（一八九一）二歳　父・楢悦、没。

明治三十四年（一九〇一）十二歳　九月、学習院中等科に入学。

新教教会に通い内村鑑三に傾倒します。中世の神秘思想とくに十三世紀のドイツの神秘主義者マイスター・エックハルトの著書に親しみ、イギリスの詩人で銅版画家のウィリアム・ブレイク（William Blake, 1757-1827）の作品に出会い研究を始めます。

明治四十年（一九〇七）十八歳　四月、学習院高等科に進学。鈴木大拙から英語を学び、生涯師と仰いで親交を重ねます。

『白樺』の同人となり、志賀直哉、武者小路実篤、有島武郎、里見弴、長与善郎らと交流、ロダン、ゴッホ、セザンヌらに関心を寄せます。

トルストイの『戦争と平和』を愛読し、軍国主義の風潮に抵抗を示します。生涯、反戦・非暴力を訴え続けました。

明治四十二年（一九〇九）二十歳　イギリスの陶芸家で画家のバーナード・リーチ来日。交流を始めます。

明治四十三年（一九一〇）二十一歳　三月、学習院高等科卒業。

同年四月、『白樺』創刊。

同年九月、東京帝国大学文科大学哲学科に入学、心理学専攻。

明治四十四年（一九一一）二十二歳　十月、最初の著作『科学と人生』（籾山書店）を出版。

大正二年（一九一三）二十四歳　『白樺』に「生命の問題」を寄稿。

大正三年（一九一四）二十五歳　二月、声楽家の中島兼子《かねこ》と結婚。彼女は生涯、物心両面で柳を支えました。

同年十二月、ウィリアム・ブレイクの研究をまとめた大著『ヰリアム・ブレーク』（洛陽堂出版）を刊行。

大正八年（一九一九）三十歳　二月、最初の哲学論集『宗教とその真理』（叢文閣）を刊行。

同年四月、東洋大学教授（宗教学）に就任。以後、昭和十九年（一九四四）五十五歳まで東洋大学、同志社女学校専門部、専修大学教授を歴任。

大正十年（一九二一）三十二歳　一月、『宗教的奇蹟』（叢文閣）を刊行。

大正十一年（一九二二）三十三歳　一月、朝鮮民族美術館設立準備のため渡朝。以後何度も渡朝して朝鮮の工芸品とくに李朝の白磁を高く評価します。日本の植民地支配で破壊されつつあった朝鮮王朝の王宮の正門（光化門）を救おうと、「失はれんとする一朝鮮建築の為に」を『改造』（改造社）に寄稿、光化門は破壊の難を免れました。朝鮮民芸評論家の浅川巧らと朝鮮民族美術館をソウルに設立し、蒐集した韓国の工芸品を紹介します。韓国政府は、柳の功績「韓国の文化・芸術の保存と海外への紹介」に対し、昭和五十九年（一九八四）九月、宝冠文化勲章を贈りました。

同年（大正十一年）十一月、『宗教の理解』（叢文閣）を刊行。

大正十二年（一九二三）三十四歳　七月、『神に就いて』（大阪毎日新聞社）を刊行。

同年九月に起きた関東大震災の後、京都に移り、友人の河井寛次郎らと丹波布、瀬戸の馬の目皿、薩摩の苗代川の土瓶などの生活用具を集めます。観賞用の作家の美術品ではなく、人びとの生活の中から生まれた日用雑器に、相対的な「美―醜」の美ではない真の美「不二美」「一如の美」を見出します。

柳の長男・柳宗理《やなぎそうり》（一九一五―二〇一一。インダストリアルデザイナー、金沢美術工芸大学客員教授、日本民藝館館長を歴任）は宗悦を「これまでの日本の藝術家や、工匠等の大家ぶった無気力な作品よりも、むしろ庶民の生活より生まれた民藝品の中に、純粋な美的価値を見出した」（『柳宗理エッセイ』平凡社、二〇一一年、三一一頁）、また「我々は宗悦が残していった民藝論を、なんらかの形で未来に活用しなければならない。また、せっかく残していった民藝館から何かを感得して未来に引き継ぎ、新しい健康的な物を生まなければならない」（同書、三二〇頁）と述べています。

大正十三年（一九二四）三十五歳　一月九日、甲府（山梨県）で木喰仏《もくじきぶつ》に出あい、その微笑《ほほえ》みに魅せられて信・美の一致を悟ります。各地を巡って調査し三五〇体を発見、研究に没頭しました。木喰仏とは、非僧非俗の身で回国修行し人びとの幸せを願って千体もの微笑《みしょうぶつ》仏を彫《ほ》った木喰上人《しょうにん》（一七一八―一八一〇）による仏像のことで、柳は木喰に菩薩の利他大悲の行を見たのです。

大正十四年（一九二五）三十六歳　三月、雑誌『木喰上人之研究』第一号（木喰五行上人研究会）を、八月に『木喰五行上人略伝』（同）を刊行。『信と美』（警醒社書店）を上梓しました。

この頃から真宗を積極的に評価します。鈴木大拙の影響を受け、「日本は大乗仏教によって世界に貢献すべきだ」と語ります。

昭和四年（一九二九）四十歳　シベリア経由で欧米を訪れ、十月から翌昭和五年（一九三〇）五月にかけて、ハーバード大学で「美術にあらわれた大乗仏教の精神」と「日本における美の標準」について講義しました（昭和四年十月二十三日付、濱田庄司宛「書簡」『柳宗悦全集』第二十一巻上、一九八九年、三七七頁、参照）。前者には大拙の思想的影響が見られ、後者には朝鮮、アイヌ、沖縄など民族固有の文化への篤い思いがうかがえます。日本が近代化をめざして西洋にひたすら追従することを否定的にとらえ、日本は世界に文化的に貢献すべきと説きました。

昭和八年（一九三三）四十四歳　専修大学教授に就任。

同年六月、ハワイ大学に招かれ、二か月間、東洋の宗教と芸術について講義。

昭和十一年（一九三六）四十七歳　倉敷紡績社長・大原孫三郎の資金援助を得て東京駒場に日本民藝館を建設、初代館長に就任。柳の民藝運動の根底には平和への願いがあったといわれます。

同年四月二日、第十一回国画会展工藝部門の審査を依頼され上野美術館に行き、棟方志功（一九〇三―一九七五）の木版画「大和《やまと》し美《うるわ》し」を見て感動し棟方と会います。柳はその作品を購入します。

同年十二月、『工藝』（日本民藝協会）七十一号で棟方を紹介。

昭和十四年（一九三九）五十歳　十月、日本民藝館で「棟方志功版画個人展覧会」を開催。

昭和十五年（一九四〇）五十一歳　一月、沖縄県の方言禁止令に反対し、民族固有の文化の重要性を説き、沖縄県学務部と論争、官憲に拘束され取り調べを受けたこともありました。

昭和十七年（一九四二）五十三歳　三月、日本のアイヌ政策を批判。

昭和十八年（一九四三）五十四歳　六月、鈴木大拙が『宗教経験の事実』（大東出版社）を刊行。

昭和十九年（一九四四）五十五歳　専修大学教授を辞任。以後教職に就くことはありませんでした。

昭和二十年（一九四五）五十六歳　八月十五日、終戦。

同年十二月、鎌倉の大本山円覚寺の正伝庵《しょうでんあん》に鈴木大拙を訪ね、大拙から昭和十九年に刊行した『日本的霊性』（大東出版社）を贈られます。柳は同書を読んで妙好人に関心を寄せたといわれます。富山県西礪波郡福光町《にしとなみぐんふくみつまち》（現、富山県南砺市《なんとし》法林寺《ほうりんじ》）の真宗大谷派光徳寺《こうとくじ》住職で民藝運動の共鳴者・高坂貫昭《こうさかかんしょう》（一九〇五―一九九二）宛の書簡に、

「小生近次念仏門に一段と心を惹かれ、来年には是非巡礼致したき志を強めてをります。（中略）道宗廿一ヶ条の文字金玉の響きがあると存じます」（『柳宗悦全集』第二十一巻中、筑摩書房、一九八九年、四三一頁）と記しています。

戦後間もなく、大拙から妙好人研究家の楠恭を紹介され、生涯親しく交流しました。楠は柳を生涯師と仰いで敬慕し、互いに協力して妙好人研究を進めました。

昭和二十一年（一九四六）五十七歳　五月二十七日、富山県南砺《なんと》市《し》城端《じょうはな》端の真宗大谷派城端別院善徳寺《ぜんとくじ》で、寺宝の『弥《や》七《しち》の御《お》文《ふみ》』（蓮如が赤尾の道宗に与えた消息）を見ます。論考「色紙和讃について」（『工藝』第一一六号、一九四七年三月）で、「城端に私が来たのも、これから秘境五箇山《ごかやま》に入って、信者道宗の遺跡を訪ねたかったのにもよる。彼の『二十一ケ条』には私の胸を波打たせるものがあった」（寿岳文章編『柳宗悦　妙好人論集』岩波文庫、一九九一年、一一四頁）と記しています。「色紙和讃」とは、親鸞の和讃を美しく表装に仕立てたもので、室町中期の作です。柳はそれを見て、「私は思わずも感歎の声を放った。こんなにも美しい版本を生まれてから見たことがない。（中略）ただ麗わしいのではない、ただ優しいのではない。色も文字も摺方《かた》も凡てが確実で健全である」（同書、一一五頁）と記しています。「信美一致」を感得したのでした。

同年五月二十八～二十九日、越中《えっちゅう》五箇山赤尾谷《ごかやまあかおだに》（現、富山県南砺市西赤尾町）の妙好人・道宗（生年不詳―一五一六）の遺跡を訪ねます。道宗を開基とする真宗大谷派行徳寺《ぎょうとくじ》を訪ね、住職・道宗《どうしゅう》静夫《しずお》（一九一一―一九九五）の「道宗一代絵伝」の絵解《えとき》を聴き、道宗が法蔵菩薩（阿弥陀仏の前身）の修行を偲んで四十八本の割り木の上に寝ている木像や、「道宗心得二十一箇条」など道宗の遺品を目にします。

道宗については、鈴木大拙が『日本的霊性』（大東出版社、一九四四年）の第四篇「妙好人」の「一、赤尾の道宗」で紹介しています。その中の「1　道宗の生立ち――蓮如との関係等」で、「妙好人の筆頭と思われるは、蓮如上人時代にいて、上人のために警護の人ともなり、また深心《じんしん》を捧げての弟子でもあった越中赤尾の道宗《どうしゅう》であろう」（鈴木大拙著『日本的霊性』岩波文庫、一九七二年、一九五頁）と記しています。次の「2 二十一ヶ条」（「赤尾道宗心得二十一箇条」）は、蓮如没後三年目の冬に道宗が自戒のために書いたといわれます（同書、二〇五—二〇八頁、参照）。柳は、大拙から贈られた『日本的霊性』で道宗を知り、この遺跡を訪ねたのでした。

道宗は、室町時代後期の浄土真宗の信徒で、俗名は弥七または弥七郎といいました。赤尾谷の出身であることから「赤尾の道宗」といわれます。蓮如の教化に浴して真宗の教えに帰し、自ら道場を開いて信仰の宣揚に努めました。同寺隣接の道宗遺徳館には道宗にまつわる宝物が展示されています。

昭和二十二年（一九四七）五十八歳　三月、柳は優れた民藝品を「妙好品」と称することにしました。

同年七月～八月、鈴木大拙が石川県小松市真宗大谷派教務所の研究機構「大谷学場」の招きで北陸へ講演旅行を行った際に同行。同地の真宗の強固なことに感銘を受け、「仏道のために尽くしたい」と語ります。

昭和二十三年（一九四八）五十九歳　三月、大拙の委嘱により松ヶ岡文庫理事長に就任。

同年七月十九日～九月十八日、高坂貫昭らの招きで真宗大谷派城端別院善徳寺に滞在中、『無量寿経』に説かれている、阿弥陀仏がかつて法蔵菩薩であった時、師の世自在王仏に誓った四十八願中の第四願「無有好醜《むうこうしゅ》の願」（設我得仏《せつがとくぶつ》、国中人天《こくちゅうにんでん》、形色不同《ぎょうしきふどう》、有好醜者《うこうしゅしゃ》、不取正覚《ふしゅしょうがく》＝もし私が仏になった時、わが国に生まれた人のすがた形が同じでなく、見好《みよ》い者と醜《みにく》い者があるなら私は仏にならない）を読んで啓示を受け、一日で「美の法門」を書きました。

同年十一月、京都の臨済宗相国寺派大本山相国寺《しょうこくじ》で開催された第二回日本民藝協会全国協議会で「美の法門」を講演します。それを聴いた棟方志功は感激のあまり涙したといわれます。

その時の様子を、宇賀田達雄《うがたたつお》（元財団法人棟方板画館理事）は、次のように記しています。

会場はまだ静まり返っていた。そのとき、前列から棟方先生がつと立ち上がられるや、柳先生の前に進まれ、先生に抱きついて泣き出された。「先生はエライナー」を何度もくりかえしながら、しっかりと先生を抱きしめておられた。まったく突然の棟方さんの姿を眼前にして、多くの人々も感激に涙したものである。

（宇賀田達雄著『祈りの人　棟方志功』筑摩書房、一九九九年、四〇〇頁）

棟方志功は、昭和十一年（一九三六）三十三歳の四月二日、第十一回国画会展（国展）の出展作「大和し美し」が縁で、柳宗悦、河井寛次郎、濱田庄司ら民藝運動の人びとと親交を結び、柳を生涯師と仰いで敬慕しました。柳は棟方の作品を高く評価し、物心両面で支えます。「棟方の作は一見自力的でありますが、そうではなく、多分に他力的要素の多いものであります」（「自然児棟方志功」『柳宗悦全集』十四巻、一九八二年、三六四頁）と評しています。

棟方と柳との出会いについて、宇賀田は次のように記しています。

棟方にとって大きかったことは、生まれて初めて「師」と呼べる人に行き会えたことであった。（中略）かたくなに孤独の戦いを続けてきた棟方にとって、これはおののきにも似た喜びであったろう。喜びというよりも、救いという方が当たっているかもしれない。この出会いで彼は、師とともにあることがそのまま喜びであることを知った。棟方にとって師弟とは、何よりも心のふれあいのことであった。ときに棟方三十二歳。上京して十二年目の春のことである。

（『祈りの人　棟方志功』筑摩書房、一九九九年、一五二―一五三頁）

棟方は、昭和十一年（一九三六）九月、初の宗教版画「華厳譜《けごんぷ》」（二十三柵）を完成しました。また、戦争末期の昭和十九年（一九四四）四十一歳の五月十九日、富山県の光徳寺で六枚の襖絵《ふすまえ》「華厳松《けごんまつ》」を描いています。当時の光徳寺の住職は、棟方と親交のあった高坂貫昭でした（太田浩史著『妙好人　棟方志功』私家本、二〇一七年、二二頁、参照）。

棟方は昭和二十年（一九四五）四月、空襲が激しくなる中、高坂の世話で同寺に疎開し、出征中の高坂の実弟の家に住みました。棟方と光徳寺とのつながりは、昭和十三年（一九三八）、高坂と棟方が民藝運動の師・河井寛次郎を通じて知り合ったことに始まります。以後、棟方は年に数回光徳寺を訪れるようになりました。

棟方は、住む家を「慈航寮」と名づけ、昭和二十六年（一九五一）十一月まで六年半過ごす中で多くの書画や「板画」を作成しました。その時の作品が今も光徳寺に数多く保管されています。棟方は後に、「富山では、大きないただきものを致しました。それは「南無阿弥陀仏」でありました。衣食住でも、でしたが、それよりもさらに大きないただきものであったのです」（棟方志功著『板極道』中公公論社、一九六四年、一〇〇頁）と記しています。

棟方の「華厳譜」については、柳が昭和三十三年（一九五八）三月に病床で書いた「棟方と私」（『棟方志功板畫』筑摩書房、一九五八年）に、「その頃（昭和十一年頃）の大作は、何と云っても「華厳譜」と題する一聯の版画で、総てで二十三枚ありました。それが素晴らしい出来で、見るなり私は驚き、益々本当の版画家だという考えを強くしました」（同書、三〇八頁）と書いています。

同年（昭和二十三年）、柳は、楠恭編『妙好人才市の歌　一』（法藏館、一九四九年）に、鈴木大拙と共に序を贈り、表紙の装丁も行っています。柳は序に、次のように記しています。

妙好人は何も学識ある人ではない。従つて教学の上では重要な位を占めないであらうが、その行ひや言葉を顧ると、複雑多岐な宗義も、皆そこに結晶されてゐて、それ以上には出ぬとさへ思はれる。浄土三部経の萬語も、皆ここに事実となつて現れてゐるやうに覚える。かういふ信者に会ふと、学問などいとも迂遠な路のやうにさへ感じる。信仰の髄が端的に示し出されてゐるからである。学僧の価値もさること乍ら、妙好人の存在は、とても有難いものに想はれてならぬ。（中略）真宗は妙好人あるが故の真宗だとさへ云へる。真宗の真宗たる所以は、どこまでも居士を中心とすることにあると思はれる。（中略）真宗からは妙好人が出るのである。代々出るのである。今も出るのである。ここが何と云つても真宗の有難さで、他の宗派では容易に見ることが出来ぬ。

（楠恭編『定本　妙好人才市の歌　全』法藏館、一九八八年、二六―二七頁）

若し妙好人がゐないとしたら、真宗は嘘を述べてゐることにならう。妙好人が出るばかりに、真宗は真実の宗教だと云へる。この宗派の存在する値打は、大きな伽藍や立派な学僧や又高い教学にあるよりも、ひとへに妙好人を生むからによるとも云へる。そこに在家宗教の大きな意義や使命を見ないわけにゆかぬ。

（同書、二八頁）

同年（昭和二十三年）六月、柳は楠恭編著『妙好人　物種吉兵衛語録』にも、鈴木大拙と共に序（昭和二十三年六月）を贈り、次のように記し、楠との親交の様子がうかがえます。

読者よ、物種吉兵衛というのは、たいした信者なのである。私は何度この妙好人の言行録を繰返して読んだことか。殆どそらんじるまでに至った。（中略）信心にこそ宗教の究極があるとするると、妙好人の言説にこそ、宗教の哲理が結晶されているともいえよう。万巻の教理も、詮ずるにその信仰を条理づけるものに過ぎない。吉兵衛の言行録から、立派な一つの教学をさえ建てることが出来るであろう。

今やその言行録が新たな材料を加え、装いを改めて世に出るのである。誰よりもまっ先に私はその読者になりたい。こういう有難い本を熱意を込めて編纂してくれる楠君に感謝したい。同君の手で続いて幾多の妙好人録が上梓されるのを聞いて、人に会うごとにそれ等の本を勧めている。

（楠恭編著『妙好人　物種吉兵衛語録』文一出版、一九七四年、九―一〇頁）

しかし、同書の刊行は出版社の経営不振により遅れ、また出版社が紛失した原稿を楠は大変苦労して書き直し、昭和四十九年（一九七四）九月に、当初とは異なる文一出版から発行されました。平成三年（一九九一）五月には、法藏館から再刊されました。再刊本には楠の「再刊の序」（平成三年）とともに、鈴木大拙の「序」（昭和二十三年初夏）、柳の「序」（昭和二十三年六月）、末尾に楠の「編集後記」（昭和四十九年三月十六日）が再録されています。

楠は「編集後記」に、次のように記しています。

私は大谷大学在学中の昭和十六年頃であったか、全く偶然に京都東本願寺前の仏書店為法館で、昭和七年版の信者吉兵衛言行録を見て、立読みしていたが、その内容の如何にも真剣味にあふれ、宗教的真理の把握（真宗的安心決定）の如何にもしっかりしているのに一驚を吃し、また大いに感心した。（中略）私は中支から復員し、それから長く鎌倉の大拙先生の許に居たが、そこで柳宗悦先生にお目にかかり、この昭和七年版の信者吉兵衛言行録を紹介した。柳先生はこれを入手され、非常に喜ばれた。先生もまた吉兵衛翁を高く評価しておられた。柳先生から序文を戴いたのにはこの様な因縁があった。

（楠恭編著『妙好人　物種吉兵衛語録』〔再刊本〕法藏館、一九九一年、三五〇頁）

同年（昭和二十三年）十一月、鳥取の耳鼻科医で鳥取民藝美術館を創設した民藝運動家・吉田璋也宅を訪れ、妙好人・因幡の源左の話を聞きます。

昭和二十四年（一九四九）六十歳　三月、『美の法門』（私家本・協会本）を刊行。

『美の法門』で、柳は「美」について、次のように述べています。

畢竟《ひっきょう》真に美しいもの、無上に美しいものは、美とか醜とかいう二元から解放されたものである。それ故自由の美しさとでもいおうか。自由になることなくして真の美しさはない。弥陀《みだ》を無礙光如来《むげこうにょらい》と呼ぶが、無礙たることが如来たることである。醜さを恐れ美しさに囚《とら》えられているようなものは、真に美しくはあり得ない。自由が欠けるからである。否、言葉を強めていえば、自由たることのみが美しさなのである。（中略）美醜に分れることは人間を不自由にする。自由とは二律からの解放である。

（柳宗悦著・水尾比呂志編『新編　美の法門』岩波文庫、一九九五年、九六頁）

希《ねが》くは美醜の分別を越えることである。それらが二に分れる已前《いぜん》に自らを戻《もど》すことである。与えられたありのままの「本分」に帰ることである。美醜の作為から去ることである。「平常」に居ることである。美醜の別は病《やま》いであるから、本来の「無事」に立ち戻ることである。それには第一に小さな自我を棄《す》てるがよい。これに執著《しゅうちゃく》が残ると、迷いが去らない。第二には分別に滞らないことである。この判断にのみ便ると、ついには二相の世界から脱れることが出来ない。

（同書、九九頁）

執筆の動機について、柳は『美の法門』末尾の「後記」（昭和二十三年臘月）に、次のように記しています。

今年の夏、偶々《たまたま》『大無量寿経』を繙《ひもと》いて、その悲願の正文を読み返しつつあった時、第四願に至ってはたと想い当るところがあった。何か釈然として結氷の解けてゆく想いが心に流れた。この一願の上にこそ、美の法門が建てられてよい。そう忽然《こつぜん》と自覚されるに至ったのである。私は思わずも「無有好醜の願」と呼びなされるその聖句によって、思想を展開させた。（中略）これを新しい発足として美の法門を宣揚したい希《ねが》いなのである。（中略）要するに民藝美論の基礎を仏の大悲に求めようと志すのである。

（同書、一一二頁）

こうして柳は、「仏教美学四部作」といわれる『美の法門』（一九四九年三月）、『無有好醜《むうこうしゅ》の願《がん》』（一九五六年一月）、『美の浄土』（一九六〇年五月）、『法と美』（一九六一年三月）を刊行します（『新編　美の法門』岩波文庫、一九九五年、所収。『柳宗悦コレクション3　こころ』筑摩書房、ちくま学芸文庫、二〇一一年、所収）。「一如の美」、「不二美」を説き、人びとを相対・相剋の苦悩から救い出し、「美の浄土」に生まれさせたいと願って説き続けました。柳の妙好人への傾倒が、民藝運動と連動したものであったことは間違いないでしょう。

先に触れたように、柳は昭和二十三年（一九四八）五十九歳の年に、楠恭が編集した『妙好人才市の歌　一』（法藏館、一九四九年）に鈴木大拙と共に序を贈り、楠の同書編集の努力を讃えましたが、続いて未刊の楠恭編『妙好人才市の歌　二』に贈るための序「才市の歌」を書いています。この序は、柳の没後かなり歳月を経て発見され、昭和六十三年（一九八八）に刊行された楠恭編『定本　妙好人才市の歌　全』（法藏館）の「妙好人才市の歌　二」の冒頭に、「第二巻の序文　才市の歌　柳宗悦」として収められました。『柳宗悦コレクション1　ひと』（筑摩書房、ちくま学芸文庫、二〇一〇年）に、「才市の歌」として収録されています。本格的な妙好人・浅原才市の評論です。

柳は「才市の歌」で、才市の詩のノートと才市について、次のように評しています。

有難いことには、今日まで約四十数冊が現れ、皆楠君の手で編纂される事になつた。こんな単純な又深遠な宗教詩が、こんなに沢山書き残された例は、仏教の歴史あつて以来のことではあるまいか。否、世界でも例が少いのではあるまいか。

その詩の宗教的な深さに就いては、多くの人が之から書くであらう。

（「妙好人才市の歌　二」楠恭編『定本　妙好人才市の歌　全』法藏館、二、二―三頁）

私は美しい民芸品を妙好品と見るが、逆に才市のやうな人の詩は民芸品の代表的なものである。彫刻の木喰五行明満上人の作も、彫刻での民芸品であると呼んでよいが、それと近いものがある。

（同書二、四―五頁）

同年（昭和二十四）七月下旬、妙好人・源左の所属寺の鳥取県気高郡青谷町《あおや》山根（鳥取市青谷町山根）の浄土真宗

本願寺派願正《がんしょう》寺を訪ねます。衣笠一省《きぬがさいっしょう》住職（一九二〇—一九九一）の厚意で約一か月余り同寺に滞在し、有縁の人びとから源左の言行を聴き取り、足利喜蔵、足利元治、羽栗行道、田中寒楼、吉田璋也、辛川忠雄らの協力を得て源左の言行を集めました。

昭和二十五年（一九五〇）六十一歳　九月、『妙好人　因幡の源左』（大谷出版社）を刊行。

柳は、同書刊行の直前に、京都西六条（京都市下京区東中筋六条下ル学林町）の浄土真宗本願寺派蓮光寺《れんこうじ》住職でアメリカ開教に尽力した本願寺派布教使の羽栗行道《はぐりぎょうどう》（一八八一—一九六五）が昭和二十四年（一九四九）十一月に作成した謄写刷りの『源左同行言行録』を衣笠住職から贈られ、「三十近くの材料を追加できた」（柳「後記」）と記しています。羽栗は、昭和二十五年（一九五〇）一月、『妙好人　源左同行物語』（百華苑）を刊行していました。

柳は、『妙好人　因幡の源左』に論考「源左の一生」を載せています。この論考は、十年後の昭和三十五年（一九六〇）七月に刊行された柳宗悦・衣笠一省編『妙好人　因幡の源左』（改訂増補版）（百華苑）に再録され、さらに、寿岳文章編『柳宗悦　妙好人論集』（岩波文庫、一九九一年）に転載されました。如来の本願力にすべてをゆだね、喜びのうちに仏恩報謝の念仏生活を送った源左を、柳は、「行為でその妙好さを示した信者」と評し、心から敬慕しました。

昭和二十六年（一九五一）六十二歳　八月から同二十七年、また二十九年にかけて論考「南無阿弥陀仏」を『大法輪』（大法輪閣）に二十一回にわたって連載します（柳宗悦著『南無阿弥陀仏』岩波文庫、一九八六年、所収）。

同年九月、「凡人と救い」を『ＰＨＰ』第五十号、一九五一年九月に掲載。

昭和二十七年（一九五二）六十三歳　論考「妙好人の存在」（『鈴木大拙選集Ⅵ』春秋社、一九五二年四月、「解説」として収載。寿岳文章編『柳宗悦　妙好人論集』岩波文庫、所収）に、次のように記しています。

浄土の信徒妙好人の会話は、大概はもの柔らかく温《あたたか》い。朴訥《ぼくとつ》で卒直である。だから人を断ち切るような趣きよりも、人と和して心に直《じ》かに訴えてくるものがある。情が表に出るためである。妙好人は多くは無学で田舎者だが、その体験の深さは、優に禅僧と肩を並べる。誠に妙好人の言葉や行いからは、計り知れぬものを貰《もら》う。彼らはとくに浄土門の信徒たちではあるが、むしろ彼らが現れるので、浄土門の教えの真実が保障されるといってよい。学問に依《よ》らぬだけに、法がまむきに、直かに、裸で現れる。

（寿岳文章編『柳宗悦　妙好人論集』岩波文庫、一五〇頁）

昭和三十年（一九五五）六十六歳　一月三日、鈴木大拙と共に棟方志功宅を訪問。

同年四月、論考「妙好人の入信」を『大法輪』（第二十二巻第四号、大法輪閣）に寄稿（寿岳文章編『柳宗悦　妙好人論集』岩波文庫、所収）。泉州《せんしゅう》船尾《ふなお》の妙好人・物種吉兵衛の『吉兵衛言行録』、丹波《たんば》の妙好人・三田《さんた》源七《げんしち》の聞法録『信者めぐり』、因幡の妙好人・足利源左の『言行録』によって妙好人の入信経路を紹介し、「信心とは凡《すべ》てが弥陀に吸いとられることである。「ようこそ　ようこそ」とは弥陀の妙技に見入るその刹那の讃嘆である」と記しています。

同年、『南無阿弥陀仏』（大法輪閣）を刊行（『南無阿弥陀仏　付心偈』岩波文庫、一九八六年、所収）。

同年、論考「真宗素描」（『現代随想全集　第二十八巻　柳宗悦集』創元社、一九五五年。寿岳文章編『柳宗悦　妙好人論集』岩波文庫、所収）で、妙好人について次のように記しています。

実に真宗の大きな存在理由の一つは民衆の中に「妙好人」を生むことである。学僧を持つことは他宗にも見出されよう。しかし「妙好人」は浄土系の仏教徒の中に特に多く見られるのである。しかも真宗においてそれが最も多い。この事こそ真宗の誇りであり強みである。（中略）真宗の真宗たる所以は、かかる民衆に在家に宗教を建てている点にあろう。

（寿岳文章編『柳宗悦　妙好人論集』岩波文庫、六一頁）

想うに「妙好人」が輩出することにこそ、宗祖の願いがあったのではあるまいか。ここにこそ真宗の強みがあるのではあるまいか。

（同書、六二頁）

同年（昭和三十年）八月、論考「一遍上人」を『新論』第一巻第二号（新論社、一九五五年八月一日）に寄稿。

柳はこの年、「「無有好醜の願」によって「美の宗教」を説くことが日本人に課せられた使命だ」と述べています（「柳宗悦思想年表」中見真理著『柳宗悦――時代と思想――』東京大学出版会、二〇〇三年、参照）。

昭和三十一年（一九五六）六十七歳　一月、論考「真宗の教説」を『大法輪』（第二十三巻第一号）に寄稿（寿岳文章編『柳宗悦　妙好人論集』岩波文庫、所収）。

同年一月、論考「無有好醜の願――仏教美学」を『心』第九巻一号（生成会、一九五六年一月一日）に寄稿（柳宗悦著・水尾比呂志編『新編　美の法門』岩波文庫、所収）。

本論考は、昭和二十三年に富山県の真宗大谷派城端別院善徳寺に滞在中、『無量寿経』に説かれる阿弥陀仏の四十八願中の第四願「無有好醜の願」を目にし、感動して執筆したものです。次のように記しています。

ある夏のこと、越中城端の別院で、『大無量寿経』を繙《ひもと》いていた時、はたとこの第四願に眼が吸いつけられ、

恍惚《こうこつ》として何か開眼の如き想いに浸ったことを今も覚えております。（中略）
進んではこの願の上に美の法門を建立することが出来るに違いありません。丁度第十八願があって、念仏門が独立した一宗に熟したのと同じく、この第四願こそは美の宗門が依《よ》って立つべき甚深《じんしん》の内容を孕《はら》んでいると信じられるのであります。それ故《ゆえ》、私はこの願を藝術の悲願を示す「不二美《ふにび》の願」と見做《みな》したいのであります。

（柳宗悦著・水尾比呂志編『新編　美の法門』岩波文庫、一二二頁）

「不二の美」は、
醜でもなく、美でもないものです。
美と醜とがまだ分れない前のものです。
美と醜とが互いに即してしまうものです。
反面に醜のない、美それ自らのものです。
そうなると美と醜との間に起る問題はおのずから消えてしまいます。つまり不二の境では「美と醜と」とか、「美か醜か」とか、「醜を美に」とか、「醜より美へ」とか、美醜の二が相対し相争う性質が何も見出されません。

（同書、一二五頁）

不二の美と美醜の美とは次元が違います。（中略）無上の美はかかる二相から自由に解放されたものであることを求めます。つまり二つに分れていないそのままの相《すがた》・「如」といわれる境に在るもの、本来のもの、ここを去って不二の美はないからであります。仏教美学は、かかる不二の美を明らかにする学以外のものではありません。これを「如の美」ともいえましょう。

（同書、一三八頁）

このように柳は、相対的な「美―醜」の美を超える真の美「不二美」「一如美」を説きましたが、それは、最晩年に発表した論考「無対辞文化」となって結実します。

同年（昭和三十一年）六月、論考「妙好人源左」を『大世界』第十一巻第六号（世界仏教協会、一九五六年六月一日）に寄稿（『柳宗悦コレクション1　ひと』筑摩書房、ちくま学芸文庫、二〇一〇年、所収）。

同年十二月、心不全で東京女子医大病院に入院、三日後に倒れ左半身麻痺になります。以後、亡くなるまでの約五年間、闘病生活を送りましたが、その間も右手が使えたので多くの妙好人に関する論考を執筆しました。これらの論考は、寿岳文章編『柳宗悦　妙好人論集』（岩波文庫）、日本民藝館監修『柳宗悦コレクション1　ひと』、『同3　こころ』（筑摩書房、ちくま学芸文庫）などに収められています。

昭和三十二年（一九五七）六十八歳　十月、『無有好醜の願』（私家本。日本民藝館）を刊行（『柳宗悦コレクション3　こころ』筑摩書房、ちくま学芸文庫、所収）。

同書の跋文に、次のように記しています。

僅かだけの天才の作がよいのでは、此の世は暗い。仏者は「四弘誓願《しぐぜいがん》」を建て、その第一に「衆生無辺誓願度」を置く。之は恐らく菩提心を起す一切の人々の悲願であろう。私が民藝品に心を惹かれるのも、この悲願を具現する一つの道が、そこに示唆されているのを切に感ずるからである。

（『柳宗悦コレクション3　こころ』ちくま学芸文庫、筑摩書房、二〇一一年、一六六頁）

同年十一月、民藝運動の実践の業績により文化功労者に顕彰。

昭和三十三年（一九五八）六十九歳　一月〜六月、「仏教美学の悲願」を『大法輪』（大法輪閣）に連載。

同年五月、「妙好人の辞世の歌」、『新世』（第十二巻第四号、倫理研究所）に掲載。

同年六月、「受け取り方の名人」を『新世』（第十二巻第六号、倫理研究所）に寄稿（寿岳文章編『柳宗悦　妙好人論集』岩波文庫、所収）。論考末尾に、次のように記しています。

私は長らく病床に在《あ》って、いろいろな苦しみを嘗《な》めるにつれ、これらの妙好人の物語を読み、ふつつかなる自らにいい聞かせている次第であります。私は妙好人伝を読むのが有難く、こんな良い助縁の書は他にないように感じ、この一文を記して、これを機に皆さんにもお届けし、私も何とかして諸縁を凡《すべ》て仏縁として受取れるようになりたいとつくづく思います。

南無阿弥陀仏

（寿岳文章編『柳宗悦　妙好人論集』岩波文庫、一五八頁）

同年、柳宗悦編『棟方志功板畫』（筑摩書房）を刊行。「棟方と私」を掲載。

同年十月、「『市太郎語録』紹介」を『新世』（第十二巻第十号、倫理研究所）に掲載。

昭和三十四年（一九五九）七十歳　十月二日、名古屋で開催された日本民藝協会第十三回・全国大会での挨拶（病中で出席できず録音での挨拶）の中で、「要は尋常な、健康な美しさを持つ品々を、お互いに悦び合って、それを生活の上にも活かし、やがては心の糧にも致したいといふ事に外ならないのであります」（柳宗悦『御挨拶』日本民藝協会、二〇〇四年）と語っています。「美の浄土」建立への悲願を語ったのです。

同年（昭和三十四年）、病中に詠んだ短文の歌六十九首を集め、それに註を付けた『心偈《こころうた》』を刊行（日本民藝館）（『私版本・柳宗悦集』第二巻、一九七三年、春秋社、所収。『柳宗悦全集』第十八巻、筑摩書房、一九八二年。『南無阿弥陀仏　付心偈』岩波文庫、一九八六年、所収）。この短文の歌は柳が自身の信仰を詠んだ偈《うた》です。棟方志巧は、病中の柳にこの偈を版画に彫って贈っていました。同書は棟方の版画によって柳の偈を表現したものです。「一、仏偈《ぶつげ》」には、次のような偈を収めています。

「今日モアリ　オホケナクモ」、「追《お》フヤ　仏《ほとけ》ヲ　追ハレツルニ」、「想《おも》ヘ誰《た》ゾ　御仏《みほとけ》ノ　マラウドト」、「開《ひら》カレツルニ　叩《たた》クトハ」、「見初《みそ》ムトナ　弥陀《みだ》　コノ吾《わ》レヲ」、「真向《まむ》ケヨト　云《い》ヒ給フ」、「トマレ　六字」、「嬉シ悲シノ　六字カナ」、「ドコトテ　御手《みて》ノ　真中《まなか》ナル」、「南無阿弥陀仏　イトシヅカ」、「沙門法蔵　捨テ身ナル」。

同年、十二月五日発行の『春秋』第一巻第七号（春秋社）に「かけがえのない人――鈴木大拙先生のこと」を寄稿（『柳宗悦コレクション1　ひと』筑摩書房、ちくま学芸文庫、所収）。その中で、柳は次のように記しています。

最近、九十歳になられた先生は、さらに発願して禅籍の善本刊行を新たに図られ、私にその装釘の相談があった。私は生憎の中風で、何も自身でろくなお手伝いはできぬが、かねがね造本には心を惹かれていることとて、できるだけ先生のお手伝いをして、御恩に報いたい気持ちになって、お引受けして、目下本紙や表紙その他の事を準備中なのである。実は私自身も、なかなかの重病で、いつ死ぬかわからぬし、また九十歳という高齢の先生の、これが或いは最後の善本出版かとも、ひそかに考えられ、病いを押してお手伝いしたい心になったのである。

（『柳宗悦コレクション1　ひと』ちくま学芸文庫、筑摩書房、二〇一〇年、三三七頁）

師・鈴木大拙を思う柳の心情が読み取れます。

昭和三十五年（一九六〇）七十一歳　一月、論考「妙好人」を吉田小五郎編『柳宗悦　宗教選集4』（春秋社、一九六〇年）に掲載。冒頭に、「妙好人は念仏系の仏教に美しく開いた花の如きもので、一切の念仏の教えが、ここに活《い》きた姿となって現われているとも言える」（寿岳文章編『柳宗悦　妙好人論集』岩波文庫、一九九一年、一三五頁）と記しています。

同年七月、柳宗悦・衣笠一省編『妙好人　因幡の源左』〔改訂増補版〕（百華苑）を刊行。

同書は、柳が昭和二十五年（一九五〇）六十一歳の九月に編集刊行した『妙好人　因幡の源左』（大谷出版社）を、願正寺の衣笠一省住職が柳の依頼をうけて改訂増補したものです。刊行当時、柳は病床に在りました。昭和三十一年に倒れ、左半身不随の身となっていたのです。柳は、「新版序」（昭和三十四年十二月、病室にて）として、次のように記しています。

近年私は三ヶ年も病室で暮らす身となり、且つ動作の自由を失ったので、かねぐ〱用意しておいた書き入れを浄書することはおろか、凡ての仕事が不可能になって了つた。それで一切を衣笠氏にお希ひし、幸い同氏から快諾を得たので、この新版が世に出る運びとなつたのである。

（柳宗悦・衣笠一省編『妙好人　因幡の源左』〔改訂増補版〕百華苑、一九六〇年、一四頁）

私は今迄幾冊かの本を世に贈つたが、恐らく何人からも又何時でも人々から愛読されるのは、この一冊ではないかと思へる。

（同書、一五頁）

その信仰の把握の純度に於ては、遠く学僧も及ばないものがあつて、千万の信仰文書も、却つてこゝに結実され、結晶された観があると云つてもよい。それ故法然上人や親鸞上人の教へは、妙好人を得ることによつて、初めてその輝きを十二分に発したとも云へるのである。

（同書、一四―一六頁）

妙好人こそは大乗仏教が吾々に贈つてくれる浄く美しい花の如きものなのである。「妙好」は白蓮華のことを意味するといふが、こゝに仏教そのもの、象徴があると云つても過言ではあるまい。それ故妙好人にこそ、仏教の仏教がその活きた姿を現はしてゐるのだと云つてもよいであらう。

私はこの一冊が右の真理をよく証明してくれることを信じ、この再版を一入有難く感じ、それを可能にして下さつた方々に改めて厚く感謝したい。

（同書、一八―一九頁）

昭和三十六年（一九六一）七十二歳　亡くなる二か月前の三月十日、『法と美』（私家本。日本民藝館）を上梓（『柳宗悦コレクション3　こころ』筑摩書房、ちくま学芸文庫、所収。『新編　美の法門』岩波文庫、一九九五年、所収）。

「前書」に、柳は次のように記しています。

私の考えでは、仏法は万般に通じる仏法で、そこには普遍な理法が潜むと思われ、美の世界もまた決してその法の圏外にはないことを信じます。美は畢竟「法美」に外ならないのを、切に感じるからであります。
（『新編　美の法門』岩波文庫、二〇七頁）

同年四月、亡くなる一か月前に書いた論考「無《む》対辞《たいじ》文化《ぶんか》」を『心』（第十四巻第四号、生成会、一九六一年四月一日）に寄稿（『柳宗悦全集』第十九巻、筑摩書房、所収）。

同論考は、「不二」を「無対辞文化」の提唱という形で表現したもので、「柳の思想の到達点を示す」（中見真理著『柳宗悦――時代と思想』東京大学出版会、二〇〇三年、二七四頁。同『柳宗悦――「複合の美」の思想』岩波書店、岩波新書、二〇一三年、一九三頁）と評され、二元の対立・相克・闘争を超える無対辞心・不二心の体得を提唱しています。「無対辞」とは、「対辞」すなわち善悪・賢愚・正邪・優劣・美醜・愛憎・生死など対立概念を有する言葉ではなく、如・妙・慈・即・円など対立概念をもたない言葉であり、抗争・闘争・戦争を止《とど》め平和をもたらす思想です。

また、同論考で「複合の美」の平和思想を説きました（「六、「複合の美」の平和思想の形成と定着」中見真理著『柳宗悦――時代と思想』東京大学出版会、二〇七―二一二頁）。中見は柳思想を現代に活かすことの必要性を説きました（同書、二九八―三〇一頁）。

柳の二元性克服への思いは早くからありました。柳は、大正三年（一九一四）二十五歳の十二月、ウィリアム・ブレイク研究の書『ヰリアム・ブレーク』（洛陽堂出版）を刊行。翌四年（一九一五）十一月八日、二十六歳の年にバーナード・リーチに宛てた英文書簡に次のように述べています。

僕は一つには僕自身の性格から、また一つにはブレークの研究からキリスト教神秘主義に深い興味を抱くようになりました。僕はあまりにも長い間、この世の二元性の問題に取組み、精神と肉体、天国と地獄、神と人間といった甚だしい分離の状況に悩んできました。これらの二元性からいかに逃れるか、或いは解放されるか、いかにそれらを融合し、または秩序づけるか。この模索に僕は知的及び感情的欲求にかられて弛みない努力を重ねてきたのです。そういう時にブレークに出会いました。

（「バーナード・リーチへの手紙」『柳宗悦コレクションI　ひと』ちくま学芸文庫、筑摩書房、二〇一〇年、一六三頁）

柳が「如」を説いたのに対し、鈴木大拙は「妙」を語りました。共に無対辞です。大拙は論考「「妙」について」（『民藝』八十八号、一九六〇年四月号）のなかで、次のように記しています。

「妙」といふことについては、去年の夏ハワイで東西哲学者会のあつたときに話したことでもあるが、柳君は美といふことをいふが、私のはうでは妙といひたい。この妙といふことが東洋思想といふか、東洋感情といふか、さういふ東洋的なものをもつともよく現はしてゐると思ふ。（中略）この妙といふ字も今は女へんを書くが、昔の字をみると玄へんで玅と書いてある。（中略）『老子』の「玄之又玄衆妙之門」は、その玄のまた玄、すなはちそれのまた最後のところ、それは言葉であらはせんが、そこから妙が出てくるといへる。衆妙之門といふことも門は入口の門といふよりも、そこからみな出てくる源といつてよからう。

（『東洋的な見方』春秋社、一九六三年、所収。『鈴木大拙全集』〔増補新版〕第二十巻、二六八―二六九頁）

同年（昭和三十六年）、五月三日、柳没、行年七十二歳。墓所、小平霊園。

鈴木大拙が書いた法名は「不生院釋宗悦」。柳家は日蓮宗でしたが、真宗で葬儀が行われました。大拙は弔辞で、「君は天才の人であった。独創の見に富んでいた。それはこの民藝館の形の上でのみ見るべきでない。日本は大なる東洋的「美の法門」の開拓者を失った。これは日本だけの損失でない。実に世界的なものがある」（『民藝』一〇二号、一九六一年六月号）と述べて柳の死を惜しみました。

柳の妙好人に関する論考としては、昭和二十五年（一九五〇）六十一歳頃から書いた「妙好人の存在」、「妙好人の辞世の歌」、「受取り方の名人」、「『市太郎語録』紹介」、「妙好人の入信」、「信者の答え」、「信女おその」などがあり、寿岳文章編『柳宗悦　妙好人論集』（岩波文庫、一九九一年）に収められています。

昭和三十七年（一九六二）　二年前の昭和三十五年に病室で書いた『美の浄土』（私家本。日本民藝館）が刊行されました。柳は「後記」に、次のように記しています。

今回民藝協会の第十四回全国協議会が催されますので、私は一言御挨拶したく存じましたが、何分にも病気のため、未だ発音に不自由を覚えますので、その代りに予々《かねがね》艸しておきました一文を小冊子に組みまして、お頒ちすることに致しました。

昭和三十五年三月三十日

（『柳宗悦コレクション3　こころ』ちくま学芸文庫、筑摩書房、二〇一一年、二一二頁）

本文では、次のように述べています。

優れた人、上等な品等が、美しさと堅く結ばれる例が色々あることは申す迄もありませんが、私共の心を最も惹きつけることは優れざる人、貧しい品が尚且つ美しさと固く結ばれるその不思議さを、現下に見ているからであります。このことは丁度、偉大な聖僧や学僧が宗教の国を深く育ぐくみ養ったと共に、少しも学問のない、又凡々たる信者達の間に、とても浄らかな又、深い信仰の生活者を見るのと事情がよく似ていると存じます。仏教では後者のような信心深い平信徒を、「妙好人《みょうこうにん》」と呼んでおります。もとより学識等の上からは、学僧と妙好人とには雲泥の差が見られはしますが、信心の上からは、そんなけじめは見られないのであります。

（同書、二〇八頁）

善悪・賢愚・美醜など二元相対・相克の世界を超える「美の浄土」への往生を説いたのでした。

柳は美学者・宗教哲学者でしたが、理知中心の学者ではなく、北陸、東北、山陰、沖縄など全国各地を巡って、無名の工人たちが作った生活雑器に健康な美を見出し、「妙好品」と称し、その蒐集につとめ、日本民藝館を創設するなど生涯真の美を追究し、それを国内外に伝えました。すべての人を対立・相克の苦しみから救い出し、「如」の世界、「美」の浄土に在らしめたい、それが柳の願いでした。

文化面での社会改革運動にも取り組みました。暴力を否定し、反戦思想を貫き、「複合の美」の思想による平和を説き、台湾、沖縄、アイヌ、朝鮮など民族固有の文化を高く評価しました。沖縄の民族衣装「琉装」の美しさを讃え、沖縄方言の禁止に反対するなど、政府の文化的同化政策・皇民化政策を批判します。

啓蒙思想家や進歩主義の人たちから、「柳は時代の流れを読み取っていなかった」、「民衆のとらえ方が時代の流れに逆行するものをもっていた」、「今日の状況に、柳思想をそのまま当てはめることはできない」などと批判されましたが、柳は近代の啓蒙思想や進歩主義の視座からではなく、それがもたらす人間疎外の悲惨を見ていたのです。柳は民藝運動を展開しましたが、その根底に平和実現への強い信念がありました。温かい心の通った文化「無対辞文化」の構築を願ったのです。

阿満《あま》利麿《としまろ》（明治学院大学名誉教授・宗教学）は、柳について、「「美の菩薩」という呼称こそ、柳宗悦その人をあらわすのにもっとも相応しい言葉だ、と最近になっていっそう強く感じる」（阿満利麿著『柳宗悦――美の菩薩』ちくま学芸文庫、筑摩書房、二〇一九年、二〇九頁）と記しています。柳は「美の浄土」からやって来て美を語り、人びとを「美の浄土」へ誘い、「美の浄土」へと還《かえ》って行った還相の菩薩でした。鈴木大拙から思想的影響を受けるとともに、次項で述べる大拙の愛弟子で妙好人研究者の楠恭と親しく交わったことに注目すべきでしょう。両人はともに手を携えて世の安穏を願い、浄土への道を歩んだ法友でした。

註記（研究経過と資料）

本稿執筆に際し、次のようなご縁をいただきました。

長年柳氏と親交を重ね共に妙好人研究を進めた楠恭氏と筆者は、縁あって数度お会いし、柳氏のことを聞かせていただき、楠氏の妙好人関係の著作と多くの資料を贈られました。平成十年（一九九八）九月二日、筆者が横浜の鶴見大学で開催された日本印度学仏教学会第四十九回学術大会で、「環境倫理と浄土仏教――真宗信徒「妙好人」のエートスを中心として――」を発表した際聴講され、懇切なご教示をいただきました。

平成十五年（二〇〇三）三月に『柳宗悦――時代と思想』（東京大学出版会）を上梓された中見真理清泉女子大学教

授（外交史・国際関係論）から、柳氏の「複合の美」の平和思想についてご教示いただきました。拙論文二編（1「妙好人の倫理観――真俗二諦論の機能相――」『印度学仏教学研究』四十六巻一号、日本印度学仏教学会、一九九七年十二月、2「環境倫理と浄土仏教――真宗信徒「妙好人」のエートスを中心として――」『印度学仏教学研究』四十七巻二号、日本印度学仏教学会）を同書に紹介（三六一頁）いただいたことが縁でした。會田秀明編『民芸の心を学ぶ――二〇一二年（平成二十四年）第一四〇回日本民藝夏期学校青森会場・青森県民芸協会創立七〇周年記念・講演記録集』（青森県民芸協会、二〇一四年）に、中見氏の講演録「柳宗悦の複合の美」が収められています。

平成二十五年（二〇一三）九月七日、國學院大學で開催された日本宗教学会第七十二回学術大会で、浄土心理学研究会（龍谷大学内、代表・吾勝常行教授）のメンバー五名が、柳氏の「無対辞」の思想をもとに、「妙好人における無対辞の思想」のテーマでパネル報告を行いました。報告者とテーマは次のとおりです。

1、林智康「浄土真宗と妙好人」
2、藤能成「妙好人を無対辞の境地に導いたもの」
3、那須英勝「ヨーロッパの妙好人と無対辞の思想」
4、中尾将大「妙好人の認識の在り方と世界観――無対辞による苦しみの超越――」
5、菊藤明道「妙好人の無対辞思想」

この報告は、『宗教研究』第八十七号・別冊（日本宗教学会、二〇一四年三月発行）に収録されています。

平成二十八年（二〇一六）十一月四日午後、鎌倉の松ヶ岡文庫で開催された松ヶ岡文庫仏教講座で、「鈴木大拙における妙好人研究の意義」と題して講演させていただきました。同日午前中、東京駒場の日本民藝館を訪ね、日本民藝協会の村上豊隆氏から柳氏について懇切なご教示をいただきました。となみ民藝協会会長・日本民藝協会常任理事で富山県南砺市真宗大谷派大福寺住職・太田浩史氏と真宗大谷派高岡教区第四組教化委員の尾田武雄氏から赤尾の道宗・砺波庄太郎ら砺波地方の妙好人に関する資料をいただきました。

平成三十年（二〇一八）五月、『柳宗悦――「無対辞」の思想』（弦書房）を上梓された熊本県菊池市在住の作陶家・松竹洸哉氏からも懇切なご教示いただきました。

参考文献

鶴見俊輔著『柳宗悦』（平凡社、一九七六年）、『柳宗悦全集』第十八巻（筑摩書房、一九八二年）、出川直樹著『民芸――理論の崩壊と様式の誕生』（新潮社、一九八八年）、柳宗悦著『保存版・柳宗悦宗教選集』第一巻「宗教とその真理」（春秋社、一九九〇年）、中見真理著『柳宗悦――時代と思想』（東京大学出版会、二〇〇三年）、水尾比呂志著『評伝柳宗悦』（ちくま学芸文庫、二〇〇四年）、太田浩史著『柳宗悦と南砺の土徳』（となみ民藝協会、二〇〇六年）、『柳宗悦コレクションⅠ　ひと』（ちくま学芸文庫、二〇一〇年）、『柳宗悦コレクション3　こころ』（筑摩書房、ちくま学芸文庫、二〇一一年）、柳宗理著『柳宗理――エッセイ』（平凡社、二〇一一年）、中見真理著『柳宗悦――「複合の美」の思想』（岩波書店、岩波新書、二〇一三年）、會田秀明編『民芸の心を学ぶ――二〇一二年（平成二十四年）第一四〇回日本民藝夏期学校青森会場・青森県民芸協会創立七〇周年記念・講演記録集』（青森県民芸協会、二〇一四年）、松竹洸哉著『柳宗悦――「無対辞」の思想』（弦書房、二〇一八年）、阿満利麿著『柳宗悦――美の菩薩』（筑摩書房、ちくま学芸文庫、二〇一九年）、島貫悟「柳宗悦の民藝論における工人観と仏教思想」（『比較思想研究』第四十五号、比較思想学会、二〇一九年三月）。

三、楠　恭

楠恭《くすのききょう》（一九一五―二〇〇〇）は、大正四年（一九一五）十一月十七日、富山県西礪波郡石動町飯田町《にしとなみぐんいするぎまちいいだまち》（現、富山県小矢部市中央町）の真宗大谷派道林寺《どうりんじ》に生まれ、得度して僧籍（釈恭順）を得ました。大谷大学宗教学科に在学中、主任教授・鈴木大拙から宗教経験の重要性を教えられ、その具体像を求めて妙好人研究を始めます。生涯大拙に近侍し、集めた妙好人に関する多くの資料を提供します。神奈川県庁に勤務し定年退職後、東京浅草の東京本願寺学院教授に就任、「三経七祖」を講じます。妙好人関係著作の執筆とＮＨＫラジオ放送、各地の講演で妙好人について語りました。第三十三回仏教伝道文化賞受賞。

経歴は次のとおりです。

大正四年（一九一五） 十一月七日、真宗大谷派道林寺（現、浄土真宗東本願寺派）に父・現順、母・文子の六男として誕生。

昭和五年（一九三〇）十五歳 四月、富山県立高岡工藝学校彫刻科に入学。

昭和十年（一九三五）二十歳 三月、富山県立高岡工藝学校卒業。卒業作品、観音菩薩像。

昭和十三年（一九三八）二十三歳　大谷大学入学、宗教学専攻。

主任教授・鈴木大拙から、宗教には宗教経験が大切なことを教えられ、妙好人研究を始めます。

在学中、宗教経験の具体例を求めて京都市内の仏書店をまわり、讃岐の庄松の言行録『庄松ありのままの記』、安芸の三戸《みと》独笑《どくしょう》の法談集である竹内圭甫編『他力安心座談』（洗心書房）、和泉の物種吉兵衛《ものだねきちべえ》の語録である片山専寛編『信者吉兵衛言行録』（興教書院）、丹波の三田《さんた》源七《げんしち》の聞法録である宇野最勝・竹田順道編『信者めぐり』（興教書院）などを買い求めて大拙に贈りました。

大拙は、それらをもとに『宗教経験の事実』（大東出版社、一九四三年）を執筆します。同書で『庄松ありのままの記』のほか、『信者吉兵衛言行録』や『信者めぐり』にも触れています。『宗教経験の事実』の「7、信者吉兵衛の入信経路」と「18、宗教人には悲劇なし」の記述は、楠が大谷大学在学中、京都東本願寺前の仏書店・為法館で、昭和七年版の片山専寛編『信者吉兵衛言行録』を二冊買い求め、そのうちの一冊を大拙に贈ったものによって書いています（「編纂後記」楠恭編著『妙好人　物種吉兵衛語録』法藏館、一九九一年、三五〇頁、参照）。

昭和十五年（一九四〇）二十五歳　秋頃より京都市上京区小山大野町（現、京都市北区小山大野町）の鈴木大拙宅へ出入りします。

昭和十七年（一九四二）二十七歳　八月、鈴木大拙を生家の道林寺に招き、講演会を催します。寺内挙げての歓迎ぶりでした。母文子が大拙の大好物でもてなした様子が次のように書き残されています。「「がもじやの山椒味噌和え」である。山芋の蔓になるむかごを湯がいて山椒味噌で和えたものだ（後略）」（楠和夫「大拙と妙好人研究に没頭した恭のこと」『追想　鈴木大拙――没後四十年記念寄稿集』財団法人松ヶ岡文庫、二〇〇六年、五五頁）。

同年秋、大谷大学を卒業。

昭和十八年（一九四三）二十八歳　真宗大谷派の要請と鈴木大拙の尽力で道教研究のために北京大学に留学。留学中に戦争で現地召集され、中国語が話せたため通訳となりました。

昭和二十一年（一九四六）三十一歳　五月、復員。郷里石動に戻ります。夏、京都の鈴木大拙宅に行き雑務を行います。以後たびたび大拙宅へ赴きます。この頃、大拙の紹介で柳宗悦と会い、生涯師と仰いで親交を重ねました。

昭和二十二年（一九四七）三十二歳　五月、父・現順没。

北鎌倉の松ヶ岡文庫の鈴木大拙のもとへ移り大拙の助手をつとめます。柳宗悦に、片山専寛編『信者吉兵衛言行録』（興教書院）を紹介し、共に妙好人の調査旅行をするなど柳の妙好人研究を助けました。柳も後に、楠恭編『妙好人　物種吉兵衛語録』（文一出版、後に法藏館）と同『妙好人才市の歌　一、二』（法藏館）に序文を贈っています。

昭和二十三年（一九四八）三十三歳　六月、酒井芙蓉と結婚。後年、芙蓉は結核に罹り、楠はよく看病しました。鈴木大拙からアメリカ行きの誘いを受けましたが看病のため断ります。この後、大拙を通じてご縁を得た方から貴重なペニシリンが届きました。

同年秋、東京市ヶ谷の千代田女学校に寺本慧達校長を訪ね、浅原《あさはら》才市《さいち》の詩のノート三十数冊を譲り受け、大拙に届けました。後に、大拙の最晩年の門弟・佐藤平（顕明）の尽力で大拙没年の翌年に鈴木大拙編著『妙好人　浅原才市集』（春秋社、一九六七年）として刊行されました。

同年、論考「寺本慧達氏を訪う」「能登の栃平《とちひら》ふじ女《じょ》」を執筆。入手した「小《お》川《がわ》仲《なか》造《ぞう》夫妻の語録」を大拙に贈ります。大拙は自著『妙好人』（大谷出版社、一九四八年。後に法藏館）末尾の「付録」に収めます。「付録」は大拙が同書の執筆に際して用いた資料です。「付録」には論考「寺本慧達氏を訪う」も掲載され、楠は寺本を次のように紹介しています。

昭和二十三年二月二十一日（土）、しと〲と降る雨の中を東京市ケ谷の千代田女学校に寺本慧達氏を訪ねた。氏は真宗本派の僧侶で龍谷大学の出身。またここに紹介する浅原才市《さいち》老と同じ島根県邇摩《にま》郡の出である。一時同大学の教授をしておられたが、後昭和七年にハワイに行かれ布教に当ること同地で約十年。日本へ帰れてからは千代田女子専門学校の学監、同女学校の校長として女子教育に専心して来られた。現今は戦争で焼けてしまった同校の再建に努力しておられる。

（鈴木大拙著『妙好人』〔第二版〕法藏館、一九七六年、二〇三頁）

寺本は浅原才市を最初に世に紹介しました。二十一歳の時、論考「生ける妙好人　浅原才市」（富士川游編『法爾《ほうに》』第二十二号・第二十三号、大正八年十一月・十二月発行、所収）を書いています。鈴木大拙著『妙好人』の「付録」にも転載されています。

その中で寺本は才市の詩二十四首を紹介し、才市について次のように記しています。

彼は今年多分七十歳だと思います。そして彼が与えられた職業は下駄大工です。彼は毎日毎日朝早く近所の寺〔安楽寺〕の朝の勤行《ごんぎょう》に参詣して帰るや否や、四畳敷位の仕事部屋に閉じ籠つて、一生懸命に倦まず厭かずに仕事に従事しています。彼の毎日の仕事は、私等のそれの様な義務的な仕事ではありません。全くの御恩報《ごおんほう》謝《しゃ》の経営です。否、彼には報謝の為め等と予想する様な余裕はなく、唯うれしくて、有り難くて働かざるを得

ないのだと言つた方が適切でしょう。彼の一つの「口《くち》アイ」に

○才市は臨終すんで葬式すんで、
　南無阿弥陀仏と此の世には居る、
　　才市は阿弥陀なり、
　　　阿弥陀は才市なり。

と言つていますが、此の体現せられたる機《き》法一体《ほういったい》、才市と阿弥陀と円融無碍《えんゆうむげ》に融け合つた全体の力が、下駄を削る一削り一削りに躍動しているのです。彼は念仏の中に仕事をします。み仏様と仕事をします。従つて仕事をし乍ら、常に法味愛楽の念は、彼の頭を去らずフト「口アヒ」が浮びます。彼はすぐそれを木片に書きつける。

（寺本慧達著『浅原才市翁を語る』千代田女学園、一九五二年、六〇―六一頁）

昭和二十四年（一九四九）三十四歳　十月、才市の詩を収めた『妙好人才市の歌　一』（法蔵館）を刊行します。以後、昭和五十二年（一九七七）六十二歳の十一月に二巻を、昭和六十三年（一九八八）七十三歳の四月に一・二・三巻を合本して『定本　妙好人才市の歌　全』（法蔵館）を刊行します。

一巻に六冊分のノートの詩七一六首、二巻に九冊分のノートの詩八五三首、三巻に十二冊分のノートの詩一二五二首、計二八二一首を収めています。

『妙好人才市の歌　一』には、鈴木大拙の序（昭和二十三年夏）と柳宗悦の序（同）が付されています。

大拙は、序の冒頭に註書して、「此序は、さきに妙好人と云ふ拙著を草し了つてから、また思ひ出すままのところを記しておいたものである。今度楠君編輯の『才市老人の歌』が出版せられるに当りて、何か序文を書けと云は

れるので、これをそれに充当することにした」と記しています。

大拙はこの序で、才市の歌を九首引いて彼の宗教心について論じ、真宗の信徒は成仏後の還相《げんそう》の衆生済度を期するだけでなく、この世での応分の利他的実践の必要性を述べ、末尾に楠の仕事について、次のように評しています。

楠君は大谷大学出身で宗教学専攻である。近頃は真宗的体験の本体とも考へられる妙好人の研究に従事して居られる。浅原才市翁の歌集、吉兵衛老人の言行録などを首として、次第に妙好人の遺稿を公刊する計画である。これらを材料として真宗研究の上に何か新たな分野を開拓し、併せて真宗的なるものの社会生活の上に進出せんことを期する。これは世界に於ける真宗の使命だと考へるからである。

（楠恭編『定本　妙好人才市の歌　全』法蔵館、一、二五頁）

大拙は、楠の妙好人研究を高く評価しました。

柳は序の末尾に次のように記しています。

編者楠君はこの有難い仕事を克明に果してくれた。さうして長い間の忘却からこの詩集を救つてくれた。若し同君の熱意がなかつたら、或は世に現れる機縁がなかつたかも知れぬ。言々句々、皆霊の糧であるから、道を求める者の間にいち早く広まるであらう。さうして誰もその中の幾つかの詩を、きつと想ひ出しては、生涯の師とし友とするであらう。

（同書一、三一―三二頁）

楠の同書編集への熱意と努力に感謝の意を表しています。

柳は、楠が編集した『妙好人才市の歌　一、二』と『妙好人　物種吉兵衛語録』に序を贈り、『妙好人才市の歌　一』は表紙の装丁もしています。

『妙好人才市の歌　一』の末尾に、楠は論考「浅原才市について」(昭和五十年十一月二十二日、横浜市戸塚原宿の寓居にて) を付しています。才市の生涯や詩を詠んだ経緯、人びととの交流などが記されています。末尾の楠の「編輯の記」には、才市の詩のノートについて、大拙の『日本的霊性』第四篇「妙好人」の才市の詩について、さらに、柳宗悦、寺本慧達、藤秀璻との交流の様子などが詳しく記されています。

昭和二十五年(一九五〇)三十五歳　一月、楠恭編『庄松言行録』(世界聖典刊行協会。会長・鈴木大拙) を刊行。同書の巻頭に、鈴木大拙の「序」(昭和十八年一月　鎌倉也風流庵にて) を載せています。本序は、大拙が『宗教経験の事実』(大東出版社、一九四三年) の後半に〔参考〕として付した「庄松言行録」の序とほぼ同じで、楠が大拙の承諾を得て同書に転載したものでした。

楠恭編『庄松言行録』は、大拙の「庄松言行録」(『宗教経験の事実』収載) に、楠が新たに発見した十一則を加えたもので全一〇一則です。

巻頭の大拙「序」の次に、「明治二十二年版のまへがき」(編者・清水順保) と、昭和三年版の「はしがき」(昭和三年五月) (校訂者・林性常) を、本文に、庄松の言行一〇一則を収め、末尾に楠の「後記」(昭和二十四年五月二十三日、於鎌倉市山ノ内松ヶ岡文庫) を付しています。

「後記」の中で楠は、「本書は鈴木先生のお許しを得て、先生との共編になるものとした」と記しています。当時、大拙・楠師弟が、妙好人・讃岐の庄松研究に没頭していたことがわかります。

同年三月、大拙がアメリカ滞在中に、楠が大拙の英文論文五編を邦訳し、鈴木大拙著・楠恭訳『日本仏教の底を流れるもの』（大谷出版社）を刊行。

巻頭、訳者楠の「訳者序」（昭和二十四年十二月五日、於北鎌倉松ヶ岡文庫）には、次のように記されています。

此処に鈴木大拙先生の旧著新著をとりまぜて五つ訳出した。此等は何れも仏教と日本人の精神生活に深い関聯を持つものばかりである。特に後の三つの論文は――法然親鸞の浄土的思想を頂点とする日本人――特に庶民の精神生活の根底を探つたものとして、もともと外国人を対象として書かれたものであるが、それが英語と云ふ異質的な思考表現の手段を通つて来ると、又新鮮な息吹きを感じさせるのである（中略）仏教は日本人の精神形成の上に、儒教と並んで一方ならぬ役割を演じた。その中でも特に禅は所謂日本文化の形成発展の上に非常に大きな貢献をしたと云はれる。けれども禅が影響を与へた文化は庶民の文化ではなかつた。云はば禅は本質的にか、偶然的にか、庶民の精神に触れる所が少なかつたのである。日本人の精神分野の半分は確に禅によつて耕されたと云つてよいが、後の半分は未開拓に残されたと云へるのである。そうして其の半分野を耕し、其処から日本独特の個性的な花を咲かせたのが法然――親鸞の浄土系思想であった。それは庶民の中へ深く入つて行き、庶民の精神生活を深く動かし、現在に至つて居る。

（鈴木大拙著・楠恭訳『日本仏教の底を流れるもの』大谷出版社、一―二頁）

同書末尾の付録「妙好人浅原才市の歌一三〇首」は、楠が浅原才市の初期のノート二冊から一三〇首を選んで付したものでした。

昭和二十六年（一九五一）三十六歳　神奈川県庁に就職。英語と中国語が話せたので横須賀の米軍基地に勤務し、通訳をつとめました。就職後も妙好人研究を続け、多くの著書を刊行します。

昭和四十一年（一九六六）五十一歳　七月十二日、恩師の鈴木大拙没、行年九十五歳。

昭和四十六年（一九七一）五十六歳　十二月に刊行された寄稿集『鈴木大拙――人と思想――』（岩波書店）に論考「おこのさんの追憶」（同書、三八九―三九二頁）を寄せます。おこのは鈴木大拙夫妻に長年お手伝いとして仕えた女性です。

楠は同論考に「俗名は丹野この、越後の生れであった」「松ヶ岡文庫の設立について先生を大いに助けた」「三十年以上もの間、彼女が昭和二十三年七月に死ぬまで、先生とビアトリス夫人に仕えた」「彼女は昔の田舎出によくあるように教育を受けていなかった。字は読みも書きも出来なかった。が、頭は実によく、頭の回転も早く、よく物事に気が付き、生き物に対して深く憐れみの心を持ち、生一本で少し頑固な所があったが、心から先生御夫妻を尊敬していた」「先生の講演旅行にはよくお供をして行った」「彼女は必ず講演会場へ行き、前の方の席で先生の話をよく聞いていた」、「おこのさんのお墓は先生御夫妻のお墓の敷地内の左前の方に建っている」「墓石の正面には「妙随大姉、関口この」、裏には「俗名、丹野この、昭和二十三年七月二日、六十七歳」とある」と記しています。

鎌倉の東慶寺の墓地のお墓です。おこのは楠が長年親睦を重ねた女性でした。

同書に、橋本芳契金沢大学助教授が寄せた論考「鈴木家の墓地」（同書、四六四―四六八頁）があり、それには、おこのの「墓石の正面には、「慈悲園仁峯妙随大姉」、左右両側には「昭和廿三年七月二日亡、俗名関口この、享行六十八歳」の文字」が刻まれている、と記されています。金沢市営野田山墓地にある鈴木家の墓地に建っているおこのの墓石です。

昭和四十九年（一九七四）五十九歳　金光寿郎NHKチーフディレクターと交流を始めます。以後、毎月横浜市戸塚区原宿の楠の自宅で「『教行信証』を読む会」を催すなど生涯親交を重ねました。

同年秋、楠恭編著『妙好人　物種吉兵衛語録』〈初版本〉（文一出版）を刊行。鈴木大拙・柳宗悦の両人が序文を贈っています。同書の刊行は、当初出版を予定していた世界聖典刊行協会の経営不振のため大幅に遅れ、文一出版からの刊行となりました。内容は、昭和七年（一九三二）版片山専寛編『信者吉兵衛言行録』（興教書院）をもとに楠が再編して解説を施したものです。

平成三年（一九九一、七十六歳）の五月に楠恭編著『妙好人　物種吉兵衛語録』〈再刊本〉（法藏館）を刊行し、その巻頭に楠の序と、〈初版本〉の大拙・柳両人の序文が再録されています。楠は、〈再刊本〉の「再刊の序」（平成三年二月十五日）に、次のように記しています。

　本書の初版は昭和四十九年秋に文一出版社から出版された。当時は妙好人についての一般の関心は現在ほどではなかったが、それでも仏教に関心をもつ人々からは、僧俗を問わず、評価していただいたものである。約十五年ぶりで、仏教書専門の法藏館から再刊してもらうことになった。この書に序文を寄せられた故鈴木大拙・柳宗悦両先生は本書の再版を喜んでおられると信ずる。

（楠恭編著『妙好人　物種吉兵衛語録』〈再刊本〉、法藏館、一九九一年、一頁）

大拙による序文（昭和二十三年初夏）は次のとおりで、妙好人に強い関心を寄せていたことがわかります。

如何なる学問も、具体的事件の上に、その基礎をおかぬ限り、空疎なものになる。根のない切花のようなものになる。そのような学問は生気潑剌というべきものを持ち得ない。特に宗教的研究には何よりも経験が基本になる。伝統的教説もこれを個人個人の体験の上に検せられないと、その権威はなくなる、その中の生きたものは凋んで行くよりほかはない。今までの真宗学者が妙好人をただ有難屋とのみ見ていたのは大なる誤りと考えなくてはなるまい。

（同書、五―六頁）

「編輯後記」（昭和四十九年三月十六日、横浜市戸塚原宿の寓居にて）に、楠は次のことを記しています。

大谷大学在学中の昭和十六年頃、東本願寺前の仏書店・為法館で昭和七年版の片山専寛編『信者吉兵衛言行録』（興教書院）を二冊求め、一冊を大拙に贈ったこと、大拙は吉兵衛を高く評価し、『宗教経験の事実』の中で庄松と共に吉兵衛にも触れていること、鎌倉松ヶ岡文庫の大拙の許にいた時、柳に会い、昭和七年版の『信者吉兵衛言行録』を紹介したところ、柳もこれを入手し、吉兵衛を高く評価したこと、柳から序文をもらえたのはこのような縁があったこと、柳は妙好人に深い関心を寄せ、源左同行の本（柳宗悦編『妙好人　因幡の源左』大谷出版社、一九五〇年）を刊行したこと、『妙好人　物種吉兵衛言行録』の出版に際し、また『妙好人才市の歌　一、二』の出版に際して柳から玉序をもらったこと、大拙と柳の好意に対して本書の刊行で報いることができたこと、などです。

昭和五十年（一九七五）六十歳　十一月、神奈川県庁を定年退職。

昭和五十二年（一九七七）六十二歳　十一月、『妙好人才市の歌　二』（法藏館）刊行。

昭和五十八年（一九八三）六十八歳　二月、安楽寺（大宮）で月一回の法話を開始します（平成十二年二月まで）。

昭和六十一年（一九八六）七十一歳　九月一日、妻・芙蓉没、行年六十四歳。

昭和六十二年（一九八七）七十二歳　東京本願寺学院教授に就任。「三経七祖」の授業を担当、平成十二年（二〇〇〇）二月まで教鞭をとりました。

同年二月、『妙好人随聞』（光雲社）を刊行。巻頭の「自序」に、楠は次のように記しています。

本書の内容は、昭和五十七年六月から東京浅草の東京本願寺寺報に「妙好人随聞抄」と題して連載中のものである。一冊の本にまとめるに当たって、それにいくらか加筆した。（中略）浅原才市の真宗体験については、人間の宗教経験という点からも、また親鸞《しんらん》教学との対応という点からも、もっともっと書いてみたい。そんなわけで、本書には浅原才市を中心として数名の妙好人が出てくるが、才市の念仏体験が中心なのである。

同書には、二十九項目の論考を収めていますが、そのうち主な妙好人関係の論考として、次のものがあります。一「浄土真宗と妙好人」、二「近代の代表的妙好人・浅原才市・念仏の詩人」、六「悪人はわれ一人」、八「阿弥陀様は親様」、九「「一面他力なむあみだぶつ」」、十四「三河のおその妙好人の空《から》念仏」、十五「物種吉兵衛《ものだねきちべえ》妙好人の念仏観」、十八「才市の浄土往生」、二十「妙好人讃岐《さぬき》の庄松《しょうま》の話」、二十一「才市の念仏生活」、二十九「大信心者浅原才市」などです。

一「浄土真宗と妙好人」に、鈴木大拙と柳宗悦の言葉が紹介されています。

浄土系仏教に深く傾倒されていた鈴木大拙先生や柳宗悦先生などは、「真宗の宗教的真理を露ほども疑いなく立証してくれるのが妙好人で、もし妙好人がいないとしたら真宗は嘘を言っているというと言い過ぎかも知れぬが、少なくとも真宗の価値は著しく低下すると言える。妙好人が出るばかりに真宗は真実の宗教だと言える。妙好人が出るばかりに真宗は真実の宗教だと言える。（中略）妙好人のような宗教者を生むので真宗の持つ宗教的活動性の深さと素晴らしさが実証されると思う。自分等は教学者の言うことよりも、妙好人の言動に魅力を感ずるし、また有難いと思う。もう一つは妙好人のような信者を生み出す教化に励んでおられる僧侶達の存在を忘れてはなるまい」とよく言っておられた。

（楠恭著『妙好人随聞』光雲社、一八頁）

昭和六十三年（一九八八）七十三歳　四月、『定本　妙好人才市の歌　全』（法藏館）を刊行。『妙好人才市の歌』の一、二、三巻を合本したものです。

一に鈴木大拙、柳宗悦、藤秀璻の「序」と、寺本慧達の「思い出」が付されています。二には、柳の序「才市の歌」が付されています。

二の末尾に、楠の論考「大拙先生と妙好人」（昭和五十一年九月二十六日、横浜市戸塚原宿の寓居にて）が付されています。その中に、大拙が藤秀璻著『大乗相応の地』（興教書院、一九四三年）所載の論考「浅原才市の歌」を読んで感動し、さらに大拙が、楠が寺本慧達から譲り受けた才市の歌のノートによって『妙好人』を執筆した経緯が記されています。

三に、楠の論考「才市念仏の総括」（昭和六十二年六月二十九日、横浜市戸塚原宿の寓居にて）が付され、才市の詩二十二首を引いてその信心を論じています。末尾の「あとがき」に、「第一巻には六冊のノート、第二巻には九冊のノートが載せられているが、第三巻に十二冊のノートが載せられている」、「才市の知人の故寺本慧達師によると、彼が歌ノートを書き始めたのは大正二年の九月頃（才市六十四歳）からであったという」と記されています。

なお、二の巻頭、柳の序「才市の歌」には、次のようないわくがあります。

この序は、昭和二十四、五年頃、未刊だった『妙好人才市の歌　二』のために柳が書いておいたもので、三十数年を経た昭和五十七年（一九八二）四月に発見されました。筑摩書房編集部の高松政弘氏が発見し、楠に贈ったものです。そして『定本　妙好人才市の歌　全』の二の巻頭に収められました。柳は、序の中で、「私は美しい民芸品を妙好品と見るが、逆に才市のやうな人の詩は民芸品の代表的なものである」と記しています。

楠は、柳の序の後に自身の一文（昭和六十一年十一月八日）を載せ、未刊の本のために序を書いた柳の好意に対し、次のような謝意を記しています。

柳先生は「妙好人才市の歌」第一巻にも序文を書いて下さった。いままた書いて置いて下さった第二巻の序文も見つかった。先生の有難いご配慮がひしひしと感じられるのである。私は早速先生のご長男の柳宗理氏にこの一文を第二巻再版の際に掲載させて下さるようお願いしたところご快諾をいただいた。ここに厚くお礼申し上げる次第である。この序文原稿が昭和二十四、五年頃に書かれたものとすれば、実に三十五、六年振りで納まるべきところに納まったわけである。先生のご指示通り第二巻の序文として巻頭を飾ることができたことを何よりも嬉しく思うものである。本序文の中心は、才市の歌が生まれ出る原点についてであるが、その原点を探り出す先生の目の深さ、確かさは先生ならではのものであって流石である。

先生、ありがとうございました。

（楠恭編『定本　妙好人才市の歌　全』二、九―一〇頁）

平成三年（一九九一）七十六歳　五月、東京浅草の徳本寺で、月一回の法話を開始します（平成十二年、二〇〇〇年二月まで）。

同年五月、楠恭編著『妙好人　物種吉兵衛語録』（再刊本）（法藏館）を刊行。

楠の「再刊の序」（平成三年二月十五日）に、〔初版本〕の経緯、約十五年振りの再刊を故鈴木大拙・柳宗悦両先生も喜んでおられるであろう、と記しています。同書にも〔初版本〕の大拙の序（昭和二十三年初夏）と柳の「序」（昭和二十三年六月）が付されています。

同年十一月、金光寿郎との共著『妙好人の世界』（法藏館）を刊行。

平成十年（一九九八）八十三歳　四月から十月まで七回にわたってＮＨＫラジオ放送番組「こころをよむ」で、「信心の華――妙好人を語る」に出演。

同年四月、『信心の華――妙好人を語る・上』（日本放送協会）を、七月、『同・下』を刊行。

楠は、『信心の華――妙好人を語る・上』の中で、江戸時代の「妙好人伝」について、「幕藩体制、封建倫理への順応性、真宗教団の護持と教化に従順な人が多く取り上げられている」、「宗教の本来性からいうと、親に孝、君に忠、教団護持に力を致すことと、真実の信心を獲得することとは何の関係もない」、「回心の状況が明確でなく、詳しく記されていない」、「『妙好人伝』は真宗の他力信心の研究資料としてはあまり評価できない」と批判しています。何よりも回心の大切さを説き、「回心というのは心の転回であり、心が世俗の方でなく浄土の方に目覚めること」と述べています（同書、九―一〇頁）。

平成十一年（一九九九）八十四歳　三月、「妙好人の意味と位置づけを明らかにし、日常生活に生きている仏教の姿を紹介した功績」により、第三十三回仏教伝道文化賞を受賞。

同年六月、胃の検査で国立横浜病院に入院。七月、退院。八月より浅草徳本寺の法話会を再開します。

平成十二年（二〇〇〇）　一月、『妙好人を語る』（NHKライブラリーNo.111）（NHK出版）を刊行。

第一章「妙好人とは」、第二章「妙好人浅原才市」、第三章「妙好人讃岐の庄松」、第四章「妙好人因幡の源左」が収められ、妙好人の宗教経験について述べられています。

同年四月八日、急性硬膜下血腫のため国立横浜病院にて没、行年八十四歳。法名・証道院釋恭順。遺骨は富山県小矢部市道林寺の楠家の墓に納骨。

同年十一月十七日、楠恭著・津田和良監修・月森俊文編『親鸞と妙好人の信心』（青森県民藝協会会長・會田秀明）刊行。

同書は、平成八年（一九九六）七月二十七日、青森県の弘前文化センターでの第九十二回日本民藝夏期学校の講義録です。巻頭に、楠の講義中の写真、岡村美穂子の「刊行によせて」が、次に浅原才市の自筆の詩とノートの写真が数葉付されています。同書末尾に、楠に三十二年間師事した津田和良の論考「善知識にしたがいて」が、その後に「楠恭年譜」、「楠恭　著作・編集・翻訳」、「楠恭　放送記録」が、最後に編者・月森俊文の「後記」が付されています。

同書の「一、柳宗悦との縁」の中で、楠は次のように述べています。

柳先生とは、私昭和二十一年に初めてお会いしました。私、大陸から復員して来てから、北鎌倉の鈴木大拙先生のところにずっとおりました。それで柳先生はよくいらっしゃいました。

柳先生は鈴木大拙先生が学習院時代の教授であった、その一番最初の学生なんですね。そういう関係でよくいらっしゃいまして、鈴木先生の仲介で私は柳先生を紹介していただきました。名前は勿論、前から知っておりました。それで初対面から馬が合ったんですね。

もう一つは柳先生は、そのときから妙好人という浄土真宗の優れた信者のことを非常に注目してらっしゃいまして、そういうことで大変ご親切な薫陶をいただきました。

今でも私、大変感謝しております。いつかどこかで、もし私が死んであの世へいって先輩方で一番先に誰に会いたいかといったら、柳先生だと、書いたことがございます。そういう感じを今でも持っております。

（楠恭著・津田和良監修・月森俊文編『親鸞と妙好人の信心』青森県民藝協会会長・會田秀明、二〇〇〇年、一―二頁）

さらに楠は、自分の妙好人研究に柳先生から大変理解をもらい、『妙好人才市の歌　一』に序文を贈られ、表紙の装丁までしてもらったことを記すなど、柳への謝辞を述べています。

註記（研究経過と資料）

本稿執筆にあたり、次のようなご縁をいただきました。

楠氏は、大谷大学で宗教学を専攻、主任教授・鈴木大拙氏から宗教経験の大切さを教えられて妙好人研究を始め、生涯研究に没頭された方です。神奈川県庁勤務の後、東京本願寺学院教授に就任、「三経七祖」を講じました。平成十年（一九九八）九月二日、筆者が横浜の鶴見大学で開催された日本印度学仏教学会第四十九回学術大会で、「環境倫理と浄土仏教――真宗信徒「妙好人」のエートスを中心として」を発表した際来聴され、妙好人について懇切なご教示をいただきました。

楠氏との縁は、鈴木大拙著『妙好人』〈第二版〉（法藏館）の「付録」に収められた楠氏入手の「小川仲造夫妻の語録」の中に、筆者の曽祖父で、明治期に本願寺派の特命布教使をつとめた菊藤大超《だいちょう》（一八三四―一八九八）と石見の妙好人・小川仲造《なかぞう》（一八四二―一九一二）との親交の様子が記されたことに始まります。平成十二年（二〇〇〇年）四月八日、八十四歳で亡くなるまで横浜で数度お会いする機会にめぐまれ、鈴木大拙・柳宗悦両氏についてお話をうかがい、妙好人に関する多くの著書と資料を贈られました。

楠氏の年譜は、楠恭著・津田和良監修・月森俊文編『親鸞と妙好人の信心』（會田秀明発行、二〇〇〇年）末尾の「楠恭年譜」を参照しました。同書は、平成八年（一九九六）七月二十七日、弘前文化センターで開催された第九十二回日本民藝夏期学校（主催、青森県民藝協会）での楠氏の講義を月森俊文氏が編集し、楠氏没年の平成十二年（二〇〇〇）十一月に刊行されました。會田秀明氏は青森県民藝協会会長・元日本民藝協会会長で、月森俊文氏は日本民藝館職員、津田和良氏は長年楠氏に師事された方で浄土真宗東本願寺派の僧侶です。

楠氏没後、生家の富山県小矢部市中央町の道林寺に墓参で訪れた際、同寺の坊守・楠三知子氏から楠恭氏についてお話をうかがい、同氏の写真をいただきました。その写真は、拙著『鈴木大拙の妙好人研究』（法藏館、二〇一七年）の巻頭に、鈴木大拙・柳宗悦両氏の写真の後に掲載させていただきました。

平成三十年（二〇一八）二月四日、「金沢ふるさと偉人館」で開催された鈴木大拙館主催の講演会で、大拙氏の直弟子でロンドン三輪精舎主管の佐藤平（顕明）氏による講演「無所住の大悲――大拙先生の思い出」が行われた際、石川県野々市市在住の楠恭氏の甥にあたる楠和夫氏と出会い、恭氏について懇切なご教示をいただきました。和夫氏は大拙氏の日常の話を伝聞された方で、金子務編『追想　鈴木大拙――没後四十年記念寄稿集』（財団法人松ヶ岡文庫、二〇〇六年）に論考「大拙と妙好人研究に没頭した恭のこと」を寄稿されています。

参考文献（楠恭氏の著書）

『一禅者の思索』（一条書房、一九四三年）、『妙好人才市の歌　一』（法藏館、一九四九年）、『庄松言行録』（世界聖典刊行協会、一九五〇年）、鈴木大拙著・楠恭訳『日本仏教の底を流れるもの』（大谷出版社、一九五〇年）、『妙好人　物種吉兵衛語録』（文一出版、一九四七年）、『妙好人才市の歌　二』（法藏館、一九七七年）、『妙好人随聞』（光雲社、一九

八七年)、『定本　妙好人才市の歌　全』(法藏館、一九八八年)、『妙好人　物種吉兵衛語録』〔再刊本〕(同、一九九一年)、『無心と機心』(東京本願寺、一九九一年)、『妙好人の世界』(法藏館、一九九一年)、『信心経験の実際について』(東京本願寺、一九九二年)、『現生正定聚の時と場所』(同、一九九三年)、『真如と生死』(同、一九九四年)、『本願と義なきを義とすということ』(同、一九九五年)、『日本仏教の一分極・妙好人の世界』(同、一九九六年)、『難思議往生』(同、一九九七年)、『信心の華――妙好人を語る　上』(日本放送出版協会、一九九八年)、『信心の華――妙好人を語る　下』(同、一九九八年)、『妙好人を語る』(同、二〇〇〇年)、楠恭著・津田和良監修・月森俊文編『親鸞と妙好人の信心』(青森民藝協会会長・會田秀明、二〇〇〇年)、會田秀明編『民芸の心を学ぶ――二〇一二年(平成二十四年)第一四〇回日本民藝夏期学校青森会場・青森県民芸協会創立七〇周年記念・講演記録集』(青森県民芸協会、二〇一四年)。

四、佐藤　平

佐《さ》藤《とう》平《たいら》（顕明《けんみょう》）（一九三九―）は、大分県臼杵市の真宗大谷派の寶蓮寺（現、浄土真宗東本願寺派）に生まれ、若くして福岡県筑紫野市の真宗寺院・正行寺《しょうぎょうじ》で仏法を聴聞されました。後に大谷女子大学教授、大谷大学非常勤講師を経て渡英、ロンドン大学客員教授に就任。現在ロンドン三輪精舎主管、ロンドン仏教協会理事。

京都大学大学院宗教学科でキェルケゴール研究を行いました。修士課程修了後、北鎌倉の松ヶ岡文庫に鈴木大拙を訪ね、大拙最晩年の二年三か月（一九六四―一九六六年）師事します。当時の状況については、佐藤の講演録「鈴木大拙先生との出会い」（『宗教哲学研究』第二十九巻、宗教哲学会、二〇一二年）に詳しく述べられています。

大拙の指導のもと石見《いわみ》の妙好人・浅原才市《あさはらさいち》研究に没頭します。才市の故郷、島根県大田市温泉津《ゆのつ》町を訪ねて資料を集め、当地の方言の調査も行いました。才市が日々参詣した浄土真宗本願寺派安楽寺を訪ね、才市の親戚や同行、郷土史家に会って話を聞き、さらに同派涅槃寺、西楽寺、願楽寺、長圓寺、瑞泉寺などの寺々を訪ね、才市に関する資料を集めました。さらに、才市が三十歳から五十八歳まで、五平太船《ごへいたせん》（筑豊炭田から遠賀川《おんががわ》を下って石炭を運ぶ船）を造る船大工として出稼ぎに行った福岡県鞍手郡勝野村（現、鞍手郡小竹町勝野）字二本松まで赴いて才市の足跡を調査しました。その研究成果は、佐藤が編集に尽力した鈴木大拙編著『妙好人　浅原才市集』（春秋社、一九六七年）に生かされました。巻頭に、大拙が同書のために執筆した論考「妙好人　浅原才市」が付されています。また、同書末尾の古田紹欽《ふるたしょうきん》・松ヶ岡文庫文庫長の「あとがき」（昭和四十二年三月、松ヶ岡文庫にて）の一番目に、「本書は浅原才市自筆ノート三十一冊に、才市が下駄の歯や紙片に書きとめたものを集めて一冊とし、都合三十二冊を収めた」と記され、六番目に、「（　）や註を付する仕事は佐藤平君が当たった。また同君は才市の出生地、島根県邇摩郡大浜村、或いは温泉津に出張し、才市についての伝、この地の方言などについて調べた。同君の調査したものについては別の機会に詳しく発表されよう。浅原才市略年譜は、佐藤君の調べた資料によって編集した」と記されています。佐藤が二十四歳から二十六歳にかけて、浅原才市研究に没頭していたことがうかがえます。大拙が大谷大学教授に就任して創刊した英文仏教雑誌『イースタン・ブディスト』（*The Eastern Buddhist*）の編集や大拙の英訳『教行信証』の編集にも携わりました。

佐藤は拙編『妙好人研究集成』（法藏館、二〇一六年）の序「妙好人研究の意義」（二〇一五年、ロンドン三輪精舎にて）の中で、大拙の宗教研究の特色について、次のように述べています。

鈴木大拙先生には宗教経験そのものという視点があった。さまざまな宗教的文献の紙背に潜む生きた宗教経験を読み取る洞察力が、禅では盤珪《ばんけい》禅師の称揚に繋がったし、真宗では才市や庄松などの妙好人を、日本だけでなく、世界に紹介する偉業を成し遂げることになったのである。それは、大拙先生が単なる学者ではなかったからである。自らが、超越的世界へ入出自在な活きた宗教体験をつねに生きていたからこそ、文献の裏に輝いている生きた宗教体験に共感し、それを追体験し、咀嚼《そしゃく》し、表現できたのである。（同書、ix頁）

また、大拙が浅原才市へ傾倒した様子について、佐藤は同書所載の論考「妙好人浅原才市の「そのまま」について」の中で、次のように記しています。

底知れぬ浄信の泉から滾々《こんこん》と湧き出る喜びの表現に、大拙先生の共感は尽きるところを知らなかった。浅原才市という詩人の語彙《ごい》は非常に限られたものでありながら、浄土真宗安心《あんじん》の「機《き》の慚愧《ざんぎ》」と「法の歓喜」を綯《な》い交《ま》ぜに、時の移行に応じて変幻自在に自由詩として表出される内奥の信仰体験、それは同質の宗教体験をもつ大拙先生にとって尽きせぬ共感の喜びを呼び起こす霊性的源泉であったに違いない。才市の詩を愛読し解説される先生は、本当に喜びに溢れていた。

そのように、才市の念仏詩に没頭された大拙先生のおこころには、傍らにお仕えする愚生を同質の世界に誘うためということもあったかもしれないと、おおよそ半世紀が過ぎた今になってはじめて気付く愚かなこの身、「凡聖《ぼんじょう》逆《ぎゃく》謗《ほう》斉《さい》廻《え》入《にゅう》」の大慈悲心の摂取にただただ感謝のほかはない。

（同書、六六七頁）

昭和五十八年（一九八三）　六月、鈴木大拙の英文 *Shin Buddhism*（真宗）を和訳し、鈴木大拙著・佐藤平訳『真宗入門』（春秋社）を刊行。

同書は、昭和三十三年（一九五八）の春、大拙がニューヨークのアメリカン・ブディスト・アカデミーにおいて英語で真宗を語った一連の講義を和訳したものです。「序、関法善《せきほうぜん》（一九八三年春）」、第一章「限りなき慈悲」、第二章「内なる自己のさとり」、第三章「絶対の信」、第四章「ありのまま」、第五章「妙好人」、訳者佐藤の「解説――大拙先生の真宗観」が収められています。序の執筆者・関法善は、浄土真宗本願寺派のアメリカ開教使で昭和十三年（一九三八）にニューヨーク本願寺仏教会を創設、大拙の講演会では司会役をつとめました。関は昭和五十五年の第十四回仏教伝道文化賞受賞者です。

同書末尾の「解説――大拙先生の真宗観」で、佐藤は次のように述べています。

この「真宗」に関する一連の講義も、真宗の説く真理を世界に伝えたいという根源的願望にもとづいて、周到の配慮をもって、西洋の人々にもわかるようにやさしく説かれたものである。（同書、一三五頁）

特に、最晩年の先生は、私の眼には、時には才市三昧とさえ映った。それは、一つには私が『妙好人浅原才市集』の編集の仕事をさせていただいていたからかもしれぬ。しかし、あながちそればかりではない。実際、師事させていただいていた僅かな年月の間にも、先生の論文や原稿や講演等で、才市の歌に触れたものは、かなりの量に上った。一方では当時すでにできあがっていた『教行信証』の英訳草稿を見て訳語を検討したりその序文を書いたりされながら、一方では才市自筆のノートを繰り返し手に取って見ておられた。才市は先生にとっていわば『教行信証』の生ける手本であった。（同書、一四一頁）

昭和六十二年（一九八七） 水上勉・佐藤平編『大乗仏典〈中国・日本篇〉第二十八巻・妙好人』（中央公論社）が刊行されました。

同書は水上・佐藤の合力による編集ですが、妙好人として、金森道西、赤尾道宗、和州清九郎、江州次郎右衛門、常州忠左衛門、石州善兵衛、三州七三郎、石州磯七、石州善太郎、長州於軽、讃岐庄松、浅原才市が紹介されています。末尾の「解説」は水上が、「凡例・注・浅原才市略年譜」は佐藤が執筆しています。

平成元年（一九八九）　この年に刊行された『親鸞に出遇った人びと』〈全五巻〉（同朋舎出版）第一巻の中の「妙好人浅原才市」を佐藤（当時、大谷女子大学助教授）が執筆しています。才市の「南無阿弥陀仏の歌」を掲載。「妙好人浅原才市」の冒頭に、次のように述べています。

世界の禅者鈴木大拙先生の紹介で、海外にまでその名を知られることになりました妙好人浅原才市は、いまや日本的霊性を代表する好個の例として、浄土真宗を世界的視野のなかで語るには、欠くことのできない存在となりつつあります。

（『親鸞に出遇った人びと』第一巻、同朋舎出版、一七一頁）

平成十三年（二〇〇一）　鈴木大拙著・佐藤平訳『真宗入門』〈新装版第一版〉（春秋社）を刊行。

平成十四年（二〇〇二）　「大行」を上田閑照・岡村美穂子編『鈴木大拙とは誰か』（岩波現代文庫、岩波書店）に掲載。

平成十九年（二〇〇七）　「鈴木大拙のまこと――その一貫した戦争否認を通して――」を『松ヶ岡文庫研究年報』（第二十一号、松ヶ岡文庫。佐藤平著『鈴木大拙のまこと』二〇〇七年、正行寺経藏資料室、所収）に掲載し、ブライアン・ヴィクトリア（Brian Victoria）が、*Zen at War*（一九九七年）で鈴木大拙を戦争協力者と批判したことに対し、多くの資料をあげて反論、「大拙は一貫した戦争否認論者であった」と記し、「国家主義者大拙」との酷評を全否定しました。

次のように述べています。

ブライアン・ヴィクトリアの鈴木大拙の著書からの引用の仕方は、頻繁に恣意的であると感じた。（中略）ヴィクトリアの引用の仕方は、その多くが原著の文脈を外れての引用である。大雑把に言えば、日本の禅界ないし仏教界が当時の軍事政権に全面的に協力したということを傍証するために、繰り返し鈴木大拙の言葉を引くのであるが、それがしばしば原著の文脈を離れての引用であったり、単に自己主張のための我田引水的用法であったりする。（中略）ブライアン・ヴィクトリアは、鈴木大拙の著書を正確に理解できたのかどうか、できたのならば自分に都合のいいところだけを拾い読みしての引用か、臆面もなくそういう読み方ができるというのはどこでどのような思想的訓練を積んだのか、等々の疑問である。

（『松ヶ岡文庫研究年報』第二十一号、二〇〇七年、三―四頁）

『禅と戦争』で取り上げられた主題が極めて重大なものであるだけに、鈴木大拙先生を第二次世界大戦への積極的協力者であるかのような叙述には、しかしながらただ唖然《あぜん》とするばかりであった。鈴木大拙先生の生涯の最晩年の二年半を共に松ヶ岡文庫で過ごす好機に恵まれた、著者の抱く仏教哲学者鈴木大拙のイメージは、ブライアン・ヴィクトリア師の描くところとは、天地の懸隔《けんかく》があった。その驚きの思いは、やがて深い悲しみとなり、このヴィクトリア師の立論が多くの西洋人の鈴木大拙師への親近を阻害しているのを知って、この度この随筆を草することになったのである。

（同書、二頁）

ブライアン・ヴィクトリア師が力説して来られたように、「国家神道」的思想に依拠する日本軍事政権の「聖戦」に協力した日本の思想家、仏教者を批判することは、その過ちを繰り返さないためにも、非常に大事なことである。しかしながら、そういう戦争協力者批判の流れの中から、明らかにそうでなかった人、霊性的自覚をもって超個己を、掬い出して弁護する仕事も緊急の大事だと思って、この一文を草した次第である。もし、現今繁盛の仏教者戦争協力批判が、類希な「例外者」の一人であった大拙先生を、戦争協力者の一人として、時にはこともあろうかその筆頭に、数えいれるような大きな過誤を、これ以上黙って見過ごすのであれば、それは却ってあたかも周囲の反発を恐れて時流に加担した戦争協力者の怯弱に酷似するのではないかとも思った。（中略）

出会う幸せに恵まれた先師、今師の洪恩を思いつつ。二〇〇七年二月六日、ロンドン三輪精舎にて

（同書、四〇―四二頁）

大拙に近侍した佐藤の思いと願いが伝わってきます。

平成二十年（二〇〇八）　六月、「真宗を英語で表現することの課題と可能性」を『現代と親鸞』十五号（親鸞仏教センター）に掲載。

平成二十二年（二〇一〇）　『歎異抄』の英文解説書 *Great Living- in the Pure Encounter Between Master and Disciple.*, American Buddhist Study Center Press, New York を刊行。

平成二十四年（二〇一二）　六月、「Sinran Shonins Rejection of Spiritual Pride with respect to a Certain Passage from the Amida Sutra」を『現代と仏教』二十九号に掲載。

平成三十年（二〇一八）　二月四日、「金沢市立ふるさと偉人館」で行われた鈴木大拙館主催の講演「無所住の大悲――大拙先生の思い出」の中で、次のように述べています。

明るく、自由で、安らかな真宗大安心の素晴らしさを、才市さんの歌にことよせながら、大拙先生は最晩年まで説き続けて下さいました。私は「智慧あるがゆえに生死にとどまらず、慈悲あるがゆえに涅槃に住せず」というお言葉が大好きです。それはお亡くなりになるまで、入出二門も自由自在にはたらき続けられた大拙先生を象徴する金言だからです。

（講演資料）

令和三年（二〇二一） 鈴木大拙著・佐藤平顕明訳『真宗とは何か』（法藏館）を刊行。

同書は、鈴木大拙の真宗に関する英文論文八篇を和訳したもので、次の項目を収めています。

序文
Ⅰ、禅と浄土――二種の仏教経験
　真と禅――その対照
Ⅱ、真宗とは何か
　無限な光
　名号
Ⅲ、妙好人才市の研究
　妙好人
Ⅳ、英訳『教行信証』への序（未刊）
あとがき

訳者の序文（二〇二〇年十一月五日、ロンドン三輪精舎にて）に、佐藤は次のように記しています。

鈴木大拙先生は、鎌倉円覚寺の釈宗演老師に参禅し、弱冠二十六歳の極月五日蠟八接心中に見性して、翌年一八九七年二月の渡米以来一九〇九年三月の帰国に至るまで、アメリカではシカゴ近郊のラサールを中心に十年、英国ではロンドンに一年、合計十一年間西洋に見聞を広めながら、若き身空に経験する東西出会いの火花の中、禅の見性という形で体験した大乗仏教の真髄は何かを問いつつ、それをまったく別な言語体系である英語で表現するという新しい世界的大事業に一身を投じられました。

この序を草するに先立って一読した下田正弘先生の『仏教とエクリチュール――大乗経典の起源と形成――』（東京大学出版会、二〇二〇年）は、私の予想を遥かに超えるまったく新しい大乗興起論の提唱であり、読了するとともに大拙先生がその生涯をかけて為し遂げられた仕事は、釈尊の成道、大乗の興起、中国禅の台頭、鎌倉浄土教の開闡といった偉大な仏教史の流れにも匹敵する、東西の思想を架橋する一大事であったことを再認識せしめられたことでした。（中略）

大拙先生は、ご自身のさとり体験はいったい何であったのか、その背景となっている大乗仏教の真実とは何なのか、また仏教を学ぶということの究極的な目的はどこにあるのかを、西洋思想との真剣な対決の中で真摯に問いつつ、日本語ばかりでなく英語でも、内面に湧き出るそのような問いに答え続けられたのです。

（鈴木大拙著・佐藤平顕明訳『真宗とは何か』法藏館、i―ii頁）

現在、ロンドン三輪精舎を拠点に各地に赴いて恩師・大拙の遺志を継ぎ、仏法弘通に努めています。

註記

本稿の執筆に際し、次のようなご縁をいただきました。

鈴木大拙氏の最晩年に二年三か月（一九六四―一九六六）師事して妙好人・浅原才市研究に没頭され、鈴木大拙編著『妙好人　浅原才市集』（春秋社、一九六七年）の編集に尽力されたロンドン三輪精舎主管・佐藤平（顕明）氏から、縁あって長年懇意にしていただきました。平成二十五年（二〇一三）五月十二日、山口県萩市博物館で開始された歴史フォーラム「長州ファイブ英国留学百五十年記念フォーラム」の講演で、元ロンドン大学UCL副学長ジョン・ホワイト氏の通訳として来日された際、『歎異抄』を英訳解説された *Great Living: in the Pure Encounter between Master and Disciple*, Kemmyo Taira Sato, American Buddhist Study Center Press, New York とご自作の「浅原才市年譜」（『大谷女子大学紀要』第二十号第二輯抜刷、一九八六年一月）をいただきました。平成二十八年（二〇一六）に上梓した拙編『妙好人研究集成』（法藏館）に序文「妙好人研究の意義」と論考「妙好人浅原才市の「そのまま」について」を、平成二十九年（二〇一七）に刊行した拙著『鈴木大拙の妙好人研究』（法藏館）に、「発刊に寄せて」と論考「大行――晩年の先生の仕事をお手伝いして――」を寄稿いただきました。平成三十年（二〇一八）二月四日、金沢ふるさと偉人館で開催された鈴木大拙館主催の講演会で、「無所住の大悲――大拙先生の思い出」と題して語られました。同年十一月五日来日された際、蓮如上人の「御文章（御文）」を英訳された書籍 *Living with Thanks: The Five Fascicle Version of Rennyo Shonin's Letters*. Translation and commentary by Kemmyo Taira Sato. The Buddhist Sciety Trust, London をいただき、令和元年（二〇一九）年五月十七日、叙勲を受けるために来日された際には、京都の正行寺関西道場でお会いして *The Haiku of Basho*, John White, Kemmyo Taira Sato, The Buddhist Society Trust, London を、令和三年（二〇二一）に *Living in Nenbutsu: Commentary on The Shoshinge by Shinran*, Translation and commentary Kemmyo Taira Sato, The Buddhist Society Trust, London を贈られ、本稿の校閲でもお世話になりました。

五、朝枝善照

浄土真宗本願寺派の宗学者・朝枝善照《あさえだぜんしょう》（一九四四―二〇〇七）は、島根県邑智郡邑南町市木の浄土真宗本願寺派浄泉寺に生まれ、長じて同寺の第十九代住職となり、龍谷大学教授（仏教史学）をつとめ、生涯『妙好人伝』と「妙好人」の研究に没頭しました。主として近世の『妙好人伝』の研究を行いました。

浄泉寺は、かつて三十三か寺を擁する山陰屈指の大寺だったといわれています。江戸時代中期の本願寺派の学僧で最初に『妙好人伝』を編集した仰誓《ごうせい》（一七二一―一七九四）が住寺（第十一代住職）しました。

朝枝は、昭和四十九年（一九七四）に龍谷大学大学院博士課程を満期退学し、昭和五十二年（一九七七）に龍谷大学専任講師、昭和六十一年（一九八六）に教授に就任。平成十五年（二〇〇三）、佛教大学より学位（博士・文学）を授与されます。

平成十九年（二〇〇七）一月三日　没、行年六十二歳。同年四月、龍谷大学名誉教授を受ける。

主著は以下のとおりです。

『平安初期仏教史研究』（永田文昌堂、昭和五十五年）

『妙好人伝基礎研究』（永田文昌堂、昭和五十七年）

『妙好人伝の周辺』（永田文昌堂、昭和五十九年）
『妙好人のこころ』（永田文昌堂、昭和六十一年）
『妙好人伝研究』（永田文昌堂、昭和六十二年）
『お念仏のひろがり』（永田文昌堂、平成元年）
『妙好人のふるさと』（永田文昌堂、平成八年）
『妙好人さん』（探究社、平成十一年）
『妙好人のかがやき』（自照社出版、平成十三年）
『妙好人のよろこび』（本願寺出版社、平成十四年）
『才市の歌を彫る』（自照社出版、平成十五年）
『妙好人――お念仏のおたより――』（永田文昌堂、平成十八年）

その他、多数（朝枝善照著作集 第五巻『妙好人と石見文化』永田文昌堂、平成二十三年、参照）。

朝枝の主要著作は『朝枝善照著作集』全五巻（永田文昌堂）にまとめられています。

第一巻『日本古代仏教受容の構造研究』（永田文昌堂、二〇〇九年）
第二巻『妙好人伝基礎研究』（永田文昌堂、二〇一六年）
第三巻『妙好人伝基礎研究・続』（永田文昌堂、二〇一六年）
第四巻『仏教文学研究』（永田文昌堂、二〇一三年）
第五巻『妙好人と石見文化』（永田文昌堂、二〇一一年）

第四章　妙好人の信心と生活

江戸時代中期に浄土真宗本願寺派の仰誓《ごうせい》が、奈良吉野の篤信者・清九郎《せいくろう》に会い、篤信者十人の言行を集めて『親《しん》聞《もん》妙好人伝』（一篇）を編集し、江戸時代後期に本願寺派の僧純《そうじゅん》が『妙好人伝』（五篇）を、大谷派の象王《ぞうおう》が『続妙好人伝』（一篇）を編集版行して以降も、明治、大正、昭和、平成、令和と多くの「妙好人伝」が生まれています。

それらの中で、とくに著名な妙好人として、次のような人たちがいます。

大和《やまと》の清九郎《せいくろう》	延宝六年（一六七八）—寛延三年（一七五〇）
石見《いわみ》の才市《さいち》	嘉永三年（一八五〇）—昭和七年（一九三二）
因幡《いなば》の源左《げんざ》	天保十三年（一八四二）—昭和五年（一九三〇）
石見《いわみ》の仲造《なかぞう》	天保十三年（一八四二）—明治四十五年（一九一二）
讃岐《さぬき》の庄松《しょうま》	寛政十一年（一七九九）—明治四年（一八七一）
石見《いわみ》の善太郎《ぜんたろう》	天明二年（一七八二）—安政三年（一八五六）
長門《ながと》のお軽《かる》	享和元年（一八〇一）—安政三年（一八五六）
三河《みかわ》のお園《その》	安永六年（一七七七）—嘉永六年（一八五三）
和泉《いずみ》の物種吉兵衛《ものだねきちべえ》	享和三年（一八〇三）—明治十三年（一八八〇）
丹波《たんば》の三田《さんた》源七《げんしち》	弘化三年（一八四六）—昭和八年（一九三三）

この中から五人の妙好人を紹介します。

一、大和の清九郎

清九郎《せいくろう》（一六七八—一七五〇）は、「妙好人伝」が生まれる契機になった人です。大和国吉野《やまとのくによしの》の貧しい農家に生まれ、父を早く亡くします。樵《きこり》や他家に雇われて母の面倒をよく見ました。無学で文字は自分の名前すら書けませんでしたが聞法に励み、他力の信心を得て念仏者となり、つねに如来と共にありました。如来のお慈悲を人びとに伝え、多くの人びとから敬慕されました。

清九郎の伝記を記した江戸時代の書物が七本伝わっています。

『妙好人伝』としては、次の三本があります。

① 仰誓編『親聞《しんもん》妙好人伝』一篇（宝暦三年、一七五三）

② 仰誓編『妙好人伝』二篇本の第一篇（天明四年頃、一七八四）

③ 僧純編『妙好人伝』五篇本の初篇（天保十三年、一八四二）

（『大系真宗史料』〔伝記編8・妙好人伝〕法藏館、二〇〇九年、参照）

清九郎個人の伝記としては、次の四本があります。

④ 恵俊《えしゅん》編『大和国吉野郡清九郎行状記』（宝暦二年、一七五二年成立、写本）

⑤ 帰西《きさい》編『浄土真宗孝信清九郎物語』（宝暦六年、一七五六年成立、明和四年、一七六七年刊）
⑥ 覚順《かくじゅん》 編『崑崙実録《こんろんじつろく》』（宝暦十三年、一七六三年成立、明和元年、一七六四年刊）
⑦ 法安《ほうあん》編『和州清九郎伝』（享和元年、一八〇一年刊）

（『大系真宗史料』〔伝記編9・近世門徒伝〕法藏館、二〇一二年、参照）

以上の伝記の内容は同じではありません。話の数も次第に増え、仰誓編『親聞妙好人伝』では十話ですが、法安編『和州清九郎伝』では六十一話と増えています。親鸞や蓮如の著書、さらに中国の典籍からの引用が見られるなど、伝記というより教化本としての性格が強くなっていきます。

以下、仰誓編『親聞妙好人伝』によって清九郎について述べます。

江戸時代中期、大和国吉野郡鉾立《ほこたて》村（現、奈良県吉野郡大淀町鉾立）の真宗大谷派光蓮寺《こうれんじ》の門徒に清九郎という篤信者がいました。彼の言行は、伊賀上野の浄土真宗本願寺派明覚寺《めいかくじ》の住職・仰誓が編集した『親聞妙好人伝』の第三話「和州清九郎」に記されています。その中に、仰誓が法友義詮の誘いで寛延二年（一七四九）二十八歳の年の二月に清九郎を訪ねて面談し、その篤信の様子に感動したことが記されています。

法義ヲ聞クニツケ、本願ノ不思議ナル、仏恩ノ広大ナルコトヲ思ヒ知ラレテ、一念帰命ノ領解ヒラケ、至心信楽己ヲ忘ル、ノ覚悟定ツテ、行住坐臥称名ヲコタルコトナク、起居動静ニ仏恩ヲ念報スルコト、尋常ノ人ニスグレ、更ニ広大勝解者トハ、カル人ヲコソ称シ玉フナルヘシ。

（『大系真宗史料』〔伝記編8・妙好人伝〕法藏館、一〇頁）

コノ男ノコト、ツブサニ聞クニ、事々物々、語黙動静、一々宗門ノ極致ニカナフ事ノミ也。ソノ品々数ス多ケレハ、ナカナカ筆ニハ尽シカタシ。ソノ中、一二ノ事ヲ左ニ書付侍リヌ。自他ノ見聞ノ人、称名ノ一筋トシ、カツ自身ノ浅猿キコトヲ照シ見テ、イヨ〳〵仏恩ヲ喜フヘキコト也。

（『大系真宗史料』〔伝記編8・妙好人伝〕法藏館、一一一頁）

仰誓は清九郎を訪ねて面談した後も、老母・妙誓《みょうせい》をはじめ道俗二十四人を引き連れて吉野を訪ねています。本願寺第八代宗主・蓮如が文明八年（一四七六）に建てた吉野山麓・飯貝《いいがい》（奈良県吉野郡吉野町飯貝）の本善寺《ほんぜんじ》や、車木・原谷・今井・西谷・脇川などの村々を訪ねています。『親聞妙好人伝』は、仰誓が宝暦三年（一七五三）三十三歳頃、篤信者十人に出会い、その篤信の様子に深く感動し、その言動を記録して自らの法味《ほうみ》愛楽《あいぎょう》の一助にしようと考えて編集したものです。

なぜ吉野地方に篤信者が多く生まれたのでしょうか。

吉野は東西交通の要所で、古くから多くの人びとが往来した土地でした。平安時代に役行者が開いた修験道の聖地で、金峯《きんぷ》山寺《せんじ》の入り口にあたり、多くの宿坊があって賑わったといわれています。南北朝時代には後醍醐天皇に始まる南朝（吉野朝廷）が置かれた土地でもありました。

鎌倉時代に親鸞の門弟たちが、下市《しもいち》（吉野に隣接。飯貝より5キロメートル余り）の秋野川（吉野川の支流）流域を中心に布教し、門徒集団「秋野川門徒」（吉野衆）が生まれました。その後、覚如・存覚・蓮如もしばしば訪れています。とくに蓮如は飯貝に本善寺を建て、十二男の実孝を入寺させています。本善寺は大和地方の拠点寺院として全国に九つあった別格寺院の一つで、「大和の中本山」と称されました。本願寺からもたびたび学僧や布教使が出講して布教につとめました。かつては道場を含め八十六か寺を擁したといわれます。同寺には親鸞・蓮如の分骨が納められ、蓮如堂、蓮如上人御廟、蓮如上人歌塚があり、蓮如上人御像、蓮如上人御影像、蓮如上人御木像、蓮如上人御真筆六字尊号、蓮如上人御文章草稿、蓮如上人御詠歌、上人愛玩の鶯籠などが伝わっています。

『親聞妙好人伝』の「和州清九郎」に、清九郎も本善寺に参詣し、同寺に安置されている蓮如上人の尊骨を拝し、上人愛玩の象牙の鶯籠を拝見したことが記されています。仰誓が、「和州吉野郡ハ、希有ナル信者処ニアマタ有ヲ目出度覚へ侍ルナリ」（『大系真宗史料』〔伝記編8・妙好人伝〕法藏館、一一頁）と記したように、同地は古くから真宗が広まった土地でした。布教に情熱を傾けた僧たちの長年の教化で培われた土徳が、清九郎ら多くの篤信者を育てたのです。

清九郎は延宝六年（一六七八）—寛延三年（一七五〇）、七十二歳没。檀那《だんな》寺《でら》は光蓮寺。手《て》次寺《つぎでら》は奈良県吉野郡高《たか》取町《とりちょう》 丹生《にう》谷《だに》の真宗大谷派因光寺《いんこうじ》でした。屋敷跡と清九郎の墓が吉野郡高取町丹生谷奥山（鉾立峰《ほこたてみね》の奥）にあります。

『親聞妙好人伝』に記されている清九郎の話は、およそ次のとおりです。

清九郎は延宝六年（一六七八）に大和国高市郡矢田村（奈良県高市郡高取町谷田）で貧しい農家に生まれました。無学で文字の読み書きもできず、自分の笠に「ホコタテ清九郎」と書いてもらったのさえ読むことができなかったが、正直者で親孝行でした。父を早く亡くし、母を養うために下市《しもいち》辺に奉公しました。毎日夕方になると主人に暇をもらい、家に帰って老母の夕食の支度をし、水を汲み、薪を割るなどして母を助け、再び奉公先へ戻り、冷めた夕食をたべました。

壮年の頃から帰仏の思いは深く、つねに念仏する希有の信者でした。毎日山に入って樵《きこり》をした際、道中、鶯二三羽がいつも付きまといました。かつて吉野郡飯貝の本善寺に参詣した際、蓮如上人愛玩の象牙の鳥籠を見て、蓮如上人が臨終の際に「鶯はほかの鳥に比べて、法を聴けとさえずる、めでたい鳥である」と語られたことを思い出し、自分に「仏法を聴けよ」との催促であろうと思って聴聞に励み、やがて他力の信心を得ました。

ある年、真宗大谷派のご門首が大和へ下向され、鉾立村の某家へ寄られた際、清九郎を呼んで対面され、その信心堅固な様子をほめて「いよいよ法義を大切にするように」とのお言葉を賜りました。他の同行《どうぎょう》から「さぞ有り難かったであろう」と尋ねられたとき、「なるほど難り有く思ったが、それよりほかにまだ有り難いことがあります。そのわけは、このような悪人を一念帰命の信心ひとつでお助けくださる如来の御恩は、たとえようもなく有り難いからです。それに比べれば、御門跡様のお言葉はさほどにはありません」と答えました。

延享五年、清九郎六十九歳の年、吉野左曽村浄光寺の看坊《かんぼう》（留守居の僧）で、越中茗荷原妙覚寺《みょうかくじ》住職の玉潭《ぎょくたん》に誘われて越中に旅した時、帰路、同道した摂州小曽根浄光寺主の舎弟・泰巌から馬に乗るよう勧められましたが、馬の苦痛を思って固辞しました。たっての願いで乗った時、「本願の船に乗り、その上馬に乗り、ありがたや南無阿弥陀仏　南無阿弥陀仏」と念仏し、次の駅で馬から降りて粉糠《こぬか》を五升ほど買い求めて馬子に与え、馬の背を撫でて礼を言って別れました。

ある時、留守中に盗人に銭を盗られましたが悲しまず、かえって喜びました。わけを人びとから尋ねられ、「盗まれた私も同じ凡夫です。私も盗みをしかねない者なのに、今はお慈悲によって盗む心もおこらず、しかも、盗まれる身にしてくださったことは誠に有り難いことです。もし、この清九郎が、他所で銀十匁《ぎんじゅうもんめ》を盗んだと評判されたら、私は勿論、同行中の顔も汚《よご》れて二度と同行のよしみはできません。盗まれる方になれば、恥辱にもならず、同行中の顔も汚れず、こんな嬉しいことはありません」と答えました。

ある年、老母を連れて本山に参った際、歩行が困難な母を背負って二十余里の道を歩いて参詣しました。年ごとに本山に参りましたが、きれいに洗って乾かした薪を担いで参り献上したので、ご門首は喜んで仏飯《ぶっぱん》を炊くのに用いられました。薪を売る際は高利をむさぼらず、その日の飯料ほどで満足しました。

以上のように、他力の信心をいただき、如来の大悲に懐かれた安住の境地と感謝報恩の思いがうかがえます。仏法聴聞に励み、母に孝養を尽くし、正直で勤勉で質素な生活に満足しました。慈愛心に富み、牛馬など動物にもやさしく接しました。人びとから敬慕され多くの「清九郎伝」が生まれたのです。

仰誓は、清九郎の話を次の文で結んでいます。

誰レノ人モ、急キテ弥陀ヲタノムヘシ。速ニ浄土ニ至ルコトヲ願フヘシ。南无阿弥陀仏〳〵

（『大系真宗史料』〔伝記編8・妙好人伝〕法藏館、一七頁）

註記

本稿執筆に際し、奈良県吉野郡吉野町飯貝、浄土真宗本願寺派本善寺前住職・六雄《むつお》照寛《しょうかん》師より懇切なご教示をいただきました。同寺は、明応四年（一四三五）に蓮如が飯貝の地に創建、蓮如の子・実孝が入寺しました。『六雄山誌』（六雄山本善寺、一九九九年）に、同寺の歴史と蓮如の木像、蓮如筆の名号・御文・愛玩の鶯籠など宝物の写真が付されています。

平成二十五年（二〇一三）五月二十四日午後に実施した清九郎の遺跡調査では、奈良県吉野郡大淀町教育委員会学芸員・松田度《わたる》氏に、清九郎ゆかりの本善寺、因光寺、光蓮寺、清九郎屋敷跡、清九郎墓所へ案内していただきました。本善寺、因光寺、光蓮寺のご門徒の皆さんにもお世話になりました。当日午前中、大淀町文化会館「あらかしホール」での同町教育委員会主催の講演会で「妙好人・大和の清九郎」の題でお話させていただいたご縁によるものです。

二、石見の浅原才市

浅原《あさはら》才《さ》市《いち》（一八五〇―一九三二）は、鈴木大拙が最も力を入れて研究紹介した妙好人です。鈴木大拙著『妙好人』（大谷出版社、一九四八年。後に法藏館）や佐藤平《たいら》顕明訳『真宗とは何か』（法藏館、二〇一二年）に詳しく論じられています。

才市は嘉永三年（一八五〇）に石見国《いわみのくに》（現、島根県）で生まれました。母親の名と生まれた場所については二説あります。

一説は、石見国邇摩郡大浜村字小浜（現、島根県大田市《おおだし》温泉津町《ゆのつちょう》小浜《こはま》）で生まれ、父・浅原要四郎と母「すぎ」の子として生まれたとするものです。もう一説は、石見国那賀郡小田村（島根県江津市桜江町小田）で生まれ、母の名を「トメ」とするものです。

才市は十八歳頃から母の遺言で寺参りを始めたといわれます（高木《たかぎ》雪雄《せつゆう》著『才市同行――才市の生涯と周縁の人々――』永田文昌堂、一九九一年、一六頁、参照）。母の名については、浅原家の所属寺（師匠寺）である浄土真宗本願寺派涅槃寺《ねはんじ》（島根県江津市《ごうつし》後地町《うしろじちょう》）の『過去帳』に、「慶應四戊辰年一月廿日　釈妙実　名トメ　小田村　才市母」と記されています（同書、同頁）。しかし、『大乗仏典〔中国・日本篇〕第二十八巻・妙好人』（中央公論社、一九八七）所載の佐藤平（顕明。元ロンドン大学客員教授、現ロンドン三輪精舎主管）の論考「浅原才市」、水上勉著『才市』（講談社、一九八九年）には「すぎ」と記されています。

才市が寺参りを始めたのは、僧籍をもつ父・要四郎（法名・西教）の遺言によるともいわれています。この点について、学生時代から才市と親交を結んだ寺本慧達（東京千代田女学園校長・島根県邑智郡邑南町《おおちぐんおおなんちょう》中野浄土真宗本願寺派長円寺《ちょうえんじ》住職、一八九六―一九五五）は、次のように記しています。

父、西教は、才市が四十五才の時、亡くなつた。

恐らくこの父が、その臨終に、息子才市に遺した唯一の言葉は、才市の頭にある。

「おやのゆいごん　なむあみだぶつ」

であつた。四十不惑をこえ、天命を知るの才に近づこうとしている才市、このゆいごんを、未だかつてない、切実な情感で、うけとつたに違いあるまい。

（寺本慧達著『浅原才市翁を語る』千代田女学園、一九五二年、三二頁）

いずれにしても、才市が親の遺言で仏法聴聞に励んだことは確かです。

才市は明治十二年（一八七九）三十歳で九州博多よりさらに遠方に出稼ぎに行き、明治四十年（一九〇七）五十八歳で郷里の温泉津に帰るまでの約二十八年間、船大工として働きました。才市が明治三十四年（一九〇一）六月二十二日に妻せつに送った手紙の住所から、才市が福岡県鞍手郡勝野村字二本松（福岡県鞍手郡小竹町勝野）に住んでいたことがわかります。同地には遠賀《おんが》川《がわ》が流れており、その先に筑豊炭田がありました。そこから石炭を運ぶ

「五平太船《ごへいたせん》」を造る船大工として働いたといわれています。なお、涅槃寺住職・高木雪雄は、才市は九州時代に、博多萬行寺住職で学僧の七里《しちり》恒順《ごうじゅん》の教化に浴したと記しています（高木雪雄著『才市同行――才市の生涯と周縁の人々――』永田文昌堂、六〇―六一頁、参照）。才市が九州時代、各地の寺々で仏法聴聞に励んだことは間違いないでしょう。

明治十五年（一八八二）三十三歳、本願寺派で帰敬《ききょうしき》式を受けます。法名・釋秀素。

明治十七年（一八八四）三十五歳、四月二十六日から七月十九日にかけて北陸のご旧跡を巡拝。

明治二十八年（一八九五）四十六歳、妻せつ、本山で帰敬式を受けます。法名・釈尼幸流。

明治四十年（一九〇七）五十八歳で九州を引き揚げ、郷里の温泉津小浜に帰りました。

明治四十一年（一九〇八）、五十九歳で、小浜に浅原履物店を開き、下駄作りを始めます。寺々の法座にお参りして熱心に説教を聴聞したといわれます。

同年七月、石見（石州とも。島根県西半部）で有志住職を中心とした布教活動（法座と研究会）のための「宣教《せんきょう》会《かい》」が結成されます。会の設立発起人は、明善寺・龍末法憧、願勝寺・菅諦円、涅槃寺・高木猿月、明円寺・小笠原了遠、浄円寺・藤本文豪、安楽寺・梅田謙敬、西楽寺・菅原誓成、瑞光寺・朝枝不朽、敬願寺・鷺谷護城、瑞泉寺・服部範嶺、同・三明得玄の十一人でした（高木雪雄著『才市同行――才市の生涯と周縁の人々――』永田文昌堂、一三六―一三七頁、参照）。

才市も正会員になっています。才市は「宣教会」について次のように詠んでいます。

せん京かい（宣教会）の　せんもん（専門）を

あじよて（味わって）みま正（しょう）
せんもんは　なむあみだぶで
ござります。

せん京かい（宣教会）は　弥陀の会
さいちを　ほとけに　する会で
御開山さまは　わしが会

せん京かいの　うまいこと
知識の願で　別願で
釈迦牟尼仏の　如くにて
衆生済度は　きわもなし
なむあみだぶつを　聞かせる会よ

宣教会のうまいこと
参った衆生を　真仏の
衆生済度の　心を貰うて
たすけて廻る　宣教会は

やがて　わたしも　この身なり　（同書、一四二―一四三頁）

才市は「宣教会」に十数回寄付を行うなど積極的に協力し、聴聞を重ねました。

石見地方は江戸時代中期に、『親聞妙好人伝』の編者・伊賀上野の本願寺派明覚寺の住職・仰誓が、明和元年（一七六四）四十三歳の八月十四日、本願寺派の法如門主の命で、島根県邑智郡邑南町市木《いちき》の浄土真宗本願寺派浄《じょう》泉寺《せんじ》に入寺し、学寮（後に無成館と命名）を建て、子の履善と共に多くの僧を教育し、石州学派《せきしゅうがくは》が生まれました。多くの僧たちの熱心な布教活動により法義の行き届いた土地でした。長年培われた土徳が善太郎、才市、仲造ら多くの妙好人を輩出させたのです。

浅原家の所属寺は、島根県邇摩郡《にまぐん》井田村（大田市温泉津町井田）井尻の浄土真宗本願寺派涅槃寺（昭和四十九年、高木雪雄住職が同県江津市後地町に移築）でしたが、日頃は自宅に近い安楽寺《あんらくじ》（大田市温泉津町小浜、浄土真宗本願寺派）にお参りし、梅田謙敬《うめだけんきょう》住職（一八六九―一九三八）の教化に浴しました。梅田住職は後に本願寺派の勧学《かんがく》になった学僧でした。インド中観学派の祖・龍樹《りゅうじゅ》（ナーガールジュナ）の思想を研究し、昭和七年（一九三二）に『龍樹の教義〈一名十住論の精要〉』（顕道書院）を刊行、昭和九年に『正信念仏偈提要』を、十年に『論註八番問答提要』を刊行するなど、多くの著作を遺しました。

才市は、大正二年（一九一九）六十四歳頃から、下駄作りの際に口から出てくる法悦の詩《うた》（口《くち》あい）をカンナ屑や木片に書きとめ、当時安楽寺の院代をつとめた池永義亮《いけながぎりょう》の勧めでノートに記しました。当時、梅田住職は、満州の撫順《ぶじゅん》本願寺に開教使として赴任中でしたが、帰国後、才市は梅田住職から毎朝法話を聴き、詩を見てもらって指導を仰いでいます。才市は生涯に七千首以上、一万首近くの詩を詠んだと推定されています。日々心に湧き出る信心の悦びを詠んだのです。
梅田住職と才市の交流について、梅田住職に六年間師事した有田義七郎（法名・普行）の論考「和上さんの追憶」（昭和六十一年九月二十五日誌、安楽寺蔵）に、次のように記されています。

浅原才市老人は毎朝必ず参詣する。法座は欠かしたことがない。お参りした帰りに庫裏に立ち寄って「口あい」（信心の法悦を詠んだ自由詩）を差し出し「和上さん、私は先日お説教をこう味わわして貰いましたけえ見ちゃんなさいませ」と言って見て貰って居た。（中略）浅原老人の詩の中に出て来る浄土真宗の専門用語の詩句は、殆ど和上さんが日頃の法話の際使用し説かれたもので、老人も立派に正しく理解して詠いあげている。私は妙好人浅原才市の育ての善知識は和上さんだと信じて居る。

才市の詩のノートについては、次のような事情が伝えられています。
梅田住職の甥にあたる寺本慧達は、仏教大学（現、龍谷大学）の学生時代（十九歳）、大正三年（一九一四）九月、夏休みを終えて京都に戻る途中、叔父の安楽寺で一泊した際、才市（六十六歳）に会って彼の人柄に感動し、後に懇願して詩のノート七十数冊を譲り受けます。才市から詩のノートを譲り受けた事情について寺本は、次のように述べています。

昭和七年正月五日であつたか、ハワイに行く事になつた私は、才市に別れに梅田の寺に行つた。お寺の客殿で爺さんと最後をおしんだ。「とてももう会われんがな、また会わしてもらうところもありますけーな」と言

う彼の言葉で、お別れをした。（中略）

「それなら才市さん、あんたの書いた雑記帳は、もう大分たまつたであろうが、私にあれを全部くれんかね」

と言うと、

「アンナもの、どうしなはりや」

と言う。今迄のように、私が読ませて貰うのだと言うと、

「他人に見せるために書いたのではないから、いやだ」と言う。

「私も他人に見せるために貰うのでは無い。私一人が味わせて貰うためだ」

と言うと、

「そうかな、それなら、みなあげましよう」

と言つて、当時彼の手元にあつた全部を、私に譲つてくれたのであつた。正確に記憶しないが、約七十冊近くあつたと思う。

その中、大凡三十冊をハワイに持つて行つた。勿論、それは楠さんに話したように、今度の戦災で、私の手元にあつて焼いて終つた。

（寺本慧達著『浅原才市翁を語る』千代田女学園、一九五二年、一〇九―一一二頁）


才市は、昭和七年（一九三二）一月十七日に亡くなります。行年、八十三歳。

寺本は、明治二十九年（一八九六）、島根県江津市の岩城家に生まれ、五歳で母の生家である島根県邑智郡邑南町中野の浄土真宗本願寺派長円寺に入り（長円寺「過去帳」）、後に龍谷大学教授を経て、昭和七年（一九三二）ハワイ本願寺ヒロ別院輪番兼ヒロ中学校・ヒロ高等女学校長に赴任（約十年間勤務）、帰国後、東京千代田女学園理事長

兼校長をつとめました。才市から譲り受けたノート七十数冊のうち約半数は、東京に置いていたため空襲で焼失しましたが、残りの三十数冊は島根の自坊長円寺に置いていて無事でした。そのノートを、戦後間もない昭和二十三年（一九四八）二月二十一日（土）、千代田女学校を訪ねた鈴木大拙の門下で妙好人研究家の楠 恭《くすのききょう》の懇請に応じ、すべてのノートを大拙に贈りました（楠恭「寺本慧達氏を訪う」鈴木大拙著『妙好人』〈第二版〉法藏館、付録、参照）。大拙はそれをもとに『妙好人』（大谷出版社、後に法藏館）を執筆しました。それらのノートは、現在、鎌倉市山ノ内の松ヶ岡文庫に収蔵されています。鈴木大拙編著『妙好人　浅原才市集』（春秋社、一九六七年）と楠恭編『定本妙好人才市の歌　全』（法藏館、一九八八年）に翻刻収録されています。

寺本は、二十四歳の大正八年（一九一九）に、篤信の医学者・富士《ふじ》川游《かわゆう》主宰の信仰雑誌『法爾《ほうに》』第二十二号・二十三号（十一月、十二月発行）に、論考「生ける妙好人、浅原才市」を寄稿し、才市を最初に世に紹介しました。才市の生前の姿が紹介され、才市が書いた法悦詩のノート七十数冊を、才市に懇願して譲り受けたこと、才市の詩の味わいなどが記されています。大拙は、寺本の論考「生ける妙好人、浅原才市」を参照して『妙好人』（大谷出版社、後に法藏館）を執筆し、同書の「付録」に、他の論考と共に載せています。

寺本は、昭和二十六年（一九五一）に才市を紹介した『一隅を照らすもの』（千代田女学園）を、昭和二十七年（一九五二）に『浅原才市翁を語る』（同）を出版しました。『浅原才市翁を語る』は、平成十六年（二〇〇四）十二月九日に「浅原才市翁五十回忌記念」として、長円寺（寺本堯憲住職）から再刊されました。同書の「奇妙なお爺さん　浅原才市翁の話」の中で、寺本は才市の印象を次のように記しています。

一、正直な心、そしてそのままの姿。

二、敬虔な心、そしてそのままの姿。
三、一貫した誠実な心、そしてそのままの姿。
四、邪《よこしま》なき心、そしてそのままの姿。
五、不安なき心、そしてそのまゝの姿。（中略）

心のそのままが、躰のすべてに現われ、躰の全体が、そのままの心の現われであると言う点は、最も尊敬したいところであります。（中略）

才市翁は言わば、体で念仏し、体で語り、体で考え、体で喜び、体で働いた人であります。

そして一貫した誠実と、不安なき心とを、そのままに具現して、正に「天上天下唯我独尊《てんげゆがどくそん》」と言った姿であります。而も敬虔な心、姿を失わず、その深いたしなみが、姿の全面にあふれていて、浄土真宗の典型的な体験者であり、親鸞の名に導かれ、み仏のみ名に救われた、偉大な人格の完成者であったと存じます。

（寺本慧達著『浅原才市翁を語る』千代田女学園、一九五二年、一二三―一二五頁）

大谷大学の学生時代から大拙に師事し、生涯妙好人研究を行った楠恭は、才市のノート二十七冊分の詩を編集し、楠恭編『定本　妙好人才市の歌　全』（法藏館、一九八八年）を刊行します。第一巻＝六冊、第二巻＝九冊、第三巻＝十二冊、収録。同書の巻頭に大拙、柳両人の序（昭和二十三年）が付されています。

大拙最晩年に門弟として二年三か月師事した佐藤平が二十五歳の時、才市について調査のため温泉津を訪ねて資料を集め、当地の方言を調査し、さらに才市が三十歳から五十八歳まで船大工として出稼ぎに行った福岡県鞍手郡を訪ねて足跡を調べ、その調査結果をもとに三十数冊のノートの詩を収めた鈴木大拙編著『妙好人　浅原才市集』

（春秋社）を編集しました。同書は大拙が亡くなった翌年昭和四十二年（一九六七）七月に刊行されました。才市は無学で文字は平仮名でやっと書ける程度でした。しかも独特の字が多く大変読みにくいのです。み太（弥陀）・太りき（他力）・仁よらい三（如来さん）・ぶうぽを（仏法）・上ど（浄土）・を上（往生）・明をご（名号）・正じ（生死）・ご正（後生）・しゆ上（衆生）・きほをい太い（機法一体）・京（今日）・京け（教化）・丁もん（聴聞）・あじやい（味わい）・かぎを（稼業）・正明（称名）・正くもつ（食物）・十正く（住職）・明をな（妙な）・ごかい三（御開山）・む上（無常）・正上せせ（生々世々）・りん十（臨終）・京がい（境涯）・正ぶつ（諸仏）・れん仁よ三（蓮如さん）・ごぶん正（御文章）・ごわ三（御和讃）・ををぼいほん（王法為本）などです。

鈴木大拙編著『妙好人　浅原才市集』（春秋社）と楠恭編『定本　妙好人才市の歌　全』（法藏館）には、次のような詩が収められています（詩の内容を考えて列記しましたので番号順になっていません）。

鈴木大拙編著『妙好人　浅原才市集』春秋社、一九六七年

わるい《（悪い）》やつわるいやつさいちや
わるいやつさいちわるいやつ
わるい仁《（?）》こと仁わ《（は）》そこ《（底）》がない
わるいやつわるいやつ仁わ《（は）》そこがない

（同書、二八七頁、五二番）

ありが太やあさましやほを《法は》くわん《歓》
ぎ《喜》て《で》きわ《機は》ざんぎ《慚愧》ざんぎくわんぎの
なむあみ犬ぶつ

（同書、四二八頁、五九番）

ざんぎわ《慚愧は》ほを《法》のよろこびなり
くわんぎわ《歓喜は》き《機》のよろこびなり
ほをときのことなりきとほをのことなり

（同書、三六一頁、三一番）

ごくあくじん《極悪深重》十のわ太くしがいまわ《今は》
をやこ《親子》の太いめん《対面》とごをん《御恩》うれしや
なむあみ犬ぶつなむあみ犬ぶつ

（同書、三五九頁、九番）

二十三日
さいちやわるい《悪い》ことそこ《底》がない
をや《親》のゑゑ《善い》ことそこか《が》ない
ごをん《御恩》うれしやなむあみ犬ぶつ
わ太しやつみ《罪》でもをじひ《お慈悲》二とられ

（同書、二八七―二八八頁、五三番）

じひのをじひがなむあみ犬ぶつ　（同書、一七三頁、六〇番）

わ太しやつみ《（罪）》でもろくじ《（六字）》の
ざんぎ《（慚愧）》わ太しやつみでも
ろくじのくわんぎ《（歓喜）》
なむわ《（南無は）》ざんぎで
あみ犬わ《（阿弥陀は）》くわんき
ざんぎくわんぎのなむあみ犬ぶつ　（同書、一四五—一四六頁、三八番）

わしのもをねん《（妄念）》太からもの《（宝物）》あな太二
とられみなとられあな太の明をご《（名号）》を
わしがもろをて《（貰うて）》れが《（これが?）》太のしみ
なむあみ犬ぶつ　（同書、一七三頁、五八番）

もをねんわ《（もをねんは）》よろこびの太ね《（種）》となる
なむあみ犬ぶのなせるよろこび　（同書、四一七頁、四四番）
さいちやな仁《（何）》がうむしろい《（面白い）》

まよい《迷い》のうきよ《浮世》がうむしろい
ほ《法》をよろこぶ太ね《種》となる
なむあみ犬ぶのはなざかり《花盛り》
（同書、二一頁、三六番）

わ太しやしやわせ《仕合わせ》あみ犬《阿弥陀》のなか《中》の
なむあみ犬ぶつ
（同書、四一一頁、一八二番）

わ太しやしやわせ《仕合わせ》りん十《臨終》までまたぬ《待たぬ》のさき《先》二
とられて《取られて》なむあみ犬ぶつ
（同書、四三〇頁、八六番）

わ太しやしやわせ
なむあみ犬ぶ仁してもらい
ごをん《御恩》うれしやなむあみ犬ぶつ
（同書、二八五頁、四一番）

ねんぶつわ《念仏は》さいちがほとけ仁とられ太
ぶつ《仏》のねんぶつなむあみ犬ぶつ
（同書、三五九頁、八番）
いきる《生きる》こときかせて《聞かせて》もろ太が

なむあみ犬ぶつ　（同書、四〇四頁、九六番）

うれしうれしいきるがうれし
なむあみ犬ぶつ　（同書、四〇四頁、九七番）

しんじつしんじん《真実信心》うるひとわ《は》
う太がい《疑い》とられてはす《蓮》のは犬《華？》　（同書、一七〇頁、二九番）

わしのどろ太《泥田》仁み犬《弥陀》のはす《蓮》
うゑて《植えて》もろ太よなむあみ犬ぶを　（同書、二〇頁、二七番）

たりき《他力》二わ《は》じりき《自力》も太りきも
ありわ《は》せんいちめん《一面》太りき
なむあみ犬ぶつ　（同書、一七四頁、六七番）

ほとけのこころわし二きて《来て》わしを
ほとけ二するこころなむあみ
犬ぶつともをす《申す》こころ《心》よ　（同書、三九一頁、二七番）

ねんぶつわ《念仏は》さいちがを上《往生》の太い《体》なりこころなり
こくう《虚空》なりくうき《空気》なりなむあみ犬ぶつなり
なむあみ犬ぶつなむあみ犬ぶつなむあみ犬ぶ
つなりなむあみ犬ぶつ

（同書、三七七頁、八〇番）

ありが太い。ごほをしやわ《御報謝は》・あり
が太い・をや《親》仁。もろを太《貰うた》ごほを
しやあな太のでほをしやする
のがあな太のでさせてもらう
もあな太のでごをん《御恩》うれしや
なむあみ犬ぶつなむあみ犬ぶつ

（同書、二八四頁、三六番）

なむあみ犬ぶつなむあみ犬ぶつ
ねんぶつわ《念仏は》をや《親》のよびごゑ《喚声》
このへんし《返事》なむあみ犬ぶつ
なむあみ犬ぶつ

（同書、四一一頁、一八七番）

楠恭編『定本　妙好人才市の歌　全』法藏館、一九八八年

うみにわ、みずばかり。
みずをうけもつそこあり。
さいちにわ、あく《悪》ばかり、
あくをうけもつあみだあり。
うれしや。
なむあみだぶつ、なむあみだぶつ。

(同書一、第五ノート、一八八頁、三三番)

わしとあみだわどをしてをるか
なむとあみだわはなりやせ《ぬ》の
はなれられんがなむあみだぶつ。

(同書三、第三ノート、七七頁、五三番)

ごくらくわ、とい《遠ぃ》い、とい《遠ぃ》いとをもゐども《思えども》、
なむあみだぶが、みだのごくらく。

(同書二、第二ノート、六三―六四頁、一二五番)

わしのりん十《臨終》あなたにとられ、
りん十すんで葬式すんで、

あとのよろこびなむあみだぶつ。
（同書二、第八ノート、二一二頁、三七番）

よろこびわこころのせかいにみちみちて
なむあみだぶのなせるよろこび。
（同書三、第四ノート、一〇〇頁、四八番）

さいちわ京《（今日）》をよろこべ　京《（今日）》をよろこべ
いまをよろこべ　いまをよろこべ
なむあみだぶつなむあみだぶつ。
（同書三、第七ノート、一八二頁、四一番）

これらの詩は、知性や感性から生まれたものではなく、他力の信心から自然に生まれたものでした。日々親さま（阿弥陀如来）の懐に抱かれ、お慈悲の中で暮らす才市の安心が伝わってきます。他力の信心をいただいて、往生即成仏の身に定まった正定聚《しょうじょうじゅ》の位《くらい》の法悦《ほうえつ》です。自身の罪業の深さと阿弥陀仏の大悲を喜ぶ二種深信（二種一具の信心）を詠んだのです。「ありがたや　あさましや　法は歓喜で　機は慚愧　慚愧歓喜の　なむあみだぶつ」「ご恩うれしや　なむあみだぶつ」、「うれし　うれし　生きるがうれし　なむあみだぶつ」と詠んでいます（鈴木大拙編著『妙好人　浅原才市集』四二八頁、三五九頁、四〇四頁、参照）。

阿弥陀仏の、仏の願いに目覚めよ、そのまま助けるぞの喚《よ》び声である南無阿弥陀仏を聞いて、煩悩具足の凡夫のままに「機《き》法一体《ほういったい》　なむあみだぶつ」となる。あさましい凡夫の身が、如来の大悲に抱かれ安堵している喜びを、「このあさましが　み太〔弥陀〕二とられて　なむ〔南無〕二なる」、「二よら三〔如来さん〕とひとつになれば　ざんき〔慚愧〕くわんぎ〔歓喜〕となむあみ太゙ぶ」（『妙好人　浅原才市集』春秋社、三七六頁、七二・七三番）、「ざんぎ〔慚愧〕くわんぎ〔歓喜〕のふたつのたから〔宝〕もろて〔貰うて〕いただく　なむあみだぶつ」（楠恭編『定本　妙好人才市の歌　全』法藏館、三、第六ノート、一七〇頁、一五二番）と詠み、「ありがたや」「ご恩うれしや　なむあみだぶつ」をつねに口にします。才市は弥陀を「親さま」、自分を「如来さまの子」と詠んでいます、如来は親で自分は子である、「親子の心、ふたつなし。ひとつ心。機法一体、なむあみだぶつ」と。

才市の信心は、阿弥陀仏より回向《えこう》される他力回向、本願力回向の浄信であり、如来の真実心でした。「わしの泥《どろ》田《た》に弥陀の蓮　植えてもろたよ　なむあみだぶを」（鈴木大拙編著『妙好人　浅原才市集』二一〇頁、参照）と詠んでいます。

「機法一体の南無阿弥陀仏」とは、本願寺第八代宗主・蓮如（一四一五―一四九九）が『御文章』三帖目第七通と四帖目第八通・第十四通に記した言葉です。南無とは阿弥陀仏をたのむ衆生の信心であり、それを機といいます。阿弥陀仏とは、衆生をたすけるはたらきをあらわしているから法といいます。この機と法が、南無阿弥陀仏という名号で一体に成就されているという意です。「たのむ」とは、人間が阿弥陀仏に向かって頼む、お願いする、という祈願請求の意ではなく、阿弥陀仏の本願力を「たのみにする」「たよりにする」という意です。信順する、帰命することで、自力のはからいをはなれ、如来の救いに安住するのです。衆生は生死出離の縁なき無明煩悩に覆われた罪業深重の存在であり、「たのむ」のも「たすける」のも共に弥陀のはたらきであり、他力回向の真実信心です。才市における機法一体は、衆生と仏の原理的一体を説く日本天台の本覚思想や証空を祖とする浄土宗西山派の法門ではなく、如来より賜った信心であり、無上の喜びでした。

蓮如は「仏凡一体」ともいいます。仏とは仏心で「如来のよきおんこころ」と示され、阿弥陀如来の真実清浄の心で名号の徳といわれます。凡は凡心で「行者のわろきこころ」と示される凡夫の煩悩罪濁の心です。一体は、凡心の中に仏心が入り、凡心が仏心と一体になるといわれるのです。

鈴木大拙は機法一体を大乗仏教の頂点と高く評価しました。「浄土系思想の真実に触れることは、このなむあみだぶつで一つになるところを自覚するの義にほかならないのである」（『日本的霊性』〔岩波文庫本〕第四篇「妙好人」、二四四頁）と述べています。妙好人は、煩悩具足の凡夫のままで親さま（弥陀）の大悲の懐に抱かれた子です。

才市の罪業観は、倫理的・道徳的な自己内省ではなく、光に照らされて浮かび出る影の如きものでした。如来の光明（仏智）に照らされて、はじめて知らされたおのれの罪業深重の姿、「地獄行き」の姿でした。如来の仰せに信順し、煩悩具足の身のままに生死の苦海から救われた喜びを、「慚愧歓喜の南無阿弥陀仏」と詠んでいます。南無阿弥陀仏の聴こえる世界が、「死なずにまいる、生きさせてまいるお浄土さま」でした。いま、阿弥陀仏の眷属《けんぞく》「大会衆《だいえしゅ》」となって如来の法座に連なっている喜びを、「ごをんうれしや　なむあみだぶつ」と詠んだのです。今日のいのちを喜び、こころ豊かに生きたのでした。

大拙は、昭和二十五年（一九五〇）九月三日、「ロス・アンジェルス市内の西本願寺」の仏教青年会グループにて「Buddhism and Ethics」を講演し、才市の死生観について次のように記しています。

ありがたい　ひとはしぬるにわしやしなぬ
しなずにまいる弥陀の浄土に（「ノート」二五―一五）

臨終は死なんが臨終

なむあみだぶになる臨終（「ノート」二一―二五）

＊これを哲学的に解釈すると、「死ぬこと」はここでは否定を意味するが、才市は否定に終わる否定主義の信徒ではないから、死ぬはずはない。才市の命の終わりは死を意味せず、それは「不死」なのである。普通の人の場合は生命が終わればいなくなるが、才市は南無阿弥陀仏として自らを表現する新しい命を持つのである。南無阿弥陀仏とは永遠の命である。才市にあっては、否定はそれが南無と阿弥陀の一体、つまり南無―阿弥陀―仏として経験される肯定にまで進まなくては意味がない。ここに真宗の教えの核心がある。

＊この関連で私の主張したい点がある。すなわち、才市によれば、彼は死なないで浄土往生を遂げるはずだが、それはこの世にいる間に浄土往生すること、新たな生命を経験すべく死ぬまで待つわけではないことを意味する。これは真宗教義の一般的解釈とは真っ向から衝突する。才市の経験はその一般的解釈には従っていないが、私流の真宗理解では、才市の率直なことばは完全に正しい。

（常盤義伸編・酒井懋訳・鈴木大拙著『禅八講――鈴木大拙最終講義』角川学芸出版、二〇一三年、一六二―一六三頁）

「この世にいる間に浄土に往生する」とは、他力回向の信心をいただき、まさしく往生成仏の身に定まった「正定聚の位」に就いたことを語るものでしょう。

親鸞は『唯信鈔文意』に、次のように記しています。

『大経《だいきょう》』（下）には、「願生彼国《がんしょうひこく》　即得往生《そくとくおうじょう》　住不退転《じゅふたいてん》」とのたまへり。「願生彼国《がんしょうひこく》」は、かのくににうまれんとねがへとなり。「即得往生《そくとくおうじょう》」は、信心《しんじん》をうればすなはち往生《おうじょう》すといふ。すなはち往生《おうじょう》すといふは不退転《ふたいてん》に住《じゅう》するをいふ。不退転《ふたいてん》に住《じゅう》すといふはすなはち正定聚《しょうじょうじゅ》の位《くらい》に定《さだ》まるとのたまふ御《み》のりなり。これを「即得往生《そくとくおうじょう》」とは申《もう》すなり。

（『浄土真宗聖典』〔註釈版・第二版〕七〇三頁）

『無量寿経』（巻下）の第十八願成就文《じょうじゅもん》に「即得往生」と記されているのは、「不退転」（不退の位、さとりを得ることに定まり、再び迷いに退転しないこと）に住する意であり、往生即成仏の身に定まった「正定聚の位」につくことである、と説いています。

才市の詩は、阿弥陀如来のいのち「無量寿」を賜った法悦であり、大拙はそのような信心こそが真の救いであると領解したのでした。

才市は、それを次のように詠んでいます。

わ太しやしやわせ《（仕合わせ）》上《（浄土）》をどのかほ《（果報）》を
ここでよろこぶなむあみ太゙ぶと
ありが太やありが太や
さいちがごくらく《（極楽）》どこ仁ある
さいちがごくらくここ仁ある

（鈴木大拙編著『妙好人　浅原才市集』春秋社、七三頁、八一番）

しやば《娑婆》でごくらくさかゐわ《境は》どこか
しやばでごくらくめ《目》がさかゐ《境》

（同書、二九頁、八番）

しぬる《死ぬる》うきよ《浮世》のきまりなりしなんわ《死なんは》
上を《浄土》どのきまりなりこれが太のしみ
なむあみ犬ぶつ

（同書、三八七頁、四九番）

さいちわ《は》うきよ《浮世》太つとき《時》
なんとゆうはいうきよ太つとき
ま太きまするぞ
なむあみ犬ぶつ

（同書、二〇四頁、二九三番）

りん十《臨終》すんで、まいるじやない。
りん十すまの《ぬ》とき　まいるごくらく
なむあみだぶにすめてあること《済ましてしまって　終えてしまってあること》。
なむあみだぶつ。

（楠恭編『定本　浅原才市の歌　全』法藏館、二、第四ノート、一三三頁、一一六番）

ありがたや

しんで《死んで》まいるじよど《浄土》じやないよ
いきて《生きて》まいるをじよど《お浄土》さまよ
なむあみだぶにつれられて
ごをんうれしやなむあみだぶつ。

（同書三、第一ノート、二三頁、六九番）

わしにあなたわ上をど《浄土》をもたせ
〔し〕やばて《娑婆で》よろこぶなむあみだぶつ。

（同書三、第一一ノート、二八六頁、一二番）

しやば《娑婆》と上をど《浄土》がちがうなら
わたしやほ《法》をわきかんのに
わしもしやば《娑婆》も上をど《浄土》もあみだ《阿弥陀》もみなひとつ
なむあみだぶつ。

（同書三、第五ノート、一一三頁、一〇番）

しやば《娑婆》のうきよわ《浮世は》上をど《浄土》とのいん《因》としたまゐり
うろ《有漏》のゑしん《穢身》わかわらねと《ど》
こころわ上をど《浄土》とにあそぶなり。

（同書三、第七ノート、二〇四頁、一二八番）

しやばのうきよでごくらくもろて

これがたのしみなむあみだぶつ。

（同書三、第一二ノート、三一七頁、五〇番）

才市にとって、如来の光明に照らされた世界が浄土でした。身は娑婆にありながら、「なむあみだぶつ」のうちに生死の迷いをはなれた喜びを、「浄土貰うて娑婆にをる　これがよろこび　なみあみだぶつ」（鈴木大拙編著『妙好人　浅原才市集』一九七頁、参照）、「娑婆の浮世で極楽貰うて　これが楽しみ　なみあみだぶつ」（楠恭編『定本浅原才市の歌　全』三二七頁、参照）と詠んでいます。いま「親さま」の大悲の懐に抱かれている悦びを詠んだのです。親鸞の和讃「超世《ちょうせ》の悲願《ひがん》ききしより　われらは生死《しょうじ》の凡夫《ぼんぶ》かは　有漏《うろ》の穢身《えしん》はかはらねど　こころは浄土《じょうど》にあそぶなり」（『帖外和讃《じょうがいわさん》』）と同じ味わいでしょう。罪業深重の凡夫の身のまま、この世で救われていたのです。

この点に関して、浄土真宗本願寺派の宗学者（勧学）梯《かけはし》　實圓《じつえん》は、次のように評しています。

才市はこんな詩をつくっています。

わたしゃ　しやわせ
死なずにまいる
生きさせてまいる浄土が
なむあみだぶつ

念仏の声がひびく世界が「死なずにまいる浄土」だというのです。それはわたしを包む大悲の世界です。念仏しているということは、阿弥陀仏の説法の法座につらなっているということでもあるわけで、親鸞聖人は、それを「大会衆の数に入る」といわれています。大会衆とは、浄土の御法座のことであって、念仏者は、この世にありながら、浄土の法座につらなっているといわれるのです。

（梯實圓著『わかりやすい名言名句――妙好人のことば』法藏館、一九八九年、一五八―一五九頁）

才市はまた、次のように詠んでいます。

わたしや七十九歳
しやばのひぐれわ
ごくらくのよわ《（あ）》け
めがさかゑ《（瞬きの一瞬がその境）》なむあみだぶつ。

（楠恭編『定本　浅原才市の歌　全』法藏館、三、第三ノート、八六頁、九七番）

ごくらくをまつばかり
またせてよろこぶなむあみ〔だ〕ぶつ。

（同書三・第四ノート、一〇一頁、五二番）

ありがたや
さきのみやこ《（都）》にて《（手）》がとをて《（届いて）》
きしのみゑるがなむあみだぶつ。

（同書三、第七ノート、一八五頁、五五番）

いままでわじごく《（地獄）》

いまわしやば《（娑婆）》
こんどこのつぎごくらく
なむあみだぶつ。
（同書三、第七ノート、二〇五頁、一三一番）

わしがをやさま　よいをやさまで
わしになう《（つ）》て　上をど《（浄土）》にかゑる
なむあみだぶつ。
（同書三、第七ノート、二〇八頁、一四二番）

ねんぶつわたのしみで　いまがりん十《（臨終）》
なむあみだぶつなむあみだぶつ。
いきれた《（息切れた）》ここがみだの上をど《（浄土）》になるぞうれしやなむあみだぶつ。
（同書三、第十ノート、二六二頁、一〇番）

わしのちちをや八十四歳　を上《（往生）》しましたを上ど《（お浄土）》さまに
わしのはははをや八十三でを上《（往生）》しましたを上ど《（お浄土）》さまに
わしもいきます　やがてのほどに
をやこ三人もろとも　しゆ上さいど《（衆生済度）》のみ《（身）》となる
（同書三、第一一ノート、二八六頁、九番）

ごをんうれしやなむあみだぶつ。

（同書三、第一ノート、三〇頁、九三番）

さきのみやこ《（都）》があるゆゑ《（故）》仁
うきよ《（浮世）》は太らきすりや
うむしろい《（面白ぃ）》
なむあみ太゙ぶつなむあみ太゙ぶつ

さき《（先）》の太のしみごくらく《（極楽）》
さま《様》て《（で）》いま《（今）》の太のしみ
なむあみ太゙ぶつ

（鈴木大拙編著『妙好人　浅原才市集』春秋社、三三五頁、六四番）

（同書、四〇九頁、一六三番）

才市は親様（如来）から真実の信心を賜って、先の浄土往生をいま「なむあみだぶつ」のうちに味わっています。中には一見矛盾するような詩が見えますが矛盾ではなく、その時々の味わいでしょう。才市は学問も仏道修行もしていません。大工仕事に専念しながら、ひたすらお説教を聴聞し、蓮如上人の『御文《ごぶん》章《しょう》』（御文《おふみ》）を読み、念仏するうちに、自力の心「はからい」「疑い」が取られたのです。「しんじつしんじんうるひとわ　う太がいとられて　はすのは太〔な〕」（同書、一七〇頁、二九番）と詠んでいます。親鸞が語った「仏智不思議」のはたらきでした。「自然法爾《じねんほうに》」、如来の「無上仏《むじょうぶつ》にならしめん」との誓いでした（「自然法爾章」『浄土真宗聖典』〔註釈版・第二版〕六二一―六二二頁、参照）。

才市の詩は法悦の表現であり、「なむあみだぶつ」で娑婆と浄土の壁が取り除かれたのです。大悲の妙用《みょうゆう》です。「往生」についての分別的思考は才市には無縁でした。浄土の教えは賢者・知者のためではなく、煩悩具足の凡夫を救うために説かれた教えであり、如来の大悲心による万人成仏の教えです。才市は、自分であれこれとはからうことなく、親心をそのままいただいたのです。

才市にとって浄土は、この濁世と無縁の世界ではなく、念仏のうちに感得された世界でした。静的な場所ではなく、つねに才市にはたらきかける「無量光明」（大智）・「無量寿命」（大悲）の世界でした。「うれし　うれし　生きるがうれし」と詠んでいます。

鈴木大拙は、「妙好人の特質が、消極的で受動的で、法悦耽溺性を多量に持っている（中略）。他力宗の長所はすなわちその他力性の強調せられるところにあるので、特に妙好人なる人〻は、絶対他力の温泉に、つかりすぎ、ひたりすぎるのである」（鈴木大拙著『妙好人』〔第二版〕法藏館、一四頁）と述べていますが、才市の衆生済度については、次のように記しています。

才市の衆生済度というのは、日日の行事、即ち彼の場合では下駄業にいそしむことを意味するもののようである。普通に衆生済度という時は、何か法談でもやるか、社会事業に手を出すかすることのように思われている。それは必ずしもそうではないのであるが、下化衆生は何か教化の意義を持つように考えられている。才市のように下駄削りに専念すること、これまた大なる衆生済度の業であり、御恩報謝の行であることを忘れてはならぬ。

（鈴木大拙著『妙好人』〔第二版〕法藏館、一九七六年、六九頁）

大拙は、『日本的霊性』第四篇「妙好人」の「7、衆生済度」で、次のように述べています。

才市の衆生済度は、何かを計画して、外へ出掛けて行って、ああしてこうして、済度業を励まなければならぬというようなものではないのであろう。自分の仕事につれて、自分の信心の常住持続性を点検すること、それも遊戯《ゆうげ》三昧《ざんまい》の心持でやって居るのが、才市の境涯であったに相違ない。自問自答の歌をこのように解してよかろう。即ち才市の考えでは、衆生済度は自分をからにして、自分から外へ出て、何かと取計らいをすることでなくて、自分が念仏三昧の生活をすること、平常心《ひょうじょうしん》をそのままに生かすこと、即ち行為すること、それが衆生済度だというのである。次の歌もそれで読めると思う、

「しんじんは衆生さいどのもとゐれ（元入れ）で、
もろをて（貰うて）いただく、なむあみだぶつ。」（中略）

もとゐれは元入れの義で、元金《もときん》をいうものと思う。それで、信心はあみだより下さる元金で、それにより此の生が霊性的に営まれていくのである。信心を貰って、ありがたくそれを戴き、なむあみだぶつとなるとき、それが衆生済度にほかならぬのである。衆生済度は我等日々の生活そのもので、このほかに強いてそう名づくべき行為はないのである。信心の獲得或は信心を戴くということによりて、衆生済度的生活の元手が授かるわけなのである。（中略）才市の下駄削りは、遊戯三昧の行為であり、無功用底の衆生済度である。

（鈴木大拙著『妙好人』〔第二版〕法藏館、二二九―二三〇頁）

才市は、自分が称える念仏を次のように味わっています。

わしがとなゑる《（称える）》ぶつぶつわ《（は）》
しゆ上さいど《（衆生済度）》のぶつぶつよ
わがとなゑ《（称え）》をもう《（念う）》ぶつぶつ
み犬《（弥陀）》のぶつぶつさいちがぶつ《（仏）》で
さいちがぶつみ犬のぶつぶつ

（鈴木大拙編著『妙好人　浅原才市集』春秋社、二九六―二九七頁、三五番）

自分が称える念仏は弥陀の念仏であり、衆生済度の念仏であると詠んでいます。

蓮如は、『蓮如上人御一代記聞書』で、「弥陀《みだ》をたのめば南無阿弥陀仏《なもあみだぶつ》の主《ぬし》に成《な》るなり。南無阿弥陀仏《なもあみだぶつ》の主《ぬし》に成《な》るといふは、信心《しんじん》をうることなりと云々《うんぬん》。また、当流《とうりゅう》の真実《しんじつ》の宝《たから》といふは南無阿弥陀仏《なもあみだぶつ》、これ一念《いちねん》の信心《しんじん》なり」（『浄土真宗聖典』〈註釈版・第二版〉一三〇九頁）と説いています。

親鸞は、『正像末和讃』に、

浄土《じょうど》の大菩提心《だいぼだいしん》は　願作仏心《がんさぶっしん》をすすめしむ
すなはち願作仏心《がんさぶっしん》を　度衆生心《どしゅじょうしん》となづけたり

（『浄土真宗聖典』〈註釈版・第二版〉六〇三頁）

如来《にょらい》の回向《えこう》に帰入《きにゅう》して　願作仏心《がんさぶっしん》をうるひとは
自力《じりき》の回向《えこう》をすてはてて　利益有情《りやくうじょう》はきはもなし

（同書、六〇四頁）

と詠み、「願作仏心《がんさぶっしん》」に「弥陀の悲願《ひがん》をふかく信じて仏《ほとけ》にならむと願ふ心」（高田派専修寺蔵・国宝本、左訓）、「度衆《どしゅ》生心《じょうしん》」に「よろづの有情《うじょう》を仏《ほとけ》になさむと思ふ心」（同）と訓を施しています。浄土の大菩提心です。

さらに親鸞は、「皇太子聖徳奉讃」で、次のように詠んでいます。

他力《たりき》の信《しん》をえんひとは　仏恩報《ぶっとんほう》ぜんためにとて
如来二種《にょらいにしゅ》の回向《えこう》を　十方《じっぽう》にひとしくひろむべし

（同書、六一五頁）

大拙は、編著『妙好人　浅原才市集』（春秋社、一九六七年）の巻頭の論考「妙好人　浅原才市」（『大法輪』第三十二巻第五号、一九六五年五月、掲載）で次のように述べています。

真宗には、廻向に二種ありといって、極楽往生するのが、往相回向《おうそうえこう》で、極楽から娑婆に戻って来て一切衆生のために働くのが還相回向である。それである意味では、衆生の一人一人が、お互に他のために働くところに、弥陀の本願力に生きているということになる。才市が「なむあみだぶつ」そのものとなって、稼業にはげむところから見ると、才市は、「みだの衆生」の一人であるわけだ。「みだ」は、才市に仮託して、この世の稼業を営み行くのである。これが真宗の衆生済度の意味だ。

（同書、まえがき七頁）

また、大拙は、昭和二十三年（一九四八）夏、楠恭編『妙好人才市の歌　一』（法藏館）に寄せた「序」で、真宗の利他行について次のように述べています。

凡夫は凡夫ながらに、大慈大悲の無限性をもち得ぬまでも、その力に相応した最大限度の利益行を実践すべきであらう。浄土門はこれを止めさせるものではあるまい。不便を不便と見て、これに対して手を出してはならぬ、仏になるまで待てと云ふ、そのやうな不人情・非合理性を凡夫に強ゆるのが、他力宗の教理ではあるまい。仏になつたらその時は固より大慈大悲を行ずるが、仏にならぬ前でも、不便を見殺しにすべき理由はない。小慈小悲を大慈大悲と思ひ上ることがなければよいわけだ。それから凡夫は凡夫だけの事を実行すればよい。（中略）凡夫の限りにおいて行ずる衆生利益行が、そのままに仏の大慈大悲の旨に通ふものが、十分に備はつて居るのである。

（楠恭編『定本　妙好人才市の歌　全』法藏館、一九八八年、七―八頁）

大拙は、如来回向の信心をいただいた凡夫が行う利他的行為には、仏の大慈大悲の旨《むね》に通うものが十分に備わっている、といっています。事実、妙好人たちの利他的行為は、大和《やまと》の清九郎《せいくろう》、讃岐《さぬき》の庄松《しょうま》、石見《いわみ》の善太郎《ぜんたろう》、因幡《いなば》の源左《げんざ》、石見《いわみ》の仲造《なかぞう》らにひとしく見られるところです。「現生十種の益」の第九「常行大悲《じょうぎょうだいひ》の益《やく》」でしょう。

以上のような妙好人たちの利他的行為には、善行を行うという意識はなく、他力の信心から自然に生まれたのでした。彼らには、人間のみならず牛馬虫魚にも如来の本願が懸けられているとの思いがありました。明治三十四年（一九〇一）に、本願寺派で「大日本仏教慈善財団」が設立されましたが、才市は、明治三十七年十月十五日の書状によると多額の寄付をし、会員記章をもらっています（高木雪雄著『才市同行――才市の生涯と周縁の人々――』永田文昌堂、一九九一年、一二四頁、参照）。また、大正二年（一九一三）、北海道他六県の凶作による飢饉と、大正三年の桜島爆発の罹災者に対し、多額の見舞金を送るなど精一杯の援助活動を行っています（同書、末尾「浅原才市略年表」参照）。

こうした妙好人の温かい利他的言動が、人びとに感化を及ぼし、敬慕されたのです。親鸞が、門弟の性信坊《しょうしんぼう》に宛てた手紙（『御消息』）に記した、「わが身《み》の往生《おうじょう》一定《いちじょう》とおぼしめさんひとは、仏《ぶつ》の御恩《ごおん》をおぼしめさんに、御報恩《ごほうおん》のために、御念仏《おんねんぶつ》こころにいれて申《もう》して、世《よ》のなか安穏《あんのん》なれ、仏法《ぶっぽう》ひろまれとおぼしめすべしとぞ、おぼえ候《そうろ》ふ」（『浄土真宗聖典』〈註釈版・第二版〉七八四頁）の教えをそのままに生きた人たちでした。

才市にとって「浄土」とは、この世の命が終わって帰る「親のふるさと」であり、仏になって還相《げんそう》の利他行をさせていただく「無量《むりょう》光明《こうみょう》土《ど》」「無《む》為《い》涅《ね》槃界《はんがい》」でしたが、それはまた、いま「なむあみだぶつ」のうちに感得される大悲の世界でもありました。

さいちわ《（は）》どこ二をる《（居る）》上をど《（浄土）》
もろをて《（貰うて）》しやば《（娑婆）》二をるこれが
よろこびなむあみ太ぶつ

（鈴木大拙編著『妙好人　浅原才市集』春秋社、一九七頁、二二〇番）

と詠んでいます。身は苦悩の娑婆にあって如来の大悲に懐かれ、「往生すべき身」「まことの仏《ほとけ》になるべき身」（『一念多念文意』左訓）にしていただいた正定聚の悦びであり、自然に感謝のお念仏が出たのでしょう。

才市は、浄土に生まれて仏のさとりを開き、再び迷いの世に還って衆生を済度させる如来の「往相《おうそう》・還相」の二種回向をいま喜んでいます。

凡夫の「衆生済度」について、才市は次のように詠んでいます。

しゆ上さいどわ《(衆生済度は)》いま《(今)》とわ《(は)》
ちがういまわ《(は)》ぼんぶ《(凡夫)》でしやば《(娑婆》
せかい《世界)》しゆ上さいどわ《(は)》
み太《(弥陀)》の上を《(浄土)》ど《(で?)》せするぞ
うれしやなむあみ太ぶつ

（同書、一八五頁、九二番）

煩悩具足の凡夫の身で、この世では十分な衆生済度はなし得ないが、浄土に生まれ仏となってさせていただく利他教化、衆生済度のはたらきを、「するぞ　うれしや　なむあみだぶつ」と喜んでいます。名号、南無阿弥陀仏にそなわる利益、如来大悲のはたらきを喜んだのです。そこに才市の信心体験が見られます。その喜びがこの世での教化活動への積極的な協力（石見地方の教化組織「宣教会」の会員として貢献）となり、地震、大火、津波、飢饉などの罹災者への献金など積極的な社会貢献となったのです。

親鸞は『正像末和讃』に、

無始流転《むしるてん》の苦《く》をすてて　無上《むじょう》涅槃《ねはん》を期《ご》すること
如来《にょらい》二種《にしゅ》の回向《えこう》の　恩徳《おんどく》まことに謝《しゃ》しがたし

（『浄土真宗聖典』〔註釈版・第二版〕六〇八頁）

と詠んでいます。

才市は江戸時代の妙好人・石見の善太郎を「衆生済度の善太郎さま」と詠んで、浄土から自分を救うために現れた還相の人であったと敬慕しています。

善太郎（天明二年（一七八二）—安政三年（一八五六））は、千田村《ちだむら》（現、島根県江津市千田町）浄土真宗本願寺派浄光寺《じょうこうじ》の門徒でしたが、下有福《しもありふく》（島根県浜田市下有福町）の同派・光現寺《こうげんじ》の近くに家を建て、よくお参りして熱心に聴聞したといわれます。有縁の人びとに仏法を語り、人びとから敬慕されました。

才市が日々お参りした安楽寺に、額に二本の角が生え、手に念珠をかけて合掌する才市の肖像画の掛け軸が収蔵されています。大正八年（一九一九）才市七十歳の姿で近隣の画家・若林春暁《わかばやししゅんぎょう》が描きました。

大正九年（一九二〇）三月、才市が教化に浴した安楽寺の梅田謙敬住職が、肖像画の上部に次のような画賛を書いています。

有角者機　合掌者法　〔角《つの》あるは機《き》なり　合掌《がっしょう》するは法《ほう》なり〕
法能摂機　柔軟三業　〔法《ほう》よく機《き》を摂《せっ》し　三業《さんごう》を柔軟《にゅうなん》ならしむ〕
火車因滅　甘露心愜　〔火車《かしゃ》の因滅《いんめつ》し　甘露《かんろ》心《こころ》にあきたる〕
未至終焉　華臺迎接　〔未《いま》だ終焉《しゅうえん》に至《いた》らずして　華臺迎接《けだいごうしょう》す〕

大正九年三月

寶樹山謙敬題

島根大学教授・川上清吉著『才市さんとその歌』（百華苑、一九五七年）の巻頭写真にこの画讃が掲載されました。藤秀璻の文「才市翁と私」（序文に代へて）と藤永清徹の文「おもかげ」も収められています。

画賛を訓み下した「角あるは機なり」とは、煩悩をもったあさましい人間才市のことです。「合掌するは法なり」とは、弥陀の名号法が才市に届き、才市の上に信心として顕れているすがたです。「法よく機を摂し」とは、名号「南無阿弥陀仏」が、角（煩悩）の生えた凡夫（機）の才市をそのまま抱き取ってくださる意です。「三業を柔軟ならしむ」とは、身・口・意の三業（三つの行為）をおだやかにさせる意です。「火車の因滅し」とは、地獄行きの業因が滅したという意です。「甘露心にあきたる」とは、「甘露」は南無阿弥陀仏で、「心にあきたる」は、名号法が心に満ちあふれているという意です。「未だ終焉に至らずして　華臺迎接す」とは、まだ臨終が来ていないのにすでに蓮の台《うてな》が迎えにきているという意です。

才市は、次のような詩を詠んでいます。

こころもじやけん、み(身)もじやけん。
つのをはやすが、これがわたくし。
あさまし、あさまし、あさましや。
なむみだぶつ、なむあみだぶつ。

（楠恭編『定本　妙好人才市の歌　全』法藏館、一、第五ノート、一八七頁、三一番）

こんなさいちよい。
あさましのこころしれ、
こころしられりや、みだもしられる。

（同書二、第二ノート、三六頁、三三番）

さいちわ《(は)》じやけんな《(邪見な)》こころ仁
もどるなよみ犬《(弥陀)》のこころ仁
もどるこそよき
なむあみ犬ぶつなむあみ犬ぶつ

（鈴木大拙編著『妙好人　浅原才市集』春秋社、八五頁、八一番）

あさましのじやけん《(邪見)》のつの《(角)》がはゑた《(生えた)》まんまで
をや《(親)》二とられて《(取られて)》なむあみ犬ぶつなむあみ犬ぶつ

（同書、三七七頁、八四番）

自己の「あさましさ」について、親鸞も『正像末和讃』の「愚禿悲歎述懐讃」に、次のように詠んでいます。

悪性《あくしょう》さらにやめがたし　こころは蛇蝎《じゃかつ》のごとくなり
修善《しゅぜん》も雑毒《ぞうどく》なるゆゑに　虚仮《こけ》の行《ぎょう》とぞなづけたる
無慚無愧《むざんむぎ》のこの身《み》にて　まことのこころはなけれども
弥陀《みだ》の回向《えこう》の御名《みな》なれば　功徳《くどく》は十方《じっほう》にみちたまふ

（『浄土真宗聖典』〔註釈版・第二版〕六一七頁）

如来の光明に照らし出されたおのれの姿、すなわち、自分は罪業深重、煩悩熾盛の浅ましい凡夫であるという慚愧の思い（機の深信）と、いま如来の大悲に抱かれ、必ず浄土へ往生成仏させていただく身にしていただいたという歓喜の思い（法の深信）が、同時に才市の上にあらわれています。この二つは別のものではなく、「機《き》法二《ほうに》種一《しゅいち》具《ぐ》の信心」といわれる他力回向の信心のすがたです。

縁にあえばどのような悪事を行うかもわからない煩悩具足の身のままに、如来の大悲に抱かれ、生死の迷いを離れ、安住の境地にいるのです。才市はそれを、「わたしや　しやわせ」「ご恩うれしや　なむあみだぶつ」、「うれし　うれし　生きるがうれし　なむあみだぶつ」と詠んでいます。そこには、『歎異鈔』が伝える親鸞のことば、「弥陀《みだ》の五劫《ごこう》思惟《しゆい》の願《がん》をよくよく案《あん》ずれば、ひとへに親鸞一人《しんらんいちにん》がためなりけり」（『浄土真宗聖典』〔註釈版・第二版〕八五三頁）と同質の思いがありました。

鈴木大拙が『日本的霊性』の第二篇「日本的霊性の顕現」の「二　霊性」の「6　霊性のまことと深さ——一人」で述べた「個」の霊性的自覚であり、「才市一人《いちにん》」の宗教体験です。大拙や柳宗悦は、このような妙好人の信心に霊性的自覚の顕現を見て、それこそが二元的な精神がもたらす対立、抗争、闘争を和らげ平和をもたらすとして世に伝えたのでした。

註記（研究経過と資料）

本稿執筆に際し、次のようなご縁をいただきました。

浅原家の師匠寺（所属寺）、島根県江津市後地町、浄土真宗本願寺派涅槃《ねはん》寺の住職・高木雪雄《せつゆう》師（一九二一—二〇〇〇）から、病中にもかかわらず懇切なご教示をいただきました。高木師は十数年、本願寺派ハワイ開教使をつとめ、帰国後才市研究に没頭、同寺収蔵の浅原家の過去帳や才市の遺品によって、『才市同行——才市の生涯と周縁の人々——』（永田文昌堂、一九九一年）を上梓されました。

鈴木大拙氏が主として西洋の人たちのために書いた浅原才市に関する英文論文「A Study of Ssichi the Myōkōnin」（*The Way,* vol. 4, no. 1-4 Higashi Honganji Y. B. A. Los Angeles. Carif. 1952. 10）を、横浜市在住の翻訳家・酒井《さかい》懋《つとむ》氏（平成二十八年没、八十八歳）が和訳された際、駒澤大学名誉教授・石井修道松ヶ岡文庫文庫長から、校閲並びに序文執筆のご縁をいただきました。本論文は、平成二十五年（二〇一三）三月発行の『松ヶ岡文庫研究年報』（第二十七号）に「妙好人、浅原才市を読み解く」と題して原文と共に掲載されています。本論文は、平成二十八年四月、鈴木大拙没後五十年未発表論攷刊行第二弾、鈴木大拙著『妙好人、浅原才市を読み解く』〔英文対照・東西霊性文庫8〕（ノンブル社）として刊行されました。そのようなご縁で、平成二十九年七月に上梓した『鈴木大拙の妙好人研究』（法藏館）に石井修道文庫長より「発刊の辞」をいただきました。

才市が教化に浴した梅田謙敬師の寺、島根県大田市温泉津町浄土真宗本願寺派安楽寺《あんらくじ》住職・梅田謙道師（一九三〇―二〇一〇）から懇切なご教示をいただきました。安楽寺現住職・梅田淳敬師からも才市が亡くなった際、謙敬師が才市の死を悼んでしたためた弔歌の短冊二葉（昭和七年二月十九日夜筆）の写真をいただきました。次の歌が記されていました。

浅原才市老人の逝去を悼みて
ゆきまにし後に思へば今更にこひしたはしき法の言の葉　謙敬

才市老人の逝去を悼みまつりて
君ゆきて法の村里あれにけりあとをつくへき人もなくして　謙敬

ご教示いただいた高木雪雄師・梅田謙道師共にすでに亡く、その厚恩を偲ばせていただいています。

大拙氏最晩年の二年半近侍して才市研究に没頭し、鈴木大拙編著『妙好人　浅原才市集』（春秋社、一九六七年）の編集に尽力された元ロンドン大学客員教授・現ロンドン三輪精舎主管・ロンドン仏教協会理事の佐藤平《たいら》（顕明《けんみょう》）氏（一九三九—）から、才市について懇切なご教示をいただき、平成二十五年五月十二日来日された際、ご自作の「浅原才市年譜」（『大谷女子大学紀要』第二十号第二輯、一九八六年、抜刷）をいただきました。同年譜の冒頭に、佐藤氏の次のような才市の年譜作成に関する一文が記されています。

あるべき才市研究は、その歌に関するものとその生涯に関するものの二つに大別できるであろう。歌に関する研究は、A彼の宗教詩そのものの宗教哲学的研究と、Bその源流を尋ねる歴史的研究の二種が考えられる。またその生涯の研究は、C家系並びに彼自身の人生の経緯に関するものと、D彼に影響を与えたその周辺の僧侶や同行に関するものとがあり得る。

ここに発表する浅原才市の年譜は、彼が前途のような歌を作る妙好人と成る過程を知りたいと思って、凡そ二十年に亘り十回以上の現地調査をして、Cの部門を中心に、それをA、B、Dの各部門に対照させながら、まとめた研究成果の骸骨である。

（同書、三一三二頁）

「浅原才市年譜」は、佐藤氏が、才市が歌を詠むに至った経緯を知りたいと願って、二十年にわたり十回以上の現地調査を行ってまとめた研究成果です。同氏から、拙編『妙好人研究集成』（法藏館、二〇一六年）に序「妙好人研究の意義」と論考「妙好人浅原才市の「そのまま」について」を、拙著『鈴木大拙の妙好人研究』（法藏館、二〇一七年）に「発刊の辞」と論考「大行——晩年の大拙先生のお仕事をお手伝いして」を寄稿いただき、本稿校閲の労もとっていただきました。

参考文献

藤秀璻著『大乗相応の地』（興教書院、一九四三年）、鈴木大拙著『日本的霊性』（大東出版社、一九四四年。後に岩波文庫）、鈴木大拙著『妙好人』（大谷出版社、一九四八年。後に法藏館）、寺本慧達著『浅原才市翁を語る』（千代田女学園、一九五二年。再刊、島根県邑智郡邑南町中野長円寺）、藤秀璻著『宗教詩人　才市』（丁子屋書店、一九五七年、再刊、法藏館）、川上清吉著『才市さんとその歌』（百華苑、一九五七年）、鈴木大拙編著『妙好人　浅原才市集』（春秋社、一九六七年）、佐藤平編「浅原才市年譜」（『大谷女子大学紀要』第二十号第二輯、一九八六年）、楠恭編『定本　妙好人才市の歌　全』（法藏館、一九八八年）、水上勉著『才市』（講談社、一九八九年）、新保哲著「妙好人才市の念仏信仰」（『宗教研究』第六十三巻第四輯　二八三号、一九九〇年）、高木雪雄著『才市同行——才市の生涯と周縁の人々——』（永田文昌堂、一九九一年）、新保哲著『親鸞　覚如　才市』（晃洋書房、一九九二年）、浄土真宗本願寺派山陰教区教務所編『山陰　妙好人のことば』〈改訂第四版〉、二〇二〇年）

三、因幡の源左

因幡《いなば》の源左《げんざ》（本名、足利喜三郎）は、江戸時代後期の天保十三年（一八四二）に因幡国氣多郡《いなばのくにけた》（後に気高郡）山根村（現、鳥取市青谷町山根）に生まれ、昭和五年（一九三〇）に八十九歳で亡くなります。同地の浄土真宗本願寺派願正寺《がんしょうじ》の門徒でした。父の遺言「おらが死んだら親さまをたのめ」によって聞法し、やがて他力の信心をいただきました。家は代々農業と紙漉《かみす》き（因州和紙）でした。源左は一燈園主・西田天香や民藝運動家・柳宗悦から敬愛されます。

源左の言行は、京都市下京区東中筋通六条下ル学林町の浄土真宗本願寺派蓮光寺《れんこうじ》住職で布教使の羽栗行道《はくりぎょうどう》編「源左同行言行録」（謄写版刷り。一九四九年十一月）、また同著『妙好人　源左同行物語』（百華苑、一九五〇年）に記されています。

『妙好人　源左同行物語』の項目は、次のとおりです。

序、第一章　妙好人といふ事、第二章　妙好人の種類、第三章　源左の出生、第四章　幼少時代、

第五章　青年期、第六章　中老年期、第七章　感化、

付録　源左同行言行録（一六七話と表彰状等の資料、収録）

郵便はがき

料金受取人払郵便

京都中央局
承認

7416

差出有効期間
2026年10月
30日まで

(切手をはらずに
お出し下さい)

6008790

110

京都市下京区
正面通烏丸東入

法藏館 営業部 行

愛読者カード

本書をお買い上げいただきまして、まことにありがとうございました。
このハガキを、小社へのご意見またはご注文にご利用下さい。

お買上 **書名**

＊本書に関するご感想、ご意見をお聞かせ下さい。

＊出版してほしいテーマ・執筆者名をお聞かせ下さい。

お買上
書店名

区市町

書店

◆新刊情報はホームページで　http://www.hozokan.co.jp
◆ご注文、ご意見については　info@hozokan.co.jp

24. 11. 50000

ふりがな ご氏名		年齢　　歳　男・女
〒□□□-□□□□ ご住所	電話	
ご職業 （ご宗派）	所属学会等	
ご購読の新聞・雑誌名 （ＰＲ誌を含む）		

ご希望の方に「法藏館・図書目録」をお送りいたします。
送付をご希望の方は右の□の中に✓をご記入下さい。　□

注文書

月　　日

書名	定価	部数
	円	部
	円	部
	円	部
	円	部
	円	部

配本は、○印を付けた方法にして下さい。

イ. **下記書店へ配本して下さい。**
（直接書店にお渡し下さい）

（書店・取次帖合印）

書店様へ＝書店帖合印を捺印の上ご投函下さい。

ロ. **直接送本して下さい。**
代金（書籍代+送料・手数料）は、お届けの際に現金と引換えにお支払下さい。送料・手数料は、書籍代計16,500円未満880円、16,500円以上無料です（いずれも税込）。

＊お急ぎのご注文には電話、ＦＡＸもご利用ください。
電話 075-343-0458
FAX 075-371-0458

（個人情報は『個人情報保護法』に基づいてお取扱い致します。）

羽栗（一八八一―一九六五）は、本願寺派の北米開教使を十五年ほどつとめ、多くの人びとを教化しました。帰国後も信仰書の執筆と活発な布教活動を行います。願正寺にも数度布教に訪れ、それが縁で同書を執筆刊行したのです。

羽栗のアメリカ開教については、西元宗助《にしもとそうすけ》京都府立大学名誉教授（教育学。一九〇九―一九九二）が、花田正夫編『慈光』第二十一巻第十号（慈光社、一九六八年十月発行）に寄せた論考「アメリカの仏たち（二）」に、次のように記しています。

大正時代の始めに羽栗師が開教使としてフレスノに駐在され、師独特のご示談中心の熱烈な布教によって、信心の火はフレスノ地方に燃えあがった。そしてそのために、たしかに信仰熱はたかまっていったが、しかし他面において一念覚知的な、入信したとか、しないとか、多少の弊害が生じないでもなかった。じっさい、よきにつけ、あしきにつけ、その感化影響は今日もなお残っている。（中略）私にとってご縁のなかった故羽栗行道師のアメリカ真宗史上における歴史的意味を再評価する必要のあることをあらためて痛感したことである。じっさい京極（逸蔵）先生の仏教伝道も、その後の北米仏教団の発展も、羽栗師などによる信の開拓とその土壌があったればこそ開花したというも必ずしも過言ではないから。なお、アメリカのあちこちに、尊い当来に仏さまたちが沢山おられる。それはあたかもカルフォルニアの野原に咲き乱れているポピィの花のように。そのなかのお一人を、たとえにあげてみれば、スタクトン近郊の淺井静香さん、この可愛いおばあちゃんの、その静かな香りは、今この小文を書いていても。ここまで、におってくるようである。

アメリカにも多くの妙好人が生まれたのです。
羽栗は『妙好人　源左同行物語』の序（京都西六条蓮光精舎にて）に、次のように記しています。

聞く処によると柳宗悦氏は昨年一カ月程山根願正寺に滞在して源左の物語を書くべく材料を集輯してゐられ、願正寺現住衣笠一省氏より、自分の原稿を貸す様にとの交渉があったけれども、時恰《あたか》も『源左同行言行録』の編纂中であったので、其意に任せ兼ねたが、其後幸に、衣笠氏の手を経て、『源左同行言行録』は柳氏の手に提供され、柳氏よりの礼状が自分の手許へ届いてゐるので安心した事である。然るにその『源左同行言行録』が米国の信者の手に入りし折り、謄写版刷りで読みにくいので今少しく手を入れて出版して呉れないかといふ事となり、折よく百華苑がそれを引受け度いといふ事となって、茲に永年の苦心が漸く実を結ぶ事となったのである。

柳宗悦は、昭和二十四年（一九四九）七月下旬、願正寺を訪ねます。衣笠一省《きぬがさいっしょう》住職（一九二〇—一九九一）の厚意で約一か月余り同寺に滞在し、足利喜蔵、足利元治、羽栗行道、田中寒楼、吉田璋也、辛川忠雄らの協力を得て源左の言行を集めました。

柳は昭和二十五年（一九五〇）九月、『妙好人　因幡の源左』（大谷出版社）を刊行。同書の「前書」の三番目に、「（源左の）言行の中で最も大切なものの多くは、源左をじかに知る人びとの口から筆録することが出来た」と記され、四番目に、「間接的な材料は、主として田中寒楼、衣笠一省両氏の稿本により、後に羽栗行道師の謄写本によって補給した」と記されています。末尾「付録」の「文献」に、柳が同書執筆にあたって参照した稿本三種を記しています。

一、俳人・田中寒楼が編集した二冊（約六〇項目）、二、衣笠一省の手控え（二五〇項目）、三、羽栗行道編「源左同行言行録」（一八三項目）です。このうち、羽栗編「源左同行言行録」については、「昭和二十四年十一月に謄写版に付された和紙三十七枚で、昭和十五年頃の調査と聞くが、極めて有益な文献である」と記されています（柳宗悦著『妙好人　因幡の源左』大谷出版社、二三二頁）。

柳は『妙好人　因幡の源左』の「後記」に、「私はこの数年来、庄松や貞信尼や物種吉兵衛や三田源七や、最近には浅原才市の歌で、真宗が培った妙好人の深さにいたく心を惹かれてゐたので、源左のことを更に知りたく、又世に紹介すべきであるやうに思はれた」（同書、二三五頁）と記しています。柳が当時、鈴木大拙や楠恭の影響もあって妙好人に関心を寄せていたことがわかります。

同書は、十年後の昭和三十五年（一九六〇）七月に、衣笠によって改訂増補され、柳宗悦・衣笠一省編『妙好人　因幡の源左』（百華苑）として刊行されました。当時、柳は病床（脳溢血で左半身不随）にあり、同書の刊行を心から喜んでいます。

ここからは、柳・衣笠編『妙好人　因幡の源左』から源左の人生を見ていきます。

源左は、十八歳の時、父親がコレラに罹《かか》り亡くなる前、「おらが死んだら親さまをたのめ」と遺言したことで寺参りを始め、聴聞に励んだといわれます。しかし、いくら聴聞しても「親さま」がわかりませんでした。

ある日の早朝、草刈りに行きました。草を刈って草束を牛に担《かつ》がせ、自分も背負って帰る途中、急に気分が悪くなり、仕方なく牛に担がせたところ、「すとん」と楽になりました。その時「ふいっと」わからせてもらったとのことです。自分の重荷（罪業）を担ってくださる「親さま」（阿弥陀如来）の存在に気づき、如来の願力におまかせする安らぎを覚えたのです。

如来の大悲に抱かれている喜びを、「世界が広くなったようで安気《あんき》になった。不思議なことだ　ようこそ　ようこそ　なんまんだぶ　なんまんだぶ」と言って念仏しました。それ以後、どんなことも「ようこそ　ようこそ」と感謝しました。

源左は人間だけでなく、すべての生き物に温かく接しました。

争いを好まず、倅《せがれ》の竹蔵が庭の柿を盗まれないように柿の木に茨《いばら》をくくりつけたのを見て、「竹や、人さんの子さんに怪我《きず》さしたらどがすつだらあ」といって茨を外し、代わりに梯子《はしご》を掛けました。

「婆さん」（おかみさん）から、「芋を掘ってきてくれ」とたのまれ畑に行くと、よその誰かが芋を掘っているのを見てそのまま帰りました。婆さんが、「お芋はどうしただいなあ」と尋ねると、「ああ、今日はおら家《げ》の掘らん番《ばん》だといや」と答えました。

見知らぬ馬子《まご》が、源左の大豆畑に馬を入れて喰わせていたのを見て、「馬子さんやあ、その辺は赤くやけているだで、先の方のもっとええのを喰わせてやんなはれ」というと、馬子は逃げるように去りました。

ある日、麦に追肥《ついひ》をしようと肥桶《こえおけ》をかついで行くと、他所《よそ》の麦が痩《や》せているのを見て、「どれ、こちらが先だいなあ」と言って、その麦に施肥して帰りました。

「おらにゃ苦があって苦がないだけのう」と言い、どんな時にも不平をいわず、お慈悲を思って感謝しました。

親孝行で正直で、子どもたちに次々と先立たれましたが、悲しみをのり越えて、子が先に浄土へ往生を遂げたことを喜びました。

源左は農作業に精励し、多くの年貢米を納めました。明治十二年十二月十日、三十八歳の年、島根県より表彰されています（当時山根村は島根県に所属）。明治十六年六月二十九日、四十二歳の年、島根県より祖父母及び母に多年孝養を尽くしたことに対して表彰されています。大正六年一月四日、七十六歳の年、鳥取県知事より、農業に精励し、仏法に帰依し、慈善心に富み、法令を遵守したことに対し、褒賞金を添えて表彰されています。本願寺派本山からも褒賞を受けています（柳・衣笠編『妙好人　因幡の源左』百華苑、一九六〇年、末尾「附録」参照）。源左自身が法を喜ぶと共に人びとに仏法を語り、社会的にも大きく貢献していたことが分かります。「常行大悲」の徳を具えた念仏者の報恩行・利他行です。

ここからは、妙好人を高く評価した柳の著作を見てみます。

浄土の法門の存在理由は、在家に幾多の妙好人を出すことにあるのではないか。妙好人の存在こそは、浄土の法門を価値づけるものであって、もし彼らが現れなかったら、三部経も、祖師の説法も、学僧の教学も、何か架空なことを述べていることになろう。だがそれらの一切が真実だということの何よりの証文が、妙好人によって示されているのである。

（寿岳文章編『柳宗悦　妙好人論集』岩波文庫、一九九一年、一五五頁）

妙好人を宗教哲理の面から考察したおそらく最初のものは鈴木大拙博士の『日本的霊性』（昭和十九年刊）の中にある二章で、つづいて単行本『妙好人』（昭和二十三年）が刊行された。その日まで不思議なことであるが、宗門の教学者たちが、妙好人を主題として、宗教的真理を考察したものをほとんど見ない。おそらく妙好人たちが民間の無学な人々であるため、その言葉や行いにとり立てていうべき内容もないと考えられたのであろう。（中略）仏法の深い真理が、具体的姿をとり、いとも率直に濁りなく妙好人たちの言葉や行いに現れていることは、疑う余地がない。鈴木博士によって、これが鮮《あざや》かに取り上げられ、一書を成して世に出たことは、誠に記念すべきことといわねばならぬ。特に禅修行の人としての博士から、この一書を得たことに一段の意味があると思われてならぬ。

（同書、一五六―一五七頁）

妙好人の物語は特に日本仏教の特色ある一面を示すものであって、これが正当に海外に紹介せられたら、世界の人々の注意を集めるに違いない。それほど宗教的体験の人として驚嘆すべき性質を示している。将来日本は幾つかの文化財を通して、外国に寄与するところがなければならぬ。私はその文化財のうち最も大なるものを仏教に見るが、その仏教中、日本で特別の発達を見た浄土思想と、その具体化としての妙好人の存在とを高く評価しないわけにはゆかぬ。

（同書、一五七頁）

柳は、妙好人の中でもとくに因幡の源左を「「行為」でその妙好さを示した信者」（柳・衣笠編『妙好人　因幡の源左』百華苑、一九六〇年、序一五頁）と評し、心から敬慕しました。他力の信心を得た源左に真の美を見出したのです。

昭和三十一年（一九五六）六月一日発行の『大世界』第十一巻第六号（世界仏教協会）に、柳は「妙好人源左」を寄稿。一燈園主・西田天香との対話を紹介しています。末尾に、「「ようこそようこそ」という言葉こそ、源左の信心の生活をまともに示すものであります。私もこういう生活になんとかあやかりたいと思います」（『柳宗悦コレクション1　ひと』ちくま学芸文庫、二〇一〇年、二一八頁）と記しています。

柳は妙好人について、柳・衣笠編『妙好人　因幡の源左』（百華苑）の「新版序」（昭和三十四年十二月　病室にて）で次のように評しています。

妙好人は大概は片田舎の人で、貧乏で無学な人が多いが、その信仰の把握の純度に於ては、遠く学僧も及ばないものがあつて、千万の信仰文書も、却ってこゝに結実され、結晶された観があると云つてもよい。それ故法然上人や親鸞上人の教へは、妙好人を得ることによつて、初めてその輝きを十二分に発したとも云へるのである。

（柳・衣笠編『妙好人　因幡の源左』百華苑、序一六頁）

柳は同書所収の論考「源左の一生」の「二一」に、次のように記しています。

妙好人は真宗の園生に咲くいとも美しい花なのである。だが花のみを見て、それを培ひ育てる力を見忘れてはなるまい。源左を見ると又してもこゝに一人の稀な天才が現れたと思ふかも知れぬ。だがその深さ浄さを彼一人のみに帰してよいか。彼の大は、さること乍ら、その大を充分現はしめた雰囲気があることをも見過してはなるまい。高座にかゝる説教、悪人正機のその教へ、厚く法義を守り合ふ同行達、口々に出るその称名、この中に源左も幼な時から育つたのである。若し山根の村に篤信な善男善女がゐなかつたら、よもや源左はその仏縁を結び得はしなかつたであらう。（中略）源左は多くの同行達の持つてゐた源左なのである。妙好人を更に求めようとするなら、伝統を温めねばなるまい。源左の大を想ふ者は、伝統の大をも忘れてはならぬ。源左は無数の信徒の結晶した姿なのである。源左の中には真宗の信徒全体がゐるのである。

（同書、一九七—一九八頁）

同論考「源左の一生」は、寿岳文章編『柳宗悦　妙好人論集』（岩波文庫）に転載されました。

柳は、源左を才市と比べて、次のように評しています。

妙好人はとかく往相廻向《わうそうえこう》の面が強く、還相《げんそう》廻向の面に乏しいと云はれる。往相廻向とは往生浄土を慕ひ求めることであり、還相廻向とは、浄土を出てこの世を済度する用《はたら》きである。才市の如きを想ふと、この批評が当つてゐないとも限らぬ。余り法味が深いために往相に浸つて了ふのである。尤も往相が即ち還相であると云ふべきであらうから、還相のない往相は考へられぬ。併し何れかに傾く傾きはあらう。概して妙好人は往相の廻向に多忙なのである。才市は彼の信心を自らのうちに向け、独り悦びに深く浸つた。それだけに内面的な思索に深いものがあつた。が同時に他に交つて市井に入り、済度の希ひを果すことが稀であつた。

だが源左は対蹠《たいしょ》的であつた。彼は才市が書いたやうな仮名すら書けなかつた。かくして文字の道を通して思索する機縁を持たずに終つた。だが彼は動的であつた。知的ではなかつたが行的であつた。彼の信心は直ちに行ひそのものに深まつて行つた。彼は絶えず聞法を怠らなかつたが、同時に得たものを進んで人々に届けた。彼が人に接することを好んだのは、之によつて法話が出来るからである。才市が常に自らと会話し、自問自答してゐたのに対し、源左は好んで他の人々と語らひ合つた。

（柳・衣笠編『妙好人　因幡の源左』百華苑、一九四—一九五頁）

右の文の「往相・還相」の二種回向は、浄土真宗の中核をなす思想です。

柳は、源左の日々の行為を高く評価しましたが、そうした行為は、信心から自然に生まれたものでした。そこには、生きとし生けるものすべてに如来の本願が懸けられているという、宗教的な同体的生命観が見られます。そして人びとに如来の大悲を伝えようと努めました。他力の信者にそなわる「常行大悲《じょうぎょうだいひ》」の益《やく》であり、仏恩報謝行《ぶっとんほうしゃぎょう》です。

柳は、昭和三十四年（一九五九）十二月、病室で書いた「新版序」に、次のように記しています。

妙好人には幾つかの型があつて、中々機鋒の烈しい人、穏和な人、思索にたけた人、自戒の念に厳しい人など、その型は色々あるが、源左老はその中で、何よりも「行為」でその妙好さを示した信者であつた。それ故決して思索的な妙好人の一人ではないが、その行為が吾々の日常の生活に交つてくるだけに、一層有難みが深いとも思へる。

（柳・衣笠編『妙好人　因幡の源左』百華苑、一五頁）

柳にとって同書がいかに大切な書物であり、源左に深い想いを寄せていたかがうかがえます。

源左のことばを柳・衣笠編『妙好人　因幡の源左』（百華苑）から紹介します。

源左は時々自分の掌をとみこうみして、「親からもろうた手は、つよいもんだのう、いつかな〔どのような〕さいかけ〔鍬の先を取り替えること〕せえでもえゝけのう」。羽栗行道録。

（「一二五　掌」同書、七〇頁）

やね牛〔気性の荒い牛〕は源左に直して貰へと人々はよく云つた。荒れて乳をしぼらせぬ牛でも、源左が「ようこそ〳〵」と云つてしぼると、牛も機嫌ようしぼらせた。

（「一三七　牛（一）」同書、七五頁）

源左、「性のきつい牛だつて憎まずに可愛がつてつかんせえ。叱つて酷《むご》うするけれ、ひねくつだがやあ」。

（「一三八　牛（二）」同書、七五頁）

息子の嫁に源左、「あ姉《ねえ》や、念仏はなあ、御信心が入らんと出んむんだけのう。鈴でも玉が入りや鳴るけつど、入つとらんと鳴らんけんのう」。

（「二一五　鈴の玉」同書、一一一頁）

源左、「珍《めづ》らしいこつた〳〵。凡夫が仏になるちゆうこたあ。こがな珍らしいことが他にありませうかなあ。有難いぞなあ。南無阿弥陀仏〳〵」高野須泰然録。

（「二五二　凡夫成仏」同書、一二八頁）

源左、「誰が悪《わり》いの彼が悪《わり》いのちゆうても、この源左ほど悪い奴はないでのう。その悪い源左を一番に助けると仰しやるで、他の者が助からん筈はないだがやあ。有難いのう」。井關元造（面影村）に語る。

（二五八　悪い源左」同書、一三〇頁）

源左、「わが身が大事なら、人さんを大事にせえよ」。足利元治述。

（「二一七　人を大事に」同書、一一一頁）

「源左さんは、かうなつたが御信心、あゝなつたが御信心といふ風な沙汰は云つておられなんだ」。小谷ひで述。

（「二七六　沙汰」同書、一三六頁）

「源左さんの歩くその一歩々々が、ほんに南無阿弥陀仏でしたげなあ」。小谷こよ直話。（昭和廿四年七十八歳）

（「二八六　一歩々々」同書、一四二頁）

或人の述懐、「源左さんといふお方はなあ、何につけても悦び手でなあ」。

（「二八七　悦び手」同書、一四二頁）

註記（研究経過と資料）

本稿執筆に際し、次のようなご縁をいただきました。

昭和五十二年（一九七七）七月、妙好人・因幡の源左の調査で、源左の師匠寺（所属寺）の鳥取市青谷町山根の浄土真宗本願寺派願正寺《がんしょうじ》を訪ねた際、衣笠一省住職（平成三年没、七十二歳）から懇切なご教示をいただき、柳宗悦が調査に訪れた際の様子をうかがいました。その後、近くの源左が住んでいた家を訪ね、曽孫の足利忠雄氏から源左について詳しくお話をうかがいました。

昭和五十四年七月、「源左同行五十回忌法要記念」として願正寺から出版された高下恵証編『妙好人　源左讃仰』（百華苑、一九七九年）をいただきました。同書に金子大榮師の論考「妙好人源左」が収められています。衣笠住職は「まえがき」（昭和五十四年四月）に、「故、金子大榮先生の玉稿「妙好人源左」を載せることができたことは、譬《たと》えようのない喜びであり、身に余る光栄であります。偏《ひと》えに利井《かがい》明弘《みょうぐ》師の労によって成ったものであります」と謝辞を述べています。金子師は、これまで妙好人に対して批判的でしたが、最晩年の本論考で源左を「実行型の妙好人である」、「健全なる常識家である」と肯定的に評しています。願正寺現住職・衣笠告也《つぐる》師からも源左についてご教示いただき、本稿校閲の労をとっていただきました。

参考文献

羽栗行道著『妙好人 源左同行物語』(百華苑、一九五〇年)、柳宗悦編『妙好人 因幡の源左』(大谷出版社、一九五〇年)、柳宗悦・衣笠一省編『妙好人 因幡の源左』(百華苑、一九六〇年)、辛川忠雄著『のれんと山門』(永田文昌堂、一九八〇年)、長谷川富三郎著『妙好人 因幡の源左――語録板画集』(法藏館、一九八五年)、寿岳文章編『柳宗悦妙好人論集』(岩波文庫、一九九一年)、神英雄著「源左同行と天香さん」(『光』第一一九〇号、一燈園・宣光社、二〇二〇年)

四、讃岐の庄松

讃岐《さぬき》の妙好人・谷口庄松《しょうま》は、鈴木大拙が最初に注目した妙好人でした。版行が重ねられてきた庄松の言行録『庄松ありのままの記』をもとに、大拙は『宗教経験の事実』（大東出版社、一九四三年）を刊行しています。

庄松は、寛政十一年（一七九九）に讃岐国大内《おおち》郡壬生村字土居（現、香川県東かがわ市土居）の小作農・谷口清七の子として生まれ、明治四年（一八七一）三月四日、七十三歳で亡くなっています。本寂《ほんじゃく》上人から与えられた法名は釋正眞。鈴木大拙から「法然上人の再来」とも称された篤信者でした。

庄松の言葉を卑劣と断はつて居る編者もあるが、「卑劣」は「卑賤」又は「卑俗」の義だと思ふが、此論文の筆者から見れば、少しも卑俗なところはない。如何にも直截で、直ちに人の肺腑を衝くものがある。庄松の世界は宗教を解せぬ人の断じて踏み込めないところ、その突差に吐却せられる片言隻語の親切にして能く肯綮に中ること、多年苦修の禅匠も企及すべからざるものがある。但〻此書の筆者の最も知らんと欲するところは、庄松をして此の如き境地に到らしめたまでの、彼の心理的素質と装備と経過である。が、それは今のところ知るべき由なし、「法然上人再来」としておくより外ないのが物足りない。

（「庄松言行録」鈴木大拙著『宗教経験の事実』大東出版社、一九四三年、一五三―一五四頁）

庄松は讃岐国三本松（香川県東かがわ市三本松）の京都の真宗興正寺末・勝覚寺《しょうかくじ》（当時、第二十代赤澤融海《あかざわゆうかい》住職、興正寺執事）の門徒でした。当時、興正寺は本願寺派に所属していましたが、明治九年（一八七六）法主・本寂上人の時に本願寺派から独立し真宗興正寺派になりました。

庄松の家は貧しく、わずかな土地を耕し、縄ないや草履作りをし、時には子守や寺男などをして暮らしました。生涯独身でした。

庄松の人となりについては『庄松ありのままの記』の冒頭に、次のように記されています。

庄松同行《しょうまつどうぎょう》は、世《よ》に名高《なだか》き我讃《わがさぬ》岐《き》真宗《しんしゅう》の信者《しんじゃ》なり。其人《そのひと》と為《な》り頑愚《がんぐ》無《む》欲《よく》にて娶《めと》らず世《よ》を見ず。生涯東西《しょうがいとうざい》に意行《いこう》して能《よ》く人《ひと》を諭《さと》せり。その諭《さとし》ぶり質朴《しつぼく》、ありのにままにし、皆能《みなよ》く自《おのづ》から御法義《ごほうぎ》に適《かの》うて、面白《おもしろ》くかつ有難《ありがた》し。

（清水順保編『讃岐妙好人　庄松ありのままの記』永田文昌堂、一九二三年、一頁）

庄松は、もとは三業帰命《さんごうきみょう》派に属していたそうです。「三業帰命」とは「三業安心《さんごうあんじん》」ともいわれ、身に阿弥陀仏を礼拝し、口に阿弥陀仏の名を称え、心に阿弥陀仏を念じるという身・口・意の三業をそろえて浄土往生を願う自力的な教えで、異安心《いあんじん》とされました。

それが、勝覚寺の役僧・天野周天《あまのしゅうてん》の教化で他力の信心に帰しました。庄松は生涯「周天如来、周天如来」と敬慕したといわれています。『庄松ありのままの記』（興教書院、一九二三年。後に永田文昌堂）に、次のように記されています。

右《みぎ》の段《だん》は、庄松《しょうま》。はじめは三業安心《ごうあんじん》なるを、勝覚寺《しょうかくじ》の弟子《でし》に周天《しゅうてん》といえる厚信《こうしん》の僧《そう》ありて、懇《ねんごろ》に庄松《しょうま》を諭《さと》して、遂《つい》に御《ご》正意《しょうい》安心《あんじん》に、廻心《えしん》させたり。後《の》ち庄松《しょうま》、周天《しゅうてん》に逢毎《あうたび》に手《て》を合《あわ》し周天《しゅうてん》を崇《うやも》うて曰《いわ》く、「周天如来《しゅうてんにょらい》く」

これは周天《しゅうてん》の教示《きょうじ》なかりせば、三業《ごう》の迷《まよい》を出《で》る能《あた》わず、誠《まこと》に周天《しゅうてん》は後生《ごしょう》の、大知識《だいちしき》なりと、崇《うやま》われたるの体《てい》なり。

（『庄松ありのままの記』永田文昌堂、十三版、一九六四年、二三頁）

庄松の厚信ぶりは讃岐だけでなく、遠近各地に聞こえ、あちこちの法座に招かれるなど人びとから敬慕されました。

ある時、松前箱館《まつまえはこだて》（北海道函館市）の篤信者・柳沢徳太郎《やなぎさわとくたろう》が、庄松の噂を聞いて会いたいとはるばる讃岐までやってきましたが、すでに庄松は亡くなっていました。それで、庄松の友同行《ともどうぎょう》の松崎《まつざき》の伊作《いさく》、国安《くにやす》の仲蔵《なかぞう》、富田《とみだ》のおよしらから庄松の言行を聴き取り、その聞書を布教僧の華皐大仙《はなおかだいせん》（香川県木田郡六条の人で、丹生村の隣の神前村で布教中でした）に筆録してもらいました。それが柳沢徳太郎編『庄松ありのままの記』です。明治十四年六月、大内・寒川《さむかわ》両郡の有志と謀り、十二名の同行の協力で活字版二百五十冊（新居活版所、新居新七版）を施本として配布しました。同書を求める人が多く、その後何度も版を重ねています。

明治二十二年（一八八九）、庄松の肖像画と挿絵を入れた西村九郎右衛門編『讃岐妙好人　庄松ありのままの記』（護法館）が刊行され、明治三十四年（一九〇一）に、庄松と同郷の渡辺喜八、三好忠八、庵原堯藏、谷澤春次《たにざわはるじ》ら同行たちの協力で改編本『讃岐妙好人　庄松一代ありのままの記』（小砂説教所）が刊行されました。同書には林性常の序文が付されています。

大正十二年（一九二三）、庄松着用の肩衣《かたぎぬ》を譲り受けた篤信者・谷澤春次が、筆録を宮本諦順に依頼した清水順保編『讃岐妙好人　庄松ありのままの記』〔正続合編〕（興教書院、後に永田文昌堂）が刊行され、昭和三年（一九二八）に、庵原堯藏編・林性常校訂『庄松ありのままの記』が刊行されるなど幾度も版を重ねています。

平成十年（一九九八）、四国女子大学教授・香川県文化財専門委員の草薙金四郎著『庄松同行　ありのままの記』〔正続略解〕（勝覚寺・赤澤明海）が刊行されました。同書は、興教書院本を底本としたものです。著者・草薙の「はしがき」に、「〔鈴木大拙〕先生は、多くの著書の中に、しばしば庄松《しょうま》同行《どうぎょう》の言動を引用し、分析して完全なる庄松の信仰像を写し出してくれた」とあり、巻頭に著者の論考「庄松の小伝と「ありのままの記」」が、次に鈴木大拙著 *The Essence of Buddhism*（英文。「仏教の大意」）の「To give an example of the Jodo type of Buddhism in contrast to Zen, let me quote one or two incidents in the life of Shomatsu」に始まる一文が抜粋転載されています。「正編」に二十六話、「続編」に五十七話、計八十三話が収められています。

「続編序」（大正十二年五月、編者清水順保記）には、次のように記されています。

> 今度再版するにつき、猶其記の中に洩るゝあり。庄松の肩衣ゆずられたる、谷澤春次《たにさわはるじ》同行の庄松を慕ふこと、〔柳沢〕徳太郎の如く、友同行の助けを得て、筆を宮本諦順《みやもとたいじゅん》師に乞ふことゝせられしが、師も亦この面白き有難き逸話こそ、埋没せんは惜《おし》けれとて、幸ひに筆をとり、華岡大仙師の著せし記をこゝに補するため、続編とはなしたりき。これを看るものは、前編の初めにいへる如く、庄松ありのまゝなれば、言語の卑劣、亦解し難

きことま丶あれど、それを咎むる事なかれ。
　　庄松そのま丶有のま丶
　　　国は讃岐て弥陀は見ぬきて
（『鈴木大拙全集』第十巻、一九六九年、九二―九三頁）

これらの『庄松ありのままの記』には、次のような庄松の言行が記されています。

庄松が香川県笠居村佐料で病気になった時、親族と同行が庄松を駕籠《かご》に乗せて十里ばかりの道を庄松の在所土居村まで送り届けました。皆が、「もはやわが家にもどった。安心してお慈悲を喜べ」というと、庄松は、「どこにいても寝ておるところが極楽の次の間じゃ」と答えました。

興正寺の法主・本寂上人から御頭剃《おかみそり》を受けた際、上人の衣《ころも》の袖《そで》を引きました。あとで法主から呼び出されて理由を聞かれ、庄松が、「赤い衣を着ていても、赤い衣で地獄をのがれることはならぬで、後生《ごしょう》の覚悟はよいかと思うて言うた」と答えると、法主は非常に満足され、兄弟の杯を交わし、生涯「アニキ」と呼ぶことを許されました。

庄松が臨終の床についた時、石田村の市蔵同行が、「あんたが死んだら墓を建ててあげよう」と言うと、庄松は、「わしは石の下にはおらぬぞ」と答えました。

庄松が木田郡田中村である僧と道づれになって通った時、犬の前を「御免《ごめん》」と言って通ったので、連れの僧が、「お前何をいう。犬に礼するものがあるか」と言うと、庄松は、「おらは犬にいうたのではない」と答えました。僧が、「いま言うたではないか。それじゃで、お前を人が馬鹿じゃというのじゃ」と言うと、庄松は、「お前何を聞いておる。おらは犬には言わぬ。犬も十方衆生のうち、それじゃで弥陀の誓願がかっていると思うたら、思わずお誓いにご免を言うたのじゃ」と答えました。

勝覚寺の先代住職が、庄松をたいそう可愛がったのを、役僧の一人がうらやましく思い、一つ庄松を困らせ辱めてやろうと思って三部経の下巻を取り出し、庄松に向かって、「お前は有り難い同行さんじゃが、この大無量寿経の下巻のここの文を読んでみよ」と言うと、庄松は「庄松助くるぞよ、助くるぞよと書いてある」と答えました。

『庄松ありのままの記』は、篤信の同行たちが編集したものです。如来大悲の温もりが直に伝わってきます。鈴木大拙は庄松の言行について、『仏教の大意』では「純乎として純な霊性的直覚の境地に入つた」、「庄松の超越的宗教感情はそのやうな分別を越えてゐる」、「今一層高次の情性から出てゐる」、「彼は彼自身の霊性的直覚の世界に住んで居たのである」(『鈴木大拙全集』〔増補新版〕第七巻、七四―七五頁)と述べている。『宗教経験の事実』(大東出版社、一九四三年)では、「彼の信仰のうちには実に雄大な思想がある。此の思想は今日の日本をして世界的に重きをなさしめるところのものである」(『鈴木大拙全集』〔増補新版〕第十巻、一三頁)と高く評価しました。

大戦中の昭和十八年(一九四三)六月、大拙は自ら編集した「庄松言行録」をもとに、庄松の宗教経験を論じた『宗教経験の事実』(大東出版社)を刊行しました。四年後の昭和二十二年(一九四七)三月に改訂版が刊行されています。

初版本には〈庄松底を題材として〉の副題が付され、改訂版には〈讃岐の庄松の経験〉の副題が付されていました。『鈴木大拙全集』〔増補新版〕(第十巻)には、改訂版が収められましたが、副題は初版本の〈庄松底を題材として〉が付されました。

『宗教経験の事実』の後半に〔参考〕として大拙が編集した「庄松言行録」が付されています。その序(昭和十八年一月 鎌倉也風流庵にて)に、「庄松言行録」は三種の『庄松ありのままの記』に、丹波の妙好人・三田源七の求法録である宇野最勝編『信者めぐり――三田老人求道物語』(興教書院、一九二二年)所載の庄松の話と、楠正康が雑誌『仏徳』（一九四一年四月）に掲載した話を合揉《ごうじゅう》して再編した、と大拙は記しています。

大拙編「庄松言行録」には九十一話収められていますが、そのうちの二十七話から八十三話までは『庄松ありのままの記』「続篇」掲載分です。八十四話からは、宇野最勝編『信者めぐり』、林性常校訂『庄松ありのままの記』、『仏徳』（一九四一年四月号）掲載の楠正康の「染香録」から引かれています。

楠恭は、大拙編「庄松言行録」九十一話中の重複一話を削り、楠が新たに発見した十一話を加え、計一〇一話として、昭和二十五年（一九五〇）一月、楠恭編『庄松言行録』（世界聖典刊行協会）を編集刊行しました。巻頭に前記の大拙の「序」を転載、次に明治二十二年版の編者・清水順保の「まへがき」、次に大正十二年版の同「続編序」を、最後に昭和三年校訂版の校訂者林性常の「はしがき」を付しています。

楠は、『庄松言行録』の「後記」（昭和二十四年五月二十三日、於鎌倉市山ノ内松ヶ岡文庫）の冒頭に、次のように記しています。

庄松言行録は先に鈴木大拙博士が『宗教経験の事実』と云ふ著の後尾に附して編輯されたのが最も新しいものである。本書は其後編者楠が庄松のことをもつと詳しく知りたいと思ひ種々な本を見て居て、鈴木博士編のものに載つてゐないものを十一則発見したので、これを鈴木博士編のものの後に続けて附加することにした。

（同書、六六頁）

当時、大拙・楠師弟が鋭意庄松研究に取り組んでいたことがわかります。庄松の言行に日本的霊性の自覚を見たからでした。

大拙は『宗教経験の事実』の「まへがき」に、「庄松の信仰経験を、単なる田舎人のもので、知識人の間では、もてはやすだけの値打ちはないと云ふ人もあらう。これは大なる誤である」「希臘や猶太の思想を包攝して、それらに内在する對立闘爭性を解消して、人類永遠の福祉を確實に將來するものは、實に此の思想の外にないのである」と記しています。

昭和二十二年（一九四七）に刊行された鈴木大拙著『仏教の大意』（法藏館）の末尾にも、庄松の言行が紹介されています。

同書は、終戦の翌年、昭和二十一年（一九四六）四月二十三日・二十四日の両日、天皇・皇后に行った講義（御進講）の講義録に加筆して出版されたものです。第一講「大智」、第二講「大悲」から成っていますが、第二講「大悲」で庄松の言行を紹介し、次のように記しています。

浄土系信者の一類型と見るべきものに讃岐の庄松がある。彼は明治の初め頃に他界した妙好人です。全く文字のない貧農の一人であつた。（中略）庄松の生きて居た世界はどこであつたのだらうか。浄土でも娑婆でも、華厳の法界でも諸行無常の浮世でもなかつたらしい気がする。彼は彼自身の霊性的世界に住んで居たのである。これは浄土であるかと思へば娑婆で、娑婆かと思つたら浄土であると云ふべき不思議なものだと云はなければなりませぬ。彼の目から見ると、所謂る此世なるものは、一般の人間が住んで居るやうな感性的具体の世界ではなかつたのである。

（『鈴木大拙全集』〔増補新版〕第七巻、七三、七五頁）

『宗教経験の事実』の後半に付された鈴木大拙編「庄松言行録」に、庄松の言行が九十一収められています。その中に、次のようなものがあります。

1　御本尊へ「ばあ、ばあ」

（前略）庄松《しょうま》、平生《つねに》縄をなひ、或は草履を造り抔《など》致し居て、ふと御慈悲の事を思出すと所作を抛《なげう》ち、座上に飛びあがり、立《たち》ながら、仏壇の御障子をおし開き、御本尊に向ひて曰く、「ばあばあ」。（後略）

（『鈴木大拙全集』第十巻、九七頁）

11　一業もない

（前略）ある僧分が、庄松に、三業安心のよしあしを問ひければ、庄松の曰く、「三業どころか、一業もないには、こまる〳〵」。（後略）

（同書、一〇一頁）

12　遠慮に及ばぬ

（前略）庄松、富田村の菊蔵と三本松勝覚寺へ参詣し、庄松が本堂で横に寝たれば、菊蔵これを咎《とが》めければ、庄松の曰く、「親の内ぢや遠慮には及ばぬ〳〵。さういふおまへは、義子《ままこ》であらふ」。（後略）

（同書、一〇二頁）

29　己らさへ参れる

津田町神野に田中半九郎と云へる人、庄松に向つて曰く、「隣村の鉄造は罪を犯して牢屋へ行き、終に牢死したのぢやが、今は何処へ行つたであらふ。あんなものでも御浄土へ参られようか」。庄松答に、「参れる〳〵。己らさへ参れる」と云はれた。

（同書、一〇八頁）

39

ここはまだ娑婆か

庄松、京都の本山へ沢山の同行と共に参詣せられしが、其帰りに大阪より商船にて出発せしが、播磨灘《はりまなだ》へかゝりし時、思ひ掛けなき暴風雨となり、（中略）人〻は日頃の信心も何処へやら、「南無金毘羅大権現《なむこんぴらだいごんげん》、今暫し波を穏かになしたまへ」と柏手打つて救ひを求め、（中略）庄松一人は舟底にて鼾高〻寝てあれば、（中略）庄松をゆすり起し、（中略）庄松、「此処はまだ娑婆か」と申された。

（同書、一一〇頁）

47

たい〳〵したこゝろぢや

庄松、津田町神野《かみの》の田中半九郎氏方にて、長〻世話になりてありし時、主人の半九郎氏、庄松に向ひて、「第十八願の御心を一口に云うて聞《きか》せて下され」と云へば、庄松、「親から下されるを戴《たいたい》〻したこゝろぢや」と云われた。

（同書、一一二頁）

66

そことも〳〵

或人、「庄松はん、たのむ一念一口聴かせて」と云へば、「何に己れが知るものか」と御内仏を指さゝれた。其人、「さうであつたか、私のする仕事でなくて、たのむ一念仏は仏仕事であつたか、嬉《うれし》いのう」と云はれ

たら、庄松、「そことも、そことも」と云はれた。（同書、一一六頁）

庄松は貧しく無学でしたが、真剣な仏法聴聞をとおして阿弥陀如来の大悲のはたらきを自らのうちに感得し、常に如来と共にありました。善悪、賢愚、正邪、生死など二元的・相対的思考を超えた広大無辺の大悲の只中に生きたのです。庄松に接した人びとは、知的・概念的理解ではなく、直に如来の大悲心に触れ、生きることの意味を知らされ、無上の法喜を得ました。

昭和三十年（一九五五）刊行の甲斐静也《かいせいや》著『庄松同行物語』（百華苑）の「まえがき」（昭和二十九年秋）に、次のように記されています。

いつ読んでもありがたく、何度読んでもあきないのは妙好人の物語である。それは生きた御教化があり、涙の法悦があり、実際の物語であるからであろう。古今《ここん》多くの妙好人と呼ばるるお同行《どうぎょう》がおられた。世にまだ現われぬお同行に至っては数え切れぬほどおられるに違いない。こんな人々が真に妙好人であるかは仏《ほとけ》さまでないと確かな判断は出来ぬとしても、私共の求道《ぐどう》の心《こころ》に光《ひかり》となり、導きとなる言葉や行状を遺《のこ》してくれたお同《どう》行達《ぎょうたち》は常行大悲《じょうぎょうだいひ》の徳を具《そな》えた人としてお敬《うやま》いしたいものである。いやその人の言行は如来のお言葉であり、仏《ほとけ》のお相《すがた》として尊く拝まれます。（中略）讃岐《さぬき》の庄松《しょうま》さんは、愚かな貧乏人であったが、その無欲無我な言行は全く他力信心の現われであって、常規《じょうき》を抜けた言行は寧ろ大智慧の輝きあり、凡夫丸出《ぼんぷまるだ》しの相《すがた》に仏凡一体《ぶつぼんいったい》の妙境《みょうきょう》が味《あじ》わわれるので、一言《げん》一行《こう》は全く純他力の現われであり、悟道に徹した禅味《ぜんみ》であった。

註記（研究経過と資料）

本稿執筆に際し、次のようなご縁をいただきました。

平成二十二年（二〇一〇）五月、香川県東かがわ市三本松の真宗興正派《しんしゅうこうしょうは》勝覚寺《しょうかくじ》を訪ね、赤澤英海《あかざわえいかい》師から同寺の門徒・谷口庄松について懇切なご教示をいただきました。勝覚寺の境内に庄松同行の立像が、小砂《こざれ》説教所の境内に庄松のお墓がありました。

真宗興正派本山興正寺教学教化部次長で龍谷大学非常勤講師の北岑大至《きたみねひろし》氏から庄松についてご教示いただきました。平成二十四年（二〇一二）六月十一日～七月三十一日、龍谷大学深草学舎至心館二階パドマ館で開催された龍谷大学人間・科学・宗教オープン・リサーチ・センター主催の「妙好人展――妙好人の死生観と超越」が開催され、七月三日同大学深草学舎で開催された講演会で、「妙好人の死生観と願い――その言行から苦悩を超える道を学ぶ――」と題してお話させていただいた際お世話になりました。北岑氏は龍谷大学人間・科学・宗教オープン・リサーチ・センター研究叢書『東アジア思想における死生観と超越』（方丈堂出版、二〇一三年）の編集員で、同書所収の拙稿「世界に広がる妙好人――妙好人の信心と言行に学ぶ――」の校閲の労をとっていただき、拙編『妙好人研究集成』（法藏館、二〇一六年）に論考「讃岐の妙好人・庄松の言行にみる死生観と超越――〝いのち〟の地平の物語――」を寄稿いただくなどお世話になりました。

参考文献

西村九郎右衛門編『讃岐妙好人　庄松ありのままの記』（護法館、一八八九年）、松田善六編『讃岐国妙好人　庄松ありのままの記』（顕道書院、一八九二年）、清水清一郎編『庄松ありのままの記』（興教書院、一九二三年）、清水順保編『庄松ありのままの記』（永田文昌堂、一九二三年）、鈴木大拙著『宗教経験の事実』（大東出版社、一九四三年）、楠恭編『庄松言行録』（世界聖典刊行協会、一九五〇年）、甲斐静也著『庄松同行物語』（百華苑、一九五五年）、草薙金四郎著『庄松同行　ありのままの記』〔正続略解〕（勝覚寺・赤澤明海、一九九八年）、楠恭著『信心の華――妙好人を語る』（下）（日本放送出版協会、一九九八年）、北岑大至「讃岐の妙好人・庄松の言行にみる死生観と超越――〝いのち〟の

地平の物語――」（拙編『妙好人研究集成』法藏館、二〇一六年、所載）

五、石見の善太郎

善太郎《ぜんたろう》（一七八二―一八五六）の話は、江戸時代後期の僧純編『妙好人伝』第四篇・巻下に「石州《せきしゅう》善太郎《ぜんたろう》」と題して収められています。次のような話が記されています。

家の外に吊るしていた干柿を若者たちが盗みに来たとき、善太郎は家の中から、「若い衆、怪我しないよう取って帰りなさい」と言ったので、若者たちは恥じ入って逃げ帰った。ある日、夜中に盗賊が入った際、善太郎が、「わしが前生《ぜんしょう》で借りたものを取りに来てくだされたとは、ご苦労なことです」と言ったので、盗賊はあきれて品物をそのまま置いて帰った。灰を焼く時は、その近辺をよく掃除して虫たちの命を取らぬように心がけた。酒を二～三杯飲むと、「やれやれうれしやありがたや、生々世々の初ごとに、私は全体悪太郎なれど、お蔭で善太郎」と言って踊って喜んだ。養子の倅《せがれ》がご法義に志が薄いので、手をついて「どうぞ参詣してくだされ」と頼み、又、自分が参詣して帰った時には「そなたのお陰で参らせてもらいました」と礼を述べた。僧確という人が善太郎の仰信なのを見て、「御《み》をしへに随《したが》ふ耳《みみ》のあなかしこ　信あれば徳有福《とくありふく》の人」と詠んだ（『大系真宗史料』〔伝記編8・妙好人伝〕法藏館、二六六―二六八頁、参照）。

石見国《いわみのくに》那賀《なか》郡《ぐん》有福村《ありふくむら》（現、島根県浜田《はまだ》市《し》下有福町《しもありふくちょう》）の浄土真宗本願寺派光現寺《こうげんじ》の菅真義《すがしんぎ》住職（一八八八―一九七八）

は、大正十五年（一九二六）四月に善太郎の言行を集めた『芬陀利華《ふんだりけ》』（光現寺）を刊行しました。
菅住職は、同書の序（大正十四年十一月）に、次のように記しています。

妙好人伝中の人となれる者、石見にも其数十人に及ぶけれ共、其中の多数は既に隣村の人すら忘れられんとして居る有様である。然るに有福村の善太郎翁は、其の名益々遠近に及び、今に至るも其墓には参詣者は絶ゆる事なく、香煙は縷々《るる》として常に立ち登って居る。（中略）里の父老の云ひ伝へたる逸話の数々を蒐《あつ》めて、爰《ここ》に一小冊子とし、『芬陀利華《ふんだりけ》』と名《な》づけ、同信の人々へ頒《わか》ち、共に法味《ほうみ》を味はんとて、刊行したるものである。

同書は後に、光現寺内・栄安講《えいあんこう》発行（発売、百華苑）として何度も刊行されました。
鈴木大拙は、『妙好人』（大谷出版社、一九四八年。後に法藏館）の序（昭和二十三年五月）に、「菅真義氏の『芬陀利華』（石州有福村の善太郎伝）は品切れというので、これも同氏の承諾を得て付録としておく」（〔法藏館版〕二一―三頁）と記し、同書末尾の「付録」三に転載しています。その末尾に次の言葉が記されています。

善太郎法語

をがんでたすけて、もらうにやない《（貰うじゃない）》、
をがまれて、九ださるによらい三まに《（くださる如来様に）》、たすけられて、まいること。
こちから、をもて《（思うて）》たすけてもらうにやない、
むこから、をもわれて《（思われて）》、をもいとられること、この善太郎。

（鈴木大拙著『妙好人』法蔵館、二四四頁）

大拙は、妙好人・善太郎の信心を研究し、そこに霊性的自覚を見たのです。

善太郎は、天明二年（一七八二）に有福村の農家、嘉戸徳次郎・キヨの長男として生まれました。四歳で母キヨを亡くしてから暗くすさんだ日々を送り、酒、博打、喧嘩に明け暮れ、人びとから「毛虫の悪太郎」と呼ばれました。三十歳から四十歳位の間に愛娘四人を次々に失うという悲しみに出会い、それが機縁となって聞法に励み、仏法に照らされて生きました。安政三年（一八五六）二月八日、七十五歳没。法名・釋栄安。

江戸時代中期に『親聞《しんもん》妙好人伝』を編集した仰誓は四十三歳の年、本願寺派門主・法如《ほうにょ》の命で石見の浄泉寺に移り、学寮を建て、多くの僧侶を教育しました。石州学派の祖といわれています。

仰誓は、浄泉寺に移ってからも『妙好人伝』（二篇）を編集しましたが、第二篇に、石州儀兵衛、石見林助、石見九兵衛、石見助六、石見嘉兵衛、石見石橋寿閑、石見安井善兵衛ら石見の篤信者を多く収めています。

仰誓の子・履善もすぐれた学僧でした。同寺の学寮（無成館《むじょうかん》）で、多くの僧侶を育成しました。こうして石見地方は学徳すぐれた僧が輩出し、布教につとめ、多くの篤信者が生まれたのです。真宗寺院も多く建てられるなど真宗の教化が行き届いた土地でした。

善太郎は、石見国那賀郡千田村《ちだむら》（島根県江津《ごうつ》市《し》千田《ちだ》町《ちょう》）の浄土真宗本願寺派浄光寺《じょうこうじ》の門徒で、聴聞に励んだ篤信者でした。同寺の境内に善太郎の墓と野良着《のらぎ》姿で合掌している銅像が建てられています。記念室には善太郎の木像、手記、遺品などが数多く展示されています。善太郎は有福村の光現寺にもよくお参りして聴聞しました。当時、光現寺の住職は、浄泉寺の住職・履善門下の労謙《ろうけん》で熱心に石見や安芸《あき》に布教しました。やがて善太郎は、村の奥まった所から、光現寺の前の小高い丘に家を建て移り住みます。仏法聴聞のためでした。光現寺の境内にも「妙好人善太郎」の碑が建っており、門前から見える場所に善太郎の家が残っています。

善太郎には、多くの逸話が伝えられています。

本山参りの帰途、安芸可部《あきかべ》（広島市安佐北区可部）の日頃親しくしている同行《どうぎょう》の家に泊めてもらいました。翌日出発したあと、袷《あわせ》（裏地付の着物）が一枚無くなっていました。善太郎が盗んだに違いないと、同行が善太郎の家にやって来てののしりましたが弁解せず、弁償としての金子《きんす》と仏壇に供えていた草餅《くさもち》を紙に包んで渡し、「今はなにもございませんが、せめて家の方々にこの草餅でもあげてください」と言いました。帰った主人は、この出来事を家人みんなに話しながら餅を配りました。ところがお手伝いの女性が俯《うつむ》いて餅を食べようとしません。主人がどうしたのかと尋ねると、彼女は突然泣き出し、ふるえながら言いました。「自分のような罪深い者がお供え物の餅を手にしたらどんなに恐ろしい報いを受けるかしれません。実はあの着物はこの私が盗んで善太郎さんに罪を被《かぶ》せたのです」と。これを聞いた家人は驚き、ことに主人は大変後悔しました（鈴木大拙著『妙好人』法藏館、付録三、菅真義編「芬陀利華」、参照）。今も「草餅説法」として語り継がれています。

善太郎は、筆まめでよく法語を書きました。菅真義著『妙好人　有福の善太郎』（百華苑、一九六六年）の巻頭に、善太郎が書いた法語の写真が載っています。癖のある平仮名文字で誤字・脱字のほか、「五かい三」（御開山）、「じ五九」（地獄）、「り十」（臨終）、「を上」（往生）、「丁も」（聴聞）など当て字が多く読みにくいですが、自身の法味《ほうみ》愛楽《あいぎょう》から生まれた言葉を書いたのです。飾り気のない文から素朴な悦びが伝わってきます。島根大学名誉教授（宗教哲学）松塚豊茂著『石見の善太郎』（永田文昌堂、一九八八年）の巻頭にも善太郎の法語の写真が載っています。

善太郎は、自分の罪業の深さを吐露しています。自らを「地獄行きのこの善太郎」と呼んで慚愧しています。それは阿弥陀如来の光明に照らされて見えた自分の浅ましいすがたでした。親鸞聖人の、「さるべき業縁《ごうえん》のもよほさば、いかなるふるまひもすべし」、「地獄《じごく》は一定《いちじょう》すみかぞかし」（『歎異抄』。『浄土真宗聖典』〔註釈版・第二版〕八四四頁、八三三頁）や、和讃の「悪性《あくしょう》さらにやめがたし　こころは蛇蝎《じゃかつ》のごとくなり　修善《しゅぜん》も雑毒《ぞうどく》なるゆゑに　虚仮《こけ》の行《ぎょう》とぞなづけたる」（『正像末和讃』「愚禿悲歎述懐讃」。『浄土真宗聖典』〔註釈版・第二版〕六一七頁）に通じるものがあるのではないでしょうか。

そのような地獄行きの私を如来さまは引き受け、お助けくださるのを、「この善太郎を仏にしてやろうのご意見とは　ありがた　うれしや　もったいなや　この善太郎」、「この善太郎　このみのり　聞かしてもろうたので生々世々《しょうじょうせせ》迷いをのがれて　花の都《みやこ》に往生させてやろうのご意見とは　うれしや　もったいなや　ありがたや」、「私は如来さんの家に置いてもろうておりますけえな」、「この念仏　この善太郎のいのちあらんかぎりは　ご恩報尽仏として、ねてもさめてもとのうべきものなり　この善太郎」、「金剛の信心ばかりにて　ながく生死をへだてける　この善太郎」と喜んでいます。

また、次のような善太郎の法語が伝わっていると、『妙好人　有福の善太郎――親子で読んでほしい』（ハーベスト出版）に掲載されています。

よそごとの話を／聞くように思うて／そまつに聞いておりました　（六四頁）
芋《いも》もご恩／大根もご恩／ごぼうもご恩　（六六頁）
体のうるおいは／水のかりもの／息の出入《でい》りは／風のかりもの　（六九頁）

お育ての／おかげでさあ　（七二頁）
この善太郎が／惜《お》しい　欲しいの心が／餓鬼道《がきどう》のたねとなる　（八一頁）
人の悪《わる》きことは／よくみえるものなり／わが身の悪きことは／みえぬものなり／この善太郎　（八九頁）
心に思うことも／地獄《じごく》の仕事／口で言うことも／地獄の仕事　（八五頁）
善太や／わりゃ　頭《ず》が高いぞよ　（九三頁）
お真向《まむ》きに／向《む》こうてくださる／阿弥陀如来《あみだにょらい》　（八七頁）
如来さんの家に／おいてもろうて／おりますけえな　（九一頁）
（ハーベスト出版編『妙好人　有福の善太郎――親子で読んでほしい』ハーベスト出版、二〇一一年）

その他、若者二人が庭の梨の木に登っていたのを、善太郎は納屋から梯子《はしご》を持ってきて掛け、念仏して家に入り寝てしまった話、飼っていた牛が病気で亡くなるとき、『御文章』を読み聞かせ法話した話があります。慚愧と感謝、仏恩報謝の生涯でした。安政三年（一八五六）二月八日、七十五歳で往生をとげましたが、人びとは「今清九《いませいく》郎《ろう》」と呼んで敬慕しました。

善太郎は、安政二年（一八五五）七十四歳の年の十一月十一日に、「この善太郎」で始まる長文の手記を書いています。奥書に「下有福の善太郎の七十四の歳、十一月十一にこれを書く」と記し、末尾に、親鸞の和讃「五濁《ごじょく》悪世《あくせ》のわれらこそ　金剛《こんごう》の信心《しんじん》ばかりにて　ながく生死《しょうじ》をすてはてて　自然《じねん》の浄土《じょうど》にいたるなれ」、「金剛堅固《こんごうけんご》の信《しん》心《じん》の　さだまるときをまちえてぞ　弥陀《みだ》の心光摂護《しんこうしょうご》して　ながく生死《しょうじ》をへだてける」（『高僧和讃』善導讃、『浄土真宗聖典』〔註釈版・第二版〕五九一頁）を借りた次の歌で結んでいます。亡くなる三か月ほど前でした。翌安政三年

（一八五六）二月八日没、行年七十五歳。

金剛の信心ばかりにて　ながく生死をへだてける　この善太郎が

（菅真義著『妙好人　有福の善太郎』〔増補三版〕百華苑、一九八〇年、八二―八七頁）

妙好人に共通する点は、熱心な聞法によって他力の信心をめぐまれ、自身が安心立命《あんじんりゅうみょう》するとともに、その法悦が自然に日々の生活に現われ、周囲の人びとに仏法を伝えたことです。それは妙好人にそなわる「現生十種の益《やく》」の第九「常行大悲《じょうぎょうだいひ》」（常に大悲を行ずる）のお徳によるものでしょう。親鸞の「世のなか安穏なれ、仏法ひろまれ」（『御消息』）の願いは、「みんな仏になってほしい」との利他心であり、如来回向の大行《だいぎょう》「南無阿弥陀仏」です。日々の生活を仏法に生きた妙好人に出会うことは、そのまま仏法に会うことではないでしょうか。

註記（研究経過と資料）

本稿執筆に際し、次のようなご縁をいただきました。

平成十七年（二〇〇五）四月九日・十日の両日、島根県浜田市下有福町の浄土真宗本願寺派光現寺《こうげんじ》で「善太郎同行百五十回会」がつとまり、お参りしたのが縁で、菅和順住職から善太郎に関する多くの資料をいただきました。同寺では現在も毎年四月、善太郎同行讃仰「栄安講法要《えいあんこうほうよう》」が営まれています。和順師は、『大法輪』（第七十三巻、二〇〇六年第七号〈特集「妙好人――その純朴な信仰世界」〉）に、論考「有福の善太郎」を寄稿されました。本稿の校閲もお世話になりました。

善太郎の所属寺、島根県江津市千田町の同派浄光寺《じょうこうじ》にもお参りして善太郎の遺品を拝見させていただき、懇切なご教示をいただきました。

　歴史地理学者で妙好人研究家の元島根県浜田市石正美術館学芸員・同県安来市加納美術館館長・島根地理学会副会長の神英雄《じんひでお》氏から石見《いわみ》地方の妙好人についてご教示いただきました。『妙好人と石見人の生き方』（自照社出版、二〇一三年）、『石見と安芸の妙好人に出遇う』（同、二〇一五年）を上梓されています。

参考文献

菅真義編『芬陀利華』（光現寺、一九二六年）、川上清吉著『石見の善太郎』（百華苑、一九五二年）、菅真義著『妙好人善太郎翁』（光現寺、一九五五年）、同『妙好人　有福の善太郎』（百華苑、一九六六年）、能美温月著『この善太郎』（探究社、一九八八年）、松塚豊茂著『石見の善太郎』（永田文昌堂、一九八八年）、ハーベスト出版編『妙好人　有福の善太郎――親子で読んでほしい』（ハーベスト出版、二〇一一年）、松塚豊茂「石見の善太郎――妙好人と言葉――」（拙編『妙好人研究集成』法藏館、二〇一六年、所収）。

第五章　現代の妙好人的人物

一、現代日本の妙好人

現代の篤信者の中で、とくに医学者で浄土真宗の篤信者であった二人について紹介します。彼らの言行には科学と宗教の関係が示されています。

1、東　昇

東昇《ひがしのぼる》（一九一二―一九八二）は科学者で浄土真宗の篤信者でした。薩摩藩の念仏弾圧が生んだ鹿児島の「かくれ念仏の里」に生まれ、篤信の母・けさからお念仏の心をいただきました。薩摩藩の念仏弾圧については、僧純《そうじゅん》編『妙好人伝』（第四篇、巻上）の第三話に、藩の真宗禁制に背いて信心を守り、本願寺に参詣して死罪に処せられた「九州千代」の話が収められています（『大系真宗史料』〔伝記編8・妙好人伝〕法藏館、二〇〇九年。大桑斉著『江戸真宗門徒の生と死』方丈堂出版、二〇一九年、参照）。薩摩藩は真宗を、国を乱す危険な存在としてきびしく弾圧したのです。

東は京都大学医学部を出て同大学教授に就任。日本ウイルス学会会長、日本電子顕微鏡学会会長、日本熱帯医学会会長、京都大学ウイルス研究所所長を歴任。わが国初の電子顕微鏡を作製。医学博士。日本医学会賞受賞。

以下、略歴を記します。

昭和六年（一九三一）　鹿児島の第七高等学校入学。金子大栄校訂『歎異抄』（岩波文庫）を購入、熟読します。

昭和九年（一九三四）　京都大学医学部入学。

昭和十年（一九三五）　二年生の八月一日、大谷大学ドイツ語教授・池山栄吉《いけやまえいきち》に出会い、『歎異抄』を学び信心決定します。

池山栄吉（一八七二―一九三八）は、学習院大学教授、岡山の第六高等学校教授、大谷大学教授を歴任。岡山時代に『歎異抄』をドイツ語訳し、*Tannisho* : Das Büchlein vom Bedauern des abweichenden Glaubens. Kyoto, Bukkyo-gakkai, 1919 を刊行しました。著書に『意訳歎異抄』、『絶対他力と体験』、『仏と人』などがあります。

東は、池山の法友・近角常観にも会い、『歎異抄』を中心とした教化に浴します。

近角常観（一八七〇―一九四一）は、真宗大谷派の僧で、清沢満之の感化を受け、東京文京区本郷に求道学舎を創立、『歎異抄』を中心に親鸞精神を説きました。著書に『親鸞聖人の信仰』、『懺悔録』、『歎異抄講義』などがあります。

同年、東が二十四歳、京都大学医学部生の時、京大仏教青年会の仕事で大谷大学教授・鈴木大拙のもとに講演依頼で訪ねたのが縁で、大拙が昭和四十一年九十五歳で亡くなるまで三十年親交を重ねます。

昭和十三年（一九三八）　京都大学医学部卒業。

同年暮れ、電子顕微鏡の作製を志し、東京の理化学研究所に私費留学し研究に没頭します。京都大学医学部に所属していましたが無給でした。研究費や生活費は、父が亡くなっていたので郷里（鹿児島）の母が、先祖伝来の田畑を売って月々送金しました。人びとの病苦を救う医学の道を進むわが子への深い慈愛がうかがえます。東は母・けさについて、次のように記しています。

私は親鸞聖人の〝歎異抄〟に生きている一仏教徒でもある。（中略）私は科学者たる以前に親鸞教徒となった。宗教的罪業、煩悩の意識を出発点として、既成の自己よりの離脱、真の自己たるべき道、自己改革への道を求めて、宗教信仰の世界に踏みきった。その第一の契機となったのは私の母である。

（東昇著『力の限界――自然科学と宗教――』法藏館、一九七〇年、序）

私の母なんかは全く無学だったんですけれども、やはり妙好人と言っていいんでしょうが、なかなかお念仏をよく喜んでおられた。まあ彼女の生涯は、私の魂に念仏の信仰の灯を点してくれたということで大きな生涯だったと、こう私は思っております。学校へ行っていないと、字が読めないし書けないんだけれども、何かしら念仏の話や生活を見ていますと、やはり生活と宗教が一枚になっているという感じでしたね。

（東昇著『念仏を力として』〔高倉会館法話集3〕法藏館、一九八三年、一三一―一三二頁）

昭和十四年（一九三九） 十二月、論文「電子物理学と医学――電子顕微鏡の理論と輓近の趨勢」（京大医学部同窓会誌『芝蘭』第十三号）を発表。昭和三十九年十二月までに百を超える論文を発表。

昭和二十年（一九四五）　終戦の年の前後に続けて刊行された鈴木大拙著『宗教経験の事実』、同『日本的霊性』、同『妙好人』を熟読します。

昭和二十五年（一九五〇）　五月一日、カリフォルニア大学へ私費留学し、ベーカー教授のもとで研究を始め、二年間研究に没頭、「細胞を薄く切る方法」を発見。

昭和二十六年（一九五一）　カリフォルニア大学留学中、サンフランシスコ近郊ギルロイ山上にある在米邦人の山荘で鈴木大拙と会い、本願寺派の北米開教使会議の講演会で大拙の前座をつとめました（藤井雅子著『父・東昇を想う――お念仏とともに』探究社、二〇一四年。四一頁に両人の写真掲載）。

昭和三十七年（一九六二）　九月、米国フィラデルフィアでの第五回国際会議の理事会で、国際電子顕微鏡学会連合会（三十七国参加）の会頭に就任。

昭和三十九年（一九六四）　九月、東京読売新聞ホールで開催された「親鸞聖人讃仰同朋大会」での鈴木大拙の「念仏のこころ」と題する講演を聴くため上京。

昭和四十年（一九六五）頃　ビルマ（現、ミャンマー）政府の要請で、ビルマ国立ウイルス研究所を作るため毎年ラングーンを訪れます。

昭和四十一年（一九六六）　七月十二日、大拙没、行年九十五歳。

同年八月、京都宝ヶ池の国立京都国際会館で第六回国際電子顕微鏡学会開催。

昭和四十二年（一九六七）　四月一日発行の『本願寺新報』に論考「自然科学と信仰」を寄稿。

同年七月、ヘルシンキで開催された第一回国際ウイルス学会議に出席。三か月ほどの間に欧州・東欧・中近東・東南アジアなど八か国をまわり二十五回学術講演を行います。

昭和四十四年（一九六九） 二月五日、NHKラジオ第一放送で、「わたしの古典――歎異抄」と題して語ります。

昭和四十五年（一九七〇） 一月、『力の限界――自然科学と宗教――』（法藏館）を刊行（〔新装版〕法藏館、二〇〇一年）。

同書の「序」に、次のように記しています。

私たちの時代は科学の時代であるという。世をあげて、技術革新・情報革命・未来学・組織工学の時代を謳歌している。（中略）近代科学の精神は、宗教否定、宗教疎外の精神である。言いかえると、近代科学の一特色は、人間を、より一層物質へと近づける傾向をおびていることであろう。宗教信仰は物質におきかえられ、理性にその座をゆずり、私たちは、私たち自身を宗教から疎外しつつあるのが現状ではないか。（中略）物質的な諸問題は科学で解決がつく。しかし、人生には科学のふみこめない世界がある。科学の及び難い世界がある。私はそれが宗教の世界だと思う。

本文は、「理想の彼岸を求めて」、「科学の姿、信仰の姿」、「研究生活、あれこれ」の三編から成っています。最初の論考「理想の彼岸を求めて」の中の「わたしの古典――歎異抄」の項で『歎異抄』について詳しく論じています。その中の「はじめて歎異抄を手にして」の文に、次のように記しています。

私がはじめて歎異抄を手にしたのは、旧制高等学校の一年のとき、昭和六年であります。この年にでた金子大栄先生の歎異抄を手に入れました。岩波文庫版、八八頁のちいさい本で定価は二十銭でした。私はこの本を鹿児島のある書店でみつけて、なんということもなく読むようになりました。私と歎異抄とのかかわりあいのはじまりです。

不思議な有縁により、あのときから三十五年たった昭和四十二年、私ははじめて金子先生にお会いしました。

（東昇著『力の限界――自然科学と宗教――』法藏館、一九七〇年、一一頁）

そのあとに、京都大学入学後、池山栄吉・近角常観の教化に浴したこと、とくに池山の導きで『歎異抄』を通して宗教体験を得たことを記しています。

昭和四十六年（一九七一）『在家佛教』（一九七一年三月号、在家仏教協会）に寄せた論考「科学と信仰」で、次のように述べています。

わたくしの理解するところでは、信仰は人間の生き方の問題です。生と死、自己中心、罪の意識、あるいは善悪といったことを問題とします。

科学者は日々に科学的真理の探究に専念するものですが、科学者といえども、人間であるから、さまざまの人間性についての問題を抱えこんでいないわけではない。ところが、こうした問題は自然科学の対象の外にあり、自然科学の踏み込めない対象です。科学はけっして万能ではなく、限界があります。（中略）自然科学の世界と信仰の世界とはまったく別世界であり、依って立つ立場、次元をまったく異にしているのです。

（同書、一八―二〇頁）

昭和四十九年（一九七四） 六月、『人間が人間になるために』（第一書房）を刊行。

「序」（昭和四十九年三月）に、科学と科学技術について次のように述べています。

科学技術文明と高度成長は、疑いもなく、生活レベルを上昇させた。そしてそれと並行して、生活の質は下降し、精神の貧しさは、蔽うべくもなく、目立ってきた。経済的に豊かになるにつれて、世はいろんな場面で地獄の様相を呈してきた。ほとんどの人びとは、人間精神の荒廃を明確に感じている。われわれの文明は病んでいるのである。

（東昇著『人間が人間になるために』第一書房、i—ii頁）

本文で、次のように述べています。

人類は、科学技術のために裏切られて今やのっぴきならぬ自己矛盾の窮地に追い込まれています。望みを託していた科学技術が私どもをそれほど幸福にしません。人間は幸福になれるどころか、科学技術の害毒で生命が根こそぎ奪いとられそうな不吉な予感に怯えだしてきました。科学技術に対する幻滅を感じているのが現状であります。今や技術の発達が、自動的に人間の幸福に直結すると信ずる人は少なくなっています。

（同書、五四—五五頁）

『人間が人間になるために』には、「科学文明と精神文明」、「科学と宗教」、「科学と仏教」など十一編の論考が収められていますが、八番目に「妙好人の世界」（東本願寺高倉会館発行『ともしび』一九七〇年八月一日号に加筆したもの）が見えます。その冒頭に、東が、昭和二十六年（一九五一）、サンフランシスコ近郊のギルロイで鈴木大拙と二人並んで撮った写真が付され、本文で妙好人・浅原才市の詩について論じています。末尾を、大拙が論考「妙好人浅原才市」で才市を評した「彼は普通にいう妙好人だけでなくて、実に詩人でもあり、文人でもあり、実質的大哲学者でもある」（鈴木大拙編著『妙好人　浅原才市集』春秋社、一九六七年、まえがき三頁）の文を引いて結んでいます（「妙好人の世界」東昇著『人間が人間になるために』二六三―二七三頁）。

すぐれた科学者であり、同時に深い宗教的世界に生きた念仏者ならではの論考です。

昭和五十二年（一九七七）　九月十日、才市が住んだ石見《いわみ》（島根県大田市温泉津町）を訪れ、作家・丹羽文雄と共に同地の「宣教会創立七十周年」で「親鸞を語る」と題する記念講演を行います。「宣教会」とは、明治四十一年に石見地方の浄土真宗本願寺派寺院の服部範嶺・梅田謙敬・高木猿月・菅原誓成ら住職十一名によって結成された自治布教団で、才市も賛助会員となり、多額の会費を納めるなど会の護持発展に尽力しています（高木雪雄著『才市同行――才市の生涯と周縁の人々――』永田文昌堂、一九九一年、八四頁、一三六―一四四頁、参照）。

昭和五十五年（一九八〇）　三月、六十八歳で、『心――ゆたかに生きる――』（法藏館）を刊行。

同書の「浅原才市生誕の地を訪れて」の項で、昭和五十二年九月十日、かねての念願がかない、妙好人・浅原才市が生まれ、晩年に住んだ石見を訪ねたことに触れ、続いて、才市の歌と因幡の源左の歌を引いて両人の信心について述べています（同書、五〇―五三頁）。

昭和五十七年（一九八二）　十月二十六日没、行年七十歳。

昭和五十八年（一九八三）　十月二十六日、一周忌に、東昇著『念仏を力として』（高倉会館法話集3）（法藏館）が刊行されました。

同書には、「信仰の形と日常性」、「老いと死に対面して」、「念仏者のよろこび」、「妙好人の世界」、「一点の素心」、「自然科学者の親鸞観」の六編の講演録が収められています。

「妙好人の世界」では、「妙好人・三田《さんた》源七《げんしち》」、「そのままの姿」、「浅原才市の世界」、「才市の詩」、「ただ一念の他力」の項で妙好人について述べています。その中の「才市の詩」で、「世界虚空がみなほとけ／わしもそのなか、なむあみだぶつ」、「あ、あ、世界にみちる、なむあみだぶつ／世界わ、わしが親に貰うて／これがたのしみ、なむあみだぶつ」を紹介して、次のように述べています。

こういう世界を、鈴木大拙先生はこういう具合に解釈しているわけです。世界も虚空もみな仏で、南無阿弥陀仏で、自分もその中にあるだけでない、それをみんな仏さんから貰っているという思想は、真宗信仰の上では破天荒のものではなかろうかと、いう具合に言っておられるわけですね。

（東昇著『念仏を力として』〔高倉会館法話集3〕法藏館、一三三頁）

講演の末尾は、次のように締めています。

妙好人という人は、今日も随分たくさんおられるようでありますが、浄土真宗が、学問もそうですけれども、やはりこういう真宗の教えが人間に流れていく、続いていくというのは、これはやはり妙好人のような優れた人達が、代々何ということなしに伝わっていくということで、法灯・法脈というものが、永遠に消えることがないんであろうという具合に考える次第です。

（同書、一三九頁）

その他の著作に、『電子顕微鏡の世界』、『ウイルス』、『細菌とウイルスの間』、『科学・宗教・人間』などがあります。

東昇の長女・藤井雅子著『父・東昇を想う――お念仏とともに』（探究社、二〇一四年）の「一、みちびかれて」の「4、鈴木大拙師」に、次のような記述が見えます。

父は「親鸞会」入会と同時に、京都大学仏教青年会（仏青）に入会し、活発に活動しました。仏青での父の一番の想い出は『日本的霊性』『妙好人』などの著者で東西思想交流に大きく貢献された鈴木大拙師との出会いです。仏青の講演を依頼しに、当時大谷大学教授だった先生のお宅に伺ったのが初めてのご縁でした。それから十六年後の昭和二十六年、カリフォルニア大学留学中の父は、サンフランシスコ近郊、ギルロイ山上の在米邦人の山荘で先生とご一緒に過ごさせていただき、西本願寺の北米開教使会議の講演では、先生の前座をつとめさせていただいたのです。次頁の写真（大拙と並んだもの）はその時のものです。昭和三十九年九月、鈴木大拙師は東京の読売新聞ホールで、会場に溢れんばかりの聴衆を前に「念仏のこころ」と題して講演されました。父は拝聴するために上京しています。先生によって妙好人浅原才市は、世界的に知られることになりますが、講演で才市翁を、「普通にいう妙好人だけでなく、実に詩人でもあり、文人でもあり、実質的大哲学者である」と讃えられたのです。これからの若い人に、「浅原才市をもっと研究してもらいたい」と言われ、「浅原才市なんてのは、もう傑物中の傑物じゃ」とも言われました。鈴木大拙師は昭和四十一年七月十二日、九十五歳で示寂されました。

（藤井雅子著『父・東昇を想う――お念仏とともに』探究社、四〇―四一頁）

註記

本稿の執筆に際し、次のようなご縁をいただきました。

『父・東昇を想う――お念仏とともに』（探究社、二〇一四年）の著者・藤井雅子（旧姓、東雅子）氏は、京都女子高校生時代、筆者（当時同校教諭）の授業「宗教」を受けていただき、今日まで長年親交を重ね、お父上について詳しくお話を聞かせていただき、多くの資料をいただきました。『父・東昇を想う――お念仏とともに』の序文「東昇先生との出遇《であい》を恵まれて」は、外国の妙好人に詳しい京都女子大学元教授・国際仏教文化協会理事長の佐々木恵精先生の執筆になるものです。東先生については、龍谷大学教授・児玉識《こだましき》著『加藤辨三郎と仏教――科学と経営のバックボーン――』（法藏館、二〇一四年）の「おわりに」の「科学と信仰」でも紹介されています（同書、二一八―二一九頁）。

『親鸞に出遇った人びと』全五巻（同朋舎出版、一九八九―一九九二年）の「第五巻」に、金子大榮・信国淳・森龍吉・稲垣瑞釼・安田理深・東昇・藤秀璻・加藤辨三郎が収められています。このうち「東昇」の項に、東昇著『人間が人間になるために』（第一書房、一九七四年）から「〝老いと死〟に対面して」の論考が転載され、続いて、中村了権兵庫大学教授の論考「自然科学者の念仏」が付されています。京都大学ウイルス研究所で行った東所長からの聴き取りをもとに書かれたものです。

2、小西輝夫

小《こ》西《にし》輝《てる》夫《お》（一九二七―）は精神科医で妙好人に深い関心を寄せ、『妙好人――その精神医学的考察――』（百華苑、一九七二年）、『精神科医の念仏』（百華苑、一九七九年）、『宗教に生きる――精神科医がみた求道者の人格――』（同朋舎出版、一九八八年）、『浄土の人びと――精神科医から見た妙好人――』（百華苑、一九九九年）など多くの著書を上梓しました。

小西は、大阪市立医学専門学校（現、大阪市立大医学部）を出て精神科医となり、松下記念病院長、京都教育大学・龍谷大学非常勤講師、佛教大学教育学部教授を歴任しました。

『浄土の人びと――精神科医から見た妙好人――』には、「妙好人の典型――足利源左の信仰と生涯」、「妙好人の原点――加古の教信」、「妙好人の再発見者たち」、「浄土の人びと」、「妙好人の背景」、「妙好人の信仰の心理――その精神医学的考察――」、「妙好人における信仰の純粋性――その呪術否定」、「妙好人と信仰の精神医学」、「日本人と妙好人、および妙好人の現代的意義」などの論考が収められています。「妙好人の再発見者たち」の中で、富士川游・鈴木大拙・柳宗悦らを紹介しています。

同書の末尾に、妙好人ないし妙好人研究の将来性について、次のように述べています。

現代における新しい妙好人の誕生――それは単に一宗派の将来の発展のために期待すべきものではなく、物質文明の行き詰まりにおののく現代人の魂の復活の鍵として求められるものでなくてはならないだろう。現代の学としての精神に関する諸科学もまた、新しい人間学的認識の契機を得て新たな展開を遂げることが出来るのではないかと期待されるのである。

（小西輝夫著『浄土の人びと――精神科医から見た妙好人――』百華苑、一九四―一九五頁）

今後の妙好人研究にとって示唆に富んだ文章です。

註記

資料については文中に記しましたが、とくに大切な資料は次のとおりです。

濱口恵璋編『新妙好人伝』（興教書院、一八九八年―一八九九年）、富士川游編『新選妙好人伝』全十四篇（厚徳書院、一九三六年―一九四一年）、藤永清徹編『大正新撰新妙好人伝』（顕道書院、一九二二年）、藤秀璻編『新撰妙好人列伝』（法藏館、一九四〇年）、『親鸞に出遇った人びと』全五巻（同朋舎出版、一九八九年）。

『親鸞に出遇った人びと』（全五巻）には、明治・大正・昭和から現在に及ぶ親鸞の教えに生きた多くの篤信者が紹介されています。次のとおりです。

第一巻＝七里恒順、清澤満之、佐々木月樵、島地大等、九條武子、浅原才市、村田静照、多田鼎。

第二巻＝池山栄吉、近角常観、倉田百三、松原致遠、西田幾多郎、三木清、河上肇、服部之總、住岡夜晃、竹原嶺音。

第三巻＝高光大船、暁烏敏、川上清吉、竹下昭寿、甲斐和里子、足利浄圓、梅原真隆、亀井勝一郎。

第四巻＝吉野秀雄、中村久子、正親含英、西光万吉、曽我量深、白井成允、高千穂徹乗、藤原鉄乗。

第五巻＝金子大榮、信国淳、森龍吉、稲垣瑞劔、安田理深、東昇、藤秀璻、藤谷秀道、加藤辨三郎。

第五巻の加藤辨三郎（協和発酵工業、現協和発酵キリン創業者）については、龍谷大学教授（歴史学）で妙好人研究者の児《こ》玉識《だましき》著『加藤辨三郎と仏教――科学と経営のバックボーン――』（法藏館、二〇一四年）があり、同書末尾の「おわりに」に加藤を「現代の妙好人」と記しています。

児玉師の他の著書に、『近世真宗の展開過程』（吉川弘文館、一九七六年）、『近世真宗と地域社会』（法藏館、二〇〇五年）があります。『大系真宗史料』（伝記編8・妙好人伝）、法藏館、二〇〇九年）は、筆者との共編で、同書末尾の「解説――妙好人および『妙好人伝』研究の経緯――」を児玉師が、「解題」を筆者が担当しました。

二、外国の妙好人的人物

外国にも妙好人が生まれています。

ドイツのハリー・ピーパー、アメリカのアルフレッド・ブルーム、ベルギーのアドリアン・ペール、スイスのジャン・エラクル、オーストリアのフリードリッヒ・フェンツル、ハンガリーのサンドール・コーサ・キスらです。

以下、著名な数人について紹介します。

1、ハリー・ピーパー

ハリー・ピーパー（K. E. Harry Pieper, 1907-1978）はドイツ人で、ヨーロッパの念仏の先駆者として「妙好人」と呼ばれた人です。ベルリンで生まれ、ドイツ銀行に就職、その後数種の仕事を経て第二次世界大戦で一九四四年に陸軍に入り、翌年三月ソ連軍の捕虜となり、二年間の抑留生活を経てベルリンに戻りました。一九四五年から一九七八年、七十一歳で亡くなるまで、ベルリン駐留のアメリカ軍の通訳をしました。

ピーパーは二十五歳の時、属していたキリスト教福音教会を離れ、北ベルリンのフローナウにあった仏教徒のグループに参加、上座部仏教から大乗仏教に関心を向けるようになったといわれています。一九四六年、三十九歳の年にベルリンのフリーデナウに仏教研究のグループを作り、翌年「仏教伝道会」としました。一九五四年五月、フローナウで開かれた仏教寺院の祭りで、岡山大学教授（物理学）でベルリン工科大学留学中の真宗の篤信者山田宰と出会いました。当時山田は仏教伝道会主催の集会で定期的に真宗の講義をしていました。そこでピーパーは、大谷大学教授（ドイツ語）で浄土真宗の篤信者・池山栄吉のドイツ語訳『歎異抄』を読み、親鸞の思想を学んだといわれています。その年の十一月、浄土真宗本願寺派の大谷光照門主がベルリンを訪問したとき、山田と共に門主に会い、真宗に帰依することを表明しています。後に「慈悲深い穏やかな門主に出会って、いつか私もそのようになりたいと思ったのです」と述懐しています。その後は、『歎異抄』だけでなく、「正信偈」なども学び、仏教書のドイツ語訳にも取り組み、また、友人たちに念仏の道を伝えました。戦中・戦後の激務からか、五十代半ばから神経痛に苦しみ手紙を書くことができなくなりましたが、カセットテープで交流を続け、法友の輪を広げました。山田に宛てた手紙に次のように記しています。

私の体は病状がひどく、あちこち激痛が走ります。しかし、精神的に片時も不幸ではなかったのです。日本の仏教の専門の先生方は、本願などについて学問的説明をされますが、私にはその必要がありません。働いているのは、ただ生き生きとした阿弥陀如来様の光明なのです。今でも『歎異抄』を毎日読んでいます。それは人生の終わりまで続くでしょう。なぜなら、その中にいつも新しいものを発見するからです。私は幸せものです。それは阿弥陀様のすべてを包む大慈悲の賜物です。ご恩報謝のため、このみ教えを多くの人にお伝えしたいのです。

一九五六年一月十六日、友人たちとオスカー・ノイマンの家に集まり「浄土真宗仏教協会」を発足し、ノイマン没後、会は一九六四年に小児科医ファレンティン・フォン・マルツァン博士によって引き継がれました。

翻訳と著書は次のとおりです。

翻訳書

・S. H. Kosho Ohtani, *Der Glaube der Jodo-Shinshu*（浄土真宗の信）

・Ryuchi Fujii, *Die Wahre Bedeutung des Buddhismus*（仏教の真の意味）

・*So Sprach der Seliege Weise*, Kyoto, 1957（聖人はかく仰せられた）

著書

・*Buddhistische Andachten und Feiern*（Deutsche Formular）, Kyoto, 1958（仏教礼拝と儀式〈ドイツ式〉）

2、アルフレッド・ブルーム

アルフレッド・ブルーム（Alfred Bloom, 1926–2017）はアメリカ人で、主にハワイで活動した宗教者です。キリスト教徒で宣教師を志しましたが、後に浄土真宗に改宗、「ハワイの妙好人」と呼ばれた篤信者でした。ハワイ大学宗教学部教授、同大学名誉教授、米国仏教大学院（カリフォルニア州バークレー）名誉学院長。

ブルームは一九五三年までアンドーバー・ニュートン神学校で神学を学んだ後、ハーバード大学ヤンチン研究所で日本語と中国仏教を学び親鸞の教えを知りました。一九五九年から一九六一年にかけてハーバード大学の世界宗教研究所（Center for the Study of World Religions）のプロクター（proctor）や同大学神学校の比較宗教学のティーチング・フェローとなりました。一九六三年ハーバード大学神学部大学院修了。同年「親鸞の生涯と思想」で同大学から博士号を授与されています。一九六一年から一九七〇年の間はオレゴン大学で、一九七〇年からはハワイ大学マノア校で教鞭を取りました。この間二年にわたり米国仏教大学院学院長を兼務。一九八六年から一九九四年にかけて米国仏教大学院学院長を歴任、世界宗教並びに仏教を教えました。一九九〇年、京都の西本願寺で得度、一九九四年に教師資格を得ています。一九九九年に仏教伝道協会から第三十三回仏教伝道文化賞を受賞しました。

ブルームは妙好人の存在について、「宗教生活や体験の内面を露《あらわ》にする妙好人は、宗教学的に大きな重要性を持つと言える。教団の歴史や教義も、もし真のダイナミックで力強い信心が凡夫の血潮の中に脈うっていなければ、ほとんど何の意義も持たないであろう。（中略）妙好人は、我々の日々の生活に反省を促《うなが》し、念仏の教えが真実であることをより深く味わうための導《しる》べとして我々の前に在る」（朝枝善照著『妙好人伝の周辺』永田文昌堂、一九八四年、アルフレッド・ブルーム「序」二―三頁、原文は英語、島津恵正訳）と述べています。柳宗悦が妙好人の存在について、「彼らは多く無学の人達であるから、新たな又詳しい教学などをどうして持つことが出来よう。だが、無量寿経や観経や阿弥陀経の教えが、そのまま活きた姿で現れてくるのである。もし妙好人が出なかったなら、真宗の教えは偽りを述べていることになろう。彼らがいてくれればこそ、経文にも教学にも千鈞の重みが加わるのである」（柳宗悦著『妙好人　因幡の源左』大谷出版社、一九五〇年、二〇三頁）と述べたのに通じるものがあります。親鸞の教えに導かれ、阿弥陀如来の救いにあずかった篤信者でした。

著書に次のものがあります。

・*Shinran's Gospel of Pure Grace.* Tucson: University of Arizona Press, 1965

・海外真宗研究会編『親鸞に於ける理想的社会像――現代における真宗の信と体験の重要性をふまえて――』龍谷大学院真宗研究会、一九七七年。

・*Tannisho: A Resource for Modern Living.* Honolulu: Buddhist Study Center Press, 1981

・藤沢正徳他共訳『親鸞とその浄土教』永田文昌堂、一九八三年。

・*Shoshinge: The Heart of Shin Buddhism.* Honolulu: Buddhist Study Center Press, 1986

・*Strategies for Modern Living : A Commentary with the Text of the Tannisho.* Berkeley, CA. Heian International, 1993

・*The Life of Shinran: A Journey to Self-Acceptance.* Berkeley: Institute of Buddhist Studies, 1994

・*Religion and Man: Indian and Far Eastern Religious Traditions.* McGraw-Hill, 1998

・*Living in Amida's Universal Vow: Essays on Shin Buddhism.* Bloomington, IN: World Wisdom, 2004

・*Shinran: An entry from Macmillan Reference USA's Encyclopedia of Religion.* Macmillan Reference USA, 2005

・*The Essential Shinran: A Buddhist Path of True Entrusting.* Bloomington, IN: World Wisdom, 2007

・*A Life of Serendipity: Blown by the Wind of Amida's Vow.* New York: American Buddhist Study Center Publications, 2008

3、アドリアン・ペール

アドリアン・ペール（Adrian Peel, 1927-2009）は、一九二七年にベルギーのアントワープで生まれ、比較宗教学の研究で哲学博士の学位を取得しました。十代後半から東洋思想に惹かれ、道教思想にも親しんでいました。十七歳頃から仏教に関心を持ち、上座部の仏教のグループに入りました。さらに、大乗仏教、とくに禅や華厳思想に造詣を深めていきました。大乗仏教関係の講演や著述を続けるなかで、英国のジャック・オースチンに出会います。オースチンは、いち早く英訳された『歎異抄』を通じて、他力回向の教えに惹かれていました。一九七四年、ペールは、アントワープを訪ねてきたオースチンと夜を徹して仏教談義をし、議論し合いました。明け方、疲れ切って寝ていたオースチンの傍らで、ペールは朝陽をうけながら忽然と、「阿弥陀如来の光明のはたらきに抱かれている」という感慨を覚えたといわれます。自ら修行していく仏道から、阿弥陀如来の大慈悲のはたらきに抱かれて歩ませていただく他力回向へと転換しています。ペールは、僧侶になるため来日した折、ある山村で老婦人から、「真宗信徒となられて、世界平和をどのように思われますか」と問われて、「世界平和は仏教によってこそ実現可能です。すべての人びとが煩悩具足の凡夫であると自覚させられるとき、世界平和は実現されると確信します」と答えています。一九七六年、アントワープに真宗センターを設立、毎週集会を開きました。一九七七年七月、ロンドンで行われた英国真宗協会での帰敬式で、浄土真宗本願寺派の大谷光照門主から法名「至徳」（Shitoku Adrian Peel）を授かりました。一九七八年三月から季刊誌『EKO』（廻向）を発刊。一九七九年五月、慈光寺を開設。秋には京都の浄土真宗本願寺派で得度を受け、本格的な伝道生活に入りました。フランス北部からオランダ、ドイツ、ベルギーに及ぶ広範囲に伝道、多くの信者を得ています。オランダ語『歎異抄』、『教行信証』（抄訳）、その他エッセイなど多くの著作を遺しました。

著書に次のものがあります。

シトク・A・ペール著『浄土真宗とキリスト教』国際仏教文化協会、一九九〇年。

エイドリアン・ペール著『私の浄土真宗――至徳・A・ペール博士講演集』永田文昌堂、一九九八年。

『私の浄土真宗』には、「私の信心」「瑞劔師とヨーロッパの真宗」「浄土真宗とキリスト教」が収められています。

4、ジャン・エラクル

スイスのジュネーブで育ったジャン・ガブリエル・エラクル（Jean G. Eracle, 1930–2005）は、若くして修道院で瞑想に専念し、二十五歳で司祭の叙階を受けましたが、インドのヨーガや仏教の坐禅に惹かれるようになりました。神智学協会系の人からブッダについて語りかけられ、「ブッダは神話的人物であり実在も疑わしい」と仏教を否定する意志を伝えると、その人から「ブッダが歴史上実在しようがしまいが、仏教が説く悟りの真理（ダルマ）は揺るがない」と諭され、エラクルは「なるほど」と思ったといわれています。それ以来、仏教に親しむようになり、司祭でありながら、『般若経』『法華経』などの大乗経典を次々と学び、仏教諸宗派を訪ねながら仏道を求め続けました。ブッダの哲理に「内的自由」を感じるようになって、「（キリスト教の概念などが）朝日を浴びた露のように消えていった」と言っています。このようにエラクルは、仏教のいろいろな道を求めましたが、どれも実践できない愚かな自分に気づかされて、ついに真宗の教えに出遇い、お念仏を喜ぶ身となったのです。ジュネーブの民族博物館東洋部門に勤めながら、真宗の教えを学び、「正信偈」を読んだとき、「極重悪人唯称仏《ごくじゅうあくにんゆいしょうぶつ》　我亦在彼摂取中《がやくざいひせっしゅちゅう》　煩悩障眼雖不見《ぼんのうしょうげんすいふけん》　大悲無倦常照我《だいひむけんじょうしょうが》」（極重《ごくじゅう》の悪人はただ仏《ぶつ》を称《しょう》すべし。われまたかの摂取《せっしゅ》のなかにあれども、煩悩《ぼんのう》、眼《まなこ》を障《さ》へて見《み》たてまつらずといへども、大悲《だいひ》、倦《ものう》きことなくしてつねにわれを照《て》らしたまふといへり（『浄土真宗聖典』（註釈版・第二版）二〇七頁））の箇所になると、「感激のあまり涙がでるこの御文《ごもん》は、私のためにつくられたとしか思えない」と感動するほど深く味読した篤信者でした。ジュネーブに信楽寺《しんぎょうじ》を建てました。ジャン・エラクル著・金児慧訳『十字架から芬陀利華へ――真宗僧侶になったある神父の回想』（国際仏教文化協会、一九九二年）があります。

註記

「一、外国の妙好人的人物」については、故・稲垣久雄元ロンドン大学講師・龍谷大学名誉教授、佐々木惠精京都女子大学元教授・公益財団法人国際仏教文化協会理事長、那須英勝龍谷大学教授、新井俊一相愛大学名誉教授からご教示をいただきました。公益財団法人国際仏教文化協会（International Association of Buddhist Culture, IABC）の方々です。

参考文献

国際仏教文化協会編『ヨーロッパの妙好人、ハリー・ピーパー師』（永田文昌堂、一九八九年）、飛鳥寛栗編『念仏西漸――欧州念仏伝播小史――』（永田文昌堂、一九九六年）、林智康・井上善幸編『妙好人における死生観と超越』（龍谷大学人間・科学・宗教オープン・リサーチ・センター、二〇一二年）、林智康・井上善幸・北岑大至編『東アジア思想における死生観と超越』（龍谷大学人間・科学・宗教オープン・リサーチ・センター研究叢書、方丈堂出版、二〇一三年）、佐々木惠精「世界に広がる妙好人——ヨーロッパの念仏者たち——」（拙編『妙好人研究集成』法藏館、二〇一六年）、那須英勝「ヨーロッパの妙好人と「無対辞」の思想——ハリー・ピーパー師の事績を通して——」（同前書）。

第六章　現代社会における妙好人の意義

妙好人の意義

わが国は明治以降近代化を進め、戦後急速な経済成長をとげました。現代は科学文明・物質文明の社会であり、表面上は華やかに見えます。しかし、科学的自然観・人間観の普及による「世俗化」ともいわれる時代の中で、人間性の喪失や科学技術がもたらす環境破壊、紛争や戦争など深刻な状況が生まれています。依然として老、病、死への不安や天災、人災などいつ危機が訪れるだろうかという恐れを抱えています。ストレスで心を病む人、将来への展望が持てず苦しむ人、絶望から自暴自棄になる人、禁止薬物に手を染める人もいます。人びとは競争社会で勝ち抜くために頑張っていますが、なかにはそれに敗れ、貧困に陥り、孤立する人もいます。家庭内暴力、いじめなど心は刺々しくなり、生きる喜びや価値を見出せず、虚無感、孤独感になやむ人が増え「無縁社会」ともいわれます。たとえ物質的欲望が満たされても、精神的充足がなければ安住の境地には到り得ないでしょう。温かい心の通い合う社会づくりが求められます。いまこそ妙好人の生き方に学ぶことが大切ではないでしょうか。

鈴木大拙は、戦後間もない昭和二十三年（一九四八）十二月に上梓した『妙好人』（大谷出版社）の中で、科学について、次のように述べています。

科学がすべてを解決するように考えられた時代もあった、今でもそのような夢を見ているものもあろう。純粋科学はとにかくとして、技術の発展は、いつも悪魔の指導下にあるかに思われる。人間の集団生活を物質的方面からのみ見ることにして、個己の内的生活に至っては、余り顧みられない。科学的技術・集団生活・経済生活・物質的思索などという一連の考え方は、いずれも人間を抽象的に理性的に見ることである。それで人間を尽そうとするのであるから、生きた具体性の人間は、ますます隠れて行く、即ち死んで行く。人間の人間たるところは、霊性的自覚の面であるというより外はないが、これは抽象面または理性面では捉えられないのである。科学技術や、またそれで捏造せられた「原理」なるものでは、捉えられないのである。

（鈴木大拙著『妙好人』〔第二版〕法藏館、一九七六年、三八―三九頁）

科学の進歩とか技術の精妙とか、理性の発展とかいうものは、いやほど出ては来るが、人間らしいものは、次第にその影をうすめて行く。ヒューマニズムも上《うわ》すべりのものだけしか認められていない。これはもっと〳〵高められて神格性を持つところまで行かなくてはならぬ。いわゆる西洋ものがますます、はいりこんで来るに従って、日本人が本来持っているもの、人間としてはこれを失ってはならぬというものが、一歩一歩と後退して行くように感ぜられるのは、われらいくらか年寄ったものの杞憂か知らん。浅原才市の生涯をまた改めて少しく紹介せんとするのも、深意はここにある。

（同書、四一―四二頁）

さらに大拙は、昭和二十九年（一九五四）三月十七日、ボイス・オブ・アメリカ（アメリカ合衆国の国営放送局）の講演原稿 Thought Currents of Today and Buddhism「現代思潮と仏教」（酒井懋《つとむ》訳註）のなかで、次のように述べています。

近年諸科学は各分野において著しく進歩して、その現実的結果たる技術の成果はまことに目覚しい。自然のみならず人間自身も単なるオブジェ、道具と化している。個人の道徳的な品格は掃きだめに捨てさられてしまった。

現代の男女を悩ませていることの一つは、全面的な非人間化の影響からどうしたら脱せるか、である。人類は自由と創造力を失って、科学・技術の作り出した巨大な機械の部品になりつつある。人類は人類らしさを失ってしまった。しかももっとも悪いことは、人類にそのことが分かっておらず――少なくとも見たかぎりでは――この動きを平気で続けていることである。これこそが根のふかい漠然たる不安を感じる理由なのである。

(鈴木大拙「現代思潮と仏教」『松ヶ岡文庫研究年報』第二十八号、二〇一四年三月、三八頁)

現代人は科学をやみくもに崇拝するが、心ある科学者たちはこの見解にはけっして与しない。彼らはみな科学の限界、つまり科学のできることとできないことをわきまえている。それだけではなく、科学の出発点が一定の「アプリオリ」の観念であることを知っている。事の真実を見抜けず、皮相なことに心を奪われるのは大衆だけである。であるから大衆は伝統宗教に深く隠されている信仰を失ってしまったのである。純粋なものを不純なものと一緒にまったく無差別に打ち捨ててしまったのである。

(同書、四四頁)

大拙は、科学技術がもたらす人間にとって失ってはならないものの喪失への危機意識を抱いていました。今日の科学技術文明が抱える深刻な問題を早くから見抜いていました。環境汚染など外面的な問題と共に、内面的な人間性の喪失を憂えていたのです。

大拙の戦争批判は、終戦の翌年、昭和二十一年（一九四六）九月に出版した『霊性的日本の建設』（大東出版社）の「序　戦争礼讃《ラウス・ベリ》 Laus belli（魔王の宣言）」に見えます。冒頭に、戦争を引き起こす魔王に、「折さへあれば人間世界を混乱の極に導いて、人間を滅亡せんとするのが自分の使命だ」と語らせ、次のように記しています。

「平和、平和」を云はずに戦争せぬ人間はない。戦争はいつも平和のためだと、彼らは云ふ。併し、戦争で平和の将来せられたことが人間の歴史にあるか。人間の歴史は戦争の連続だ。その間に少し平和時代があるやうに見えるが、それは次ぎの戦争の準備に外ならない。それが魔王の計ひなのだ。

（『鈴木大拙全集』〔増補新版〕第九巻、一七頁）

魔王の猛威を語ったあとで、文末に次のように記しています。

日本の奴はわしの「御稜威」の力で大分困つて居るやうだが、或る方面から見れば、彼等は却つて霊性に生きる機会を与へられたものだ。世界平和の宣伝の根拠地がここから発祥するかも知れない。さうなると魔王の面目は丸潰れになる。

（同書、二一七頁）

大拙は『妙好人』の「二、妙好人と日本的霊性的なるもの」の冒頭に、次のように述べています。

敗戦後は色々の事を考えさせられる。敗けてすんだかと思えば、中々そうでない。以前のものよりも、本当の意味での世界戦争が、今にも始まるかのように見える。もと〳〵戦争なるものは、物事を解決するに役立つものでない。丁度酒飲みのようで、ついには酒が酒を飲むことになる。その結果はわれら人間の滅亡だ。理性の上では何もかも善くわかっていて、それで止められないとすると、人事というものは、何か人間以上のもので支配されて行くのではなかろうかとさえ思われる。これが神だというわけに行かぬなら、悪魔だということになる。悪魔はとうの昔しに片付けられたと思っていたが、どうもそうでないらしい。

（鈴木大拙著『妙好人』〔第二版〕法藏館、一九七六年、三八頁）

大拙は悲惨な戦争体験を無駄にせず、日本を世界平和への根拠地とするよう切望しています。仏教者、とくに真宗への今後の期待と願いを込めた次のような一文も記しています。

他力宗の今後の活動は如何あるべきか。これにつきて、多くの問題が孕まれていることは、疑う余地がない。が、それと同時に、今までの他力宗そのままでも、その妙好人を産出する霊性的創造力の偉大さから見て、これを世界的に進出させなければならぬものがあるのである。ことに近代文化なるものが、人間性の外殻を破るに無能なこと、ただその相対性の面だけに接触するに過ぎないこと、いうところの物質的生産面に停滞して、その下に流れているものを汲み取り得ないこと、ただ今までの歴史観の上に立つことを知るだけで、これから作らるべき文化に関して何等計画的なものを持たぬこと等に対して、他力宗の立場から、世界文化の上に寄与すべきものが少なからぬと信ずる。

（同書、三七頁）

大拙と親交をもった科学者・医学者で念仏者の東昇京都大学名誉教授は、科学について次のように述べています。

ウイルスを研究する学問はすばらしく進歩しましたけれども、ウイルスの型を予知することということが、いまだになかなかむずかしい。多くの研究者の昼夜をわかたぬ努力にもかかわらずです。ウイルスの自然界における性質の変化を予知することは科学の力をこえているのです。私はウイルス研究の専門家として、このようなところに現代科学の限界のひとつを見るのです。

（東昇著『力の限界――自然科学と宗教――』法藏館、一九七〇年、六三頁）

現代人の科学の本質への理解は、相当に浅いようです。科学の力を過信し、人生の一切を科学できめうると錯誤しているのではないでしょうか。そして宗教を追放します。宗教不在とします。これが人間の勝利でありますかどうか。科学の発達は必ずしも人間をしあわせにしません。人類はいま自分たちのつくった科学文明、物質文明のために復讐されつつあるではありませんか。その源は最近にはじまったものではありません。科学的合理主義が招いた人類のこのむごたらしい運命を救うものは何でしょうか。科学主義は危機にさらされています。失われた宗教を、忘れさられた念仏の世界をとりもどしましょう。

（同書、七五―七六頁）

科学には限界がある。科学は本来、本質的な原理的限界をもっているということです。（中略）科学は万能ではない。人間の精神分野にまではいって行くことはできない。科学の中で三十余年暮らしてきた私が、科学から受ける強い強い印象は、科学が人類のためになし得ることに限界があるということです。

（東昇著『人間が人間になるために』第一書房、一九七四年、九四―九五頁）

東は『力の限界――自然科学と宗教――』（法藏館）で、「妙好人の話」と題して浅原才市の歌を紹介し、その信心について述べています。妙好人の温かい心を紹介し、宗教心の大切さを説きました。

京都大学医学部生の時に東昇博士に学んだ医学者で篤信の念仏者である奈倉道隆東海学園大学名誉教授、大阪府立大学・龍谷大学元教授（一九三四―）は、筆者に次のように語りました。

私は、医師として長年京大病院の老年科に勤務し、諸大学で主に共生人間論・社会福祉学を講義して参りました。介護福祉士の資格を取得し、介護福祉施設のデイサービスでボランティア活動を行い、多くの人びとに接してきました。また、念仏のみ教えにご縁をいただき、佛教大学で浄土教を学び、総本山知恩院で得度、浄土宗僧侶の資格をいただいた者です。御仏から賜る念仏を心でとなえながら診療も生活も送っています。医療は、科学に基づく観察や実証的行為で進めますから、念仏申すことが医療の妨げになったり、医療が念仏の差し障りになることはまったくありません。

（奈倉道隆談。二〇二五年一月十三日確認）

奈倉は主著に『老年の心と健康』（ミネルヴァ書房、一九七八年）、『老人養護講座6　老人の健康処遇』（老人生活研究所、一九八四年）、『仏教と生活の医学』（仏教大学通信教育部、一九八七年）があります。

日本民藝運動の主唱者・柳宗悦は、何よりも世の安穏を願って生きました。

柳は、著名な芸術家の作品ではなく、無名の工人たちが作った日常生活用の生活雑器を「妙好品」と称し高く評価しました。各国・各民族の文化の多様性を尊重し、朝鮮の陶磁器、アイヌや沖縄の民具・生活用具に美を見出し、それを力で抑圧し支配する政策をきびしく批判しています。

柳は越中富山の真宗大谷派城端《じょうはな》別院に滞在したとき、『無量寿経』に説かれる四十八願の第四願「無有《むう》好醜《こうしゅ》の願《がん》」を読んで感動し、一日で『美の法門』を書き、『美の浄土』『法と美』『無有好醜の願』の仏教四部作を上梓しました。また、「複合の美」の思想による世界平和を説きました。あらゆる暴力の行使を否定する平和運動の提唱でした。第一次世界大戦が始まった大正三年（一九一四）の八月三日、バーナード・リーチに宛てた数通の書簡に、次のように記しています。

愚かな戦争がまた始まった！（中略）何故戦うのか？　戦争とは何だ？　避けられぬなどというのは人間の言訳にすぎない。「避けられぬ」という言葉ほど恥ずべきものはない。

（『柳宗悦全集』第二十一巻上、筑摩書房、一九八九年、一八〇頁）

同年、八月二十八日、バーナード・リーチ宛書簡には、今や世界中が戦争に突入したことで僕の心は穏やかではありません。（中略）あらゆる意味で戦争が憎い。一体何の権限を以て日本の天皇と政府は我々国民に、戦闘と他人の殺害を命じるのか。我々の命を宣戦布告の紙きれ一枚と引き替えてもらっては困る。日本は間違っている。我々の望む勝利は我々の最も深刻な恥なのです。

（同書、一八〇―一八一頁）

柳は昭和二十四年（一九四九）八月、鳥取県気高郡青谷村（鳥取市青谷町）の篤信者・足利源左の言行を集め、翌昭和二十五年（一九五〇）九月、六十一歳の年に、『妙好人　因幡の源左』（大谷出版社、後に百華苑）を上梓しましたが、その後も多くの妙好人に関する論文を書きました（寿岳文章編『柳宗悦　妙好人論集』岩波文庫、一九九一年、所収）。妙好人に見られる穏やかで心豊かな生き方に人間のあるべき姿を見出し、自らもその心境に達したいと願っています。亡くなる前、柳思想の到達点ともいわれる論文「無対辞文化」を発表しています。善悪、賢愚、正邪、優劣など対立概念をもつ言葉ではなく、如、妙、慈、即、円など対立概念をもたない無対辞文化の建設による平和の実現を提唱したのです。

「妙好人」といえば、これまで無学で文字の読み書きもできない人たちといわれてきました。たしかに、江戸時代の「妙好人伝」には、教育を受ける機会のなかった農民・町人などが多く収められています。ひたすら聴聞に励んで弥陀の大悲を感得することができた人たちでした。

大拙も『妙好人』の「一、妙好人」の中で、次のように述べています。

妙好人と云はれる人達の最も大なる特徴の一は、彼等の比較的文字の乏しいことである。（中略）兎に角、学問とか智慧才覚など云ふがらくたがあると、それは信仰に進むものの障礙となることは確かである。妙好人にはそれがないと云ふので、入信の好条件を具へて居るわけである。

（『鈴木大拙全集』〔増補新版〕第十巻、一三五―一三六頁）

しかし、妙好人が無学とは限らず、江戸時代に編集された僧純編『妙好人伝』と象王編『続妙好人伝』にも学僧や武士が数人収められています。明治以降に編集された濱口惠璋編『新妙好人伝』、富士川游編『新選妙好人伝』、藤永清徹編『大正新撰新妙好人伝』には有識者が多く収められています。

浄土真宗本願寺派の学僧・藤秀璻編『新撰妙好人列伝』（法藏館、一九八四年）の「序」に、「本書は鎌倉時代より現今に至る約七百年間に現はれた多くの妙好人のうちから六十五人の人物を選び出して、大略その没年の順序に列伝したものであるが、中には仏教徒ばかりでなく儒教の人々、文学芸能の人々などをも含んで居る」と記され、西行法師、解脱上人、貝原益軒、無能和尚、深諦院慧雲、實成院仰誓、俳諧寺一茶、良寛和尚、香樹院徳龍、楫取希子、伊藤左千夫、富士川游ら学者、学僧、文人など知識人を多く収めています。

近代に入って国の教育制度が整い多くの人びとが学べるようになり、哲学者、文学者、教育者、科学者、経営者などの篤信者が多く出ました。三木清、清沢満之、西田幾多郎、井上善右衛門、佐々木倫生、倉田百三、亀井勝一郎、吉野秀雄、池山栄吉、西元宗助、川上清吉、白井成允、野村芳兵衛、甲斐和里子、寺本慧達、稲垣瑞劒、東井義雄、東昇、小西輝夫、井上功、山田宰、加藤辨三郎ら多くの妙好人的人物が輩出しています。

この点に関して佐藤平（顕明）は、次のように述べています。

妙好人というのは本来真実信心の人をいうのであって、文字も知らぬ田夫野叟というような説明は、そのような純信の人々が出てきた時代背景によって変動し得る可能性の形容に過ぎない。他力の信は、学問のない人にもある人にも、等しく顕現すべきものである。自利利他円満の大乗の至極としての無縁の大悲が、近代的教育が発達する以前に、文字も知らぬ人びとの間にも、彼らの一途な聴聞をとおして受領されていたということは、実に素晴らしい特筆すべきことであるが、だからといって、妙好人は無学のものでなければならぬと一般化するのは間違っている。（佐藤平「妙好人研究の意義」、拙編『妙好人研究集成』法藏館、二〇一六年、序、viii―ix）

佐藤は、大拙が昭和三十三年（一九五八）の春、ニューヨークのアメリカン・ブディスト・アカデミーにおいて英語で講演した一連の講義 *Shin Buddhism* を和訳し、『真宗入門』（春秋社、一九八三年）を上梓しましたが、同書末尾の「解説――大拙先生の真宗観」に、次のように記しています。

この書は鈴木大拙先生が一九五八年の春ニューヨークのアメリカン・ブディスト・アカデミーにおいて英語で真宗を語られたその一連の講義の和訳である。（同書、一三三頁）

ありのままの存在から輝き出る光は、文化の特殊性を突き抜け国籍を超えて、会う人々の心を和らげ、一人一人の心をその人自身の根源のありのままのすがたへとふりむけたのである。（同書、一三四頁）

この「真宗」に関する一連の講義も、真宗の説く真理を世界に伝えたいという根源的願望にもとづいて、周到

の配慮をもって、西洋の人々にもわかるようにやさしく説かれたものである。（同書、一三三—一三五頁）

大拙の願いはどこまでも世の安穏の実現にあり、その実践は世界的意義をもつものでした。

大拙は、妙好人の讃岐の庄松について『宗教経験の事実』（大東出版社、一九四三年）の「まえがき」に次のように記しています。

庄松の宗教経験を、単なる田舎人のもので、知識人の間では、もてはやすだけの値打ちはないと云ふ人もあらう。これは大なる誤である。彼の信仰のうちには実に雄大な思想がある。此の思想は今日の日本をして世界的に重きをなさしめるところのものである。（中略）此の思想には無限に発展し得べき可能性がある。殊に近代文化の基礎となつて居る科学精神に対して十分の説明と安定性とを与へることができるのが、此の思想の特性である。希臘や猶太の思想を包摂して、それらに内在する対立闘争性を解消して、人類永遠の福祉を確実に将来するものは、実に此の思想の外にないのである。

（『鈴木大拙全集』〔増補新版〕第十巻、一三—一四頁）

大拙は、二元的思考がもたらす対立・抗争・闘争の世に、融和・平和をもたらす霊性的自覚を庄松の宗教心に見出したのでした。それは、親鸞の「世《よ》のなか安穏《あんのん》なれ、仏法《ぶっぽう》ひろまれ」（『親鸞聖人御消息』二五『浄土真宗聖典』〔註釈版・第二版〕七八四頁）の悲願と同質の願いであり、その源泉はあらゆる衆生を摂取する如来の大悲心です。如来が衆生に回向する真実信心は、そのまま願作仏心《がんさぶっしん》（仏になろうと願う心）であり、度衆生心《どしゅじょうしん》（衆生を救済しようと願う心）であり、他力の大菩提心です。

妙好人は、世の安穏を願い仏恩報謝をしています。

因幡の源左は、麦畑に追肥しようと畑に行く途中、他所の麦が痩せているのを見て施肥し、他人の難儀を見てしばしば手助けしました。多くの善行により鳥取県知事から褒賞を受けています。明治十二年、道路改修工事などの公共事業への寄進に対し、島根県（現在の鳥取県）から感謝状と褒賞金二円五十銭を受け、明治十六年には、長年の祖父母と母への孝養に対し、鳥取県令から表彰されています。明治三十二年・三十三年には、農作業に励んで多く米を納め、同県気高郡因伯米改良組合長から精農賞を受けました（柳宗悦・衣川一省編『妙好人　因幡の源左』〔改訂増補版〕百華苑、一九六〇年、二〇一―二〇三頁、参照）。

浅原才市は、石見地方の真宗の布教組織「宣教会」の賛助会員になり、毎年多額の会費を納めるなど会の活動に尽力しました。明治二十九年の宮城・岩手・青森三県の津波被害への見舞金に対する三県知事連名の感謝状、大正二年の北海道及び東北六県の冷害による凶作への義援金への感謝状、大正三年の桜島大噴火への見舞金に対する時の所轄長官（大臣）俵孫一からの礼状を添えた領収書、その他、慈善会財団への寄付の感謝状などが保管されています（高木雪雄著『才市同行――才市の生涯と周縁の人々――』永田文昌堂、一九九一年、「公共への献金」八六―八七頁、参照）。

浅原才市と親交のあった石見の小川仲造は、とくに利他行に励んだ妙好人と伝えられています。高下恵著『妙好人　石見の仲造・市九郎』（百華苑、一九八三年）に「三　災害見舞義捐」の項目で詳しく紹介されています。「貧民に玄米八斗施与　明治一九年九月十六日　島根県知事籠田安定」「国分村唐鐘大災罹災者救助金弐円　明治二十三年十一月五日　島根県知事籠田安定」「岐阜地震被害者救助として金五円　明治二十五年十二月一日　岐阜県知事山崎利準」「山口県阿武郡明木村火災見舞金弐円　明治二十八年六月二五日　山口県知事大村藤武」「都濃村民に

施与金壱円　明治二九年十二月八日　島根県知事曽我部道夫」「青森県津波罹災救恤金　明治三四年八月一日　青森、岩手、宮城県知事」「邑智郡出羽村火災見舞金壱円　明治三十七年七月九日　島根県知事井原昇」「日本仏教慈善財団金五拾円　明治三八年五月二〇日　大日本仏教慈善財団理事長赤松連城」「邑智郡吾郷村火災見舞金壱円　明治三七年九月九日　島根県知事」その他（同書、一一一―一一三頁）。

妙好人たちは、それぞれの境遇のなかで仏法を悦びつつ、世の安穏を願ってそれぞれに利他活動を行っています。だからこそ多くの人びとから敬愛されたのではないでしょうか。

化学者で協和発酵キリンの創業者・加藤辨三郎（一八九九―一九八三）のような篤信者もいます（児玉識著『加藤辨三郎と仏教――科学と経営のバックボーン――』法藏館、二〇一四年）。『親鸞に出遇った人びと』全五巻（同朋舎出版）にも篤信の学者、教育者、科学者、経営者ら多くの人びとが紹介されています。そうした人びとの社会的活動は、他力の信心から生まれた利他行でした。

令和元年（二〇一九）八月、ビハーラ医療団編『ビハーラと妙好人』（ビハーラ医療団講義集パートⅧ）（自照社出版）が刊行されました。

「ビハーラ医療団」については、同書末尾の「ビハーラ医療団について」に〔趣旨〕として、次のように記されています。

　末期医療、高齢者医療の場においては、心の学びやその支えをいかにするか、あるいはまた人生の充足感をいかに得るかなどが大きな課題になってきた。また、先端医療などの場でも生命倫理が問われ、心の学びが必要とされてきた。

特に患者にとっては末期になればなるほど医療技術よりも普遍宗教による心の支えが必要となってくる。とりわけ、日本人にとって最もなじみの深い仏教の教えによることが望まれるところである。
そこで、このたび、我々、仏教を学んできた医療関係者は「ビハーラ医療団」を結成し、それぞれの場で、仏教精神にたって医療活動を行い、自ら学び、人をして教え信ぜしめるという「自信教人信」の立場で聞法し、交流、協力して社会に貢献していきたい。

（同書、二〇七頁）

同書には、妙好人に関する次の講義録が収められています。

田代俊孝「プロローグ　ビハーラと妙好人」
駒澤　勝「妙好人とビハーラ――母の生きざまを通して――」
松田正典「妙好人才市の生涯と世界観」
藤枝宏壽「ビハーラと妙好人――信者になれぬ　そのままで――」

他に、相河明規「安楽死・尊厳死について思うこと――今、いのちがあなたを生きている――」、志慶眞文雄「信心と一人称の死」、田畑正久「医療と仏教の協働」、藤泰澄「ビハーラ活動の原点を求めて――阿弥陀仏の誓願に学ぶ――」が収録されています。妙好人は過去の人ではなく、今を生きる人びとに人間にとって最も大切なことを語り続けているのです。

妙好人に共通するのは、自力のはからいを捨て、如来の大悲に抱かれている喜びを、「もったいない」、「ありがたい」、「おかげさま」、「ご恩うれしや　なむあみだぶつ」と念仏と共に生き、有縁の人びとに他力信心の悦びを伝えたことです。「自信教人信」（自ら信じ、人に教えて信ぜしむる）の生活でした。信心にそなわる「現生十種《げんしょうじっしゅ》の益《やく》」

の第九「常行大悲《じょうぎょうだいひ》」（常に大悲を行ずる）の益《やく》でしょう。身は娑婆に在って如来の大悲のうちに生きた人たちでした。そうした妙好人を柳宗悦は、「大乗仏教が吾々に贈ってくれる浄く美しい花の如きもの」（柳宗悦・衣笠一省編『妙好人』百華苑、序）と記しています。花を咲かせたものは何か、柳は生涯問い続けそれを明らかにしました。

あとがき

いま執筆を終え、改めてこれまでご支援いただいた多くの方々に感謝致します。

令和六年（二〇二四）二月、筆者は米寿を迎えました。五十年前（筆者三十八歳）の龍谷大学非常勤講師（真宗学）の時、妙好人研究会（龍谷大学内）の朝枝善照（仏教史学）、龍口明生（仏教学）、林智康（真宗学）、土井順一（国文学）の各教授と岡亮二（真宗学）、淺井成海（同）、武田龍精（同）の各教授から懇切なご教示をいただき、お蔭で平成二十年（二〇〇八）三月に龍谷大学から授与された学位の論文「妙好人伝の研究」をまとめることが出来ました。

最初の研究で、江戸時代の浄土真宗本願寺派の学僧仰誓と僧純が編集した『妙好人伝』の研究を行いました。続いて実施した象王編『続妙好人伝』の研究で、同書に載る妙好人「松前の山田文右衛門」の調査をした際、北海道松前郡松前町唐津真宗大谷派専念寺住職の福島憲俊師に大変お世話になりました。同寺の広大な墓地から山田家の墓石を発見していただき、その結果これまで全く不明であった編者・象王が松前の人で、『続妙好人伝』の内容を調査した結果、本書が真宗大谷派の妙好人伝であることが判明しました。山田文右衛門（第八代文右衛門有智）は、北海道開拓史上注目される人物で、彼の活躍については、金沢アメリカ文化センター館長・札幌アメリカ文化センター館長をつとめたロバート・G・フラーシェム、ヨシコ・N・フラーシェム夫妻共著『蝦夷地場所請負人――山田文右衛門家の活躍とその歴史的背景――』（北海道出版企画センター、一九九四年）に多くの資料によって詳しく紹介されています。小樽市の山田家第十四代・山田誠二氏夫人の山田富子氏から「山田氏系譜」を送っていただいたことも有り難く思います。

近世『妙好人伝』の研究を通して『近世庶民仏教の研究』（法藏館、一九七一年）を上梓された柏原祐泉大谷大学名誉教授（仏教史学）の助言で、右の研究成果を「『続妙好人伝』と編者象王について」と題して『中外日報』紙（一九九八年十二月十九日㊤・二十二日㊦）で報告させていただきました。それを機に全国の妙好人の遺跡を訪ねて研究を進め、『妙好人伝の研究』（法藏館、二〇〇三年）を、さらに『増補版　妙好人伝の研究』（同、二〇一一年）を上梓することが出来ました。

富山県小矢部市の真宗寺院（道林寺）のご出身で、浅草の東京本願寺学院教授をつとめられた楠恭氏は大谷大学の学生（宗教学専攻）の時、主任教授の鈴木大拙氏から宗教経験の大切さを教えられ、生涯妙好人研究に没頭し、多くの著作を遺されました。筆者は、同氏と縁あって横浜で数度お会いし、同氏が生涯師事された鈴木大拙・柳宗悦のご両人について、さらに、讃岐の庄松、和泉の物種吉兵衛、石見の浅原才市、同・小川仲造ら多くの妙好人について懇切なご教示をいただきました。楠氏と筆者の最初の出会いは、平成十年（一九九八）九月五日・六日の両日、横浜の鶴見大学で開催された日本印度学仏教学会第四十九回学術大会の特別部会（第一〇部会「環境倫理と仏教」）で、筆者が「環境倫理と浄土仏教――真宗信徒「妙好人」のエートスを中心として――」（『印度学仏教学研究』四十七巻二号、一九九九年三月発行、所収）を発表した際、楠氏が来聴された時で、妙好人についてご教示をいただきました。この出会いが筆者のその後の妙好人研究を進めたことは間違いありません。

　楠氏は、大拙氏が『妙好人』（大谷出版社、一九四八年。新版、法藏館、一九七六年）を執筆される際、多くの資料を提供されています。同書末尾の「付録」五点の内、楠氏の記述になる「寺本慧達氏を訪う」「能登の栃平ふじ女」と、楠氏が石見の妙好人・小川仲造の長男小川市九郎氏から入手した「小川仲造夫妻の語録」が付されていますが、このうち、「小川仲造夫妻の語録」に、筆者の曽祖父で京都府福知山市の浄土真宗本願寺派明覚寺第十五代住職・菊藤大超について記されています。大超は、明治期に設立された西本願寺護持会財団の石見国理事として同国に派遣された本願寺派の特命布教使で、石見の妙好人・小川仲造と共に積極的な教化活動を行ったことが記されています（同書、法藏館、二五八頁。高下恵著『妙好人　石見の仲造・市九郎』百華苑、一九八三年、参照）。この記述が、筆者が妙好人研究を始めた機縁の一つでした（拙著『増補版　妙好人伝の研究』法藏館、二〇一一年、二五二頁、①「石見の小川仲造の実践」、参照）。また、鈴木大拙著・楠恭訳『日本仏教の底を流れるもの』（大谷出版社、一九五〇年）と楠氏の自著『妙好人随聞』（光雲社、一九八七年）、編著『定本妙好人才市の歌　全』（法藏館、一九八八年）、同『妙好人　物種吉兵衛語録』（再刊本）（法藏館、一九九二年）など多くの妙好人関係の資料をいただきました。さらに、楠氏と長年親しく交流された金光寿郎NHK宗教番組元チーフ・ディレクターとのご縁により、NHKラジオ放送の宗教番組で「鈴木大拙の妙好人観」（平成二十九年十月二十二日、放送）と題してお話させていただいたことも有り難く思います。なお、本書の「楠恭」の記述は、石川県野々市市在住で楠恭氏の甥にあたる楠和夫氏に校閲をお願いしました。和夫氏は大拙氏の日常の話を伝聞された方で、論考「大拙と妙好人研究に没頭した恭のこと」を金子務編『追想　鈴木大拙――没後四十年記念寄稿集』（財団法人松ヶ岡文庫、二〇〇六年）に寄稿されています。また、同書には、三十二年間楠恭氏に師事された浄土真宗東本願寺派僧侶津田和良氏の論考「わが恩師、楠恭先生を通して知った鈴木大拙博士の霊性的世界」も収められています。

昭和十年（一九三五）五月、米国ロサンゼルスで生まれ、後にニューヨークに移り、ハンター・カレッジ、コロンビア大学（中退）に学んだアメリカ人日系二世の岡村美穂子氏は、心に悩みを抱えていたハイスクール生の十五歳の年、浄土真宗本願寺派の北米開教使でニューヨーク本願寺仏教会の創設者・関法善師のすすめで鈴木大拙氏（八十一歳）の講演（華厳哲学、於コロンビア大学）を聴いて感動し教えに浴します。昭和二十六年（一九五一）から昭和四十一年（一九六六）に大拙氏が亡くなるまでの十五年間、秘書として大拙氏に仕えました。岡村氏と筆者は、年が近いこともあって（筆者が一歳下）長年義姉弟のご縁をいただき、何度も大拙氏について伺うことが出来ました。「大拙先生は、宗教経験を大切にされ、妙好人についてよく語られました」、「先生は、人間の分別意識が生み出す二元性がすべての対立を起こす。その分別知を超えて大本の自分を確認することによって、はからいのない、作意のない安らぎを知ることが出来ると説かれました」、「『妙』「妙用」「本願」「本願力」「大智」「大悲」「柔軟心」「自然《じねん》」「自由」などの語を大切にされました」、「日々朝日が昇るような疑いようのない真実を説かれました」、「何よりも東西の相互理解を願っておられました」、「一貫して戦争の愚かしさを説き続けられました」と力を込めて語られました。まるで大拙氏の肉声を聞く感を覚えました。お蔭で鈴木大拙没後五十年にあたる平成二十八年（二〇一六年）十一月四日に鎌倉市の松ヶ岡文庫で開催された仏教講座で「鈴木大拙における妙好人研究の意義」と題して講演することが出来ました。大拙氏と親交のあった国内外の学者方についてもご紹介いただき、上田閑照・岡村美穂子編『相貌と風貌――鈴木大拙写真集』（禅文化研究所、二〇〇五年）を贈られました。同書は、大拙氏八十一歳の一九五一年から九十五歳で亡くなる一九六六年までの間に岡村氏が撮られたスナップ写真集で、上田閑照京都大学名誉教授（哲学）の詳細な説明文が付されています。その中に、昭和三十年（一九五五）、東京駒場の柳邸での鈴木大拙、柳宗悦、棟方志功、岡村美穂子四氏の懇談の写真が収められています。また、昭和三十六年（一九六一）四月十七日〜十九日の三日間、真宗大谷派の親鸞聖人七百回御遠忌記念として比叡山ホテルで開催された鈴木大拙・曽我量深・金子大榮の三氏と司会役の西谷啓治氏の座談会で岡村氏が撮られた集合写真が収められています。拙著『鈴木大拙の妙好人研究』（法藏館、二〇一七年）及び本書の執筆に際しても貴重な助言をいただき、有り難く思います。

岡村氏は、昭和三十三年（一九五八）十一月、二十三歳の年に大拙氏（八十八歳）に伴われて来日、以来八年間、大拙氏と鎌倉の松ヶ岡文庫で居住されます。大拙氏の国内外への会議や講演旅行に随伴し、大拙氏が昭和四十一年（一九六六）七月十二日、九十五歳で亡くなった時も臨終に立ち会っておられます。岡村氏（三十一歳）の大拙氏への介護の様子が、主治医の日野原重明聖路加国際病院理事長の「鈴木大拙先生を偲んで」（『追想　鈴木大拙——没後四十年記念寄稿集』財団法人松ヶ岡文庫、二〇〇六年、所収）に記されています。共著に岡村美穂子・上田閑照著『思い出の小箱から——鈴木大拙のこと——』（一燈園燈影舎、一九九七年）、同『大拙の風景——鈴木大拙とは誰か——』（一燈園燈影舎、一九九九年）、同『鈴木大拙とは誰か』（岩波書店、二〇〇二年）があります。学習院高等科の学生時代、大拙氏に英語を学び、生涯親交を重ねた民藝運動の主唱者柳宗悦氏の著書『美の法門』を、英国人の陶芸家で画家のバーナード・リーチ氏が英訳したいと願った際、長年柳氏と親しみ、英語と日本語に堪能で仏教の知識・思想に詳しい岡村氏が英訳に尽力されました。The Dharma Gate of Beauty（*The Eastern Buddhist*, New Series, Vol. 12. No. 2, 1979. 10）がそれです。なお、岡村氏はそれ以前に、リーチ氏が柳氏のエッセイ十一篇を英訳編集した柳宗悦著 *The Unknown Craftsman*（講談社インターナショナル、一九七二年）の英訳にも携わっています。

岡村氏は大拙氏歿後、別宮正信氏と結婚。後に京都に居を移されてからも、大谷大学非常勤講師（英語）、英文仏教雑誌『イースタン・ブディスト』編集員、日本民藝館評議員、金沢市鈴木大拙館名誉館長をつとめられました。昭和四十六年（一九七一）に刊行された『鈴木大拙――人と思想――』（岩波書店）に論考「〝死人〟大拙」を寄稿。昭和四十八年（一九七三）に真宗大谷派から刊行された鈴木大拙英訳『教行信証』と同『真宗要録』（浄土真宗に関する英文作品集）の編集にも携わっておられます。平成十一年（一九九九）NHKラジオ放送の「こころの時代」で「鈴木大拙博士の思想と行動をめぐって」と題して大拙氏の直弟子で妙好人研究家の楠恭東京本願寺学院教授と対談（聞き手、金光寿郎ディレクター）、平成十二年（二〇〇〇）にも、同じく楠氏との対談で「鈴木大拙博士の日常生活」と題して放送。平成十四年（二〇〇二）には、二日続けて「鈴木大拙の日本的霊性をめぐって」と題して放送されました。『民芸の心を学ぶ――二〇一二年（平成二十四年）第一四〇回日本民藝夏期学校青森会場・青森県民芸協会創立七〇周年記念・講演記録集』（青森県民芸協会、二〇一四年）に「鈴木大拙と柳宗悦」と題する岡村氏の講演録が載っています。平成二十八年（二〇一六）十月十六日、拙寺（福知山市浄土真宗本願寺派明覚寺）の住職継職法要で、大峯顯大阪大学名誉教授のご法話に続いて「私にとっての救い」と題して講演くださいました。大拙氏と岡村氏の親交の様子が西村惠信著『鈴木大拙の原風景』（新装改訂版）（大法輪閣、二〇一六年）の13.「D・Tスズキと美穂子さん」の項に詳しく紹介されています。平成二十九年（二〇一七）五月十四日、NHKテレビ番組「こころの時代～宗教・人生～」では「大拙先生とわたし」と題して語られ、金沢市の鈴木大拙館で行われた金光寿郎ディレクターとの対談でした。令和二年（二〇二〇）八月号の月刊誌『致知』（致知出版社）「特集　鈴木大拙に学ぶ人間学」に、西村惠信花園大学元学長との対談「人間・鈴木大拙を語る」が載っています。ご両人とも若くして大拙氏と会われています。令和五年（二〇二三）二月十六日、金沢市・鈴木大拙館主催の「金沢・現代会議」（講演会・対談会、金沢市文化ホール）に出席されましたが、同年六月十七日、満八十八歳でご逝去されました。亡くなる十日ほど前、一時退院された際、筆者に電話で「私には時間が無くなりました。先に逝きます。いつかお会いしましょう」と告げられました。慈愛に満ちた説法であり励ましの言葉であり、今も還相摂化のはたらきに浴しています。同氏の訃報は夫の別宮正信氏からいただきました。生前のご様子についてもお話しくださり有り難く思います。岡村家は広島出身の浄土真宗本願寺派の門徒（安芸門徒）で葬儀も同派で行われました。ご遺骨は、金沢市営野田山墓地の大拙・ビアトリスご夫妻の墓石の近くに別宮氏が建立された新墓に納められました。墓石の表面に「岡村美穂子之墓」と横書きされ、裏面に「本名　別宮美穂子」「令和五年六月十七日寂」「享年八十八」と縦三行に記され、その後に「略歴」が記されています。令和七年（二〇二五）一月に出版された『民藝』八六五号「特集　仏教美学　柳宗悦が見届けたもの」に、マーティ・グロス氏による「岡村美穂子氏へのインタビューについて」と、「岡村美穂子インタビュー　自力と他力について」（聞き手、マーティ・グロス氏）が掲載されています。

大分県臼杵市の真宗寺院（寶蓮寺）のご出身で京都大学大学院博士課程で宗教学を研究されましたが、修士課程を終えられた直後、大拙氏最晩年の二年三ヶ月（一九六三―一九六六）師事して妙好人・浅原才市研究に没頭、鈴木大拙編著『妙好人　浅原才市集』（春秋社、一九六七年）の編集に尽力された佐藤平・顕明元大谷女子大学教授・元大谷大学非常勤講師、元ロンドン大学客員教授・現ロンドン三輪精舎主管・ロンドン仏教協会理事とは多年懇意にさせていただきました。氏の著書『鈴木大拙のまこと――その一貫した戦争否認を通して

──』（正行寺経蔵資料室、二〇〇七年）、鈴木大拙著・佐藤平訳『真宗入門』（春秋社、一九八三年）、鈴木大拙著・佐藤平顕明訳『真宗とは何か』（法藏館、二〇一二年）、『歎異抄』を英訳解説された *Great Living: in the Pure Encounter between Master and Disciple*, American Buddhist Study Center Press, New York, 2010. *Living with Thanks: The Five Fascicle Versoions of Rennyo Shonin's Letters* translation and commentary by Kemmyo Taira Sato, The Buddhist Society Trust in London, 2018. *Living in Nenbutsu: Commentary on The Shoshinge by Shinran*, translation and commentary by Kemmmyo Taira Sato, The Buddhist Society Trust in London, 2021. 5-7-5 *The Haiku of Basho*, translated by John White and Kemmyo Taira Sato, The Buddhist Society Trust, 2019、ご自作の「浅原才市年譜」（『大谷女子大学紀要』二十号二輯抜刷、一九八六年一月）をいただきました。他にも、水上勉氏との共編で『大乗仏典〈中国・日本篇〉第二十八巻・妙好人』（中央公論新社、一九八七年）を出版されています。同書には、金森道西、赤尾道宗、和州清九郎、江州次郎右衛門、常州忠佐衛門、石州善兵衛、三州七三郎、石州磯七、石州善太郎、長州於軽、讃州庄松、因幡源左、浅原才市の言行と法悦詩が紹介されています。また、徳永道雄氏との共編で『大乗仏典〈中国・日本篇〉第二十一巻・法然・一遍』（中央公論新社、一九九五年）を出版され「法然」を執筆しておられます。その他、講演録「鈴木大拙先生との出会い」（『宗教哲学研究』第二十九号「特集　鈴木大拙の思想」、二〇一二年三月）があります。拙編『妙好人研究集成』（法藏館、二〇一六年）に序「妙好人研究の意義」と論考「妙好人浅原才市の「そのまま」について」を、拙著『鈴木大拙の妙好人研究』（法藏館、二〇一七年）に「発刊に寄せて」と論考「大行──晩年の先生の仕事をお手伝いして──」を寄稿いただきました。平成三十年（二〇一八）二月四日、金沢の鈴木大拙館で開催された講演会（会場、金沢ふるさと偉人館）で、「無所住の大悲──大拙先生の思い出──」

と題してお話されました。「日本と英国との相互理解促進の業績」で平成二十五年度外務大臣表彰、令和元年春の叙勲では旭日双光章を受章。大拙氏の秘書をされた岡村美穂子氏とは同じ大拙氏の門下生として長年親交を重ねて来られました。鈴木大拙英訳『教行信証』の編集にも尽力されました。現在、ロンドンの三輪精舎を拠点に師の悲願を受け継ぎ、仏法弘通に努めておられます。

終戦の翌年、昭和二十一年から昭和四十一年に大拙氏が亡くなるまでの二十年間師事された志村武武蔵野女子大学元教授の著書『鈴木大拙随聞記』（日本放送出版協会、一九六七年）から、大拙氏の後半生の様子を知ることが出来ました。志村氏は、大拙氏の英文著作 *Outlines of Mahāyāna Buddhism* を大拙氏の許可を得て和訳し、大拙氏没後七年目の昭和四十八年（一九七三）に刊行された同氏編著『青春の鈴木大拙――菩薩道の原点を求めて――』（佼成出版社）の第二編に「『大乗仏教概論』抄」として収めておられます。その中に「後日全訳したい」と書かれています。

若くして大拙氏と親交を結ばれた禅学者の西村恵信花園大学元学長から大拙氏のお話をうかがい、自著『鈴木大拙の原風景』（新装改訂版）（大法輪閣、二〇一六年）をいただきました。同書には、大拙氏の生涯（主として五十歳までの前半生）が書簡など多くの資料によって紹介されています。とくに、大拙氏が二十七歳から三十八歳までの十一年間、アメリカの宗教学者ポール・ケーラスの下で編集員として働くために滞在した生活が、アメリカ・イリノイ州ラサールのオープン・コート出版社などを訪ねて調査され、詳しく紹介されています。論文「百年前の大拙先生」（『追想　鈴木大拙――没後四十年記念寄稿集』財団法人松ヶ岡文庫、二〇〇六年）を寄稿されています。平成三十年（二〇一八）に仏教伝道協会より第五十二回仏教伝道文化賞を受賞されました。後年、淡彩画集2『絵筆のいざない』（三余居）と自伝『私の歩いた禅の道――縁と決断の九十年――』（同）

をいただきました。筆者の本書出版についても貴重な助言をいただき、有り難く思います。

　鈴木大拙研究を通して多くの論文を執筆された常盤義伸花園大学名誉教授（仏教学）から大拙氏について懇切なご教示をいただき、自著『ランカーに入る――すべてのブッダの教えの核心――大乗仏教経典『楞伽経』四巻本・復元梵文原典　日本語訳と研究――』（禅文化研究所、二〇一八年）を贈られ、論文「日本的霊性」（『追想　鈴木大拙――没後四十年記念寄稿集』財団法人松ヶ岡文庫、二〇〇六年）、「大拙批判を含む二書を読んで改めて鈴木大拙の批判精神と慈悲とを想う」（『松ヶ岡文庫研究年報』二十三号、二〇〇九年三月）、「D.T.Suzuki: Outlines of Mahayana Buddhism を巡って」（『同年報』三十三号、二〇一九年三月）、「Paul Carus と鈴木大拙」（『同年報』三十五号、二〇二一年三月）、「如来蔵思想とは何か」（『禅文化研究所紀要』三十五号、二〇二一年五月）、「大般泥洹経と四巻楞伽、大乗二経の相互関係の再考察」（『禅文化研究所紀要』三十六号、二〇二三年五月）を読ませていただきました。さらに、拙著『鈴木大拙の妙好人研究』（法藏館、二〇一七年）の書評「妙好人を通した他力理解」（『中外日報』二〇一七年十一月十七日）をいただくなど大変お世話になりました。令和二年（二〇二〇）七月十二日に松ヶ岡文庫功労賞を受賞されています。

　数多くの「大拙論」を執筆され、平成三十年（二〇一八）二月十六日、キャンパスプラザ京都で開催された「鈴木大拙研究会――第一回公開シンポジウム」（「大拙研究の周辺――西田哲学と禅の近代化の視点から――」）で座長をつとめられた末木文美士東京大学名誉教授（印度哲学・仏教学）・国際日本文化研究センター名誉教授には、本書の「鈴木大拙」の項の原稿に目を通していただき、貴重な助言をいただきました。末木氏はそれより二年前の平成二十八年（二〇一六年）十二月、国際日本文化研究センターにおいて、国際シンポジウム「鈴木大拙を顧みる――没後五〇年を記念して」が開催された際、「大拙をどう読むか――〈人《にん》〉の思想を中心に」

と題して発表されました。後に、論文「大拙の両面――思想的深化と世界への発信」を『現代思想――鈴木大拙』（第四十八巻十五号、青土社、二〇二〇年）に寄稿されています。日文研のシンポジウムをもとに編集された山田奨治・ジョン・ブリーン編『鈴木大拙――禅を超えて――』（思文閣出版、二〇二〇年）をいただくなどお世話になりました。

同「鈴木大拙研究会」に参加された文芸評論家・安藤礼二多摩美術大学教授の著『大拙』（講談社、二〇一八年）から多くのことを学ばせていただきました。同書には、鈴木大拙と妙好人について、「妙好人の発見が、鈴木大拙を「日本的霊性」に導き、独創的な宗教哲学を完成させた」（三一四頁）、「鈴木大拙が、「日本的霊性」を体現するものとして妙好人を発見した『日本的霊性』は、大拙自身の宗教哲学に画期をもたらすとともに、柳宗悦の芸術哲学にも画期をもたらした」（三三六頁）、「鈴木大拙にとって、妙好人とは、「真如」を生きている真の人、「真人」であった。学ももたず名ももたず、日々の生活のなかで、ただ「南無阿弥陀仏」と念仏を唱えながら仕事をする。そのとき、「南無阿弥陀仏」という名号を通して、有限の妙好人と無限の如来が一つに融け合う。如来と妙好人は、二にして一であり、一にして二である」（同頁）と記されています。

同じく同会に参加された水野友晴関西大学教授（宗教学）からも大拙思想についてご教示をいただきました。水野氏は、日独文化研究所年報『文明と哲学』十号（二〇一八年三月）に論文「鈴木大拙「日本的霊性」の可能性」を寄稿され、平成三十一年（二〇一九）四月に学位論文をまとめた『「世界的自覚」と「東洋」――西田幾多郎と鈴木大拙――』（こぶし書房）を上梓されています。また、令和二年（二〇二〇）十月発行の『現代思想――鈴木大拙』（第四十八巻第十五号、青土社）に、論文「「世界」における「自由」――鈴木大拙と西田幾多郎に注目して」を寄稿されました。令和三年（二〇二一年）九月三日（金）、鎌倉の松ヶ岡文庫で開催された仏教講座で「大悲と霊性」の題で講演。令和五年（二〇二三年）七月三十日（日）、関西大学千里山キャンパスで開催された「科研　大正・昭和戦前期を中心とする教育と近代仏教に関する学説史的・実践史的考察　二〇二三年度第一回研究会（公開）」で「霊性的自覚から見た人間形成」と題して発表されました。人間形成という観点から鈴木大拙の思想を再評価することの重要性を説いたものです。大拙氏は、知性的分別の立場から霊性的自覚へと進むことで人間が共生共存し、平和世界を建設すべきことを繰り返し説いています。

末村正代南山宗教文化研究所研究員（宗教哲学）の論文「鈴木大拙における妙好人研究の位置づけ」（『宗教哲学研究』第三十四号、二〇一七年三月）から貴重なご教示をいただきました。同論文の「むすび」に、「宗教経験を宗教における最も根本的なものとして位置づける鈴木は、妙好人の経験に触れることによって、教義研究の中で見い出すことができなかった浄土思想における宗教経験の具体的事例と出会うことができた」と記されています。

谷口愛沙真宗大谷派教学研究所助手（仏教学）の論文「鈴木大拙と七里恒順」（『真宗文化』三十号、京都光華女子大学真宗文化研究所、二〇二一年三月）、「鈴木大拙の真宗理解における他力神秘家と妙好人」（『大谷大学大学院研究紀要』三十八号、二〇二一年十二月）、共著「鈴木大拙著「近代他力神秘家の言葉」翻訳・訳注（一）」（『仏教学セミナー』一一五号、大谷大学仏教学会、二〇二二年）、同氏の学位（博士）論文「鈴木大拙の妙好人論」（大谷大学、二〇二三年三月）から、大拙氏による明治期の真宗の学僧・七里恒順への注目に関する情報をいただきました。

桐田清秀花園大学名誉教授（教育学）から同氏編著『鈴木大拙研究基礎資料』（財団法人松ヶ岡文庫、二〇〇五年）をいただくなどお世話になりました。論文「鈴木大拙の足跡――ラサールのヘゲラー・ケーラス・マンシヨン――」（『追想　鈴木大拙――没後四十年記念寄稿集』財団法人松ヶ岡文庫、二〇〇六年）を寄稿されています。

平成三十年（二〇一八）六月に、筑波大学名誉教授・東洋大学学長の竹村牧男著『日本人のこころの言葉　鈴木大拙』（創元社）が刊行されました。鈴木大拙への入門書として書かれた書物で、17.「日本的霊性」や20.「妙好人の境涯」の解説文から大切なことを学ばせていただきました。『西田幾多郎と鈴木大拙――その魂の交流に聴く――』（大東出版社、二〇〇四年）、『〈宗教〉の核心――西田幾多郎と鈴木大拙に学ぶ――』（春秋社、二〇一二年）など多くの著書を上梓されています。

藤田宏達北海道大学名誉教授（印度哲学・仏教学）の著書『原始浄土思想の研究』（岩波書店、一九七〇年）と『浄土三部経の研究』（岩波書店、二〇〇七年）、論考「大拙先生と浄土教」（『鈴木大拙――人と思想――』岩波書店、一九七一年）、同「大拙先生と浄土教再考」（『追想　鈴木大拙――没後四十年記念寄稿集』財団法人松ヶ岡文庫、二〇〇六年）から多くのことを学ばせていただきました。「大拙先生と浄土教」では、大拙氏の仕事を以下の三点にまとめておられます、一、浄土教における宗教経験としての称名念仏を禅と対比して心理学的に解明したもの。二、浄土教の中心思想をなす浄土の観念を般若空の立場から解明したもの。三、浄土教における宗教経験の具体的な事実として、真宗信者の妙好人を発掘しこれを内外に広く紹介したもの。「大拙先生と浄土教再考」では、「右の㈠と㈡に関する業績については、もっと詳細に検討しなければならぬと考えている」と述べ、大拙氏の禅体験に基づく浄土教の独創的解釈について、「伝統的な宗学の解釈や、近代仏教学の文献学・歴史学の方法論的基礎に立つ客観的研究とどのような接点を持つか、ということをもっと詳しく考究する必要があろう」「大拙先生の浄土教理解は、この最晩年の業績を再吟味することによって、その特色を一層明らかにすることができるであろう」と説いておられます。昭和六十三年（一九八八）七月に北海道大学で開催された日本印度学仏教学会第三十九回学術大会や全国の諸大学で行われた同学術大会で何度も会いし、拙著『妙好人伝の研究』（法藏館、二〇〇三年）をお読みいただき、懇切なご教示を賜りました。有り難く思います。令和五年（二〇二三）九月十七日、九十五歳でご逝去されました。

インド初期仏教および大乗仏教の経典形成史の研究者で、『涅槃経の研究――大乗経典の研究方法試論』（春秋社、一九九七年）、『仏教とエクリチュール――大乗経典の起源と形成――』（東京大学出版会、二〇二〇年）を上梓された下田正弘東京大学教授（印度哲学・仏教学）から、筆者が本書の刊行を躊躇した際、「多くの資料でまとめられているのでぜひ出版するように」「妙好人研究において積み上げられた成果は、後世の研究の確かな基盤として今後長く参照し続けられるものと確信します」と励まされ、有り難く思います。

柳宗悦氏の記述については、青森県民藝協会会長・元日本民藝協会会長の會田秀明氏、となみ民藝協会会長・日本民藝協会常任理事の太田浩史氏、日本民藝館の月森俊文氏、同協会の村上豊隆氏から貴重なご教示をいただいきました。

平成十五年（二〇〇三年）三月に『柳宗悦――時代と思想』（東京大学出版会）を上梓された中見真理清泉女子大学教授（外交史・国際関係論）から、柳氏の「複合の美」の平和思想についてご教示いただきました。拙論二編（①「妙好人の倫理観――真俗二諦論の機能相――」『印度学仏教学研究』四十六巻一号、一九九七年十二月、②「環境倫理と浄土仏教――真宗信徒「妙好人」のエートスを中心として――」『印度学仏教学研究』四十七巻二号、一九九九年三月）を同書で紹介（三六一頁）いただいたことが縁でした。『民芸の心を学ぶ――二〇一二年（平成二十四年）第一四〇回日本民藝夏期学校青森会場・青森県民芸協会創立七〇周年記念・講演記録集』（青森県民芸協会、二〇一四年）に、中見氏の講演録「柳宗悦の複合の美」が収められています。

妙好人・讃岐の庄松、因幡の源左、石見の浅原才市、有福の善太郎の調査では、各所属寺院のご住職から貴重な資料をいただくなど大変お世話になりました。勝覚寺の赤澤英海師（讃岐の庄松）、願正寺の衣笠一省師・衣笠告也師（因幡の源左）、涅槃寺の高木雪雄師、安楽寺の梅田謙道師・梅田淳敬師（石見の浅原才市）、光現寺の菅和順師（有福の善太郎）です。

龍谷大学の院生時代から親交を重ねた林智康龍谷大学名誉教授（真宗学）から貴重な助言をいただき、拙編『妙好人研究集成』（法藏館、二〇一六年）に序「妙好人伝研究の経緯と意義」と論文「妙好人の研究――浄土真宗と妙好人――」を贈られました。龍谷大学真宗学会編『真宗学』第一四八号（令和五年三月）に、氏の「浄土真宗と妙好人」と題した龍谷大学真宗学会第七十五回大会での講演録が掲載されています。そこでも児玉識龍谷大学元教授と筆者が編集に携わった『大系真宗史料・伝記編8妙好人伝』（法藏館、二〇〇九年）を紹介していただき、有り難く思います。

同じく院生時代同学の徳永道雄京都女子大学名誉教授（真宗学）・浄土真宗本願寺派勧学寮頭からも鈴木大拙研究で貴重なご教示をいただき、本書に対して温かい激励文をいただきました。

本書刊行に寄せて　　徳永道雄

嘗て例を見なかったほどの妙好人論のご完成、まことにおめでとうございます。妙好人研究の白眉となるであろうことは間違いないことと思います。歴史上に現れた妙好人こそ浄土真宗の法義の普遍性・真実性の具体的な顕現であることに異を唱える者はありません。ややもすれば観念論に陥りがちな教学研究に、妙好人たちの血の通った法義の受け止め方を加味することによって、宗祖の教えの深さ・広さを理解することが出来ると思います。ただそのアプローチがきわめて難しく、よほど教学に明るい者でなければうかうかと手をつけることができないのが現実です。妙好人の言動は教学でははかれない、などという人もありますが、決してそういうことはないと思います。小生は宗学院の講義も担当しておりますが、かねてより先生の妙好人論のことを話題にしておりました。

とにかくご完成おめでとうございます。浄土真宗関係の出版に新風を吹き込むであろうことは間違いないでしょう。畢生のご大作に対しまして、お祝いの言葉と同時に心より御礼申し上げたく存じます。

令和四年三月一日

有り難く思います。

徳永名誉教授には論文に「鈴木大拙博士の真宗理解について」（『宗教研究』通号二二六、一九七六年）、「『安心決定鈔』と本覚思想」（『龍谷教学』通号二十九、一九九四年）などがありますが、「鈴木大拙の弥陀身土観」（『龍谷教学』十七号、一九八二年）では、大拙氏の真宗研究・妙好人研究を高く評価しつつも親鸞教学との微妙な違いを指摘されています。

同じく院生時代同学の武田龍精龍谷大学名誉教授（真宗学）から親鸞思想について懇切なご教示をいただきました、自著『親鸞浄土教と西田哲学』（永田文昌堂、一九九一年）、同『親鸞浄土仏教思想論――大乗菩薩道の創造的統合と宗教経験論的分析――』上・下（法藏館、二〇二一年）、同『発菩提心論――浄土仏教の視座――』（永田文昌堂、二〇二二年）、同『親鸞と現代』（永田文昌堂、二〇二四年）を贈られ、さらに拙著『妙好人伝の研究』（法藏館、二〇〇三年）の書評（『週刊仏教タイムス』二〇〇四年一月一日、掲載）をいただくなど、大変お世話になりました。

浄土真宗本願寺派の宗学者で、生涯『妙好人伝』の研究に携わった朝枝善照龍谷大学名誉教授（仏教史学）

から、筆者の妙好人伝研究に懇切なご教示をいただきました。自著『妙好人伝基礎研究』（永田文昌堂、一九八二年）、『妙好人伝の周辺』（永田文昌堂、一九八四年）、『妙好人伝研究』（永田文昌堂、一九八七年）、『続　妙好人伝基礎研究』（永田文昌堂、一九九八年）を贈られました。氏の主要著作は『朝枝善照著作集』全五巻（永田文昌堂）にまとめられています。拙著『妙好人伝の研究』（法藏館、二〇〇三年）について、平成十五年（二〇〇三年）十一月二十三日に「妙好人像解明に視点五つ」と題する長文の書評（『中外日報』二〇〇三年十二月十八日）をいただき、有り難く思います。平成二十三年（二〇一一）四月、ご遺族の朝枝裕子様より氏の遺著・朝枝善照著作集第五巻『妙好人と石見文化』（永田文昌堂、二〇一一年）をお贈りいただき、御礼申し上げます。

龍谷大学の土井順一元教授（国文学）からは、拙論「『続妙好人伝』と編者象王について――象王は北海道松前郡松前町真宗大谷派専念寺の僧――㊦」（『中外日報』平成十年十二月二十二日）を、同氏の論文「『妙好人伝』の出版とその問題（二）」（『龍谷大学論集』四五六号、二〇〇〇年七月）で詳しくご紹介いただき、自著『妙好人伝の研究――新資料を中心として――』（百華苑、一九八一年）をいただくなどお世話になりました。同書には、江戸時代に編集された仰誓と僧純編の『妙好人伝』の成立事情が詳細に論述されており、「論攷篇」に仰誓撰『妙好人伝』に関する論文四編が、「資料篇」に「仰誓撰『妙好人伝』二巻（伊予史談会蔵）と仰誓の子・履善に学んだ伊予正覚寺の克譲撰『新続妙好人伝』二巻（同）が翻刻収録され、「付録」に「『妙好人伝』及び妙好人研究文献目録」が付されています。平成十五年（二〇〇三）一月にご遺族の土井京子様より、遺稿集・土井順一著『佛教と芸能――親鸞聖人・妙好人・文楽――』（永田文昌堂、二〇〇三年）をお贈りいただき、御礼申し上げます。

『親鸞　覚如　才市』（晃洋書房、一九九二年）、『親鸞――病・癒し・福祉――』（大学教育出版、二〇一〇年）

の著者で、かつて古田紹欽松ヶ岡文庫文庫長の薦めで同文庫の嘱託研究員をされた新保哲文化女子大学教授（日本思想史）に何かとお世話になりました。氏は論考「大拙博士と私ならびに思想の一管見」を『追想　鈴木大拙——没後四十年記念寄稿集』（財団法人松ヶ岡文庫、二〇〇六年）に寄せられましたが、そこでも拙著『妙好人伝の研究』（法藏館、二〇〇三年）を紹介していただき有り難く思います。論文「七里和上における才市への影響」（『印度学仏教学研究』第四十七巻第一号、一九九八年十二月）を寄稿されています。

京都大学大学院で宗教学を専攻され、『信楽の論理——現代と親鸞の思想』（法藏館、一九七〇年）、『親鸞の思想』（同、一九七八年）、『教行信証の思想』（同、二〇〇五年）など多くの著書を上梓された石田慶和龍谷大学名誉教授（宗教哲学、初代仁愛大学学長）から、親鸞の思想についてご教示を賜りました。妙好人についても、浅原才市の歌を数首引かれて、「親鸞の生涯は、妙好人達の多様な宗教的生の原型となっていると言えるであろう。妙好人達はそれぞれの生活においてそれぞれの固有の生き方を展開したが、その中に、邪見驕慢の自己そのものにおいて生きる本願力廻向の真実信心を喜ぶという共通の在り方をひらき、そこに身をすえて生きぬいたのである」（『親鸞の思想』法藏館、一九七八年、二一九—二二〇頁）と記しておられます。平成二十七年（二〇一五）六月八日、八十六歳でご逝去される前年、ご自宅にお伺いした際には、ご病気療養中にもかかわらず懇切なご教導を賜りました。筆者がお尋ねした内容は、石田先生の著書『教行信証の思想』（法藏館）の第二章「宗教的真理」に説かれる「鈴木大拙の浄土教理解について」と、同書の第六章「宗教的世界」に説かれる「往還回向」についてでした。当時、筆者は『鈴木大拙の妙好人研究』（法藏館、二〇一七年）を執筆中でした。今も還相摂化をいただき、有り難く思います。

大谷大学の学生時代、鈴木大拙氏に学ばれた幡谷明大谷大学名誉教授（真宗学）から、大拙氏について何度も御話を聞かせていただきました。大谷大学最終講義録『親鸞における一乗と大乗――弘願の一乗と大乗の至極――』（一九九九年）、自著『浄土三経往生文類試解』（東本願寺出版部、一九九二年）、『増補　大乗至極の真宗――無住所涅槃と還相回向――』（方丈堂出版、二〇一三年）、『大悲の妙用』（自照社出版、二〇一六年）、『共生の大地――講話録』（自照社出版、二〇一七年）を贈られ、拙著『鈴木大拙の妙好人研究』（法藏館、二〇一七年）に、「序――鈴木大拙先生と大悲行」をいただきました。序の中で「先生は晩年、「仏教におけるさとりの究極は、衆生無辺誓願度（衆生は限りないが誓って済度せんことを願う）ということを体得することにある」と端的な言葉でもって語られている」と述べておられます。教授が亡くなられて間もなく、篤信者と門下生の方々の手で『幡谷明講和集』全七巻（第1巻「浄土文類聚鈔講義」、第2巻「文類偈講義」、第3巻「唯信鈔文意講義」、第4巻「浄土三経往生文類講義」、第5巻「浄土論註講義」上、第6巻「浄土論註講義」下、第7巻「講和集　帰るべき世界」、法藏館）が編集刊行されました。

平成十七年（二〇〇五年）に刊行された武田龍精編『仏教生命観からみたいのち』（龍谷大学人間・科学・宗教オープン・リサーチ・センター研究叢書1）（法藏館）のⅣ「研究論文」に、筆者の論文「浄土仏教の生命観と倫理――妙好人の生命観・倫理観を中心として――」が、次に鍋島直樹龍谷大学教授（真宗学）の論文「仏教生命観の特質――縁起思想の意義――」が収められています。

平成二十一年（二〇〇九年）刊行の親鸞聖人七百五十回御遠忌記念出版『大系真宗史料』〔伝記編8・妙好人伝〕（法藏館）の翻刻編集を児玉識龍谷大学元教授（歴史学）と共に担当し、末尾の「解説」を児玉元教授が執筆、「解題」を筆者が執筆させていただきました。『大系真宗史料』全二十六冊の編纂委員をつとめられた大桑斉大谷大学名誉教授（仏教史学）からも何かとお世話になりました。

本書「第五章　現代の妙好人的人物」の「二、外国の妙好人的人物」については、稲垣久雄元ロンドン大学元講師（仏教学）・龍谷大学名誉教授、佐々木恵精京都女子大学元教授（仏教学）・公益財団法人国際仏教文化協会理事長、那須英勝龍谷大学教授（真宗学）、新井俊一相愛大学名誉教授（真宗学）からご教示をいただきました。佐々木元教授は、平成二十四年（二〇一二）七月三日、龍谷大学大宮学舎で開催された龍谷大学人間・科学・宗教オープン・リサーチ・センター（センター長・鍋島直樹教授）主催の公開講座で、「世界に広がる妙好人――ヨーロッパの念仏者たち――」と題して講演され、続いて筆者が「妙好人における死生観と超越」と題して講演させていただきました。また、同年七月十日、同じく龍谷大学大宮学舎の清和館で開催された同センター主催のワークショップ「世界に広がる妙好人」で、佐々木元教授と共に妙好人について報告させていただきました。佐々木元教授から、飛鳥寛栗編『念仏西漸――欧州念仏伝播小史――』（国際仏教文化協会、永田文昌堂、一九九六年）をいただき感謝致します。長年にわたって稲垣久雄龍谷大学名誉教授宅で開催された勉強会でも大変お世話になり、本書執筆中にも「ぜひ完成するように」と励ましをいただき、有り難く思います。

篤信の念仏者で京都大学医学部教授として京都大学ウイルス研究所所長、日本電子顕微鏡学会会長、日本熱帯医学会会長をつとめられた東昇医学博士のご長女・藤井雅子氏から、縁あってお父上に関する多くの資料を贈られ、本書で紹介させていただきました。藤井氏は『父・東昇を想う――お念仏とともに――』（探究社、二〇一四年）を上梓されています。同書には、佐々木恵精京都女子大学元教授の序文「東昇先生との出遇いを恵まれて」（平成二十六年七月三日）が付されています。また、「鈴木大拙師」の項目（四〇―四一頁）には、東博士と大拙氏との親交の様子が記されています。

平成二十二年（二〇一〇）九月、印度学仏教学会第六十一回学術大会が立正大学で開催され、龍谷大学の浄土心理学研究会（代表、那須英勝教授）のメンバー五名が、「妙好人の言葉と行動への現代的アプローチ」のテーマでパネル報告をされました。次のとおりです。

原田哲了「妙好人と『妙好人伝』の背景と概要について」

吾勝常行「妙好人輩出の社会的機能――真宗の法座について――」

李　光濬「禅仏教と妙好人――念仏行と看話念仏――」

中尾将大「妙好人浅原才市の信仰生活と「口あい」に関する心理・行動学的考察――」

藤　能成「妙好人の言行と仏智――人間のあるべき生き方――」

同報告は『印度学仏教学研究』五十九巻二号（二〇一一年三月）に掲載されています。同書には、龍口明生龍谷大学名誉教授（仏教学）の論文「妙好人の言動と真宗聖教」も掲載されています。その中で、教化者が用いた聖教として、親鸞の『和讃』、蓮如の『御文章』、唯円の『歎異抄』、その他『往生要集』『口伝鈔』『安心決定鈔』『正信偈大意』などが記されています。

平成二十四年（二〇一二）六月―七月、龍谷大学深草学舎の至心館パドマで、龍谷大学人間・科学・宗教オープン・リサーチ・センター主催による「妙好人展」が開催され、林智康・井上善幸編『妙好人における死生観と超越』（非売品）が発行されました。最初に「日本の妙好人」と題して、「日本の妙好人ＭＡＰ」「妙好人関連年表図」「実成院仰誓・芳淑院履善」「鈴木大拙」が、続いて妙好人「1、大和の清九郎、2、有福の善太郎、3、讃岐の庄松、4、六連島のお軽、5、嘉久志の仲造、6、因幡の源左、7、石見の才市」が紹介されています。次に、「海外の妙好人――ヨーロッパの篤信な浄土真宗信者〝妙好人〟」と題して、1、ハリー・ピーパー（ドイツ）2、ジャン・エラクル（スイス）3、アドリアン・ペル（ベルギー）の三名が紹介されています。

その後に、「展示に寄せて（日本の妙好人）」と題して、次の論文が収められています。

1、朝枝善照「妙好人の由来」

2、土井順一「妙好人と『妙好人伝』」

3、菊藤明道「妙好人の死生観と超越――その言行から苦悩を超える道を学ぶ――」

4、林　智康「妙好人の研究」

5、児玉　識「近世『妙好人伝』研究の経緯」

6、直林不退「妙好人から学ぶもの――与市同行の生活と念仏――」

7、龍口明生「妙好人の言動と真宗聖教」

8、万波寿子「『妙好人伝』と『続妙好人伝』の出版と流通」

最後に、「展示に寄せて（海外の妙好人）」と題して、次の論考が収められています。

佐々木惠精「世界に広がる念仏者のすがた――ヨーロッパの篤信な念仏者――」

平成二十五年（二〇一三）三月に刊行された林智康・井上善幸・北岑大至編『東アジア思想における死生観と超越』（龍谷大学人間・科学・宗教オープン・リサーチ・センター研究叢書）（方丈堂出版）のⅳ「妙好人における死生観と超越」の項に、次の論文が掲載されています。

（公開講座）

神　英雄「石見の妙好人」

菊藤明道「妙好人の死生観と願い――その言行から苦悩を超える道を学ぶ――」

（ワークショップ「妙好人伝の世界」）
龍口明生「妙好人と聖教」
万波寿子「『妙好人伝』『続妙好人伝』の出版と流通」
（ワークショップ「世界に広がる妙好人」）
佐々木惠精「世界に広がる妙好人――ヨーロッパの念仏者たち――」
菊藤明道「世界に広がる妙好人――妙好人の信心と言行に学ぶ――」
（論考）
川添泰信「浄土仏教における出離生死の問題」
北岑大至「讃岐の妙好人庄松の言行にみる死生観と超越――いのちの地平の物語――」
平成二十五年（二〇一三）九月七日に國學院大學で開催された日本宗教学会第七十二回学術大会で、龍谷大学の浄土心理学研究会（代表・吾勝常行教授）のメンバー五名が、柳宗悦の「無対辞」の思想をもとに、「妙好人における無対辞の思想」のテーマで報告されました。報告者とテーマは次のとおりです。
林　智康「浄土真宗と妙好人」
藤　能成「妙好人を無対辞の境地に導いたもの」
那須英勝「ヨーロッパの妙好人と「無対辞」の思想」
中尾将大「妙好人の認識の在り方と世界観」
菊藤明道「妙好人の無対辞思想」
右の報告は、『宗教研究』八十七号・別冊（二〇一四年三月）に収録されています。

平成二十八年（二〇一六）七月二日～九月十一日、鈴木大拙没後五十年記念として「大拙と松ヶ岡文庫展」が多摩美術大学美術館で開催され、同館編集による図録『大拙と松ヶ岡文庫――鈴木大拙没後五十年記念』（二〇一七年、方丈堂出版）が発行されました。図録には、伴勝代松ヶ岡文庫主任の論文「公益財団法人松ヶ岡文庫　大拙先生九十六年の歩みを顧みて（その二）」（『松ヶ岡文庫研究年報』三十号、二〇一六年三月、所収論文の部分再録）、展示品の写真、「鈴木大拙略年譜及び主要著作一覧」（伴氏作）が収められています。関連イベントとして、七月三日に、末木文美士氏（国際日本文化研究センター名誉教授）の「鈴木大拙の思想」と題する講演が、八月二十八日に、重松宗育氏（静岡大学・関西医科大学元教授）の「D・T・スズキとビート世代」と題する講演が、九月三日に新田雅章氏（福井県立大学名誉教授）の「大拙先生が残されたもの――東西文化の見方から見えてくること――」と題する講演がありました。七月三十日には、トークセッションとして、第一部、安藤礼二氏（多摩美術大学准教授）の「鈴木大拙の神秘哲学」が、第二部、若松英輔氏（批評家・随筆家）・安藤礼二氏（同前）・伴勝代氏（同前）三氏による「松ヶ岡文庫七十年のあゆみ――大拙と柳宗悦、そして継承される仏教と東洋文化研究の精神――」が行われました。

同年十一月四日、筆者は松ヶ岡文庫の仏教講座で「鈴木大拙における妙好人研究の意義」と題して講演する機会を与えられました。そのことが縁で、石井修道駒澤大学名誉教授・松ヶ岡文庫文庫長から拙著『鈴木大拙の妙好人研究』（法藏館、二〇一七年）に「発刊の辞」をいただき、さらに、本書の刊行に際して温かい励ましの言葉をいただくなど、大変お世話になりました。

それより数年前（平成二十三・四年頃）、同文庫所蔵の昭和二十七年（一九五二）十月に発行されたロサンゼルス東本願寺ＹＢＡの雑誌 *The Way*, vol. 4, no. 1-4に載る大拙氏の妙好人・浅原才市に関する英文論文Ａ

Study of Saichi the Myōkōnin を、E・F・シューマッハーの『スモール　イズ　ビューティフル――人間中心の経済学』（講談社、一九八六年）の和訳者として知られる翻訳家・酒井懋氏が和訳された際、同文庫からの依頼で筆者が校閲させていただきました。この和訳文は、平成二十五年（二〇一三）三月発行の『松ヶ岡文庫研究年報』（第二十七号）に「妙好人、浅原才市を読み解く」と題して英文論文と共に掲載されています。「はじめに――鈴木大拙博士の浅原才市論の翻訳を喜ぶ――」は石井修道文庫長が執筆され、「序文」は文庫からの依頼で筆者が執筆させていただきました。拙「序文」は酒井氏によって英訳され、英文論文の冒頭に付されています。なお、大拙氏の英文論文は、後に佐藤平（顕明）氏が新たに和訳され、鈴木大拙著・佐藤平顕明訳『真宗とは何か』（法藏館、二〇一二年）に「妙好人才市の研究」と題して収められています。

同年（平成二十八年）十月、拙編『妙好人研究集成』（法藏館）を刊行させていただきました。同書は、鈴木大拙博士没後五十年を機に、鈴木大拙氏、柳宗悦氏、楠恭氏、佐藤平氏ら多くの学者・研究者が執筆された六百編を超える妙好人関係の研究論文（「論文目録」、拙著『妙好人伝の研究』法藏館、同『増補版　妙好人伝の研究』に掲載）の中から三十八編を精選して集録したもので、今後の研究の進展に寄与することを目的としたものです。巻頭に、林智康龍谷大学名誉教授・浄土真宗本願寺派勧学の「序　妙好人伝研究の経緯と意義」と題する序文と、佐藤平（顕明）氏の「妙好人研究の意義」と題する序文を掲載させていただきました。ご両人とも長年妙好人研究に携わってこられた方々です。「第一部　『妙好人伝』の研究」と題した十一編を、「第二部　妙好人の研究」と題した二十七編の計三十八編を集録しています。その際、松塚豊茂島根大学名誉教授（宗教哲学）から、自著『石見の善太郎』（永田文昌堂、一九八八年）をお贈りいただきました。多くの方々のご協力を得て刊行出来たことを感謝致します。

笹田博通東北大学教授（教育哲学・教育人間学）から、拙編『妙好人研究集成』（法藏館、二〇一六年）の書評（『日本仏教教育学研究』二十五号、二〇一七年三月）をいただき、有り難く思います。

平成二十九年（二〇一七年）七月に刊行した拙著『鈴木大拙の妙好人研究』（法藏館）には、佐藤平（顕明）氏から「発刊に寄せて」を、石井修道駒澤大学名誉教授・松ヶ岡文庫文庫長から「発刊の辞」をいただき、幡谷明大谷大学名誉教授から「序―鈴木大拙先生と大悲行」を、佐々木恵精京都女子大学元教授から「序―大乗仏教と菩薩道」を、簗山修道大谷大学名誉教授から「序―鈴木大拙と妙好人研究」を贈られ、感謝申し上げます。なお、簗山名誉教授は論文「鈴木大拙の浄土思想」（『宗教哲学研究』第二十九巻、特集「鈴木大拙の思想」、二〇一二年三月）を寄稿されています。そこに、「浄土教義の形成には歴史的ないし神話的なものが寄与していたとしても、思想そのものは仏陀の正覚と人間の魂の永遠の願いの中に潜んでいるもので、浄土教はそこから発声してきた」（二七頁）とし、「大拙の浄土思想は、その後妙好人との出会いによって、さらに新たな展開をみせる」（三九頁）と述べられています。

平成三十年（二〇一八）十一月十一日、真宗大谷派の真宗教化センター「しんらん交流館大谷ホール」で、「真の仏弟子・妙好人――鈴木大拙博士の妙好人研究を通して――」と題して講演する機会を与えられました。

令和二年（二〇二〇）、鈴木大拙生誕一五〇年記念に、『現代思想――鈴木大拙』（第四十八巻第十五号、青土社）と横田南嶺監修・蓮沼直應編『鈴木大拙一日一言――人間を深める道――』（致知出版社）が刊行されました。鎌倉の臨済宗大本山円覚寺派管長で花園大学総長の横田南嶺老師と同寺の蓮沼直應師から鈴木大拙氏について懇切なご教示をいただきました。

筆者が居士号「大拙」の由来を聞きたいと円覚寺塔頭の正伝庵に電話したところ、横田老師が早速メールで由来を記した書を送ってくださり、有り難く思います。老師には、論文「釈宗演老師が鈴木大拙に与えた座右の銘」(『松ヶ岡文庫研究年報』三十四号、二〇二〇年)があり、本書の「鈴木大拙」の項で紹介させていただきました。

横田老師の下で修行された円覚寺派伝宗庵徒弟で筑波大学非常勤講師の蓮沼直應師とは、十数年前、松ヶ岡文庫の書斎で偶然お会いし、大拙思想についてご教示いただきまた。平成十五年度の筑波大学博士(文学)学位請求論文「鈴木大拙の思想的研究——体系的解釈の試み——」を提出され、後に『鈴木大拙——その思想構造』(春秋社、二〇二〇年)を上梓されています。同書は、これまでの大拙研究が各領域で個々に扱っていた問題を一つの全体的観点から纏められたものです。

令和六年(二〇二四)六月二十一日、横田理博九州大学大学院教授(倫理学)から、論文「鈴木大拙の『大乗仏教概論』についての考察」〔上、中の一、中の二、中の三、下〕(九州大学大学院人文科学研究院編『哲学年報』第七九—八三輯、二〇二〇—二〇二四年、所収)、同「鈴木大拙の『日本的霊性』についての考察」〔上・下〕(同『哲学年報』第七七・七八輯、二〇一八・二〇一九年、所収)、同「鈴木大拙とマックス・ウェーバー」(『理想』第七〇七号、二〇二一年、所収)の「抜刷」(計八刷)をお贈りいただきました。このうち「鈴木大拙の『日本的霊性』についての考察」(上)の文末「註」(13)で拙著『鈴木大拙の妙好人研究』(法藏館)を詳しくご紹介いただきました。また、ぜひ本書を完成させるよう励ましを賜り、有り難く思います。

拙本書の第六章「現代における妙好人の意義」については、浄土心理学研究会(龍谷大学内)の皆様、とくに中尾将大大阪大谷大学非常勤講師(心理学)からご教示いただきました。

本書の校閲は、長年龍谷大学で共に非常勤講師をつとめた新井俊一相愛大学名誉教授(真宗学)、直林不退相愛大学客員教授（仏教史学）、浄土真宗本願寺派の宗学者飯島憲彬・亘良樹両氏、川村覚昭佛教大学元教授（教育哲学・教育人間学）、武田晋龍谷大学教授（真宗学）、谷口愛沙真宗大谷派教学研究所助手（仏教学）、末村正代南山宗教文化研究所ヴァン・ブラフト奨励研究員（宗教哲学）の諸先生方にお世話になりました。多くの先学・法友・篤信の方々からご支援ご教導を賜り、慈光照護の下、長年聞法の旅をさせていただいて本書を上梓できたことに感謝します。執筆に際しては、数十年かけて集めた数多くの妙好人に関する資料を用い正確を期して臨みましたが、時に文章の重複・錯綜や誤りもあろうかと思います。ご教示賜れば幸いです。

末筆ながら、本書の刊行にご尽力いただいた法藏館社長西村明高氏と同社統括・編集長戸城三千代氏、編集担当の花月亜子氏（京都月出版）に心より御礼申し上げます。

令和七年（二〇二五）正月

著者　記す

著者略歴

菊藤明道（きくふじ・あきみち）

1936年、京都府生まれ。龍谷大学大学院博士課程（真宗学）。龍谷大学非常勤講師、京都短期大学名誉教授、福知山公立大学客員教授などを歴任。文学博士。主著に、『倫理的世界と宗教的世界』（永田文昌堂、1980）、『妙好人伝の研究』（法藏館、2003）、『妙好人の詩』（法藏館、2005）、『大系真宗史料』〔伝記編8・妙好人伝〕（共著、法藏館、2009）、『真の仏弟子　妙好人』（探究社、2010）、『増補版・妙好人伝の研究』（法藏館、2011）、『東アジア思想における死生観と超越』〈龍谷大学人間・科学・宗教オープン・リサーチ・センター研究叢書〉（方丈堂出版、2013）所収「妙好人の死生観と願い―その言行から苦悩を超える道を学ぶ―」「世界に広がる妙好人―妙好人の信心と言行に学ぶ―」、『妙好人研究集成』（法藏館、2016）など。

装幀、本扉、vii頁の「妙好人」文字――柳　宗悦

編集協力――谷口愛沙（真宗大谷派教学研究所助手）

編　　集――花月亜子（京都月出版）

大乗《だいじょう》仏教《ぶっきょう》がひらいた　妙好人《みょうこうにん》の世界《せかい》

二〇二五年三月三〇日　初版第一刷発行

著　者　菊藤明道

発行者　西村明高

発行所　法藏館

京都市下京区正面通烏丸東入

郵便番号　六〇〇―八一五三

電話　〇七五―三四三―〇〇三〇（編集）

〇七五―三四三―〇四五八（営業）

装幀　野田和浩

印刷・製本　中村印刷株式会社

ISBN978-4-8318-2356-4 C1015